教育科学研究方法教程

慕彦瑾　段晓芳　石梦良　编著

天津大学出版社
TIANJIN UNIVERSITY PRESS

图书在版编目（CIP）数据

教育科学研究方法教程 / 慕彦瑾，段晓芳，石梦良编著. -- 天津 : 天津大学出版社，2024. 7. -- ISBN 978-7-5618-7775-3

Ⅰ. G40-034

中国国家版本馆CIP数据核字第2024DQ9950号

出版发行　天津大学出版社
地　　址　天津市卫津路92号天津大学内（邮编：300072）
电　　话　发行部：022-27403647
网　　址　www.tjupress.com.cn
印　　刷　廊坊市海涛印刷有限公司
经　　销　全国各地新华书店
开　　本　787 mm×1 092 mm　1/16
印　　张　16.5
字　　数　412千
版　　次　2024年7月第1版
印　　次　2024年7月第1次
定　　价　50.00元

目　录

第一章　教育科学研究方法的一般原理

第一节　教育科学研究方法概述

一、科学研究的内涵及特点

（一）科学的内涵与特征

科学，英文为 science，源于拉丁文的 scio，逐步演化为 scientia（知识），最后演变为今天的写法 science，其本意是“知识”“学问”。日本著名科学启蒙大师福泽谕吉首次把“science”译为“科学”。

在中国，科学一词的意义相当于“格致之学”。《礼记·大学》上说：“致知在格物，物格而后知至”。所谓格物，就是推究事物的道理。“格致之学”即穷究事物构成要素、构成要素的相互作用和运动规律等原理的科学。1893 年，康有为最早将“科学”一词引进中国。

在古代，科学被写成“科 + 学”，“科”的意思是分门别类，而“学”是学问、知识的意思。则科学可理解为：分门别类的有实际用途的知识和学问。

《辞海》（1999 年版）将“科学”定义为：科学是运用范畴、定理、定律等思维形式反映现实世界各种现象的本质的规律的知识体系。是社会意识形态之一。

《辞海》（2000 年版）将“科学”定义为：科学是关于自然、社会和思维的知识体系。

《现代科学技术概论》将“科学”定义为：科学是如实反映客观事物固有规律的系统知识。

《中国大百科全书》（哲学卷）将“科学”定义为：科学是以范畴、定理、定律形式反映现实世界多种现象的本质和运动规律的知识体系。

科学是一种知识体系，是系统化的理论知识总和，反映了人们对自然、社会和思维等领域客观事实和规律的认识。科学是通过采用一定的方法或程序而达到的某种结果。这个系统必须具有说理性与论证性，即康德认为，科学是“按照一定的原则而建立的完整的知识系统”[①]。

达尔文认为，“科学就是整理事实，从中发现规律，作出结论”。该定义指出了科学的内涵，即事实与规律。科学要发现人所未知的事实，并以事实为依据。规律是指客观事物之间内在的本质的必然联系。因此，科学是建立在实践基础上，运用系统的方法，经过实践检验

① ［德］汉斯. 波塞尔. 科学：什么是科学［M］. 李文潮，译. 上海三联书店，2002：11.

和严密逻辑论证的,关于客观世界各种事物的本质及运动规律的知识体系。但是,科学也指知识的加工过程,是一个动态的过程,而不仅仅是静态的知识。知识并不是科学,而是科学的产物。

因此,科学是人类对自然、社会和人类自身等领域客观事实和规律的认识活动,是通过实践检验和严密逻辑论证而动态变化的理论化和系统化的知识体系。

科学具有如下特征。

1. 客观性

科学的客观性表现在两个方面,一方面,其来源于客观存在,其研究对象,无论是自然现象、社会现象还是思维现象,都是客观存在的,是以客观事实为基本依据和出发点的,都是对客观事物本身所具有的本质及其规律性的真实反映,所以它的本质是客观的;另一方面,科学对于主体人是客观的,不以人的意志为转移,我们不能说某些科学是好的,而另一些是不好的,科学只是揭示了事物的本质或者规律。科学是双刃剑,既可以造福人类,也可以对人类产生消极影响。客观性特征不是科学所独有的,却是科学最基本的特征。

2. 可证伪性

科学的可证伪性,即科学可以用严格的客观证据、以科学的方法证明自己的理论正确与否。科学通过观察假设和总结验证的反复过程,才能得出关于事物的规律或者本质,往往不会一蹴而就。科学的可证伪性,也要求科学是客观的,是能够用科学的方法来证明其对错的。比如很多人可能会描述历史事实,但是,不是很多人能够说出历史为什么会是这样的,而马克思的历史唯物主义,却是根据这些事实总结出来的规律。科学通过这种可证伪性可以不断地进步。也可以说科学更接近于真理。同时,可证伪性也是区别科学与宗教等的明显标志。

3. 可重复验证性

科学的可重复验证性,即在不同的时间和空间,由不同的主体用科学的方法可以重复验证自己的理论。可重复验证增加了实验为真、知识为真的可能性,起到科学事实是否成立的判据功能。科学不关心孤立或巧合的个别现象,实验可重复性是科学知识真实性和确定性的基础,为判断科学活动的可靠性提供依据,在一定程度上意味着科学知识的公认性。因而,可重复验证性是自然科学研究的基本原则。可重复验证性是自然科学的基本假设,即事物与现象之间存在的普遍规律,不会因时因地因人而异。从理论上讲,任何成功的科学实验都应该可以在不同的研究主体间重复验证。科学关心的是适用于所有时空所有人的普遍规律,自然科学规律不能因人而异。

4. 可怀疑性

科学是在被怀疑中进步的。科学在探索事物本质和规律的时候,并不是毕其功于一役,而是有一个过程。在这个过程中,一开始人们的认识总是不很正确,不很完善,以后逐渐趋于正确和完善。科学是神圣的,不是因为其不可侵犯不可更改,恰恰相反,是因为它敢于勇于证明,敢于改进,因而胜于任何一门宗教。宗教是不能被怀疑的,否则,人就不能成为宗教教徒。但是,科学使人更加清晰地认识自己以及其所存在的社会,科学对人们几乎没有要求,而且还时刻等待着人们的批评。科学的可怀疑性使人们不断从事科学研究,同时也促进了科学的进一步发展。

5. 系统性

客观世界的诸多规律彼此联系，形成一定的体系，科学，尤其是近代科学都是以科学概念、科学理论等逻辑地组织起来的知识体系，具有系统性，即可以理解为，某门科学就是某领域事物规律的知识体系。在这一体系中，知识之间不但不互相矛盾，反而互相补充、说明，紧密联系，形成一定的知识结构。这是近、现代科学的一个重要特征。

此外，科学还具有社会实践性和动态发展性。所谓社会实践性是指，科学都是人类社会实践的产物，被社会实践所检验并指导社会实践、服务于社会实践。科学作为认识的结果，是时间的函数，是发展着的知识体系。科学在一定条件下和一定范围内具有稳定的内容，但这种稳定是相对而言的、有条件的。科学是相对稳定性和动态发展性的辩证统一。

以上特征是相互联系和相互影响的，共同构成了科学的特征。其中，科学最基本的特征是客观性，而其他特征则是科学区别于其他理论的重要特征。

（二）科学研究

所谓研究，是指运用一定的方法，有目的、有计划、有系统地搜集、分析资料以解决问题的过程。简单而言，即为一种正式地、系统地、精细地执行某种或某些科学的分析方法的历程，具有系统性和客观性的特点。

科学研究是运用科学方法，有目的、有计划、有系统地认识客观世界、探索客观真理的活动过程。

作为一种工作领域而言，科学研究有如下定义。如，中国教育部的定义为，科学研究是指为了增进知识（包括关于人类文化和社会的知识）以及利用这些知识去发明新的技术而进行的系统的创造性工作。而美国资源委员会的定义为，科学研究工作是科学领域中的检索和应用，包括对已有知识的整理、统计以及对数据的搜集、编辑和分析研究工作。

作为一种具体的研究过程而言，科学研究是指对一些现象或问题调查、验证、讨论及思考，然后进行推论、分析和实验验证，以获得客观规律的过程。是在实践基础上把现象和经验条理化并找出规律性的内容从而上升到理论的活动。其一般程序为：发现问题、分析和表征问题、设计研究方案、搜集研究资料、整理分析研究资料、得出研究结论、撰写研究报告。

（三）科学研究的特点

科学研究一般是指利用科研手段和装备，为了认识客观事物的内在本质和运动规律而进行的调查研究、实验、试制等一系列的活动。为创造发明新产品和新技术提供理论依据。科学研究的基本任务就是探索、认识未知，它具有以下一些特点。

（1）客观性。科学必须客观地反映研究事物的本质，在研究过程中资料来源必须是客观的，研究过程和研究结果必须是客观的。

（2）探索性。科学研究就是为了不断探索认识未知世界，认识人类尚未认识的客观规律，这一特点决定了科研过程及其成果的不确定性。要求科研的组织计划具有一定的灵活性和探索性。

（3）创造性。科学研究就是要提供新的理论和信息，把原来没有的事物创造出来，没有创造性就不能成为科学研究，这一特点要求科研人员具有创造能力和创造精神。

（4）继承性。科学研究的创造是在前人成果基础上的创造，是在继承中实现的，这一特点决定了科研人员只有掌握了一定科学的知识，才有资格和可能进行科学研究。

（5）连续性。科学研究是一项长期性的活动，必须连续不断地进行，这一特点决定了在科研组织管理中，要为科研人员指供充分必要的条件，才能保证有较高的效率并取得成果。

（6）控制性。在科学研究过程中，必须有严格的设计方案，明确研究对象的操作定义，排除无关因素的影响，进而严格地实施方案，科学地进行定性定量分析，以使研究结果可信、有效，否则无法判断研究结果的真伪。

（7）系统性。科学研究通常采取系统的方法，研究课题是有组织、有计划、有目的的认识活动，要求研究的内容、研究的方法和研究的程序是系统的。

二、教育科学研究方法的内涵

（一）方法与科学方法的含义

方法，指为达到某种目的而采取的途径、手段、办法与行为方式。方法作为一般的思维方式和行为方式，是研究问题的一般程序和准则。从现代科学意义上讲，方法是指“人们从实践上或理论上把握现实，为达到某种目的而采取的途径、手段、工具和方式的总和”。作为科学的概念，马克思主义哲学认为，方法一般是指认识和研究自然界、社会现象和精神现象的方式与手段。正确的、科学的方法，应当与现实事物本身固有的规律相一致。

科学方法，指的是人们在认识和改造世界的实践活动中总结出来的正确的思维和行为方式，包括收集信息、观察分析、提出科学假说、实验等。科学方法分为 3 个层次：一是最高层次的方法——哲学方法；二是中间层次的方法——科学研究的一般方法，如科学观察方法、科学实验方法和科学调查方法；三是基础层次的方法——适于某学科的特殊研究方法。科学的思维方法，主要包括形象思维和逻辑思维。掌握科学方法，是人们认识世界和改造世界的前提。

（二）教育科学研究方法的内涵与特点

1. 教育科学研究

教育研究是以发现或发展教育科学理论、知识体系为导向，通过对教育现象的解释、预测和控制，获得一般化原理、原则或问题解决策略等创造性的认识活动。教育研究属于社会科学研究的范畴，因而与所有科学研究一样，由客观事实、科学理论和方法技术 3 个基本要素构成，同样以发现规律、探索新知识或寻求实际问题解决策略等为目标，发挥着解释、预测和控制功能。从教育科学研究与教育科学研究方法两者的关系来看，教育科学研究方法是达成教育科学研究目的的桥梁。

教育科学研究是应用一定的科学方法，遵循一定的科学研究程序，有系统、有目的、有计划地研究特定教育现象发生、发展和变化规律，以解决教育现实中存在的问题，揭示教育规律，促进教育实践反思，提高教育质量的一种认识活动。

教育科学研究是一种认识过程，同时也是通过知识的扩展和问题的解决改善教育处境的过程；教育科学研究作为社会科学研究的一部分，即是以科学的理性精神考察人类社会的教育，试图改变不合理的原有结构，满足主体需求的一种科学的认识和实践活动。教育科学研究的对象是教育存在，即教育研究者所意识到的教育事实，包括各样的教育现象及教育规律。

2. 教育科学研究方法

教育科学研究方法是按照某种途径,有组织、有计划、有系统地进行教育研究和构建教育理论的方法,它是以教育现象为对象,以科学方法为手段,遵循一定的研究程序,依据手段、工具、方式,以获得教育科学规律性知识为目标的一整套系统研究过程和准则。它既是一种知识的体系(思维方式),又是一种行为规则(行为方式)。

教育科学研究方法既具有一般科学研究方法的特点,如客观性、科学性、系统性、实践性和创新性,也有区别于一般科学研究方法的独特性。

3. 教育科学研究的特点

第一,教育研究问题的综合性和整体性(也可称之为复杂性)。教育是培养人的社会实践活动,受家庭、学校、社会和个体因素等多种因素的影响,因而,在考察一个教育问题的过程中,不应只考虑教育内部的问题,还要综合考虑对其可能产生影响的诸多因素。比如一个学校提出学校、家庭和社会相结合,共同促进学生的全面发展的整体改革实验研究,其所应考虑的内外因素至少包括:学校的办学条件、管理模式;教师的年龄结构、学历结构、教育观念和教育方法;学生的学习状况、学风;学校周围的环境、社区特点、家长情况。

第二,教育研究的周期长(也称迟效性)。教育研究往往需要经过一个较长的时间,如杜威所主持的芝加哥实验学校教育实验历时长达 8 年之久;苏联心理学家赞科夫为研究“教学与发展关系”课题,在小学持续进行了长达 15 年的教育实验。如果把事前的准备工作和事后理论总结的时间计算在内,这项实验共历时约 20 年之久[①]。以一篇学术论文的完成作比喻,也许论文的真正撰写只花费了几个小时,但是,“冰冻三尺,非一日之寒”,能够在几个小时内完成一篇学术论文,绝非一日之功,它必定是经过研究者长期积累、思考和研究的结果,有时甚至可能凝聚了作者毕生的心血。

第三,针对性和实践性(也称应用性)。教育研究是针对现实的教育问题进行探索和研究,如中小学生家庭教育观念和方式问题;学习困难学生的教育引导和改进问题;师范生教育培养的时效性问题;新时代中小学生厌学问题;等等。同时,教育研究也具有很强的实践性,研究的问题也来源于教育实践,并在实践中研究和解决问题。

第四,广泛的群众性。教育科学研究离不开教育科研工作者、教育管理者与教育实践工作者的积极参与。因此,一项教育研究的实施,不仅需要研究者的周密设计、系统调研和仔细观察,也需要教育管理者和教育实践工作者的积极协调、合作与沟通,需要多方配合和积极参与。另外,随着“教师即为研究者”的教育行动研究理念日益被人们普遍认同,广大教师、教育管理工作者等正以真正教育研究主体的身份,成为教育研究的广泛参与者。

第五,伦理性。教育研究是关涉主体人的培养的系列问题,因此,在教育研究中,必须保护研究对象的尊严、隐私、权利以及敏感性,避免对研究对象造成某种个人伤害。因此,在教育研究中必须做到,首先,以人为被试的研究方案必须谨慎地进行设计,并根据研究规模和范围的大小,报送相关管理部门审批,以最大限度减少对被试造成的可能的伤害;其次,进行问卷调查和访谈时,要征得调查对象的同意,使研究对象以自愿的方式参与,尤其是调研对象若为小学生,最好取得家长和教师的同意,要尊重研究对象拒绝参与的权利;再次,对研究

① 金哲华,俞爱宗. 教育科学研究方法 [M]. 北京:科学出版社,2011:2.

对象的相关资料严格保密,保护个人隐私,在处理隐私问题上,去掉识别符号,使用随机分析法,在公布研究资料和研究结果时,充分掩蔽标志研究对象的迹象。所以教育研究需要通过一定的法律和道德伦理进行约束。

第二节 教育科学研究方法的基本类型

在教育研究中,不用的研究方法,有不同的研究要求和研究程序。对教育研究方法进行比较合理的分类,有利于提高研究的科学水平。教育科学研究方法的 6 种分类方式如下。

一、依据研究的普遍适用程度分类

按照研究的普遍适用程度划分,我国的学者一般将社会科学方法划分为 3 个层次。

一是适用于一切科学领域的哲学方法论,即唯物论和辩证法。这是人们获得关于世界观层次的某种规律性认识,并自觉地运用这种规律去认识世界而形成的最一般的方法理论。

二是适用于自然科学、社会科学、思维科学以及运用于多种学科的跨学科领域的方法论。不仅包括自然科学方法论、社会科学方法论、思维科学方法论等一般方法层次,还包括归纳、演绎、系统科学方法论等。

三是适用于个别具体科学的方法论,是对社会科学、自然科学领域内的具体学科规律自觉运用的科学方法论。

这 3 个层次反映了人们认识复杂对象由具体到抽象的不同认识水平,而 3 个层次之间又是相互衔接、相互渗透的动态发展关系。具体科学方法提供了进行研究的基础,一般的科学方法有助于对研究对象的分类概括,而哲学方法论作为最一般的方法论,对一般的科学方法和具体科学方法具有重要的指导意义。

教育科学研究方法论属于哲学方法论指导下的具体分科方法论,它必须自觉遵守哲学方法论的基本原则,同时它又接受一般科学方法论的支配。

二、依据研究的目的和作用分类

1. 基础研究

基础研究指为获得关于现象和可观察事实的基本原理及新知识而进行的实验性和理论性工作,它不以任何专门或特定的应用或使用为目的。基础研究的主要目的在于探索和创新知识,扩展和完善理论。通过研究,寻找新的事实,阐明新的理论或重新评价原有理论,它回答的是“为什么”的问题。基础研究基本上不涉及实践,属于纯理论的研究,着重于理论建树,只是间接地为实践服务。故又称理论研究或基本研究。其研究结果通常具有一般的或普遍的正确性,成果常表现为一般的原则、理论或规律。教育科学基础研究的范围很广,涉及教育教学的一些基本的问题。如关于教育本质的研究,关于教育功能的研究,关于教育优先发展战略的研究,关于教学中学生主体性问题的研究等。

2. 应用研究

应用研究的主要目的在于应用基础研究成果或有关理论解决教育实际问题,在于应用或检验理论,评价理论在解决教育实际问题中的作用,或是为达到预定的目标探索应采取的新方法（原理性）或新途径，为解决实际问题提供科学依据。应用研究具有直接的实际应用价值，它回答的是"是什么"的问题。应用研究中解决的问题是与教育实践直接相关的，其研究结果可直接为教育改革实践服务，如对于某一学科的教学内容、教学方法、教学组织方式的研究，对学生行为习惯的培养、班集体的建立、班队会活动等内容的研究等。目前我国教育研究中占很大比重的是应用研究。

3. 发展性研究

发展性研究的主要目的在于研究或探索用于教育改革和学校运行的有效策略，为某一领域的教育改革提出改进建议。回答的问题是"如何改进"。发展研究主要解决如何改进现实，展望未来，提高教育水平的问题。如关于国家或某一地区的教育发展战略的研究，在大学扩招的条件下普通高中如何发展的研究。

4. 评价研究

评价研究的目的是通过收集和分析资料数据，对一定教育目标和教育活动的相关价值作出判断的过程。评价研究回答的问题是"怎么样""好不好""行不行"。例如，课程改革成效的评价，教学成效的评价，新旧教材的成效比较，教学方法的比较，关于一项计划的可行性的研究，方案的可行性研究，等等。

5. 预测研究

预测研究是指分析事物未来发展的前景与趋势的研究，回答"将会怎么样"的问题。如"新教育的思考""未来学习化社会的师范教育改革""未来教育、教学改革的展望""加入世贸的中国教育对策"等。

分类是相对的而不是绝对的，同一种研究也可以同属于两种以上的研究。如教师的培训，既属于应用研究，也属于发展研究。申报课题时的综合研究指的就是两种以上研究类型的组合。

三、依据研究的空间维度分类

根据研究空间维度的不同可以把教育科学研究分为宏观研究、中观研究和微观研究[①]。

1. 宏观研究

宏观研究通常为国家、省、市、地区等各级政府服务，是带有全局性的研究。如"××省教育发展战略研究"。

2. 中观研究

中观研究是指对学校的办学思想、方针、模式、管理等的研究。如"学校办学特色的研究""学校办学模式的研究"等。

3. 微观研究

微观研究是指关于学校内部的课程、教学方法、教学组织形式等方面的研究。比如，关于年级、班级、学科、具体个体等方面的研究，如"如何通过课程提高学生素质"等。

① 胡中锋. 教育科学研究方法 [M]. 北京：中国人民大学出版社，2018：15.

四、依据研究思维的方法分类

根据研究思维方法的不同可以把教育科学研究分为思辨研究和实证研究。

1. 思辨研究

思辨研究主要是以追求对教育现象的真理认识为目的,以逻辑思维和辩证思维为主要研究手段的研究。

2. 实证研究

实证研究主要是以解决理论和实践中的问题为目的,追求事实和数据,以实验、调查为主要研究手段的研究。

两者的区别在于:第一,追求的目的不同。思辨研究追求的是对真理的认识,实证研究追求的是事实和数据。第二,研究的手段不同。思辨研究的手段是逻辑思维和辩证思维,实证研究的手段是实验和调查。

两者的联系在于:一般来说,在实际的教育科学研究中往往需要两者有机地结合,为教育科学研究提供理论依据和实践依据。另外,思辨研究不一定要与实证研究结合,但实证研究则必须以一定的思辨研究为基础。

五、依据搜集资料的方法分类

根据搜集资料方法的不同可以把教育科学研究分为文献研究、调查研究、实验研究、测量研究和行动研究。

1. 文献研究

文献研究方法是对文献进行查阅、分析、整理,从而找出事物本质属性的方法。文献包括文字资料、图形资料、符号资料、声像资料等。例如,对某个大学几年内的校报进行分析、整理,从而分析该大学几年来的主要问题是什么,这些问题哪些已经解决,哪些还没解决,如何解决。这种研究方法就是文献研究法。

2. 调查研究

调查研究方法是深入了解教育实际情况,发现存在的实际问题,寻求解决问题手段并探索教育规律的方法。调查研究方法是教育科学研究的主要方法之一。如“当前青少年思想特点分析”“教育发展与经济发展的关系”等。比如,姜凤华教授研究发现,在 20 世纪 80 年代末,珠江三角洲的经济发展与教育发展呈现负相关,这个问题引起了有关部门的关注,有关部门通过引进外来人才、加大教育投资和进行培训等一系列措施来改革和发展教育。

3. 实验研究

实验研究方法是应用研究手段,根据一定的假设,在教育活动中创造一定的条件、主动地控制研究对象、排除无关因素的干扰、揭示教育活动中的因果关系的方法。实验研究方法是一种最严格的方法。如研究质疑法的效果:找实验班,同时有非实验班。除教学方法不同,实验班和非实验班其他条件基本相同。假设:质疑法好于其他的教学法。探索因果关系:质疑法会提升教学质量。

4. 测量研究

测量研究方法是根据某种规则对客观事物进行某种数量化测定的方法。关键在于根据规则（如标准、工具）进行数量化的测定。

5. 行动研究

行动研究方法是指在自然、真实的教育环境中，教育实践工作者按照一定的操作程序，综合运用多种研究方法与技术，以解决教育实际问题为首要目标的一种研究模式。

六、依据分析资料方法的不同分类

根据分析资料方法的不同可以把教育科学研究分为定性研究和定量研究。

1. 定性研究

定性研究是一种探索性研究，也是一个发现问题的过程。定性研究主要是想通过解决所研究事物"是什么"以及现象"为什么会发生"等本质性的问题，继而对所研究的事物作出语言文字的描述，从而达到反映研究对象特征和本质的目的的研究方法。定性研究侧重于用语言文字或图片描述、阐述以及探索事件、揭示现象和发现问题。定性研究大多采用参与观察和深度访谈而获得第一手资料，具体的方法主要有参与观察法、访谈法、案例研究法、行动研究法、历史研究法、人种志方法。其中参与观察法是定性研究中经常用到的一种方法。通过对原始资料（现场的访谈记录、对话、照片、录音等等）的处理来更好地描述、解释事物并达到研究目的。从哲学的角度来看，它是对事物质的方面的分析。

2. 定量研究

定量研究是指在教育科学研究中，通常观察、实验、调查和运用统计分析工具进行的研究。从哲学的观点来看，是关于事物关系的量的方面的研究。定量研究通常采用数据的形式，对教育现象进行说明，通过演绎的方法来预见理论，然后通过收集资料和证据来评估或验证在研究之前预想的模型、假设或理论。定量研究是在"先在理论"的基础上进行的研究，这种理论以研究者的先验想法为开端，这是一个自上而下的过程。

关于教育研究方法的分类问题，有 3 点必须注意。

一是这 6 种分类方式反映了教育研究是一个复杂系统，具有丰富的内涵，各自有适用范围，侧重角度不同，但都是合理的。

二是要明确分类的目的。分类的目的在于帮助我们掌握每一类方法的基本特点、应用范围和条件。

三是要把握教育研究发展的趋势。

第三节　教育科学研究的意义、任务及原则

一、教育科学研究的意义

如果你想让教师的劳动能够给教师带来快乐，使天天上课不至于变成一种单调乏味的义务，那你就应该引导你的教师走上研究这条幸福之路上来。

——[苏] 苏霍姆林斯基

1. 开展教育科学研究为当前的教育改革提供科学的依据和理论指导

教育改革与教育科学研究相结合是现代学校教育发展的重要途径。教育改革的理论和

依据从何而来？就是要通过教育科学研究进行实验探讨，寻找规律，从而指导教育改革和实践。

2. 教育科学研究丰富和发展了教育科学

人们对教育规律、特点的认识，离不开教育研究，教育科研成果的积累丰富和发展了教育科学。人们通过教育科学研究将实践经验和感性的认识上升为理性认识，总结出规律和理论，这些规律和理论反过来指导教育实践，再通过实践和教育研究进一步丰富和发展了教育理论。教育科学理论的形成离不开教育科学研究。教育科学研究使教育科学本身获得了丰富和发展。

3. 教育科学研究促进教师素质和教育质量的提高

广大教师在教育实践中积累了丰富的实践经验，教师通过教育科学研究总结经验、探索规律，上升到理论的高度来认识教育现象和问题，这促使教师学习理论，用理论指导教育研究。通过研究教学，设计教育教学改革方案的实践，进一步地把教育理论与实践有机地结合起来，在这个过程中提高了教师的教学水平和理论水平，促进了教师素质和教育质量的提高。

二、教育科学研究的任务

1. 总结教育的历史经验，开展教育现状调查研究

中外教育的历史遗产中有许多经验，也有许多教训，可供我们借鉴。我们应当认真研究，取其精华，去其糟粕，择其善者而从之，使其为我国的教育现代化服务。从纵向上，我们应总结历史经验；从横向上，我们应了解当前我国教育的基本国情，为此，我们不但要总结教育的历史经验，同时要开展教育现状调查以便更好地了解国情，为进一步开展教育改革打下基础。

2. 研究当前教育中急待解决的问题

经过大量的教育调查后，我们能更清醒地认识到我们应当解决哪些问题，而哪些问题又是当务之急。针对这些急待解决的教育问题深入地进行理论探讨和教改实验，把教育的基本理论研究与解决现实问题的研究紧密结合起来，教育科学研究才能更好地为建设中国特色社会主义教育体系贡献力量。

3. 进行课程改革和各科教学研究，开展教育改革实验

课程改革和各科教学研究是提高教学质量的关键环节，它涉及各级各类人才培养的质量。小学是造就各级各类人才的基础。因此小学各科教学和课程的研究是小学教育科学研究的一个重要任务。它要求研究小学教材方面的问题，也要研究教学方法，还要研究课堂教学中学生怎样学以及小学各科如何实施素质教育的问题，将成功的实验研究系统化、标准化、理论化，在更大的范围中实施，逐步推广，以提高教育质量。

4. 进行跨文化比较教育研究，促进我国的教育改革

我们应当研究国内外教育，比较不同文化背景下的教育有哪些共同规律和差异性，以便从我国的实际出发，借鉴外国的先进教育经验，促进我国的教育改革。

5. 进行教育发展研究

对教育模式、发展趋势、教育需求进行预测和研究；对教育体制、教育规模、教育内容、教

育方式、管理体制以及教育与社会、经济、科技发展的关系等问题进行研究，使人们能看清发展方向，有助于对教育发展的宏观把握，制定科学的短期、中期和长期的教育发展规划和政策，指导教育改革和发展。

三、教育科学研究应遵循的原则

（一）教育性原则

教育性原则是指教育科学研究要符合教育的要求。这是教育的目的和任务所决定的。实施这一原则的要求如下。

（1）教育科学研究的目的、内容要符合教育的目的的要求。科研当中不能提出与国家教育要求相矛盾的要求或出现其他问题。

（2）教育科学研究的方式方法、实施过程要有利于学生身心健康和全面发展。也就是说在选择研究方法和程序时不能损害学生的身心健康，要符合道德要求，要考虑所用的方法对学生的身心是否会产生不良影响。

总之，教育科学研究要把教育人、培养人、塑造人作为出发点和归宿，坚持把教育性原则贯彻于教育科学研究的全过程。

（二）客观性原则

客观性原则是指在教育科学研究中，坚持实事求是，一切以客观实际为依据，根据客观事实的本真情况加以分析和研究，避免主观臆断和偏见。

贯彻这一原则的要求如下①。

（1）坚持客观的态度。研究者要坚持实事求是的态度和作风。收集资料、分析资料要客观。

（2）一切以客观真实的事实为依据。资料必须真实可靠，要对获取的资料严格地查证核实。

（3）全面、细致地收集资料。教育现象和问题具有复杂性，因此，要全面、细致地收集资料，防止以偏概全。

（4）研究的过程和结论要客观、科学。在科学研究的过程中，要运用科学的方法和程序去研究客观现实。就是说从课题的选择到材料的分析，从方法手段到研究的组织都必须客观科学，才能取得理想的成果。同时研究的结论必须经过证实或实践检验，保证其客观性、科学性。

（三）系统性原则

系统性原则是指用整体的、系统的观点指导教育科研活动。科学研究必须注重事物之间的联系，坚持整体和系统的观点。必须考虑教育与社会的相互联系，分析家庭环境、社会环境和学校环境等环境的影响，全面地探讨教育实践中的问题。

同时，教育科学研究本身就是一种系统的教育研究探索活动。因而，教育科学研究要有明确的研究目的、严密的研究计划、科学的研究方法、周密的研究组织、合理的研究程序和步

① 金哲华，俞爱宗. 教育科学研究方法 [M]. 北京：科学出版社，2011：4.

骤，构成一个规范的教育科学研究系统。

（四）定量研究与定性研究结合原则

定量研究必须与定性研究相结合，因为二者是相辅相成的，分别反映客观事物的量与质的关系。教育研究中的定量分析方法有独特的表达方式。针对教育的特点来运用定量的研究方法，重要在于发现潜在的量的关系，在此基础上提出描述有关对象数量关系及规律的相应的数学方法。这种“教育化”的数学方法，在教育研究方法体系中应有自己的独特的位置。

（五）伦理性原则

伦理性原则是要求研究者的科研活动应遵循基本的社会道德准则，不侵犯研究对象或研究参与者的权益，避免给他们造成身心伤害。具体而言，研究者应遵循以下原则。

（1）自愿原则和保密原则，尊重受试者的权利。在研究活动中，不管研究工作处于什么条件下，都应优先考虑如何保障受试者的权利。如不参与协作权、保持不署名权、保密权、要求研究者承担相应责任权等。

（2）无害原则和匿名原则，研究活动不给受试者造成不恰当的压力。研究者在进行某些研究活动时，一定要对其在受试者身心上可能产生的影响加以预测，避免或防止产生不良结果。

（3）知情原则，要慎重解释研究材料或研究结果。一般来说，公众对科研工作者展示的研究材料或研究成果有一种信任感，也乐于引用或使用。因此，研究者就应该严肃地对待自己在研究中搜集到的各种材料和研究形成的有关结论，避免给研究对象或教育实践造成消极的后果。

第四节　教育科学研究方法的历史发展

教育科学研究是对教育现象的考察与分析。教育作为一种社会现象随着人类的发展而存在和发展。广义上说，从教育产生之日起人们就开始了对教育现象的认识和研究，因而也就有了教育研究。教育研究方法经历了一个产生、发展和成熟的过程，早期的教育是一种在自然的情况下，由老一代向年轻一代传授知识经验的过程，因而不可能产生自觉的、有计划的对教育现象的认识。随着社会的发展，特别是文字的出现，使人们有可能有计划地观察和记录教育现象的种种表现。随着科学技术的进步，教育研究方法与技术也不断发展，人们越来越自觉地、准确地、有创造性和预见性地研究教育现状，总结教育规律，预测教育发展的未来。教育是随着人类文明的发展而发展的，作为对教育自身的认识工具的教育研究方法也是随着教育的发展而发展的[①]。

一、教育研究方法的历史沿革

（一）从古希腊到16世纪的直觉观察时期

从古希腊到16世纪这一时期，科学技术还比较落后，人们对自然和社会现象的认识基

① 金哲华，俞爱宗. 教育科学研究方法 [M]. 北京：科学出版社，2011：7-19.

本上采用一种朴素的方式,以直觉观察为主要的认识方法。即主要依靠不充分的观察、对教育实际经验的总结以及在直觉基础上的思辨方法。这个时期教育研究方法思想的主要成就体现在中国古代教育观以及古希腊亚里士多德的逻辑学中的方法论思想。我国的古代教育家孔子、孟子、董仲舒、韩愈、朱熹等对教育的研究所用的主要方法就是观察和经验总结的方法。

在该时期,文献法、历史法、测量法等研究方法也开始出现。人们开始自觉地运用各种方法研究教育现象、探索教育规律。古代许多关于教育思想、教育方法的论述都是人们通过查阅历史资料或对先辈的言论进行研究和整理而形成的。我国古代通过科举考试选拔人才的制度,可以看作一种测量的方法。

这一时期的教育研究方法的主要特征如下。

(1)采用观察以及归纳、演绎和类比的思维方式对教育现象进行研究并形成理论。这一时期的教育研究主要是从观察事实材料出发,然后加以概括总结,从而得出结论。而教育理论观点的表达也是以描述性为主,没有形成严谨科学的理论体系。

(2)辩证法的初步运用以及朴素的系统观。表现在这一时期的教育家们关于文与道、言与行、知与行、学与思、师与生等关系的辩证分析与论述之中。在这一时期,人们还不能对自然界、社会、教育进行深入系统的解剖分析,他们把教育当作一个整体进行观察研究,无论唯物论或辩证法思想都带有原始的、自发的、朴素的性质。

(二)17 世纪至 20 世纪初:分析为主的方法论时期

欧洲“文艺复兴”后,自然科学中开始广泛地运用定量研究和实验研究。相继产生了实验方法和分析、比较归纳、演绎等逻辑方法。数学方法、逻辑分析的方法在自然科学研究中被普遍采用。如意大利科学家伽利略开创了实验方法和理性方法、数学方法相结合的研究途径。自然科学研究方法的发展,影响和促进了教育研究方法的发展。17 世纪以后,许多教育家在研究过程中把理论和实践结合起来,创立了新的研究教育现象的思路和方法,丰富和促进了教育研究的理论和实践。这一时期出现的一些著名的教育家夸美纽斯、裴斯泰洛齐、第斯多惠、乌申斯基等,都在教育研究方法的改革上作出了很大的贡献。

在这一时期,笛卡儿(1596—1650 年)提出了理性演绎法,认为一切真知都是由简单自明的纲领演绎出来的,感觉经验常常导致错误,理性才是真实知识的唯一可靠来源。康德(1724—1804 年)试图将经验论与唯理论相结合、将世界统一在思维的基础上,认为对教育应该是革命而不是改良,必须对“理性”、对一切事物进行批判才能辨明真伪。他们的思想对当时以及后来的教育家都产生了很大的影响。

这一时期教育研究方法发展的主要特点表现在以下几个方面。

(1)从经验描述上升到理论的概括,把教育作为一个发展过程来研究,不仅描述现象的特点,而且着重揭露现象间的联系和发展历程。如卢梭、福禄倍尔强调个性研究,强调教育的内在因素,赫尔巴特强调社会研究。在这一时期,教育学开始从哲学中分离出来,成为一门独立的学科,并且不断发展完善。

(2)教育研究方法在很大程度上是同认识论糅合在一起的,并初步形成归纳法和演绎法。归纳与演绎是不同哲学理论指导的两种不同的研究方式和研究风格。二者在认识论上的不同方式反映了人们对如何认识世界的看法。这两种认识方式的论争,也推动了认识论自身的发展,对教育研究方法论的发展也起到了同样的作用,时至今天,这一争论还在继续。

(3)心理学思想开始成为教育科学研究方法论的理论基础。这一时期的许多教育家,都不同程度地从心理学的角度考虑和研究教育问题,裴斯泰洛齐和赫尔巴特都企图通过寻找心理根源来发现通过自然法则本身决定人类发展的形式,裴斯泰洛齐主张"教学的原则必须从人类心智发展的永恒不变的原始形式得来",赫尔巴特从"多方面兴趣"的原理出发论证教学任务和课程。从观念的运动统觉原理出发论证教学过程的形式阶段,使教学论建立在心理学的基础上。

(4)反对权威专断,主张教育要适应自然,并从自然科学中移植"实验方法"。这一时期的一些教育家所进行的实验研究都反映了他们主张教育要适应自然的思想,裴斯泰洛齐1774年创办的"新庄孤儿院",德国的梅伊曼和赖依创立的"试验教育学"都表现了这样一种思想。

(三)20世纪以来:形成独立学科时期

19世纪末、20世纪初,是现代教育科学发展和教育研究方法形成独立学科的时期。这一时期被人们认为是教育研究方法发展的全盛时期。在这个时期,新兴科学飞速发展,科学内部分工日益精密和趋于专门化,数学和数理逻辑的方法广泛应用;对物质结构的研究越来越深入;更加重视理论模式和结构的作用等,都要求对各门科学的共同问题特别是科学的方法论问题进行专门的研究,在这样的背景下,教育科学研究也进入了新的发展阶段。

人们普遍认为1879年德国的冯特在莱比锡创立第一个心理实验室标志着对人的心理研究进入了一个新的阶段。这也是教育研究走向科学化的一个重要标志,它反映了在19世纪末到20世纪初,在心理和教育研究方法上有了重要的突破,使教育研究法发展到一个全盛时期。冯特在心理实验室中用实验的方法研究人的心理的各种反应,为解决教育问题提供了重要的依据,也对教育研究方法的发展产生了很大的影响。在此期间出现了许多有名的教育研究者,杜威就是其中的典型代表。杜威在实用主义教育理论基础上,对当时所谓的传统教育理论的概念、范畴和理论体系进行了全面改造。他强调必须从教育实验中得出理论,并亲自主持了长达8年的芝加哥实验学校的教育实验。在这所实验学校里,对他以实用主义教育学的理论为基础而设计的学校教育模型进行了实验研究,从而形成了"传统派"和"进步派"的论争,并影响了几乎一个世纪。

20世纪初,教育研究的一个显著特征就是强调测量和测验。法国的比纳制定了智力测量方法,主张用实验的方法研究儿童的智力发展。美国的桑代克把动物心理实验的方法运用到教育上,强调定量研究的重要,主张教育现象和教育理论必须有严格的实验验证。桑代克提出:"所有的存在都存在于一定的数量之中。"在桑代克的影响下,许多教育家开始使用定量的方法研究教育的问题。由此可见,在这个时期人们十分重视测量在教育研究中的重要作用。这一时期相继出现了各种各样的测量工具,如智力测验、学业成就测验、能力倾向测验、诊断测验、人格测验等。

受当时美国等一些国家开展教育实验的影响,我国在20世纪20年代,也开展了教育实验的探索。在许多地方建立了教育实验区。截至1935年各种教育实验区就有139处。影响比较大的是著名教育家陶行知创办的试验乡村师范学校和山海工学团，中华平民教育促进会总会的定县实验区和梁漱溟进行的“乡村建设”实验等。

这一时期教育研究的另一个特点是开始重视调查法的运用。1879 年，美国的赖斯进行的拼写练习调查，被认为是最早的教育调查。20 世纪在美国影响较大的教育调查是斯坦利·霍尔采用问卷方法进行的调查，以及 1911—1912 年纽约市开展的大规模的学校调查。这些调查在方法和手段上都注重了规范化和科学化，奠定了教育调查方法的基础。

20 世纪初期出现的一些代表性作品有古德的《教育研究法》、柯斯的《教育问卷法》、麦柯尔的《教育实验法》等。我国最早的教育研究方法著作有罗廷光的《教育科学研究大纲》、朱智贤的《教育研究方法》等。这标志着教育科学真正成为独立的学科。

这一时期教育研究方法发展的主要特点表现在以下几个方面。

（1）教育科学研究方法从哲学方法论中分化出来，成为独立的专门研究领域。

很长时间以来，哲学方法，特别是思辨的方法，是人们考察教育问题的主要方法。而随着自然科学研究方法的发展，其对教育研究方法产生越来越大的影响，使教育研究方法逐渐从哲学方法论中分离出来，成为独立的研究领域；人们借助心理学、自然科学和哲学等方法论，从不同的角度，用不同的研究范式分析和研究教育问题，也更能针对教育现象的特征采用恰当的方法去认识和探索。

（2）构成教育科学研究方法体系的大部分方法是从其他学科移植而来的。这一时期的教育科学研究更多地参考和借鉴了不同学科的研究方法，如社会科学研究常用的调查法、文献法、历史研究法，自然科学研究中采用的实验法、统计法，以及心理学研究中运用的实验法和测量法等都在教育研究中得到运用。教育研究方法虽然有大的发展，但还未形成自身发展的内在逻辑体系。

（3）教育科学研究方法理论中的基本派别——进步的与传统的、实证的与思辨的、实用的与理论的流派进一步分道扬镳，它们各自的发展为研究方法论的发展开拓了新的领域。

（4）由于受西方实用主义教育哲学的影响，教育科学研究方法明显地表现出实用主义倾向。有学者认为，这一时期的研究方法论的一般程序是：“经验—理论—检验—扩充材料—新理论”。由于形成了共同的科学规范，从而保证了理论的自我改进机制，使理论具有逻辑结构性、清晰性以及一定的预见性特点。

（5）在教育科学研究方法成为独立学科的同时，教育科学领域内分科的学科研究方法取得显著进展。这一时期在教育研究领域出现一些新的研究方法，如比较研究方法、历史研究方法、因素分析方法，这些方法在教育研究中的运用和发展，使得教育研究更加富有活力。

（6）马克思主义辩证唯物论的产生和广泛传播，心理学及心理研究方法的发展，直接影响着教育科学研究方法的发展。马克思主义辩证唯物论对教育研究方法论的发展产生了很大的影响，为教育研究者探索教育规律、研究教育现象提供了普遍有效的科学方法论的指导。以冯特建立的第一个心理学实验室为标志的心理科学研究方法的发展，对教育研究具有直接的参考价值，对人身体和智力的测量，使人们可以更有条件用数量化的方式分析和研究教育现象。

二、现代科学发展与教育科学研究方法的变革

20世纪50年代以后,随着现代科学技术的发展,特别是新技术革命的到来,系统科学方法论的运用,以及计算机技术的广泛应用,均极大地促进了教育科学研究方法的变革,使教育研究的水平不断提高。现代科学技术的发展对教育科学研究方法的影响表现在以下两个方面。

一是现代教育科学研究方法的变革与科学发展的历史紧密相连。具体表现在科学对自然和社会研究的日益广泛和深入,使科学研究中直观性的程度降低,抽象化的程度提高,使逻辑思维方法高度发展成为必然。不同学科的互相渗透,在原有学科的邻近领域产生了新的学科生长点,这已成为当代科学发展的一个重要特点。正是由于科学进一步分化和综合性增强,产生了系统论等具有方法论意义的新学科,同时促进了综合思维方式的发展。现代科学发现了一系列原有科学理论体系不能解释和说明的新事实,出现了一些佯谬,破坏了科学体系的原有原则和思维前后一贯的逻辑严密性,产生了现代科学范畴体系的许多根本性变化,同时促使逻辑方法向前发展。科学研究课题的复杂性日益加强,科学研究手段日益复杂、精密,科学研究日益成为集体的、综合的事业。由此产生了科研课题的各个不同方面、不同层次相互配合、相互协调的必要性,产生了协调科学研究不同层次和不同方面的方法论。

二是科学的发展和方法论的深刻变革,给现代教育科学研究方法论提出了一系列新的需要解决和回答的问题。这些问题包括:当代科学走着既分化又综合的发展道路,在方法论方面产生了共性与个性的不同要求,如何处理好一般方法与具体方法、共性与个性的关系问题;教育科学的分化,特别是边缘和交叉学科的不断出现,促使教育科学研究方法日益复杂,呈现多元化发展趋势,这就提出了重新构建教育科学方法论体系的要求,涉及方法论中历史与逻辑的统一、理论与实践的统一、多元化与整体性的统一等根本问题;现代系统科学观点及方法在教育研究中的初步应用,导致出现了如何处理系统与结构、结构与功能、系统与要素、控制与信息以及规律与预测之间关系的问题;随着现代数学方法的广泛应用,教育科学研究中不仅要采用定性分析研究,而且要采用定量分析研究,随之而来的是如何处理质与量、观察与实验、科学事实与因果性解释、归纳与演绎、类推与概括、假设与理论之间关系的问题;关于教育科学理论的形式结构分析,教育科学理论的形成发展及其逻辑有效性的条件等问题。

这一时期教育研究的主要特点和发展趋势表现在以下几个方面。

(一)调查研究法应用得越来越广泛

20世纪50年代以来,调查研究法已经成为教育研究中最基本、最常用的方法。调查研究法在教育研究中广泛应用的重要原因在于,调查研究法可以综合运用问卷、访谈、观察等多种研究方式,更适合对具有复杂性和社会制约性的教育现象的研究。

(二)追踪研究法受到人们的重视

以人的发展为研究对象的教育研究具有长期性。关于人的成长规律的研究,需要进行长期的追踪研究才能对教育现象的一些发展规律有更清楚的认识。典型的长期追踪研究是美国自1921—1972年为期51年的对超常人创造能力发展和培养的追踪研究。美国的布卢

姆在关于早期教育重要性的研究中，对近千名儿童从幼儿园时期到成人这段时间，进行了长期的追踪研究。苏联的赞科夫进行的“教学与发展”的研究，从选择实验班进行研究开始，持续了 20 年的时间，也可以看作一种追踪研究。我国的有关研究人员，也曾对中国科技大学少年班的学生进行了追踪研究。随着教育研究的不断深入，追踪研究法受到人们越来越多的重视。

（三）实验研究方法的进一步发展

实验研究方法很早就在教育研究中运用，20 世纪 50 年代以后，教育实验的方法有了很大发展，特别是在课程改革方面出现了“三大典型学派的改革实验”，即美国布鲁纳的“学科结构论”，苏联赞科夫的“小学教学新体系”和西德根舍因的“范例教学论”。在教学方法上出现了“发现法”“暗示教学法”“掌握学习教学法”“问题解决教学法”“纲要信号教学法”等。我国自 20 世纪 50 年代以来，特别是 1978 年以来，也进行了多项卓有成效的教育教学改革实验。例如，中央教育科学研究所（现中国教育科学研究院）、北京景山学校和辽宁黑山北关学校的“集中识字、大量阅读、分步写作实验”，中国科学院心理研究所卢仲衡主持的“中学数学自学辅导教学实验”，北京市特级教师吕敬先主持的“小学语文能力整体发展实验”，中国科学院心理所刘静和、张梅玲等主持的“现代小学数学实验”，等等。这些实验研究的一个显著特点是紧密结合当前教育改革中存在的问题，着眼于中小学教育教学改革的实际，具有鲜明的针对性、时代性和方向性。教育实验的深入发展，对教育理论的发展起到了重要的作用，其研究成果在教育实践中也得到了广泛的运用。

（四）“三论”方法引入教育研究领域

“三论”即系统论、信息论和控制论，也统称为系统科学方法论，是 20 世纪初开始发展起来的新兴学科。从 20 世纪 60 年代开始，系统科学方法论运用于教育研究领域之中。美国、英国、德国和苏联等国的研究工作者，最早试图把系统的观点应用于教育研究之中，从整体上实现教育过程的优化。在研究中人们把教育看作一个系统，借助系统论中的有关原理进行教育研究。系统论中的整体原理强调把一个系统作为一个整体，在运行过程中，要尽量发挥系统的整体功能，使整体功能大于各部分功能之和，也就是所谓的 1+1>2 的功能。而教育研究所面对的学生个体可以看作一个发展变化着的系统，对学生的教育过程也可以看作一个系统，在教育改革中应该充分发挥他们的整体功能，使学生各方面的发展达到协调一致，使教育过程的各方面对学生的影响达到和谐统一。系统科学的另一个重要的原理是最优化原理。“要求在对具体问题分析的基础上，制定出符合具体条件的最优目标，并采取有效的措施，在动态中协调系统中部分与整体的关系，使部分的功能和目标服从系统总体的最佳目标，以形成从总体的角度看是最优的方案。”苏联的巴班斯基提出的“教学过程最优化”理论，就是基于系统论的优化原理。我国自 20 世纪 70 年代末开始重视系统科学方法论在教育研究中的运用，特别是在中小学整体改革实验研究中，普遍以系统科学方法论为研究的理论基础，从整体上认识和研究中小学教育的问题，从不同角度和更宽的视野进行教育改革和实验，为我国教育改革的理论与实践带来了生机和活力。

（五）跨文化研究等新的研究方法开始在教育研究中运用

20 世纪 50 年代以来，跨文化研究、未来研究、析因研究等新的研究方法也开始在教育研究中运用,使教育研究的领域更加广泛,研究的方法更加多样化。跨文化研究是以各种不同文化为样本,比较在不同文化背景下所取得的资料之间的关系,进而在更广的范围内认识教育规律。如“中、美儿童适应能力的跨文化比较研究”等。未来研究是探索未来一定时期内教育内部各种因素之间以及教育与外部社会因素之间的相互依存关系和变动趋势的一种研究方法。析因分析研究是对影响教育的不同变量之间的因果关系,以及它们之间的交互关系的研究。这些新的研究方法已在一定范围内应用,以后将有更广阔的发展前景。

(六)现代化手段在教育研究中开始受到重视

20世纪50年代以后,电子计算机等高科技产品的广泛应用,为教育研究的发展提供了新的、更加有利的手段。微型计算机的出现和计算机运算速度的加快,使过去单靠人力无法完成的课题得以顺利进行。计算机辅助教学、计算机辅助管理等新研究领域在不断发展,计算机可以部分地代替人脑的功能,计算机已经成为教育科研人员的得力助手。录音、录像等教学辅助设备的发展,也为人们进行教育科学研究开阔了新的思路,人们借助于这些设备,可详细、具体、深入地研究教育现象。如最近发展起来的“微格教学”研究就是这种现代化教育手段应用的一个典型例子。

纵观教育研究发展的历史可以看出,教育研究的发展是伴随着教育的发展而发展的。人类的发展,特别是科学技术的发展为教育研究方法的不断发展提供了条件。教育研究自身的发展,也对教育规律的认识,教育事业的发展起到了促进作用,在新的历史条件下,教育研究必然会得到迅速的发展。

三、教育研究方法演进的主要趋势

现代科学技术的迅猛发展,使当今科学出现了既高度分化又高度综合的新趋势。各门科学的相互渗透、重新融合与新的分化使科学发展进入一个新的时代。新的科学有机体的诞生,必然伴随着研究方法的变革和更新。对于教育科学而言,随着教育科学研究领域的深入和拓宽,研究方法也呈现纵横交错的局面。纵观其变化与发展,存在如下一些趋势。

(一)重视运用数学方法,使定性描述和定量分析有机地结合起来

现代科学发展的一个显著特点是科学数学化的趋势,越来越多的科学部门使用数学语言、数学模型和数学方法,数学不仅可以精确地表达事物数量方面的特征,更重要的是数学提高了理论的构造性,从而也使理论具有更大的清晰性和预见性。因此,数学方法也被引入教育科学研究领域,并成为当前教育科研的一种时尚。显然,教育科研要取得突破确实离不开数学方法,因为教育科学不仅要研究教育现象与教育过程的质,也要研究它们的量、量的关系、量的变化及量的关系的变化和量的变化的关系等,也就是说,教育科学特别需要运用数学方法进行科学的定量分析,以便从量的关系中把握教育科学发展变化的规律,作出更为精确的科学说明。目前,随着教育科学的发展,数学方法已在教育经济学、教育管理和教育教学评价中得到较为广泛的应用,人们开始利用数学模型对一些非常复杂的教育问题进行模拟以及利用计算机进行“模拟实验”等。数学方法本身在研究中得到较大的发展,如教育统计学的逐步成熟与发展。

但教育科学毕竟是一门非常复杂的社会科学,许多问题,如教育的本质、教育的性质、教育的功能、思想品德等方面的问题难以完全数学化、精确化。如果不加分析地滥用数学方法，过分迷信“量化”，反而会造成失误。因此，在教育科学的研究中，为了准确地把握其中变量的复杂关系，必须将定性描述和定量分析有机地结合起来，使之相辅相成，相得益彰。

（二）重视开展教育实验

当代教育科学研究中一个引人注目的现象是教育实验的广泛兴起。近几年来，无论是国外还是国内，个人还是集体，都非常重视教育实验的开展。教育实验作为人类为实现预定目的，在人工控制的条件下研究教育现象的一种重要研究方法，能超过狭隘的教育经验的局限，通过合理的控制和干预，获得较为丰富准确的第一手资料，为理论的概括提供比较可靠的依据。各种教育实验的出现，既是教育科学发展进程中的必然趋势，也是教育研究从经验型走向科学型的重要一环，尤其是在当今科学技术迅速发展的时代，要使教育科学能迅速地适应新形势的发展，大力开展教育实验就成了一条较易摆脱旧教育体系的束缚，从而提出新的假说并加以验证的较为有效的科研途径。

（三）重视教育预测，使教育预测和教育回测并行相辅

现代社会的快速发展使人们更加重视对未来的科学预测，以便把握先机，实现更好发展。教育预测是指对教育发展趋势和前景的科学预测。教育预测是在大量调查研究的基础上、对有关统计资料进行分析综合的结果，它对于制定教育发展规划、推进教育改革和提高教育经济效益等具有重要的意义。

但事物发展的规律告诉我们，今天是过去的延续，未来是没有展开的今天，尽管社会发展具有很多的偶然性，但要作出科学的预测，不能不首先以周密地认识过去和把握现在为前提。对教育未来的预测也是如此，不然的话，对教育未来的预测就缺乏应有的依据，结果就会出现大的偏差，要么过头，要么不足。因此，在实践中教育预测常常与教育回测并行使用。所谓教育回测，就是总结教育的过去，目的在于吸取经验教训，指导今后的教育工作。为此，为了使教育更好地面向未来，作出科学合理的发展规划，不但要重视教育预测，而且要重视教育回测，使教育预测和教育回测相辅相成，交相辉映。

（四）重视以系统科学为指导来研究教育科学

系统科学起源于20世纪40年代，控制论、信息论和系统论（又称“旧三论”）的问世以及后来“新三论”（耗散结构论、协同论和突变论）的诞生，为教育科学的发展提供了强有力的思想武器。系统科学不仅是新的理论，也是新的方法。系统科学强调应把事物作为一个具有一定元素、结构和机能的有机整体来看待，在考察研究对象的方式方法上，强调整体性、综合性观点，注重从整体上研究事物的结构、层次、过程、关系和信息反馈等，突破了以往那种处理简单因素、静态、直线因果的分析方法的局限性，从而把辩证法中的普遍联系、相互作用、运动发展、量变质变等范畴进一步具体化。将系统方法引进教育研究正是对静止孤立的教育科学研究的一种改造，它将研究对象放到系统的形式中进行研究，把教育作为一个运动着的整体加以考虑，正确分析和处理教育系统内部和外部的关系，教育系统内部的整体和局部的关系，教育系统纵向整体化和横向整体化的关系。

系统科学的思想与方法对于改善教育研究具有重要的指导意义和借鉴价值，运用好系统方法能够很好地处理教育过程中的整体与部分、偶然与必然、可能与现实、数量与质量、形式和内容等方面的辩证关系以及探索教育系统发展变化的内外因规律、方向和趋势。以系统科学为指导来研究教育学,显示出教育学在方法论研究上的新的趋势和未来发展方向。

(五)重视各种研究方法的综合使用

教育和人的复杂性决定了教育科学应采用多层次、多方位和多指标的方法。即使是教育的某一分支甚至某一课题,也不应局限于一种研究方法。这样才有可能充分揭露它的性质和规律。因此,任何片面强调某种方法重要而轻视其他方法的观点与做法,显然是不可取的。在教育研究中,孤立地采用某种方法,是不能揭示复杂教育现象的规律的,因为每一种方法都有一定的适用范围,都有必不可免的局限性。综合运用多种方法,通过多种途径来研究教育问题,才会有所突破,有所创新。

四、影响教育科学研究及其方法发展的基本要素

从教育科学研究方法发展的历史可以看出,教育科学研究方法的发展与哲学、自然科学、心理学等研究方法的发展是密切相关的。从早期依赖于哲学的方法,到逐步引入自然科学的研究方法,再到研究方法的多元化,这一过程反映了教育现象自身的复杂性。相应地,研究教育现象的过程也是十分复杂的。教育自身的发展是受多种因素制约的,包括社会、政治、经济因素,从事教育的人的哲学观点,人类对自身认识的程度,不同民族和不同历史的文化特征等,这些因素也会从不同程度上影响教育研究方法的发展。

(一)哲学认识论与教育科学研究

教育科学研究从一开始就与哲学的认识论有着密切的关系,任何教育研究方法论都离不开一定的哲学认识论。人们对教育问题的认识与研究都会自觉不自觉表现出某种哲学思想,教育科学研究与哲学认识论的关系表现在以下几个方面。

(1)哲学是从客观世界的普遍联系中去研究事物,提供研究自然界、社会和人类思维一般方法规律的方法论原理。

任何一种教育研究方法论都反映了一定的哲学认识论。一些研究者明确地表明自己的哲学观点,一些研究者可能不是很清楚、很自觉地运用哲学观点,但在他们的研究过程中会表现出某种哲学认识论上的特点。在研究教育的过程中,必须把对教育问题的认识放在哲学思想背景下加以考虑,才能作出比较合理的解释。

(2)不同的哲学认识论基础,决定了不同的方法论特点。

19 世纪末 20 世纪初物理学革命之后,各门科学有了迅猛的发展,人们对科学认识论基础重新审查并产生了种种不同的哲学思潮。其中,有代表性的是自然主义、实验主义、结构主义、存在主义(现象学的理论)等,与此相应地形成了种种不同的教育哲学流派,这些流派分别以它们的哲学认识论和方法论来研究教育问题。如果把纷繁复杂的学派简要地加以综合分析,就会看到,它们基本是沿袭历史上发展下来的两个主要范式而形成当今的两大基本阵营,这就是从柏拉图的逻辑结构论到笛卡儿的唯理论,从亚里士多德的经验观察到培根的经验论。在现代,一派是科学主义的(分析的、经验的)实证主义观点,强调用量表进行实验,模仿自然科学,强调用数学工具来分析经验的、可定量化的现象,目的在于确定事物间的因果关系。另一派是人文主义的(现象学、解释学)的反实证主义观点,强调定性的、理解

的、解释的方法,它是从人文科学推衍而来的,注重整体和定性的信息以及说明的方法。两派观点各有一定合理性。同时又有一定的局限性。

(3)马克思主义的辩证唯物主义和历史唯物主义是教育研究方法论的指导。

马克思主义哲学提供的是人类的"认识工具",提供了认识世界、改造世界的一般方法原则。马克思主义哲学方法论是人们认识世界的科学方法论,离开了科学认识论,教育研究方法论只会变成肤浅的、琐碎的具体技巧和经验,而不能构成科学的研究方法和完整的理论体系。以辩证唯物主义和历史唯物主义指导教育科学研究,对教育研究方法论的运用和发展是十分重要的。

(4)我国哲学界近年围绕一系列重大问题进行的讨论和理论反思,对教育科学研究的发展有重要启示。

近年来在教育理论界对教育研究方法论的讨论十分活跃,其中也包括从哲学的认识论角度来认识教育研究方法问题。这些讨论包括:认识的本质问题;关于认识的发展阶段问题;关于认识的源泉问题;主客体关系及主体性问题;实践及活动的概念、系统、结构与功能、实践与认识关系以及实践检验理论的复杂性。

(二)科学技术发展与教育科学研究

从教育科学研究方法的发展史中可以看出这样一个明显的特点,就是随着科学技术的不断发展和进步,教育科学研究方法也在不断扩展和完善,即从简单的朴素的描述性的研究,到理性的多元化的研究,教育研究方法逐渐科学化和系统化。

(1)科学技术发展对教育科学研究方法论的影响作用,表现为一定科学技术发展水平上所建立的自然科学和社会科学研究方法对教育研究的直接渗透和移植,并为教育研究手段的变革提供了必要的可能条件。

(2)科学技术发展所引起的思维方式的变革,对教育科学研究方法论产生了深刻影响。思维方式是科学方法的基本要素之一,基本思维形式和方法在思维过程中的不同结合,以及每种基本思维形式和方法在这种结合中所占有的不同地位,就形成了具有不同特点的科学研究方法,思维加工的基本形式正是随着一定时代科学技术的发展而不断发展演变的。

(3)不同时代科技发展与教育科学研究的关系。考察自然科学发展史就会发现,与自然科学和技术水平相适应的是直观猜测的思维方式,是对事物的整体观察,是描述自然现象以及对生产经验的总结。此时的教育研究方法则模仿自然科学方法,笼统、直观、综合地认识教育现象,重视观察和经验。

在近代科学技术的发展史上,自然科学的两次大分化使思维方式经历了从分析到综合,再到分析与综合相统一的变革。第一次大分化宣告了神学的破产,重视观察和经验的作用,为唯物主义认识论和自然观的形成奠定了基础,科学实验从生产实践中分化出来成为一项相对独立的实践活动。相应的思维方式的变革,从经验的描述上升到理论的概括,从以搜集经验材料方法、分析方法为主到以分析事物的内部联系并对整体进行综合研究为主。16 世纪中期至 19 世纪中期,教育研究在方法上采用了演绎推理以及实验研究方法,由此才可能出现赫尔巴特对教学过程内在规律、教学过程中认识发生发展的研究以及斯宾塞的课程理论。

第二次大分化是 19 世纪末 20 世纪初,由于物理学革命而使自然科学进入到现代科学阶段,尤其是在20世纪四五十年代后,以电子计算机为代表的电子技术、原子能技术、遗传工程和空间技术的发展,标志着当代新的科技革命的到来。在科学的高度分化和深入发展的条件下,要完整认识现实的各个领域,就要说明事物的整体结构、事物与事物之间的系统关系,也就是要揭示事物的层次与结构、事物之间的联系与发展。与之相对应、形成的是当代整体的、动态的、多维的思维方式,辩证思维和科学实验成为现代教育研究的两大武器,并广泛应用了系统科学的方法以及数学的方法。

(三)教育理论和实践的发展与教育科学研究

教育科学发展的历程也是科学探究的历程,教育理论和实践的历史发展正是教育科学研究方法发展的基础和根本动力。

(1)教育科学发展水平对研究方法论的决定作用,不仅在于从教育实践中提出的问题和新的理论解释是研究方法论发展中最活跃的因素,更重要的在于教育作为研究的对象,它的特点规定和制约着教育研究方法的性质和特点。

首先,教育是社会现象,从教育科学的基本性质上看,它属于社会科学。因此,对教育现象的研究与对其他社会现象一样,同样具有情况复杂、偶然因素较多、不易控制、不易预测以及不能完全重演等特殊性。

其次,教育是培养人的活动,是为一定社会培养一定类型的人的活动。人作为研究对象,既是自然的人,又是社会的人,具有复杂的思维意识和主观能动性,具有自然实体和社会实体两方面的属性。因此、教育的研究方法也具有复杂的多学科性特点,它以社会科学研究方法为主。同时采用自然科学、思维科学的研究方法。同时,人是发展变化的,因此、教育研究方法不能是单一的、孤立的、静止的、程式化的,而必须是综合的、多因素的、发展的。既有理论研究,又有实际研究;既有定性研究,又有定量研究;既有基础理论研究,又有应用科学研究。它以教育教学自然情境条件下的研究为主,以控制一定条件的实验室研究为辅。

最后,形成观念形态的教育研究方法论,是历代教育家们从不同角度、不同侧面进行研究、诠释的结果。由于每个时代和每一个教育家的教育经验、见解、思维方式方法多种多样,创建出了多种体系和理论,因而形成了各具特点的教育研究方法论形态。

(2)教育的发展与教育科学研究方法发展之间的相互关系,一般表现为以下几种情况。

第一,教育家们在他们的教育理论中蕴含着相应的方法论。每一种教育科学研究活动都不能离开一定教育理论的指导,已有的教育理论不仅提供认识的逻辑范畴和方法,而且还为教育科学研究活动提供思维的准则和框架,制约着研究工作的水平和方式。它不仅决定着研究的起点,而且决定着经验材料的思维加工水平和形式。

第二,通过不同教育观点、体系间的争辩、互补、包容、深化和扩展,在促进教育科学发展的同时,将形成各种不同的教育科学研究方法论。通过每个时代不同教育学派的争论,不断淘汰错误的认识,不断完善正确的认识,不断纠正由于时代、历史局限所造成的认识上的片面性、表面性,从而使教育科学研究方法论向科学化水平一步步地逼近。

第三,教育科学研究方法的历史发展趋势与教育的历史发展趋势是一致的,表现为累进性演变和革命性演变的统一。区别于自然科学和社会科学发展的是,教育及其研究方法的发展以累进性演进为主,即以继承某种研究传统为主,不断改善原有理论,同时也有一定程度的创新。在发展到一定阶段时,呈现出一定的革命性演变,即通过批判某种传统,创造新的理论体系,同时也有一定程度的继承,从而使研究方法论在渐进发展中呈现出阶段性。

(四)相关学科的发展与教育科学研究

心理学、生理学、脑科学、语言学、人类学、社会学、生态学、信息科学、创造学、数理逻辑及模糊数学等,作为教育研究的理论基础,其发展极大地影响着教育科学研究的发展水平。

(1)心理学与教育科学研究的关系最密切,表现在两个方面。首先,心理学作为教育科学的基础之一,为论证教育理论、观点提供了科学的依据。正因为如此,不同学派的心理学家分别以他们的理论观点影响教育研究,影响教育研究的科学性。其次,现代教育的发展要求教育科学和心理科学相互渗透和联结,二者在研究问题上的共同性、研究方法和研究手段的一致性及研究成果评价的整体性,使心理科学对教育研究产生了极大的影响。

(2)生理学和脑科学与教育研究的关系也甚为密切。神经系统是保证有机体内部的完整性及其与外部环境统一的基本结构,是人类实现认识活动的主要物质基础。近年来为了揭示大脑的基本构成及基本活动规律,科学家们进行了深入研究,他们对思维过程中逻辑与非逻辑,形式化和直觉因素的互补性关系的揭示,加之在遗传学、习性学等方面研究的新进展,给教育领域的研究提出了许多新的研究课题,同时也给教育研究带来了新的启示。

(3)语言学、社会学、人类学、生态学等学科的研究动向及成果,已越来越受到教育科学研究者的关注,并为教育科学研究提供了新的研究课题。

(五)社会文化传统与教育科学研究

(1)一定的社会文化传统对教育科学研究及其方法的发展有着深刻的影响。不同区域、不同文化传统下的教育科学研究方法,也呈现出不同的特点。

(2)文化传统及对教育研究方法发展的影响。中国的教育及研究方法深受中国传统儒家文化的影响,中国教育发展的"大一统"观念,重义轻利的封闭结构,注重直觉和直觉经验、缺乏理性的思维方式,崇尚求同思维,注重独立思考、整体辩证的思维特点,无不与中国传统文化表现的基本特征有关。西方民族文化与中华民族文化传统之间存在着深刻的差异。西方民族在思维方式上具有注重现实、"一"与"多"对立统一的思维模式,注重理性思辨思维途径,从而形成西方教育研究的不同特点。这一特点突出表现在功利主义教育、人本主义教育的发展,教育观念的多样化以及注重理性精神等方面。

(3)我国从古到今的教育研究模式特点:重经验描述,缺乏理论概括总结;重先王之道,遵循历史传统;教育与科学技术的发展与自然哲学研究相脱节;思维方式是整体直观、整齐划一。

思考与练习

(1)解释概念:科学研究、教育科学研究、教育科学研究方法。

(2)简述科学研究的特点。

(3)简述教育科学研究的特点。

(4)简述教育科学研究应遵循的原则。

(5)教育科学研究有哪些类型?

(6)简述教育科学研究发展阶段。

第二章　教育科学研究的过程与设计

教育科学研究是一个有目的、有计划的系统认知和不断完善的科学过程，一般包括如下基本环节：确定问题（选题）、查阅文献资料、制订研究计划、实施研究计划（包括搜集资料、整理与分析资料）、形成研究成果（包括撰写研究报告和形成研究成果）、评价研究成果。

第一节　教育科学研究课题的选定

一、正确选定研究课题的重要意义

爱因斯坦曾说："提出一个问题往往比解决一个问题更为重要，因为解决一个问题也许只是一个数学上或实验上的技巧问题。而提出新的问题、新的可能性、从新的角度看旧问题，却需要创造性的想象力，而且标志着科学的真正进步。"

选题，指经过选择来确定所要研究的中心问题。包括两方面的含义：一是确定科学研究的方向，二是选择进行研究的问题。

所谓选题正确，是指应当选择有意义的并且问题提法原则上是正确的，因而有可能实现的科学问题来进行研究。

（一）科学研究始于问题

选题是科学研究之需要，发现并提出有意义的问题是科学研究的起点。

科学研究始于问题，也终于问题。科学哲学家波普尔（Popper）指出："科学与知识的增长永远始于问题，终于问题——愈来愈深化的问题，愈来愈能启发大量新问题的问题。"选择研究课题是科学研究的第一步，也是至关重要的一步。成功选题是研究成功的前提。发现并提出有意义的问题是科学研究的起点和归宿。

（二）选题决定教育研究的方向和水平

教育研究应选择什么问题，不仅是研究领域和研究方向的确定，而且也反映了研究者敏锐的问题意识，是研究方向正确与否和研究水平高低的标志。

（三）正确选题是研究工作者进行科学研究的基本功

独立判断和正确选题是衡量科研工作者研究水平的一个重要标志。研究者必须善于对理论本身、理论与实践间、现状与社会发展需要之间的种种矛盾进行透彻分析，才能发现、提出和形成一个有意义、有创见的问题。因此，研究课题的选定，综合反映了研究者的洞察力、判断力和思辨力。

二、教育科学研究选题的原则

教育科学研究可选择的研究问题很多，但是，要使所选择的问题有研究价值和适合研究者展开研究，在选题时就必须遵循一些基本的原则，如价值性、科学性、可行性以及创造性等。

（一）问题具有价值性

价值性是选择研究问题的首要要求，是指所选择的问题值得研究。衡量一个研究问题是否具有价值，主要看两个方面：一是所选择的问题是否具有学术价值，即能否为教育理论的发展提供新观点、新思路、新经验、新案例等；二是所选择的问题是否具有应用价值，即是否有利于解决教育改革实践中的焦点、难点与疑点问题。同时，选定的问题不仅对本学科研究领域具有好的内部价值（即理论上有新突破，实践上要对教育改革有重要的指导作用），而且对相关其他领域，如心理学、哲学等有高的外部价值。

一个有价值的研究问题，往往兼具学术价值与应用价值。在对其进行研究后，在理论层面能丰富相关研究成果，有利于检验、修正、创新和发展教育理论；在实践层面则有利于促进教育教学的变革，促进教育教学质量的提高。

（二）问题具有科学性

选题的科学性，即选择的研究问题首先要有一定的事实依据，这是选题的实践基础。即研究问题是从实践中产生的，具有很强的现实针对性，不是无中生有，胡编乱造的。其次，选题的科学性表现在以教育理论为依据，这是选题的理论基础。教育理论对选题起到定向、规范、选择和解释的作用。没有一定的理论依据，选定的研究问题往往起点低、盲目性大，甚至根本不具有任何研究价值。要确保选题的科学性，就必须综合考虑其实践基础和理论基础。一般来说，作为一个科学问题，至少应符合以下要求。

一是问题的前提必须正确。例如，对于选题“小学生有效合作学习研究”，首先，明确学习具有“合作”的可能性，而且通过学习上的“合作”可以提高学生之间的学习经验的交流，培养学生的个性和“合作”的能力，这符合社会生活的实际要求。

二是问题的答案必须存在，且可以预测。即所研究的问题有一定的理论依据，能纳入科学知识体系中加以研究。例如对“学习困难学生的研究”，从对“学习困难学生”的定义看，主要是指身心发展正常，但学习成绩低于智力潜能的期望水平、远未达到教学目标的要求的学生。由心理或行为习惯等问题而产生的学习上出现困难的学生，对其研究主要是进行心理或行为习惯等方面的对策和策略的探索研究，因此，可以利用心理学的一些理论作为研究的理论依据。

三是问题应当是具体的，有明确的界定，而不应当笼统和模糊不清。所谓界定明确，是指它的外延和内涵都应该是明确的。比如“关于学生能力的研究”这样的问题就是模糊不清、界定不明确的，或者说问题太笼统。因为学生有各个学龄段的学生，如小学生、初中生、高中生、大学生、研究生、博士生等等，所研究的是哪个学龄段的学生呢？另外，他们的能力又可分为学习能力、生活能力，而学习能力还可以分为阅读能力、写字能力、写作能力、解题能力、应用知识能力、思维能力、空间想象能力、形象思维能力、抽象思维能力等等。如果将这一问题作为一个课题加以研究,就很难获得预想的结果。

(三)问题具有可行性

可行性是指研究问题的选择必须考虑一定的主客观条件,从而保证研究问题能被研究,在研究过程中切实可行。研究的客观条件包括研究资料和材料是否充足和易于获得?研究所需的费用是否有保障?研究所需的时间是否有保证?等等;研究的主观条件主要是指研究该问题,自己的研究能力、水平、志趣和信心是否有助于研究问题的完成。

贯彻可行性原则,要求选题时既不要好高骛远,贪大求全,也不要妄自菲薄,不敢尝试。要充分考虑各方面条件,扬长避短,善于发挥自己的优势,量力而行,选择那些既有价值又切实可行的问题进行研究。

(四)问题具有创新性

选题的创新性原则,是指所选研究问题必须具有新意,具有独创性和突破性。选题的创新性并不仅仅限于所选的问题前人没有研究过,它包括很多方面。如果对一个"老问题"的研究采用了新理念、新视角、新方法、新途径、新思路,生成了新经验,积累了新知识,都属于创新性。事实上,教育中的很多问题都是老问题,但随着时代的发展和变化,面临各种新的挑战,需要不断对其进行新的研究,从而创新认识和实践。因此,在研究问题的选择上,抓住前人未涉及的新问题是创新,"旧题新做"也是创新。

要想实现选题有创新性,首先,须加强信息资料搜集工作,掌握教育发展新动态,要善于发现新情况、新问题。其次,在最需要创造性和最能激发创造力的研究领域选题,如在研究空白、冷门绝学和不同学派激烈争论的领域中选题,在学科交叉的边缘地带选题,在实践迫切需要解决的问题中去选题。

三、教育科学研究选题的来源

1. 从社会发展需要中提出问题

教育是社会发展的重要领域和重要条件,教育与社会发展紧密联系。因而,教育研究首先要从社会发展需要出发发现问题,尤其是发现和提出那些迫切需要解决的重大教育问题。例如,教育现代化的评价体系及推进路径研究;教育高质量发展的现实困境与突破研究;学生核心素养培养的有效机制研究;中华优秀传统文化教育传承研究;高中阶段的教育多样化发展机制研究;信息化促进优质教育资源共享研究;乡村振兴背景下农村教育发展机制研究;义务教育优质均衡发展研究;等等。这些问题都是我国当前经济社会发展面临的重大教育理论和实践问题,迫切需要回答和解决。

2. 从教育实践中发现问题

教育研究的基本目标,就是为了改善教育实践。因此,教育实践应该是教育研究问题的重要来源。可以通过对教育实践的调查、观察、访谈等,寻找和发现教育研究的问题。在教育教学过程中,教师时常会遇到各种各样的疑难或困惑,如教师专业发展规划与现实困境研究;教育教学情境中不同价值取向间的冲突与对立;教学中的两难情境;教育教学改革与实施效果;等等。如果我们能够敏锐地捕捉到这些现象或问题,对其进行深入的追问和探讨,或者有计划地对一些现象或问题进行调查,就很容易发现和找到许多值得研究的问题。

3. 从与专业人员接触中发现问题

教育专业人员长期从事某些领域的活动，对于该领域的现状、问题和趋势有较为充分、细致的了解，他们可以随时提出一些值得关注和研究的现象、问题和观点。因而，与有关的教育专业人员接触或来往，是获得教育研究问题的一个重要途径。比如，可以经常向有关教育行政管理人员、教师或研究机构的专家请教或讨论自己感兴趣的问题，进而发现一些值得研究的问题。还可以通过参加有关的学术会议、学术交流活动，来增加和专业人员接触的机会，如教育座谈会、教育思想研讨会、教育经验交流会、教育学术年会、教育专题讨论会等等。通过参加这些活动，可以受到启发或引导，从而提高发现问题的意识和能力，获得研究的问题。

4. 从相关理论和文献学习中发现问题

理论学习不仅可以丰富知识，同时也是寻找和发现研究课题的来源。理论和教育实践的结合，有利于验证、探索和发现问题。在理论学习和反思中，研究者可以分析出许多新的问题，成为教育研究的重要来源。因此，若要发现可研究的问题，研究者可以从有关的教育理论（如教学理论、德育理论、学习理论）中，使用演绎的推理方法推导出一些合乎逻辑的研究问题和假设，然后再设计研究方法加以验证。例如，在阿特金森的成就动机理论中，他主张个人追求成功的动机视个人对工作成功可能性的认知而定。当个人依据本身能力与经验认定工作成功的可能性很高或很低时，其追求成功的动机不会太强，但如果认定工作成功的概率在 50% 时，此种动机最强。根据其理论可导出这样的研究问题：父母对子女的期望水准适中者和期望不切实际者（过高或过低），其子女追求成功的动机是否不同？由此就可以确定研究的问题了。在相关文献阅读和梳理中，秉持认真学习和批判性评价的态度，便可以从中发现某些不足或值得进一步探索的问题。

5. 从研究者或相关部门提供的课题中选题

在教育研究中，有关研究者可以直接提供教育研究课题。例如，指导教师有时会向学生或其他人提供研究的课题。有关部门也会在一定的时候以一定的方式直接提供教育研究课题，尤其是教育科研领导部门或哲学社会科学科研领导部门常常以“课题指南”的方式提供教育研究课题。

四、教育科学研究选题的过程及策略

教育科学研究问题的确定是一个复杂的过程。选择研究问题，仅仅是明确了研究方向和需要研究的问题，还需要进一步分析论证选题的价值性、科学性、创新性和可行性等，并对课题选题进行系列论证。

（一）教育科学研究选题的过程

一般而言，教育科学研究课题的确定，往往是在阅读研究有关文献的过程中，或者是对国家教育政策或制度变革的及时把握，或者是在教育教学实践过程中逐渐形成的。选题过程的一般思路是：最初受到某方面教育现象或问题的某点内容启发，产生一个大致的教育思考，并以此粗泛的想法为出发点，通过广泛阅读有关资料，了解前人或他人在该方面的研究方法和成果。在此基础上，从三个方面对最初形成的设想进行反思：一是该问题的研究范围,欲解决现有理论与实际中的什么问题,该问题是不是有关领域的热点和重点问题;二是该问题的解决,会在哪些方面对原有研究有所突破和创新;三是评价自己是否有实力完成这一问题的研究。这样,随着思考的深入,使原来朦胧模糊的想法变得清晰、集中,同时,对如何研究该问题也形成了一个初步的思路和想法。因此,概括而言,教育科学研究课题的确定,至少包括以下环节:一是分析课题的研究背景并加以选择;二是查阅和梳理相关文献以进一步确认;三是对课题研究进行分析论证。

(二)教育科学研究选题的基本策略

对教育科学研究选题环节的分析论述,将在本章第二节展开论述。下文简要分析教育科学研究选题的策略[①]。

教育科学研究选题,有如下几个方面的策略。第一,类比思考策略,这是从两个对象的相似关系中得到启发而产生的一种发现问题、确定研究课题的思维方法。第二,对立思考策略,这是指从与已有事物、经验或课题等完全对立的角度来思考,从而发现问题、确定课题的一种方法。第三,转换思考策略,这是指通过对事物之间的转换,获取新的研究课题的思维方法。第四,移植思考策略,这是将某个领域的原理、技术、方法引用或渗透到其他领域从而导致新课题产生的一种思维策略。

也有的研究者提出了如下 8 条教育科研选题策略。第一,怀疑策略,从对立面找切口。怀疑是对已有结论、常规行为方式的合理的否定或非绝对肯定,它必须引起对事物的重新审度,这种怀疑在选题上具有重要的意义。第二,转换策略,即转换角度找切口。转换构思的课题一般有两类:一类是对一个常见的问题选择不常见的侧面进行研究;另一类是把着眼点放在事物与事物的结合点,或事物发展不同阶段的结合部去确定课题。第三,解剖策略,深入分析找切口。要在原有认识上进一步剖析,而不要停留在表面的描述与思考上。第四,迁移策略,交叉移植找切口。迁移策略,一方面指的是借鉴其他科学的研究方法来研究教育问题,另一方面指的是对已完成的研究成果的推广研究。第五,探究策略,理论指导找切口。这是从理论深度出发建立课题,在"创新"上找突破口。第六,改革策略,课堂教学找切口。这是把对课堂教学的研究作为突破口,实实在在地探索改革课堂教学、提高课堂教学效率的路子。第七,优势策略,研究条件找切口。这是指在教育科研选题时,要分析学校的研究条件,然后再切合实际进行选题。第八,价值策略,研究突破找切口。这是从课题研究的理论价值、实用价值和推广价值相一致的方向去选择课题。

还有研究者提出了研究课题题目表述的策略,主要包括以下几个方面。第一,最好能囊括研究范围、对象、内容、方法。例如,在"上海市小学生识字量与语文学业成绩的相关研究"这个课题中,"上海市"是研究范围,"小学生"是研究对象,"识字量与语文学业成绩"是研究内容,"相关研究"是研究采用的方法。第二,题目内容最好涉及两个变量。研究题目涉及变量之间的关系,研究内容就会变得清晰、具体,研究目标就会明确、一目了然。例如,"初中生智力水平与学业成就的关系研究"这个题目中的研究内容就是"智力水平"与"学业成就"这两个变量的关系。第三,题目不要用疑问句形式。第四,要避免价值判断。例如,"中小学教师敬业精神低落原因的调查",这个研究题目就暗示着教师敬业精神否定性

① 金哲华,俞爱宗. 教育科学研究方法 [M]. 北京:科学出版社,2011:32.

的价值判断,可以将这个研究题目改为中性的、不具价值判断的题目——“中小学教师敬业精神及其影响因素的调查”。

第二节　教育科学研究设计

教育科学研究设计是对教育研究全过程的设计,既是对教育研究全过程作出完整而详尽的研究规划和研究框架,也是使研究课题具体化的中心环节和确保教育研究质量的关键环节,是课题研究成果的重要保证。

教育科学研究设计是教育研究活动开始前的完整而详尽的计划,即设计和回答“研究什么”“为什么研究”“怎样开展研究”等基本问题。研究设计包括确定研究范围、选择研究类型、提出研究假设、分析研究变量、确定研究对象、选择研究方法、形成研究计划等基本环节。

一、确定研究范围

确定研究范围即确定“研究什么”的问题。设计研究范围包括两大部分:一是确定研究对象的范围;二是确定研究内容范围。

进行课题设计时,首先要在准确理解课题内涵的基础上,明确界定课题的研究范围,包括研究对象总体的范围和研究的基本内容。即陈述本课题研究谁?研究什么?其次,将课题分解为具体的研究问题和内容。在课题设计时,要根据课题内涵,提出若干个研究问题,然后确定研究的具体内容。视角要新颖,从实际出发,有针对性和研讨性。最后,对课题的背景、目的和意义作简要的说明。还可根据研究目的提出并陈述理论假设。

设计研究范围要考虑以下方面:①在选题的基础上确定研究领域、明确课题性质;②在文献研究的基础上确定课题突破点;③在准确理解课题内涵的基础上分解研究问题和研究内容;④在选题的实践背景分析的基础上确定研究对象总体范围。例如,对于“A地区定向师范生农村教育情怀研究”这一研究课题的确定,必须经过如下思考过程。①选题时初步确定研究“定向师范生问题”。由于“定向师范生”涉及定向师范生的选择、培养政策、培养目标及内容、教育实践、职业认同和职业适应等很多具体研究领域,因此,在选题时,需要界定具体研究领域。例如,确定研究“定向师范生教育情怀”,那么,就可以明确课题研究的问题范围。②通过文献研究,进一步明确定向师范生的教育服务对象是农村地区,“农村教育情怀”是定向师范生教育情怀的研究重点。③本课题选择农村地区作为研究对象,还需要进一步确定研究对象的总体范围。因为不同地区的农村有很大差别,本课题是宏观研究全国和某省(区、市)的农村地区,还是较微观地研究某县、乡镇的农村地区,需要进一步界定具体的对象范围,以确保研究的针对性和代表性,最终选择“A地区”作为研究对象,表述为“A地区定向师范生农村教育情怀研究”。

二、选择研究类型

在确定课题研究范围后,要根据课题性质确定研究类型。研究类型的确定,要依据课题的研究假设和研究目的。根据教育研究目的、功能和作用,教育研究类型可分为基础研究、应用研究、发展研究、评价研究和预测研究。选择何种研究类型,要看课题的研究目的是发展和完善教育科学理论,还是为了应用和检验教育科学理论,是为了开发有效教育策略,还是为了评价教育行动方案实施效果,或是为了预测教育发展趋势等。选择研究类型,还要考虑研究者的研究专长。一般来说,课题性质既要求体现一定的理论价值,又要求体现一定的应用价值,所以在课题描述中,研究目的的表述既要表述理论意义,又要表述实践意义,其研究类型的选择可以在课题研究目的表述中体现出来。

三、形成研究假设

(一)什么是研究假设

研究假设,就是根据一定的经验事实和科学知识,对所研究的问题的规律或原因作出的一种推测性论断和假定性解释,是在进行研究之前预先设想的、暂定的理论,是对研究设计的主要变量之间相互关系的设想。简而言之,即研究问题的暂定答案。

例如,对于"提高小学生数学成绩"的研究,可以提出如下假设:①培养学生数学学习兴趣会提高学生的数学成绩;②改革教学方法,会提高学生的数学成绩;③加强课堂练习,改进作业的布置和批改方法会提高学生的数学成绩;等等。研究者把自己对于某个问题的认识或解决某个问题的设想清楚地表达出来,即形成研究假设。

假设是理论先导,起着纲领性作用,能帮助研究者明确研究的内容和方向,通过逻辑论证使研究课题更加明确,并按确定目标决定研究方法和收集资料,指导教育研究的深入发展,以避免研究的盲目性。

(二)研究假设的基本特点

科学研究中的假设不同于一般意义上的猜测和设想,具有一定的科学依据,并对开展研究具有指导性。教育科学研究中的假设具有以下特点。

1. 科学性

研究假设是根据一定的理论、知识经验及事实提出的,符合已知的事实和规律,并且能够解释和预测相关现象。它是科学认识和思考的逻辑起点,不同于毫无根据的臆测和纯粹的猜测、幻想。

2. 推测性

研究假设是一种推测性的论断并具有假定性的答案,必须是目前尚未证实的。因为尚未证实,才需要进行研究。同时,这种推测又必须是建立在一定科学事实或经验事实基础上的,可以推测某种现象或问题会如何发展,而不是毫无根据的主观臆断。这是开展研究的科学基础。

3. 可操作性

研究假设应该具有可操作性,即可以通过调查、观察和实验等方式和手段进行验证和检验。这种可操作性可以帮助研究者更好地了解研究对象的特征和规律,从而提高研究的科学性和可靠性。

4. 可证伪性

研究假设应该具有可证伪性,即可以通过实际调查来验证或证伪。这种可证伪性可以帮助研究者更好地了解现象或问题的真实情况，基于对已有数据和理论知识的分析和总结得出结论，从而提高研究的科学性和可信度。

5. 明确性

研究假设必须具有明确性，即要针对特定的现象或问题提出明确的假设。表述假设的语言须清楚明白，不能笼统或泛泛而谈，含糊不清，否则，难以进行有效的验证和检验。明确的研究假设，既可以使研究者明确清楚地认识这个问题，也可以使别人清楚地了解所研究问题的内容和性质。

（三）研究假设的形成

研究假设的形成主要来源于某种科学理论和教育实践经验。

首先，研究假设的形成来源于某种科学理论。在对相关理论分析和研究的过程中，对理论依据可以采用类比思维的方式，可以依据已有理论提出一个特定的假设，这个假设可能是对理论的补充和完善，也可能是在原有的理论基础上进一步的发展。

其次，研究假设的形成来源于教育实践经验。在教育实践中，在观察分析教育现象的基础上，搜集、整理有关该科学问题的事实材料，从初步的假定和推测性说明出发，利用各种相关材料，对教育问题发生的原因进行分析，运用创造性思维，对该问题作出初步的解释和假定性的推测，形成初步假设。

四、确定研究变量

设计研究变量是研究假设设计的重要支撑，可以回答“研究什么”的问题。只有界定了研究变量，才能提出明确的研究假设，才能界定具体的研究内容。在具体研究中，表述研究的具体问题和研究过程时，常常涉及变量等概念。特别是在定量研究中，影响因素往往用变量的形式表现出来。变量即变化着的量，在研究中，变量一般指与研究问题有关，而且可以操作或测评的可变因素或条件。变量一般分为以下几种。

（1）自变量。也称刺激变量或原因变量，是由研究者掌握并主动操纵而使研究对象变化的变量，是能独立地变化并引起因变量变化的条件、因素或条件的组合。

（2）因变量。也称反应变量或结果变量，是由自变量的变化引起被试行为或者有关因素、特征的相应反应的变量。是研究的结果，也是研究中需要观察的指标，具有一定的可测性。

（3）无关变量。也称控制变量，是指与自变量同时影响因变量变化，与特定研究目标无关的非研究变量。它在研究结果中会对研究结果产生影响，必须在研究过程中严格加以控制。

如，在“学习动机对学生学业成绩的影响研究”中，“学习动机”是自变量，“学业成绩”是因变量。而其他的如教学条件（包括教师的性别、教学能力、教学态度、班级学生数、教学的设施、设备等等）、内容、学生（包括学生的性别、族别、智力、学习能力、学习态度、学习兴趣等）都是无关变量。

（一）变量的关系和类型

在教育研究中，变量间有不同的关系，变量可以从不同角度分类，主要有以下几种类型[①]。

1. 相关变量和因果变量

相关变量和因果变量是根据变量间关系的性质来划分的。所谓因果关系是指一种变量的变化直接导致了另一种变量的变化。如将教学方法和学生成绩看作两个变量,这两个变量间的关系就是因果关系。其中,主动变化的变量称为自变量,如在研究中研究者主动变革的教学内容、教学方法等。由自变量的变化引起变化的变量,称为因变量。如由教学方法变化而引起变化的学生成绩就是因变量。在研究中自变量和因变量都可能是一个或多个。

相关关系比较复杂,相关关系中有可能包含暂时未认识的因果关系。如将学生的生物成绩和化学成绩看作两个变量,这两个变量就是相关关系。相关关系中有 3 种。第一种是正相关。如果两变量的变动方向相同,即一变量变化时,另一变量同时发生或大或小与前一变量相同方向的变动,这种相关被称作正相关,如学生努力程度和学习成绩的相关就是正相关。

第二种是负相关,即一变量变动时,另一变量同时发生或大或小与前一变量方向相反的变动,如打字练习次数越多,出现错误就越小。第三种相关是零相关,就是一变量变动时,另一变量做无规则变动,如学习成绩和体重间的关系。

2. 主体变量与客体变量

主体变量与客体变量是以研究对象为主体划分的。主体变量指存在于研究对象主体上的各种变量,如性格、受教育水平、态度等。客体变量指存在于研究对象主体以外的各种变量,如父母教养的水平、教师对学生的态度等。

3. 研究变量与无关变量

研究变量与无关变量是根据变量能否成为一特定研究所要操作的对象来划分的。研究变量指特定的研究中要操作的变量。无关变量是与某特定研究目标无关,但对研究结果有可能有影响的变量。例如,我们研究两种不同教学方法对学生成绩的影响,在这项研究中,研究方法与学生成绩都是研究变量,因为本项研究是在于弄清楚教学方法对学生成绩的影响,因此教师的水平、学生先前的基础、学校的环境等其他因素在这项研究中都是无关变量。

变量还可有其他分类,如根据研究能否直接对变量进行测量划分为直接测量变量和间接测量变量,根据变量能否由研究者主动操作而划分为操作性变量和非操作性变量等。需要说明的是,以上变量的分类是按不同标准进行的,它们是相互交叉的。

(二)确定研究变量

确定研究变量主要包括选择自变量、确定因变量、辨别无关变量、定义研究变量等 4 个方面的工作[②]。

1. 选择自变量

要注意两个问题:①明确自变量的内容和作用。最好选择单一的自变量,如果选择两个以上的复合自变量,就要指出每个自变量的作用及各个自变量之间的关系;②要保持自变量的延续性。如果中途发生变故,则不能证明研究结果的成因及其因果关系。

---

① 金哲华,俞爱宗. 教育科学研究方法 [M]. 北京:科学出版社,2011:34-44.

② 金哲华,俞爱宗. 教育科学研究方法 [M]. 北京:科学出版社,2011:44-45.

2. 确定因变量

要注意两个问题。①列出主要的因变量，从而明确课题研究的主攻方向和主要目的。教学过程中的自变量很多，有教育者、教学内容、教学方法、教学手段、教学环境、教育对象的复杂性等，教育过程中的因变量也很多，有智力方面的因素如注意、记忆、思维、想象力、学业成绩、能力等，也有非智力因素如动机、兴趣、情感、意志、性格等。要对因变量考虑得尽可能全面、完整。②确定测量检验因变量的指标。一方面，对因变量作出具体的说明和界定，明确研究的具体成果是什么；另一方面是确定观测因变量的具体指标是什么，以便准确评价因变量达到的具体水平，这样可提高研究的客观性和研究结果的可比性。如，智力测验分数反映智力发展水平，学科测验成绩反映学业成就，体育测量数据反映身体素质状况等。

3. 辨别无关变量

在研究中必须对无关变量加以控制和消除，考虑哪些无关变量可能对研究造成干扰，对研究结果的真实性造成不良影响。例如，研究试用新的教学方法对学生学习效果的影响，在此过程中换名师、换教材、换学生、换环境等，都会对研究造成干扰，影响研究结论的准确性。

4. 定义研究变量

课题中的研究变量一经确定，就要给变量下定义，界定变量的含义。给研究变量下定义主要有两种方式：一是抽象性定义，二是操作性定义。

（1）抽象性定义。抽象性定义也称概念性定义，就是对变量的本质属性进行抽象概括，其特点就是用一个概念界定另一个概念。抽象性定义方法主要有以下几种：第一种是经典的定义方法，即种差加属概念的方法，“指什么，具有哪些属性”；第二种是从文献中寻找合适的定义；第三种是自行定义的方法。

（2）操作性定义。操作性定义是根据可观察、可测量、可操作的特征来界定变量的含义，即从具体的行为、特征、指标上对变量的操作进行描述，将抽象的概念转换成可观测、可检验的项目。操作性定义方法主要有 3 种。第一种是条件描述法，是指通过陈述用什么样的操作或条件引出什么样的状态或结果方法下定义。如“智力——指用《韦克期勒儿童智力量表》（WISC-CR）测量所得的分数”。第二种是指标描述法，是指通过陈述测量操作标准来界定一个概念。如“发散思维——对同一物体多种用途的设想能力，具体指标为 60 秒内回答砖的不同用途达 10 项以上”。第三种是行为描述法，是指通过陈述测量结果，对可观测的行为结果进行描述下定义的方法。如“合作——对别人活动予以支持，并直接参与活动，成为其中成员”。

使用操作性定义要注意以下几点：第一，在课题研究中对重要的变量要下操作性定义，如研究假设中涉及的变量，在研究中起关键作用的新概念、新名词；第二，要与抽象性定义的内涵和外延相符；第三，操作性定义的设计要具体、明确；第四，操作性定义在使用过程中应该是独特的，它是根据研究需要而对变量做的特殊解释。

五、确定研究对象

在教育研究中，研究的对象范围非常广泛，研究者不可能逐一地研究，只能选择其中一部分具有代表性的作为研究对象。因此，在研究设计中必须确定研究对象。

（一）总体、样本和抽样

1. 总体

总体，即研究对象的全体。研究的目的决定了研究总体的内涵和外延。总体的外延也就是将来研究成果推广的范围。例如，我们研究一年级小学生行为习惯的现状和特点，研究的总体就是一年级小学生的全体。

2. 样本

样本，即从总体中抽取的、对总体有一定代表性的一部分个体。样本中所包含的个体的数量称为样本容量。

3. 抽样

抽样，即按一定的规则从一个确定的总体中抽取一部分有代表性的单位组成研究的样本。例如，我们从数以万计的一年级小学生中按照一定的规则抽取 100 名学生，这个过程叫取样。

（二）抽样的基本要求

为了保证抽样水平，应遵循以下几个方面的基本要求①。

1. 明确规定总体

要从内涵和外延两方面明确总体界限。研究的目的、课题性质决定了总体的内涵。例如，“大学生学习现状调查与学习指导的研究”，总体就是全国所有的大学生；“智力低下儿童智能特点的研究”，总体就是所有的智力低下儿童。研究目的决定了总体的范围，研究准备将研究成果推广到什么样的范围，就应在该范围内抽样。从某一总体抽取的样本，经过研究获得的结果只能推广到这一总体中去。

2. 保证抽样的随机性

要尽可能使每个被抽取的个体具有均等的机会，也就是说使被抽取的任何个体与个体之间是彼此独立的，在选择上没有联系。这里不存在任何选择的标准，不带有任何有意义的成分，从而尽可能使样本保持和总体有相同的结构。

3. 保证抽样的代表性

要尽可能使抽取的样本能代表总体。如某市对初中学生学习方法现状进行调查研究，全市初中三个年级共 42 万学生，可以从中抽选 840 人来说明 42 万人的情况，因此这 840 人的代表性就非常重要了。只有样本具有代表性，那么由样本特征推断的总体特征才具有一般性，对总体的研究成果才有推广价值，样本的代表性正是由部分推断整体做法的理论根据。

抽样的偏差将导致研究结论的无效。有人研究某大学学生课余休闲生活和爱好，利用晚自习时间到图书馆发放问卷，问卷的回收率在 90% 以上。结论是，65% 的大学生晚上都是在图书馆度过的，这一结论由于抽样的偏差而产生误差。

要使抽样有代表性，还必须对抽样误差进行正确估计。抽样误差是指样本的指标数值与总体的指标数值之间所存在的离差。这种差异值越小，越说明抽取的样本能比较正确地反映总体。因此，为了保证抽样的代表性，研究者要分析影响误差大小的因素，通过计算抽

① 金哲华，俞爱宗. 教育科学研究方法 [M]. 北京：科学出版社，2011：45-47.

样的标准误差将误差值测定出来,并努力使误差控制在最低的程度。

4. 保证合理的样本容量

要科学地确定样本的大小,既要满足统计学上的要求,又要考虑实际上收集资料的可能性,并使误差减到最低限度。一般来说,样本容量与样本代表性呈正相关,大的样本更具有代表性,研究结果可能更有一般性。

样本大小取决于以下诸方面因素:①研究的不同类型;②预定分析的精确程度。③允许误差的大小;④总体的同质性;⑤研究者的时间、人力和物力;⑥取样的方法等。在研究中,如果要求的精确度高,允许的误差值小,总体的异质性很大,许多未控制因素会混淆研究结果,或研究的因变量在测量上的信度较低时,就要考虑使用较大的样本。

根据以上分析,结合长期教育研究的实践经验,提供以下取样大小的参考值。描述研究、调查研究:样本占总体的10%,除少数情况,调查研究的样本容量一般不能少于100;相关、比较研究的满意样本每组至少为30;实验研究:当条件控制较严密时,如心理学实验,每组15人,条件控制不严密的教育实验,最好是一个自然教学班,不少于30人。

抽取的样本是否有代表性,最后还要通过对结果的检验来证明,由样本得到的结果必须进行统计学上的显著性检验。例如,在某种实验研究中,实验班成绩高于对比班成绩,那么这种差异是否真实呢,这就必须做实验结果的显著性检验,目的是说明由实验样本所取得的结论。如果样本具有代表性,那么这种结论也适用于总体,因而具有一般性。而某种统计量的计算和各种不同的显著性检验,如平均数、标准差、相关系数以及 u 检验、T 检验、χ^2 检验等,都有各自的标准来估计样本可能产生的误差,样本容量大小将会影响上述误差和抽样样本估计总体的真实价值。

一般来说,定性研究样本容量较小,样本容量大小根据信息的需要确定。

(三)抽样的基本方法

抽样一般有两类方法:一类是随机抽样;另一类是有目的抽样。抽样的方法多种多样,要根据研究目的、研究总体的特征和条件灵活运用[①]。

1. 随机抽样

(1)简单随机抽样。简单随机抽样是直接从总体所有个体中随机抽取样本的方法。总体各个体被选到的概率相等。这种方法简便易行,在总体异质性不很大且所取样本较小时常采用这方法,但当样本规模小时,选取样本的代表性较差。简单随机抽样常采用抽签的方式,将总体的每个观测个体单位依次编上号码并做成签,将它们混合均匀,每次从中抽取一个,记下号码,然后把抽取的签再放回,再次混合均匀,从中抽取,如此反复,直到取够样本所需数目。

(2)系统随机抽样。系统随机抽样是直接从总体的所有个体单位中按一定间隔抽取预定的单位个体作为样本的方法。例如,从1 000名学生中抽取100人作为样本,先将这1 000个学生编号,然后计算抽样间隔 $k=N/n=1\,000/100=10$(k 为抽样间隔;N 为总体的个体单位数;n 为样本数),按学生编号从1~10中随机选出第一个样本单位,比如该号码为4,然后作等距抽样:4,14,24,…直到选够100为止。系统随机抽样,是在总体的整个范围内有系

① 金哲华,俞爱宗. 教育科学研究方法 [M]. 北京:科学出版社,2011:47-49.

统地抽取样本,因此与简单随机抽样相比,抽样误差要小一些。但如总体存在周期性变化,如男生是单号,女生是双号,就有可能出现样本的系统误差,造成抽取的样本只有一个性别。

(3)分层随机抽样。当研究的总体由不同性质的几个部分组成时,为了使抽取的样本能反映总体的结构特征,可按总体各单位的属性特征,将总体分成若干层次或类别,然后再根据事先确定的样本大小及其各层或各类在总体中所占比例抽取一定数目样本单位,这就是分层随机抽样。例如,对某校 300 名五年级学生英语口语能力进行调查,拟取 50 名学生作为样本,采用分层随机取样,其步骤是:①了解总体中各特征差异,按特征差异分层,如按学生平时英语口语成绩将学生分三类:优(60 人)、良(120 人)、中(90 人)、差(30 人);②计算抽取学生在总体中所占比例,在本例中即是 50 : 300;③按比例从各类别对象中随机抽取样本,如在优等组中抽取 60×50/300=10(人),在良等组中抽取 120×50/300=20(人),在中等组中抽取 90×50/300=15(人),在差等组中抽取 30×50/300=5(人),从而组成 50 人样本组。分层随机抽样兼顾了总体的不同类型或层次的单位个体,因此样本更具代表性。

(4)整群随机抽样。整群随机抽样方法是将一个个群体如学校或班级编号,然后用前面介绍的几种抽样方法抽取样本,这里抽取的样本是以群体如学校或班级为单位的。

一旦一个群体被选为样本,群体内所有个体都包含在样本中。在教育研究中,有时要打乱原教学单位,如打乱学校或班级是困难的,这时就需要运用整群随机抽样。采用整群随机抽样方法获得的样本,由于样本分布不均匀,如存在性别、智力水平、学习成绩等差异,一般来说,代表性不如个别取样,在统计推论上也有一定缺陷。在运用整群随机抽样时,常与分层随机抽样结合。例如,先按一定标准将全市所有小学分成几个类别,如市重点小学、区重点小学、一般小学、薄弱学校,然后再从每部分学校中抽取若干学校组成群抽样样本。

2. 有目的抽样

当不能随机抽样时,为达到研究目的而选择一个能够提供丰富资料的样本被称作有目的抽样。有目的抽样与随机抽样的逻辑基础不同。随机抽样的逻辑基础是样本的代表性,有目的抽样的逻辑基础是样本个体可提供研究所需的丰富信息和特殊特征。例如.我们研究特殊儿童的学习特点,就必须以特殊儿童作为抽样对象,而不能对所有儿童随机抽样。有的定性研究在选择样本时,也不宜用随机抽样,因为这些研究关心的是具体情况的叙述,而不是结果的归纳推广。而且在实际工作中随机取样有时也会行不通。例如,我们现在要在毕业班随机抽取样本就会遇到种种困难,这时就要用到有目的抽样,当采用有目的抽样时,代表性就不能在概率基础上讨论,而是要在逻辑的基础上讨论。如果要推广研究结论,也要根据研究具体情况,讨论研究结果的推广范围。

(1)全面抽样。这种抽样方法是样本中包含了总体中所有个体单位的抽样。例如在一个学校内调查残疾儿童随班就读的情况,该校 4 名随班就读的残疾儿童都被包含在内,作为样本。有特殊特征的样本个体数量小,可全部选取作为研究对象。

(2)最大差异个案抽样(配额抽样)。抽取表现出最大差异特征的样本单元作为研究对象。例如,对有外地打工子女就读学校学生人际关系的调查,可以将户口所在地的男生、户口所在地的女生、外地打工家庭的男生、外地打工家庭的女生作为关键信息提供者,予以数字上的分配,而后进行访谈。

(3)极端个案抽样。这种抽样方法涉及对总体中有显著特征个体单位的选择。从本质上说，选两头的极端个案抽样是配额取样的一种特殊情况。例如，对示范学校的研究常用到极端个案抽样。选择这些学校是因为按照特殊的标准看，它们是成功的。对一所示范学校的研究可能会涉及一所或更多所其他学校，这些学校若按示范学校标准看是不成功的。通过学校间的比较，以确定与一所示范学校相关的特征，如风气、特色、校本研究的情况等。

（4）典型个案抽样。典型个案抽样与极端个案抽样相比，走的是“中间道路”，所选择的总体中的个体单位被认为是所研究现象的典型。如在有关一个地区学校办学水平的研究中，选择的学校既非最好也非最差，而是典型的学校。

（5）同质抽样。在研究中当我们关注总体中某一特殊的亚群体时，就会用到同质抽样了。例如，在一次教学实践的研究中，特别关注初上任的教师，这就是教师群体中的一个同质群体，要采用同质抽样了。有目的抽样还有如下其他变式。

滚雪球式：由最初被选择确定个体逐层提供其他个体的抽样方式。

分层立意抽样：说明具体研究团体之特性，便于比较。

关键个案抽样：可进行逻辑类推的个案。

标准抽样：选择所有符合某一标准的个案，如所有在某学校就读的父母离异的孩子。

验证性个案抽样：阐明和深化最初之分析，寻找例子进行验证。

否定性个案抽样：寻找例外，检验变异。

有目的抽样适用于人种学研究、个案研究等质的研究。这类研究不要求研究结论的普遍性，不要求研究结果具有推广性，是为了要在样本中获取更多的信息，重在解决具体教育问题。

（四）抽样中常出现的错误

正确地运用上面介绍的抽样方法，就可以在研究中抽到合适的样本。但有时由于种种原因，在抽样中会出现一些错误，常见的抽样错误主要有以下方面。

（1）确定的总体不正确。在抽样时如果确定了不正确的总体，那么不论具体抽样的方法怎样准确，都不会得到合适的样本。例如，我们研究的问题是“小学教师的工作量问题”，而我们在抽样时，如果把城市的小学教师作为抽样的总体，只是在这部分人中抽取样本进行调查。显然，这个总体对于这个研究题目来说范围就缩小了，抽取的样本不能代表所有的小学教师。因此，在抽样之前要准确地确定研究的总体。

（2）选取过于小的样本，给统计分析造成困难。样本的容量要与具体的研究方法相适应，如果样本太小，就会影响研究的效果，在抽样之前先要认真分析研究课题的性质和所需样本的大小，样本过大会造成浪费，样本过小则达不到预期的效果。

（3）选用自愿者作为被试，对研究效果也可能产生一些影响。有时在研究中选用了自愿者作为对象，应该事先做一些分析，确定这些自愿者与非自愿者是否有明显的差异。如果存在某些明显的差异，就可能影响研究的效果，这时就应该放弃以自愿者为被试，如果不存在明显的差异则可以采用。

（4）采用不恰当的抽样程序。抽样中如果不按正确的抽样程序做，也会影响样本的可靠性。例如，简单随机抽样是运用随机数表来确定样本，如果没有随机数表，而指定一些个体作为样本，就可能不具备代表性。

六、选择研究方法

如何开展科学研究，研究方法是关键。研究方法选择得当与否，直接影响科学研究的水平和质量。而研究方法的选择主要取决于研究的类型。在形式多样的教育研究方法中，各种研究方法有各自的特点和不同的适用条件和范围。在课题及其研究内容确定后，要根据课题性质确定研究类型，选择研究的主要方法。

研究方法设计主要解决“如何开展研究”的问题，要重点考虑 3 个方面。①抽样对象，即“研究谁”和怎样抽取样本。②具体研究方法，即怎样收集研究资料和怎样分析研究资料。③研究工具，即怎样进行研究数据的收集、处理。此外，还要考虑研究步骤，即怎样安排研究进程和怎样进行研究资源的配置等[①]。

1. 确定研究对象和抽样方法

确定研究对象和抽样方法是研究方法设计中的初始环节，只有确定研究的样本对象，才能在此基础上确定收集研究资料的方法和选择研究工具等工作。

2. 确定具体研究方法

具体研究方法主要涉及怎样收集研究资料和怎样分析研究资料。一般来说，一项研究往往综合运用了多种研究方法。特别是那些综合性的、难度较大的课题更是如此。在研究中要恰当运用各种研究方法，把握它们的内在联系，进行优化组合。例如，我们研究如何提高某班语文学习成绩，要运用观察法了解师生在课堂上的相互作用情况，要运用问卷法、访谈法了解教师、学生对语文教学的各种看法和意见，要运用资料分析的方法，分析该班过去语文教学中的材料，必要时还要运用实验法去探索语文教学的规律等。只有这样，我们的研究才能有成效。在研究中应特别重视理论研究和实证研究的结合，定性、定量研究的结合。任何一项研究都离不开理论的指导，理论研究能帮助我们更好地明确研究的假设，构建研究的具体框架；理论又能帮助我们在搜集信息数据的基础上进行概括和提高，揭示教育的规律。但理论需要实证材料的支撑，否则就显得苍白无力、说服力不强。同样，定量研究虽然给人以精确、严密、简约、有说服力的感觉，但定量研究往往把教育看作只有输入输出两端的暗箱，把教育看作孤立的实体，再加上测量工具不完善，以及教育上一些现象难以量化等原因，如果没有定性研究分析相配合，也会影响研究的科学程度。

3. 确定研究工具

在研究设计中，还包括研究材料和工具的准备，特别是在研究变量和观测指标确定后，对怎么测量和用什么材料、工具测量应进行设计。研究材料和工具主要来自两个方面：一是采用社会上已有的现成的材料和工具，如各种测验、量表、评定表、仪器、工具等。选用这些现成的材料和工具，一定要注意它们的使用背景和条件，即在什么样的范围内可以运用。二是自制研究的材料工具，如自编问卷、测验，设计统计图表，制作图形、工具等。自制时，应考虑研究的目的、研究对象的特点，自制的材料工具应达到一定的信度和效度的要求，保证材料、工具的科学性、适宜性。

① 金哲华，俞爱宗. 教育科学研究方法 [M]. 北京：科学出版社，2011：50-51.

七、教育研究计划的制订

教育研究计划是教育研究活动开展的蓝图。教育研究计划有广义和狭义之分。广义的教育研究计划针对教育研究活动全过程，包括研究选题、查阅研究资料、制定研究方案等；狭义的教育研究计划，也称教育研究方案，是研究课题选定后的研究设计和论证。此处是指狭义的教育研究计划。

（一）制订教育研究计划的意义

教育研究计划旨在解决研究什么问题、为什么研究、怎样开展研究和研究的成效是什么4个基本问题。因此，制订教育研究计划，具有重要意义。

首先，研究计划是研究者开展研究的谋略和蓝图；其次，研究计划是课题申报、开题论证的主要内容，是研究内容的细化和隐性知识，因此，是重要的研究成果；第三，研究计划使研究者能够把握研究的全过程，使研究工作有目的、有计划、有步骤地进行；第四，研究计划是研究过程和研究结果评估鉴定的标准。

（二）教育研究计划的内容

在研究实践中，教育研究计划一般表现为课题申请书和课题开题报告（包括学位论文开题报告）。二者基本内容相似，但是，因研究设计的目的不同，基本结构和内容有所不同。

1.课题申请书的内容

课题的申报与研究计划之间有密切的联系。研究计划是课题申报的基础，申报课题立项后，研究计划便列入科研部门的管理，并可以获得经费的资助以及其他方面的支持。课题申报需要填写“课题申请书”，课题申请书大致有以下内容。

（1）课题名称。包括课题类别、所属学科、研究类型等。

（2）课题负责人基本信息。包括性别、年龄、身份证号码、工作单位、职称、职务、担任导师情况等。

（3）课题组主要成员情况。包括性别、年龄、身份证号码、职称、工作单位、专长、外语程度、分工情况等。

（4）课题负责人及课题组成员近期取得的与本课题有关的研究成果。包括成果名称、作者、成果形式、发表刊物或出版单位、发表或出版时间等。

（5）课题组成员正在承担的其他研究课题。包括课题名称、课题类型、实施时间、批准单位、资助金额、是否结题等。

（6）课题设计论证。包括课题研究的背景、目的、性质、立论依据，国内外有关研究概况和发展趋势，研究的实际意义和理论意义以及应用前景等，通常还要求附主要参考文献。

（7）研究方案。包括研究目标、研究内容、研究方法、研究过程、本项目拟解决的关键问题和特色创新之处等。

（8）完成研究的条件分析。包括现有的研究工作基础、研究的外部条件、课题组人员结构、资料准备情况、研究设备等。

（9）研究成果形式。包括主要研究阶段、最终完成时间、最终成果形式、成果的预计走向及使用范围等。

（10）经费预算。包括课题经费估算、申请经费资助的数额、开支项目及年度预算等。

（11）推荐人意见。不具有高级专业技术职称的申请人，须由同专业两名具有高级专业技术职称的专家人作出书面推荐。推荐人主要介绍课题负责人和课题组成员的业务水平、科研能力、科研态度、科研条件以及完成课题的可能性。

（12）课题负责人所在单位领导意见和信誉保证。基层领导就申请书内容是否属实，课题负责人的科研素质、能力水平是否适合承担该课题，单位是否能提供完成课题所必需的时间和条件等签署意见。

由于课题立项评审主要根据研究项目申请书的各项内容来考虑是否给予课题立项，因此填写研究项目申请书至关重要。

2. 学位论文开题报告的内容

学位论文开题报告不同于课题申请书，主要在于分析论证研究什么问题、为什么研究该问题和如何研究该问题。因此，其内容主要包括以下方面。

（1）学位申请者基本信息。包括姓名、学号、专业、二级单位、指导教师等情况。

（2）选题背景。包括现实背景、历史背景、政策背景以及个人研究兴趣和经历等。

（3）研究目的和意义。包括研究的目的、研究的理论意义和实践意义等。

（4）国内外研究现状及趋势。

（5）本人的研究计划。包括研究目标、内容、思路与方法、拟突破的难题或攻克的难关、自己的创新或特色、实验方案或论文撰写进程等。

（6）主要参考文献目录。应有一定数量的外文资料。

（7）致谢语。

案例 2-1：× × 大学本科生学位论文开题报告

<table>
<tr><td>论文题目</td><td colspan="5"></td></tr>
<tr><td>学生姓名</td><td></td><td>二级单位</td><td></td><td>开题日期</td><td></td></tr>
<tr><td>学　　号</td><td></td><td>专　　业</td><td></td><td>指导教师</td><td></td></tr>
<tr><td colspan="6">1. 本课题研究意义及国内外发展状况
1.1　本课题选题背景
1.2　本课题研究目的与意义
1.3　本课题国内外研究状况</td></tr>
<tr><td colspan="6">2. 研究内容
2.1　本课题主要研究对象
2.2　本课题的主要观点或结构提纲</td></tr>
<tr><td colspan="6">3. 研究方法、思路和研究进度
3.1　研究方法
3.2　研究思路
3.3　研究进度
学生（签名）：</td></tr>
<tr><td colspan="6">4. 参考文献</td></tr>
</table>

5. 指导教师意见 指导教师(签名): 年　月　日	
6. 二级单位意见 二级单位(盖章) 年　月　日	

说明:开题报告应在教师指导下由学生独立撰写。在毕业论文(设计)开始二周内完成,交指导教师审阅,并接受二级学院和学校检查。

(三)教育研究计划的论证

1. 选题的表述

选题表述所要研究的问题,要求简明、醒目。

如:"关于小学科学教育现状的调查分析"(研究对象+研究问题+研究方法);"××(生命、愉快、协同)教育"(抓住课题的主要特征和切入点)。

对于较大的课题或者需要明确研究对象范围的课程,选题要进行界定,一般采用加副标题的方式,如,"农村义务教育高质量发展的困境与出路——基于A县的调研"。

2. 研究的背景和意义

(1)研究的现实背景。所针对的问题在现实中的普遍性、危害性与严重性,表明研究的必要性。

(2)研究的历史背景。前人、他人在该问题上做过什么研究,其研究思路和方法如何,得出什么成果或结论,存在什么有待进一步解决的问题。

(3)研究的政策背景。社会及教育改革和发展的新政策、新制度和新措施等的制定和出台,引发对相关问题的新思考。

(4)本研究的意义。理论意义(理论的生成、创新、完善或补充)和实践意义(指导和促进教育实践)。

3. 研究对象与范围

(1)对研究对象的模糊概念进行界定。

如:"教育均衡视域下农村薄弱学校改进研究"选题中,什么是"薄弱学校"?需要界定。

(2)对研究对象总体的范围进行界定。

如:"对农村小学生身心健康状况的调查研究",该选题中的"农村小学生"的范围,是指全国的还是某一地区的?什么类别的农村小学?什么年级和年龄段的小学生?男女生性别人数及比例是多少?均需要明确界定。

4. 研究内容

主要是对本课题研究的具体内容及其操作的阐述。需要将课题所研究的问题进一步细化为若干小问题,并使各小问题之间具有逻辑关系。同时,注意研究内容的层次结构及其序列。研究内容的多少与课题的大小有关,课题越大,研究内容就越多。

例如,全国教育科学"十五"规划重点课题"学校科学教育与学生素质及创造性培养的心理学研究"的研究内容包括:学校科学教育的本质;学校科学教育的具体操作结构研究;

不同教育阶段学校科学教育的特点及其对学生科学素质的影响研究;学生科学素质结构的心理分析;科学素质教育对学生创造性培养影响的研究。

对于课题研究内容,可以按照不同思路阐述。

(1)按历史研究、现实研究和方法研究3个维度确定研究内容。

例如,课题“教育学科体系的建设与发展研究”的研究内容可以表示为以下具体内容。

①历史研究。通过教育学科体系的演变,探讨发展规律和逻辑关系。

②现实研究。立足现代,探讨教育学科发展的趋势。

②方法研究。从理论和方法两个层面探讨。

(2)以理论问题研究和实际问题研究为主线确定研究内容。

例如,课题“少年儿童主体性发展研究”的研究目的为:从当代少年儿童特点出发,探讨实现学生生动活泼主动发展的基本途径。

①实践研究。少年儿童主体性发展目标体系及评价体系;影响少年儿童主体性发展的基本因素分析;提高教师素质及主体性发展的基本途径研究。

②理论研究。构建主体性发展理论的基本框架。

(3)以问题的逻辑关系为主线确定研究内容。

主要包括问题的现状及其主要表现,问题形成的原因,解决问题的对策、建议。

5. 研究方法

教育研究方法,回答“如何研究”的问题。教育科学研究的方法很多,不存在绝对的“最优方法”,研究方法的选择一般依据课题研究目的、研究性质或类型、研究内容和研究条件等方面内容确定,必须以唯物辩证法为指导。每种研究法有各自的特点及不同的适用条件和范围,具有相对的独立性,不能相互代替。但是,各种方法之间亦存在相互联系。

6. 研究的步骤与进程

主要阐述课题研究的具体步骤和进程安排。即按照研究要求,确定依次经过哪些研究过程和步骤,每一步骤实施什么研究工作,达到什么要求,用多少时间,都需要在制订计划时有所考虑。如:某项研究的研究步骤与进程如下。

2021年12月——2022年2月:文献研究,调查问卷和访谈提纲设计。

2022年2月——2022年3月:调查问卷和访谈试测,进行信度和效度分析,专家咨询,修改和完善问卷。

2022年3月——2022年7月:实地调研,现场发放问卷和访谈,并进行问卷填写的指导和监督,现场回收调查问卷。

2022年8月——2022年12月:对调研数据和资料汇总整理,建立数据库,并形成调研报告和课题中期研究报告。

2023年1月——2023年12月:进一步分析调研数据,撰写发表相关研究论文;撰写课题研究总报告。

2024年1月——2024年11月:整理课题最终研究资料,申请课题结题。

7. 研究成果

教育科学研究成果表述一般分为广义研究成果和狭义研究成果。

(1)广义研究成果。

主要包括以下方面。

①理论性成果。总结出来的规律、原则、模式、方法等。

②物质性成果。教具、教学仪器、教学软件等。

③文字性成果。研究报告、方案、论文、专著、教材、工具书等。

④电子化成果。电子音像教材、课件、教学实录、网络平台等。

(2)狭义研究成果。主要是指文字性成果。

①研究报告。由题名、课题简介(从教育教学理论和实践两方面阐述课题研究的背景与价值)、研究的理论依据、研究过程、研究结果、研究结论、需进一步研究的问题、课题组成员、参考文献和附件(包括研究方案,研究的原始资料、过程性资料,阶段性成果和最终成果等)等组成。

②调查报告。由题目、前言、正文、总结、参考文献及附录等组成。

③实验报告。包括题目、前言、目标、方法、过程(实验对象、自变量与因变量、干扰变量的控制、实验条件与环境创设等)、结果、讨论、参考文献及附录等。

④科研论文。由标题、摘要、关键词、绪论(或前言)、本论、结论和参考文献等组成,学位论文除具备科研论文结构之外,还包括附录和致谢。

8. 课题组成员及其分工

略。

9. 经费预算与设备条件要求

略。

思考与练习

(1)教育科学研究选题的基本原则有哪些?

(2)简述教育科学研究选题的来源。

(3)简述教育科学研究选题的一般程序或策略。

(4)什么是研究假设?其具有何特点?

(5)简述研究变量的内涵、类型及确定要求。

(6)简述抽样的原则和方法。

(7)结合自己的专业或研究兴趣,任选题目,撰写一份教育课题申报书或学位论文开题报告。

第三章　教育文献研究

第一节　教育文献研究概述

一、教育文献研究的基本概念

（一）文献

文献是记录知识和信息的所有载体，即将知识和信息用文字、符号、图形、音频和视频等方式记录在一定的载体上，也即以载体形式传递知识和信息。其功能是存贮知识、传递和交流信息。文献是从事科学研究的基础，它贯穿科学研究的全过程，从选题、初步调查以及论证课题、制订计划、搜集整理和分析研究资料到形成研究报告，都与有关文献的检索和利用密切相关。

（二）文献研究

文献研究主要是指研究者通过系统全面地搜集、查阅、分析与研究问题相关的文献资料，明晰研究现状、问题和发展趋势的一种研究方法。

文献研究具有以下特点。第一，突破时间和空间的限制。人们亲身的实践和经验常常受到时间和空间的限制，譬如，我们不能直接观察、访问古人的思想和实践，也常常没有条件亲临现场了解国外的教育状况。文献研究可以突破这些限制，使研究者对难以或无法亲自接近的研究对象进行研究。第二，简便易行，费用较低。与调查、实验等研究方法相比，文献研究不受研究对象、研究情境的限制，只要能够找到与研究问题相关的文献，便可开展。而且，与其他研究方法相比，文献研究所需费用一般都较低。第三，研究效率较高。文献研究是在既有研究成果基础上进行的研究，是获取知识的捷径。它一般不需要大量研究人员，不需要特殊设备，可以用比较少的人力、财力和时间，获得比其他研究方法更多的信息。因此，它是一种高效率的研究方法。由于文献研究具有以上特点，它在各学科中都是最为基本、应用最为广泛的研究方法①。

（三）教育文献研究

教育文献主要指记录有关教育科学的情报信息和知识的载体，主要包括专著、研究论文、研究报告等。教育文献研究的概念有广义和狭义之分。叶澜从广义上指出，教育文献研究主要指搜集、鉴别、整理教育文献，并通过对教育文献的研究形成对事实的科学认识的方法。可见，教育文献不仅包括对某一领域已有教育研究成果的研究，而且包括对其他各种教育文献资料的研究。本书从狭义上界定教育文献研究，即教育文献研究主要是指研究者通

---

① 和学新，徐文彬. 教育研究方法 [M]. 北京：北京师范大学出版社，2015：66.

过系统全面地搜集、查阅、分析与研究问题相关的教育文献资料，明晰研究现状、问题和发展趋势的一种研究方法。

二、教育文献研究在教育科学研究中的作用

教育文献研究在教育研究中的作用表现在以下几个方面。

（一）全面正确地掌握所要研究问题的情况，帮助研究人员选定研究课题和研究方向

对于研究者而言，在对某个问题进行研究之前，首先要做的工作就是文献研究工作。查阅文献资料有助于研究者从整体上把握自己研究领域的发展历史与现状、已取得的主要研究成果以及存在的争议问题，把握研究的最新动向和研究视角、被研究者忽视的领域以及对进一步研究工作的建议等等。把握这些信息，将有助于研究者从众多可能选择的课题中，选定自己的研究方向，确定更有价值、更符合自己研究兴趣的研究课题。通过比较、分析研究内容，了解研究的可行性、研究者的兴趣和能力等方面的因素，进一步明确课题的研究范围，使研究者能更好地驾驭和把握课题，以便开展课题研究。

（二）为教育研究提供科学的论证依据和研究方法

任何一名研究者要想使自己的研究工作得以顺利进行，必须有充足、翔实的相关文献资料。通过文献资料查阅，可为研究者借鉴前人对研究领域的研究思路、研究步骤的设计、研究方法的具体运用等方面提供有益的参照，为教育研究提供科学的论证依据和研究方法。

（三）避免重复劳动，提高科学研究的效益

通过文献资料的查阅，可使研究者对有关研究领域的情况有一个全面、系统的认识和了解。从中也可发现前人研究成果中存在的问题，以使研究者在自己的研究中尽量少走弯路，少做无用功。为尽快取得研究成果，提高科学研究的效益奠定坚实的基础。

第二节　教育文献的种类

由于文献的种类繁多，各具特色，不同类型文献所记载的信息内容也各有侧重。因此，了解文献的类型和特点，对进一步做好文献检索工作将有很大帮助。

一、手工型、印刷型、缩微型、机读型（电子型）及视听型文献

依据文献载体的不同形式和记录技术，文献可分为手工型、印刷型、缩微型及机读型（电子型）文献等。

1. 手工型文献

手工型文献是指将知识内容靠手工记录或刻录在一定的物质载体上的文献，如古代的甲骨文、石刻等。此外，还包括那些颇具研究价值而至今未经印刷的有关资料，如日记、手稿、信件等。它们的优点是资料原始，有较高的研究价值，但不易得到，而且比较分散，不够系统。

2. 印刷型文献

主要是以纸张为载体，通过铅印、油印和胶印等手段，将知识固化在纸张等印刷物上的

一类文献，它包括文字材料、表格、图片等。如图书、期刊以及各种印刷资料。这是一种有着悠久历史的传统文献形式，至今仍广为应用。它的主要优点是便于阅读和流传，缺点是体积大，信息密度低。

3. 缩微型文献

以印刷型文献为母本，采用光学摄影技术，把文献的影像固化在感光材料上的一类文献。常见的缩微型文献有缩微平片和缩微胶卷两种。这种文献的优点是体积小，信息密度高，缺点是阅读必须借助阅读机或利用缩微复印机。

4. 机读型文献

这是由于计算机的广泛应用而产生的一种新文献，可以储存文字材料，也可以储存图片、声音，还可以储存动画、电影等。可以是文字的，也可以是非文字的视听资料。常见的是各种已经刻录相关内容的磁盘和光盘。这种文献的存贮、阅读和查找利用都必须通过计算机才能进行，因而，既有信息量大、查找迅速的优点，又有设备昂贵、使用费用高等缺点。

二、零次文献、一次文献、二次文献和三次文献

依据文献传递知识、信息的质量以及加工层次的不同，可分为零次文献、一次文献、二次文献和三次文献。

1. 零次文献

零次文献是一种特殊形式的文献，主要包括两个方面的内容：一是形成一次文献以前的知识信息，即未经记录，未形成文字材料，是人们通过口头交谈，直接作用于人的感觉器官的相关信息；二是未公开于社会，即未经正式发表的原始文献，或没正式出版的各种书刊资料，如书信、手稿、日记、日志、笔记以及原始记录，也包括一些内部使用、通过公开的正式订购途径所不能获得的书刊资料。

零次文献一般通过口头交谈、参观展览、参加报告会等途径获取，不仅在内容上有一定的价值，而且常常能够真实、详细且连续性地记录各种事件的过程或作者的思想认识，能弥补一般公开文献从信息的客观形成到公开传播之间费时甚多的缺陷，是教育科学研究的珍贵资料。不过零次文献也具有零散和难以获得等问题。

2. 一次文献

一次文献也称原始文献（或称一级文献），是研究者直接以自己的研究成果为依据而撰写并公开发表或交流的文献，其所记载的知识信息比较新颖、具体、详尽。一次文献在整个文献系统中是数量最大、种类最多、使用最广、影响最大的文献，是文献的主体，如专著、期刊论文、调查报告、会议记录、学位论文和档案资料等。这些文献具有原始性、创新性、实用性和学术性等明显特征，是教育研究查新工作中进行文献对比分析的主要依据。一次文献的原始性是指作者的原始创作和首次发表。一次文献的创造性是指作者经过搜集资料、综合分析的研究所得，蕴含着新观点、新发现或新技术，具有很高的参考价值。

3. 二次文献

二次文献也称检索性文件或二级文献，它是将大量分散、零乱、无序的一次文献进行整理、提炼，并按照一定的逻辑顺序和科学体系加以编排的、系统的和便于检索的文献。其主要类型有目录、索引和文摘等。二次文献具有明显的汇集性、系统性和可检索性，它汇集的

不是一次文献本身,而是某个特定范围的一次文献线索。它的重要性在于可大幅度减少查找一次文献所花费的时间。因此,它是查新工作中检索文献的主要工具。

4. 三次文献

三次文献也称参考性文献或三级文献,是选用大量有关的文献,经过综合、分析、研究而编写出来的文献。它通常是围绕某个专题,利用二次文献检索搜集大量相关文献,对其内容进行深度加工而成。属于这类文献的有综述、评论、评述、进展、动态等。这些对现有成果加以评论、综述并预测其发展趋势的文献,具有较高的实用价值。在查新工作中,可以充分利用反映某一领域研究动态的综述类文献,在短时间内了解其研究历史、发展动态、水平等,以便能更准确地掌握待查项目的技术背景,把握查新点。

总之,从零次文献、一次文献、二次文献到三次文献,是一个由分散到集中,由无序到有序,由博到精的对知识信息进行不同层次加工的过程。它们所含信息的质和量是不同的,对改善人们的知识结构所起到的作用也不同。零次和一次文献是最基本的信息源,是文献检索和利用的主要对象;二次文献是一次文献的集中提炼和有序化,它是文献信息检索的工具;三次文献是把分散的零次文献、一次文献、二次文献,按照专题或知识的门类进行综合分析加工而成的成果,是高度浓缩的文献信息,它既是文献信息检索和利用的对象,又可作为检索文献信息的工具。

三、书籍、期刊、报纸、特种文献

依据文献编辑出版的形式,可分为书籍、期刊、报纸、特种文献等四大类。

1. 书籍

书籍是论述或介绍某一领域知识的出版物。书籍又可分为三类:一类是介绍基础概念和基础理论的教科书;一类是含有独创性内容的专著;一类是包括辞典、手册和百科全书等的工具书。

(1)教科书。教科书具有较严格的科学性、系统性和逻辑性,主要介绍有关教育科学某一分支学科领域的基本理论和研究成果。它所引用的资料大多经过反复验证,因而比较可信。我们尤其应该注意查阅最新出版的并附有大量参考书目和文献索引的教科书,这可帮助我们了解有关进展并提供进一步查寻文献资料的各种线索。对于陌生的研究领域,教科书的作用是非常重要的。

(2)专著。专著是对研究领域某一专题进行全面、系统、深入论述的著作。专著对有关问题的研究历史与现状,以往和现在的不同学派的观点,现阶段国内外学者的不同观点、研究方法、研究成果,作者本人的研究成果,著者本人对存在的问题、出路和发展趋势的看法等都做了详细的阐述。相比较而言,专著比教科书具有更大的查阅价值。

(3)工具书。工具书是一种依据特定的需要,广泛汇集相关的知识或文献资料,按一定的体例和检索方式编排,专供查资料线索的图书。通过它,研究者可以在较短时间内迅速获得大量重要的、有价值的信息。工具书按其用途,可分为检索性工具书和参考资料性工具书两类。

①有关教育方面的检索性工具书主要有以下几种。

★书目

书目是将各种图书按内容或学科分类所编的目录。它不但可以帮助读者选择、检索图书,还可以指点读书门径。书目的种类较多,有图书馆的目录卡片、各大图书馆的藏书目录、全国图书目录、各出版社图书目录、各年份出版图书目录、国际出版图书目录、专业图书目录等。如《全国总书目》《全国新书目》《社科新书目》等。

★文摘

文摘就是论文、文章摘要的意思。它除题录外,还概括地介绍了原文的主要内容。文摘是论文、文章的浓缩形式,是检索教育科学文献的重要工具之一,它可以帮助我们在较短的时间内了解某一课题的文献概貌,并可据此判断是否有阅读原文的必要。因此,我们对文摘的利用是从事某一课题研究之前必不可少的工作步骤。如《新华文摘》《国内外教育文摘》《教育文摘报》《教育信息报》等。

★索引

索引又叫引得,它是将书籍或报刊中的内容或题目摘录下来,分门别类地编成简括的条目,并注明该书籍、报刊的出处、时间、期数、页码等;然后按一定的次序排列起来,供人查检。因而,它是一种指示寻找资料的途径或线索的工具书。如《全国报刊索引》《内部资料索引》《中文报刊教育论文索引》《教育论文索引》等。

②有关教育方面的参考资料性工具书主要有以下几种。

★教育字典与教育辞典

在教育科研中常用的教育字典与辞典有:《辞海》(上海辞书出版社)、《教育大辞典》(上海教育出版社)、《教育辞典》(江西教育出版社)、《教育学辞典》(北京出版社)、《简明教育辞典》(陕西人民教育出版社)、《西方教育词典》(上海译文出版社)、《英俄日汉教育词典》(东北师大出版社)等。这些辞典便于我们检索有关教育的名词术语,有的具有一定的权威性。一般在界定相关的教育概念时,常常需要借助词典的解释。

★教育百科全书

教育百科全书是汇集各门教育科学分支学科领域知识的大型工具书,它概述了教育科学各主要学科领域迄今为止已经取得的进展。如《中国改革全书》(教育改革卷)、《中国大百科全书》(教育卷)、《简明国际教育百科全书》等都是具有高度学术价值和实际意义的专业性工具书。教育科研工作者无论想从事哪一方面的研究,都可以由全书循途而入,得窥全貌。

★教育年鉴和手册

年鉴是汇集一年内重要时事和统计资料的工具书。手册是以简明、缩写方式提供某一分支或某一具体领域内基本的既定知识和实用资料的工具书。其特点是概括介绍有关问题的研究历史,特别是在某一时期内研究的新成果及方法、存在的问题与可能发展的方向。手册一般间隔一段时间(几年或几十年)出版一个新版本,具有连续性,因而对于系统了解某一方面的研究历史进展很有帮助。目前,我国已经出版的有关教育方面的年鉴和手册有《中国教育年鉴》《中国教育统计年鉴》《中华人民共和国教育大事记》《中国教育大事典》《中国近代教育大事记》等,这些工具书对我们了解我国某个时期的教育概况,如教育方针、制度、经费及各类教育计划指标等有特殊意义。

不论何种书籍，往往都是著者在收集大量第一手资料的基础上，经分析、归纳编写而成的。其特点是内容比较系统、全面、成熟、可靠，但出版周期较长，报道速度相对较慢。书籍主要用于须对大范围的问题获得一般性的知识或对陌生的问题需要初步了解的场合。

2. 期刊

期刊一般是指名称固定、开本一致的定期或不定期的连续出版物。期刊论文内容新颖，报道速度快，信息含量大，是传递教育信息、交流学术思想最基本的文献形式。据统计，期刊信息约占整个教育信息源的60%~70%，因而受到教育工作者的高度重视。大多数检索工具也以期刊论文作为检索的主要对象。对某一问题需要深入了解时，较普遍的办法是查阅期刊论文。期刊论文主要有以下几种。①专门学术杂志。主要是国内外有关学术组织、教育科研机构，定期或不定期正式出版的教育科学类刊物。如《教育研究》《比较教育研究》《教育与职业》《上海教育科研》等，研究者可根据课题研究的性质有选择地查阅。②大学学报。全国许多大学的学报都有社会科学版或教育科学版或教育科学的相关栏目，如《华东师范大学学报（教育科学版）》等，这些栏目都发表了大量有关教育科学方面的科学论文和研究报告。③文摘杂志。文摘杂志是一种期刊情报索引刊物。如中国人民大学书报资料中心编辑出版的复印报刊资料专题系列刊物——教育图书类期刊《人大书报资料中心·复印报刊资料》。该系列期刊又细分为教育学、思想政治教育、中小学教育、中小学管理、中学语文教学、中学数学教学、小学各科教学、高等教育、成人教育、幼儿教育、职业技术教育、体育等21类。资料的内容多是专门从全国各种报纸杂志上选取汇总而成，具有较高的学术价值和应用价值，含有新观点、新材料、新方法或具有一定的代表性，能反映学术研究或实际工作部门的现状、成就及其新发展，是教育学科或专题的论文和有关材料篇目的定期汇集，也是科研工作者全面掌握和检索学术资料的工具。

按照期刊的级别，又分为核心期刊和非核心期刊（或称为一般期刊，在国家新闻出版署备案）。相比较而言，“核心期刊”集中了较多的高质量论文，而一般期刊的这类论文数量相对少一些。目前，中国教育类权威期刊主要分为CSSCI来源期刊（包括扩展版）和全国中文核心期刊两种。

由南京大学中国社会科学研究评价中心每年公布的“中文社会科学引文索引”（Chinese Social Science Citation Index，缩写为“CSSCI”）中所列的期刊，从1998年开始评选和公布。每年根据期刊质量的情况，增删、调整有关期刊。具体确定来源期刊的原则如下。

（1）入选的刊物应能反映当前我国社会科学界各个学科中最新研究成果，且为学术水平较高、影响较大、编辑出版较为规范的学术刊物。

（2）入选的刊物必须在国家新闻出版署备案，正式公开出版发行，且具有ISSN或CN号。

（3）入选的刊物其所刊载的学术文章应多数列有参考文献。

（4）凡属索引、文摘等二次文献类的刊物不予收入。

（5）译丛和以发表译文为主的刊物，暂不收入。

（6）通俗刊物，以发表文艺作品为主的各类文艺刊物，暂不收入。结合我国社科期刊出版发行的情况，确定CSSCI的来源期刊数量占我国正式刊行的社科期刊总数的8%~15%。

另外，由北京大学图书馆和北京高校图书馆期刊工作研究会合编的《中文核心期刊要目总览》，已经出版了1992、1996、2000、2004、2008、2011、2014、2017、2020年版共9版。在2008年之前每4年更新研究和编制出版一次，2008年之后，改为每3年更新研究和编制出版一次，每版都会根据当时的实际情况调整。研究方法是定量和定性相结合的分学科评价方法，核心期刊定量评价采用被摘量（全文、摘要）、被摘率（全文、摘要）、被引量、他引量（期刊、博士论文、会议）、影响因子、他引影响因子、5年影响因子、5年他引影响因子、特征因子、论文影响分值、论文被引指数、互引指数、获奖或被重要检索工具收录、基金论文比（国家级、省部级）、Web下载量、Web下载率等评价指标；在定量评价的基础上，再进行专家定性评审。经过定量筛选和专家定性评审，从我国正式出版的中文期刊中评选出核心期刊。在研制方法上不断调整和完善，以求研究成果能更科学合理地反映客观实际。

3. 报纸

报纸是以刊登新闻报道和评论为主的定期连续出版物。如《中国教育报》《现代教育报》等，专门刊登教育方面的新闻报道和评论。其他的报纸如《人民日报》《中国青年报》等也经常报道教育方面的新闻、研究成果和学术动态。而《光明日报》有专门的教育科学版，定期刊登有关教育科学理论、研究、应用方面的内容。报纸的特点是出版迅速，报道及时。研究者不仅能从有关报纸中了解到某些研究的新进展、新动态，而且还可了解到教育实践中亟待解决的新课题，对研究者确定要研究的课题具有很大的参考价值。

4. 特种文献

特种文献一般单独成册，有的不公开发行，有的则需要保密，如教育报告、政府出版物、学位论文、学术会议论文等，统称为特种文献。

教育科学方面的学位论文主要有学士学位论文、硕士学位论文和博士学位论文，其中，后两者具有重要的学术价值，它们都是研究生在导师指导下进行专题研究后形成的研究成果。这类论文通常由研究生毕业高校保存，许多没有公开发表，或由于论文较长，发表了其中的一部分，还有的学位论文根据作者的意愿，通过互联网在各高校之间共享，而不对外公开。

学术会议是学者、研究人员进行科研成果交流的重要场所。在国际或国内重要的学术或专业性会议上发表的论文学术性强，往往代表着某一领域内的最新成就，反映了国内外此研究领域的发展水平和研究趋势。这是获得最新情报的一个重要来源。会议文献可分为会前文献，如会议日程预报和会议论文预印本以及会后文献，如各种会议记录。会后文献是主要的会议文献，从大量会议论文材料中，研究者可以及时地了解到最新的研究成果、研究动态和研究趋势。全国有关科研机构、高校有关学院的资料室往往收集保存这方面的资料。

第三节　文献检索的过程和方法

一、文献检索的过程

文献检索的过程主要由3个步骤组成。

分析准备阶段。分析课题，明确检索要求、范围和标志。如“××学校教师教育的发展研究”。

搜索阶段和加工阶段 。剔除假材料,去掉相互重复、较陈旧的过时的资料,如“德育的有效性研究”材料过多,重复、无意义。

从研究任务的观点评价资料的适用性,保留那些全面、完整、深刻和正确地阐明所要研究问题的一切有关资料,以及含有新观点 、新材料的资料,对论证材料要特别慎重。由于查找标志、检索过程的不确定性,可能查找到部分不适用的文献。

对选定材料进行分类编排,并编制题目索引或目录索引。应做到方便使用,要用的时候能迅速找出来,同时应注意材料的保存。

对准备利用的文献资料,要鉴别和评价其可靠性。

二、文献检索的基本方法

1. 顺查法

按时间范围,以所检索课题研究的发生时间为检索始点,按事件发生、发展时序,按由远及近,由旧到新的顺序查找。一般可以查全。查时可以随时比较、筛选,查出的结果基本上可以反映事物发展的全貌。此法多用于范围较广泛,项目较复杂,所需文献较系统全面的研究课题以及学术文献的普查。

2. 逆查法

逆查法,又称倒查法,与顺查法正好相反,是以课题研究的时间作为检索的起始点,按由近及远,由新到旧的顺序查找。这种方法多用于新文献的搜集,新课题的研究,而这种课题大都需要最近一个时期的较新论文、专著,不太关注历史渊源和全面系统,易漏检。

3. 引文查找法

又称跟踪法。是以已掌握的文献中所列的引用文献、附录的参考文献作为线索,查找有关主题的文献。这种方法的优点在于文献涉及范围比较集中,获取文献资料方便迅速,并可不断扩大线索。这种回溯过程往往会找出有关研究领域中重要的、丰富的原始资料。缺点在于查得的文献资料受原作者引用资料的局限性及主观随意性的影响,资料往往比较杂乱,没有时代特点。因此,要注意文献的可靠性。

4. 综合查找法

将各种方法结合加以使用,以达到检索目的。

检索性工具书是比较完备的汇集某一方面的资料,按照特定的方法加以编排,内容比较概括,以供检索文献线索时查找的图书。不仅提供了准确的资料,而且提供经过筛选和条理化了的文献出处和内容线索。工具书品种数以万计,仅《辞典》20 世纪 80 年代以来就有 2 000 多种,书目索引 10 万多条。常用的检索性工具书有书目、索引、文摘、传记资料等。也包括辞书、百科全书、年鉴及手册。

三、教育文献的利用以及检索文献的要求

(1)准:准确地查找文献。

(2)全:全面地查找文献。搜索的资料不仅有正面的,也有反面的,既有纵向的也有横向的,既有中文的也有外文的,既全面又系统。

（3）深：多方位、有深度地查找文献。体现文献的多样性及内容的专深。

（4）快：迅速地查找文献。一个准确度高、有价值的情报资料，如果检索速度慢了，耽误了时机，就会失去它的应用价值。

第四节 撰写文献综述报告

一、什么是文献综述

文献综述是在确定了选题后，在对选题所涉及的研究领域的文献进行广泛阅读和理解的基础上，对该研究领域的研究现状（包括主要学术观点、前人研究成果和研究水平、争论焦点、存在的问题及可能的原因等）、新水平、新动态、新技术和新发现、发展前景等内容进行综合分析、归纳整理和评论，并提出自己的见解和研究思路而写成的一种不同于毕业论文的文体。

它要求作者既要对所查阅资料的主要观点进行综合整理、陈述，还要根据自己的理解和认识，对综合整理后的文献进行比较专门的、全面的、深入的、系统的论述和相应的评价，而不仅仅是相关领域学术研究的“堆砌”。

需要说明的是，如果别的学者已经很完美地解决了你提出的问题，那就没有重复研究的必要了。

二、撰写文献综述的好处

学会撰写文献综述，至少有以下好处。

（1）通过搜集文献资料过程，可进一步熟悉科学文献的查找方法和资料的积累方法；在查找的过程中同时也扩大了知识面。

（2）查找文献资料、写文献综述是科研选题及进行科研的第一步，因此学习文献综述的撰写也是为今后科研活动打基础的过程。

（3）通过综述的写作过程，能提高归纳、分析、综合能力，有利于独立工作能力和科研能力的提高。

（4）文献综述选题范围广，题目可大可小，可难可易。对于毕业设计的课题综述，则要结合课题的性质撰写。

三、文献综述的结构

一般都包含以下四部分：前言、主题、总结和参考文献。撰写文献综述时可按这四部分拟写提纲，再根据提纲进行撰写。

前言部分，主要是说明写作的目的，介绍有关的概念及定义以及综述的范围，扼要说明有关主题的现状或争论焦点，使读者对全文要叙述的问题有一个初步的了解。

主题部分，是综述的主体，其写法多样，没有固定的格式。可按年代顺序综述，也可以按不同的问题进行综述，还可以按不同的观点进行比较综述，不管用哪一种格式综述，都要将所搜集到的文献资料归纳、整理及分析比较，阐明有关主题的历史背景、现状和发展方向，以及对这些问题的评述，主题部分应特别注意代表性强、具有科学性和创造性的文献引用和评述。

总结部分，与研究性论文的小结有些类似，对全文主题进行扼要总结，最好能提出自己的见解。

参考文献虽然放在文末，但却是文献综述的重要组成部分。因为它不仅表示对被引用文献作者的尊重及引用文献的依据，而且为读者深入探讨有关问题提供了文献查找线索。因此，应认真对待。参考文献的编排应条目清楚，查找方便，内容准确无误。

四、撰写文献综述应注意的问题

(1)搜集文献应尽量全面。

(2)注意引用文献的代表性、可靠性和科学性。

(3)引用文献要忠实文献内容。

(4)参考文献不能省略。

五、如何写好文献综述

技巧一：收集资料要瞄准主流文献。

一是图书馆的中外学术期刊，找到一两篇“经典”的文章后“顺藤摸瓜”，留意它们的参考文献。质量较高的学术文章，通常是不会忽略该领域的主流、经典文献的。

二是利用学校图书馆的“中国期刊网”、“外文期刊数据库检索”、超星数字图书馆和中外文过刊阅览室，能够查到一些较为早期的经典文献。

三是利用其他网络资源。

技巧二：随时整理，如对文献进行分类，记录文献信息和藏书地点。

技巧三：要按照问题来组织文献综述。

总之，一篇好的文献综述既高屋建瓴，又脚踏实地。文献综述，顾名思义由“综”和“述”两部分组成。前半部分的“综”不算太难，对所查阅大量的文献进行综合的归类、提炼、概括即可做到。后半部分的评“述”与分析则是一篇“综述”质量高下的分界线，这需要融入作者自己的理论水平、专业基础及分析问题、解决问题的能力，在对问题进行合情合理剖析的基础上，提出自己独特的见解。

案例 3-1

中国高校“三全育人”研究回顾与展望：一个文献综述[①]

摘要：作为对于“培养什么样的人，怎样培养人，为谁培养人”这一高校育人问题的学术回应，近年来对中国高校“三全育人”政策实施的研究逐渐成为学术关注焦点。通过对CNKI 学术期刊的相关研究进行整体检视后，梳理高校“三全育人”的内涵、特征、实践经验与协同育人机制，可发现在现阶段有关“三全育人”的研究中，研究方法多样性欠缺，差异化对比研究内容不足，未来可能的研究方向应为加强对“三全育人”协同育人机制的系统化学

① 陈思，王斌伟. 中国高校“三全育人”研究回顾与展望：一个文献综述 [J]. 湖北社会科学，2021(8). 转载时略有删减。

理剖析、“三全育人”有关议题的量化研究以及“三全育人”异质性高校差异对比分析等。

关键词:“三全育人”;高校;协同育人

党的十八大以来,习近平总书记对教育事业特别是培养社会主义事业建设者和接班人工作高度重视。“培养什么样的人,怎样培养人,为谁培养人”,是中国高校思想政治教育工作必须始终直面的3个问题。“谁来培育,怎么培育”俨然已成为党对教育事业领导的重大历史考题。2017年党中央、国务院出台了《关于加强和改进新形势下高校思想政治工作的意见》,明确提出了“三全育人”综合改革试点目标和举措,并在全国范围内确立了一批高校作为实践探索先行试验点[1](p113)。基于以上时代背景,作为对“培养什么样的人,怎样培养人,为谁培养人”三大育人实践关切的学术回应,国内有关“三全育人”的研究也逐渐被广泛关注,并取得了丰硕的研究成果,主要集中在以下三个方面:一是“三全育人”政策概念与内容解析;二是“十大育人体系”模式构建;三是理论上解构协同育人机制的产生机理。虽然学界有关“三全育人”研究已涌现出大量成果,但是当前对该领域研究还缺乏系统性梳理,对于研究特征与发展趋势尚存认识上的偏差,因此,本文目的在于梳理和分析中国高校“三全育人”的研究现状,对已有文献进行述评,以此来展望未来的研究方向,助推该领域学术研究向纵深发展。

一、中国高校“三全育人”有关文献的样本描述

本文以CNKI知网数据库学术期刊为样本,以“三全育人”为关键词,文献检索时间跨度设置为1994年到2020年,并围绕文献刊发情况、期刊分布情况、方法使用情况3个方面来梳理中国高校“三全育人”有关整体研究情况。

(1)文献刊发情况。从高校“三全育人”有关研究文献刊发数量趋势来看,大体可分为3个阶段,即停滞期(1994年—2003年)、缓慢发展期(2003年—2017年)、快速发展期(2017年—2020年)。总体而言,国内关于高校“三全育人”研究从新世纪才逐渐丰富,1994年—2003年发文量非常稀少,基本处于停滞状态;2003到2017年发文量缓慢增长,呈现整体缓慢平稳状态;2017年之后相关文献呈现出陡然上升趋势,尤其是2020年更是达到峰值892篇,其中发表在CSSCI来源期刊(含扩展版)48篇。“三全育人”研究热点正在迅速攀升。

(2)期刊分布情况。研究成果主要刊发在教育学、思想政治教育学等专业期刊、部分综合社科期刊和高校综合学报。从期刊分布情况可以管窥,“三全育人”研究基本上集中在思想政治教育领域,不同学科背景学者之间的合作甚少,尚未形成交叉学科以推动中国高校“三全育人”研究不断深化与创新发展。

(3)方法使用情况。赵联飞总结了社会科学研究主要有定性论述、案例研究、数理统计分析、实证定量研究和文献综述5类[2](p14-26+242)。统计显示,在48篇CSSCI来源期刊(含扩展版)文献中,全部为定性分析,而未有采纳定量分析方法的文献。因此,伴随“三全育人”研究成果的逐步丰富,尤其包含因果识别推断方法在内的量化分析应当将会被延伸至该领域。

二、中国高校“三全育人”有关研究的主体归纳与观点综述

国内现有关于“三全育人”的研究绝大部分以规范性为主，多倾向于应然层面的政策探析、经验交流与理论阐释，立足党在全面加强对高校思想政治教育工作的时代背景下，一方面，厘清“三全育人”的具体内涵和外延，从结合我国高等教育实践和他国经验出发，阐释提出该育人战略主张的必要性、基本原则和经验举措；另一方面，从“三全育人”政策预期和理论解析的角度出发，描绘“三全育人”有关研究演化脉络，以期对落实好“立德树人”根本任务实践起到指导作用。

1.“三全育人”的内涵、特征和战略主张必要性研究

“三全育人”的内涵和特征已得到学者们的关注，但专门针对“三全育人”的概念和特征进行阐释的文献为数不多，其往往作为贯穿研究主题的其中一环，黄厚甫在早期对“三育人”概念的内涵进行了界定[3](p39-41)；李海林将研究重心放在论证大力推进“三育人”工作的紧迫性和必要性上，其育人口号是在历史背景语境中应运而生的[4](p119-123)。学者们通过论述时代背景，针对高等教育趋于功利化，教育教学实用化、技能化、职业化的历史背景出发，指出当下加紧加快推进“三育人”已刻不容缓，这一时期有关“三全育人”概念的前身“三育人”主要集中在政策背景、实践意义、探索举措与实践成效等方面的分析。杨晓慧提出在坚持党对教育工作全面领导的基础上，从以往的“三育人”（管理育人、教学育人和服务育人）向“三全育人”转换，从教书育人、科研育人、实践育人、管理育人、服务育人、文化育人、组织育人等 7 个方面来开展育人工作，并从宏观上围绕育人理念、育人体系、育人形态和制度建设 4 个方面提出高校构建协同联动育人机制新模式[5](p4-8)。在此基础上，学者们分别单独从教学科研、文化组织、管理实践等维度来切入，着重考察如何将“三全育人”发展战略落实落细，发挥其协同育人效应。总体来说，已有研究基本遵循政策出台背景，对政策执行过程中的现状、存在问题和改进措施进行传统的“三段论”式论述，文献的实操性强，但理论性和规律性的探讨相对滞后，结合具体的理论脉络演化来谈“三全育人”发挥协同育人效用的背后作用机理以及与之对应的理论支撑相对较少[6](p26-30)。

2.“三全育人”有关文献演化脉络分析研究

总结起来，当前研究主要集中在“三全育人”意蕴本质、“三全育人”十大育人体系和“三全育人”机制模式等 3 个方面。

首先，关于“三全育人”意蕴本质。学者们总结了其缘起与发展过程中内涵本质的演化脉络，具言之，中国高校“三全育人”内在特征的发展先后经历了“三育人”→“三全育人”→“三全育人共同体” 3 个历史阶段[7](p155-159)。不同内涵与特征背后折射出党对不同社会历史条件下高校思想政治教育主要矛盾的判断：“三育人”阶段力求解决 20 世纪 90 年代初高等教育育人使命不清晰、办学方向模糊与学生读书功利化等主要问题；“三全育人”阶段源于党中央力图将思想政治教育工作贯穿于课程、科研、管理、服务、文化、网络、实践、组织、心理、资助的十大育人体系中，从而实现思想政治教育工作全员化、全方位化和全过程化[8](p1)；党的十九届五中全会提出了构建社会治理共同体目标，在此背景下，学者们将“三全育人”内涵延伸至“三全育人共同体”，该阶段对高校人员在育人角色上进行了重新塑造，着

力构建“互融互促”的育人生态圈,形成了育人治理结构上的互嵌模式[9](p130-138)。综上所述,“三全育人”内涵本质的演化脉络反映出高校在人员关系、组织架构和运行机制3个方面都作出创新性调整,凸显了思想政治教育由以往条块治理转向目标与使命共担的深刻转变,也是今后一段时期高校思想政治教育工作向“三全育人共同体”迈进的现实安排和发展趋势[10](p24-26)。

其次,关于“三全育人”十大育人体系。学者们选取“三全育人”体系所涵盖的全员、全方位和全过程3个方面为切入点,着重探讨了包括“课程、科研、管理、服务、文化、网络、实践、组织、心理、资助”的十大育人体系的实践模式。具体而言,张亚光以科研育人为切入点,阐明科研育人有助于构建系统性全员育人体系,并着重探讨通过构建“双主体”的科研育人引导机制,加大科研经费研发力度与育人方式[11](p91-93);蔡迎春则关注“三全育人”背景下大学生心理健康教育举措,其主要通过构建心理预防机制网络和整合校内外资源来形成联动心理教育机制[12](p116-118);曹杰从线上来探究大学生思想政治教育如何有效利用互联网在价值引领、内容精准推送、交互影响作用方面提升思政育人的精准性与针对性[13](p151-154)。朱平以全员育人为切入点,围绕如何有效形成全员育人的机制深入剖析,通过建立不同育人主体责任清单、评议制度来构建运行中的动力机制、协同机制、保障机制、反馈与纠错机制来维持稳定运行,实现持续性长效机制[14](p96-101)。张文风对全员育人做进一步深入剖析,并就如何制定好顶层设计来评价教师队伍,注重差异化、精准化教师评价体系,引导教师队伍朝着协同做好学生日常思想政治教育发展[15](p60-61+p68)。其中,有相当多的学者更为关注辅导员队伍在“三全育人”工作过程中所扮演的角色和发挥的作用,强调辅导员应从原来一体多面的“全能超人”转变为协同者,高校应当通过强化其职能责任,打造专业化和专家化辅导员队伍,工作定位从原本的管理者转变为服务引导型[16](p91-95)。韩宪洲认为“课程思政”是“三全育人”的出发点与落脚点[17](p4-6),其将思想政治教育有机融入日常教学中,并充分利用好第一课堂和第二课堂,形成互通有无、优势互补的育人格局[5](p155-159)。综上所述,已有文献重点探讨了“三全育人”十大体系中具体维度的实践模式,大部分文献基于特定场域下的运行模式介绍,其属于工作经验再梳理,鲜有文献量化分析其育人绩效,从而使得现有大部分研究结论背后的规律性和稳健性依然值得商榷,其解释力还有待于实践检验。

再次,有关“三全育人”运行机制的理论阐释与模式构建。一方面,当前高校在思想政治教育工作上存在相对育人力量分散、衔接环节疏松等问题,从而无法形成“全员化、全过程化、全方位化”的协同育人局面。面对思想政治教育与业务时常“脱耦”的现实困境[18](p157-162),国内学者在对“三全育人”理论进行解构的基础上提出了对策建议。其中,李国栋指出要从树立协同联动意识、整合教育资源与构建制度保障3个方面展开,并需要建立和完善有助于形成协同效应的现代育人支撑系统、纵横交错的组织架构体系、一体化的制度保障系统以及互融互嵌的育人生态圈[19](p14-15)。赵耀等使用社会治理共同体理论来解释“三全育人”的内涵,并指出建构育人个体间的协同效应逻辑在于“使命趋同—利益共同—行动同向”的新型育人道路[20](p11-14)。刘润等指出,“三全育人”突破了原有育人环节中条块分离、各自为政的瓶颈,其不仅强调系统内部互嵌,而且更重视系统内外信息互通、资源共享和育人平台共建、利益生长和成效共享等关系,后续学者使用协同理论和生态系统理论来解释对应举措的理论渊源[21](p115-118)。一言以蔽之,高校“三全育人”既要注重内生系统原动力,又要注重内外动力互推,意味着我国高校采纳“三全育人”改革战略要注重育人生态系统建设,制定好激励相容政策,从而形成“人动—资源动—组织动”的三级联动模式。此外,有研究考虑到高等教育异质性特征关乎育人目标的差异,分析了普通高校与高职院校、理工类院校与人文类院校等不同属性高校在“三全育人”政策实施后的差异。早期文献关注“三全育人”研究大多集中在高职院校领域,关注其学生职业素养和求职能力培育[22](p116-117),而普通高校则更为注重学生综合能力素养培育和创新创业思维培养[23](p71-73)。文科类和理工类院校有关“三全育人”研究目光则放在课程思政建设差异上,相较于人文类专业,理工类专业过多强调科学规律知识传播和实验动手能力培养[24](p73-74+p77)。因此,应注重将思想政治教育内涵精神、知识传播与价值引领等隐性知识有机融入传统自然科学文化显性知识体系中去,从而使得思政育人融入各环节、各人群和各渠道[25](p33-46)。综上所述,已有文献基本上从宏观层面阐释了中国高校“三全育人”协同育人机制生成机理,并定性对比分析了异质性高校在“三全育人”实施过程中的差异,这为日后从微观层面系统化阐释育人个体参与协同育人的行为决策机制,以及量化对比分析异质性高校实施“三全育人”政策后的绩效差异提供了参考依据。

三、现阶段中国高校“三全育人”研究存在的问题

“三全育人”政策实施是高校落实“立德树人”根本任务的重要抓手,也是思想政治教育工作实现全员化、全过程化和全方位化的根本遵循。虽然“三全育人”的重要性得到了政府和学者们的广泛认同,现有文献也积累了相当的知识储备,也为后续研究奠定了文献基础,但是纵观当前研究现状,本文认为以下几个方面仍需完善。

(1)缺乏“三全育人”的量化研究。现有文献针对“三全育人”的研究大部分采用规范性分析方法,基本上围绕“提出问题→分析问题→提出对策”思路来进行研究,研究结论受限于研究对象的特殊性而不具备一般规律性。由于“三全育人”尚未形成统一的概念界定,因此在科学研究和实证分析中缺乏衡量其运行效率的标准,即缺乏“三全育人”政策实施对育人绩效影响效应的实证研究。此外,虽然已有研究采用案例法来研究,但事实上,部分案例文献勉强以个案作为案例研究结论,且没有定量分析或使用理论工具来深入剖析案例背后的深层机制,甚至将简单梳理作为研究结论,难以揭示其内在规律。因此,量化研究育人个体参与“三全育人”政策的影响因素,并以认知水平与行为偏好为切入点来探究育人个体参与“三全育人”政策的深层作用机理显得异常重要,但现有研究针对二者之间关系的探讨大多集中在定性分析层面,对政府及高校科学评估政策实施效果的支撑作用甚微,同时也难以升华“三全育人”有关研究的理论高度。

(2)缺乏对“三全育人”协同育人机制的体系化学理剖析。现有研究大部分基于“三全育人”政策出台的时代背景、国家政策文件精神来进行宽泛讨论,虽然已有学者意识到了借助理论工具(协同理论、共同体理论等)加以剖析的必要性,但是现有研究过于集中在“三全育人”对思想政治教育有效性和感召力的必要性和正当性等方面的论证,从背景意义分析到构建育人模式的论证过于宏观与浅显,尚未将“点(个体)—线(个体间)—面(组织)”3

个层面产生协同联动效应的逻辑升华到理论层面。因此,如何从理论上来阐释“三全育人”3个层面(点—线—面)间产生协同联动效应逻辑脉络是影响当前思想政治教育工作顺利开展的重要因素,但现有文献关于“三全育人”理论的分析大多集中在政策层面的解读,以及从宏观层面剖析“三全育人”协同效应的生成机理,缺乏从微观层面系统化理论关注。

(3)缺乏对“三全育人”异质性高校的对比研究。一方面,已有研究大多把研究对象(高校)视作同质,但自教育部启动“双一流”高校建设方案以来,资源配置的差异已导致高校群体内部出现分化,从而表现出明显的异质性,现有研究没有针对“双一流”或“非双一流”高校群体“三全育人”开展实施后的育人绩效的对比分析;另一方面,由于我国区域间发展不平衡不充分,导致地区间在经济结构、产业政策和人口集聚等方面出现显著差异,无疑存在东、中、西部高校办学特色和育人目标的差异,而这些被忽视的异质性特征是横亘在现有研究成果可复制、可推广面前的鸿沟,现有研究对“三全育人”政策优化启迪意义有限。因此,亟待加强对异质性高校群体开展实施“三全育人”模式差异的系统化理论研究,从而为比较不同模式差异的原因及其背后的作用机理奠定文献基础,进而为政府在日后制定精准化、差异化的高校“三全育人”政策奠定坚实基础。

四、中国高校“三全育人”研究的可能面向

综上所述,“三全育人”战略在研究与实践中存在的问题阻碍了思想政治工作育人成效。“三全育人”作为一项系统化协同工程,不仅需要在理论上构建相对完善的支撑体系,同时也需要政府、高校与师生等各节点共同努力,形成协同统一的工作机制,才能打通思政育人工作中存在的壁垒,实现高校思想政治育人工作全覆盖、无死角。因此,针对上述问题,本文提出未来研究方向的建议。

(1)加强对“三全育人”协同育人机制的系统化学理剖析。现有文献大多围绕政治学、社会学角度来从制度结构、社会治理等方面对协同机制的构建进行分析。罗健以马克思的共同体理论来解释协同效应的发生[26](p9-14),其内在逻辑是三全育人共同体会通过构筑共同价值来激励系统内部要素参与协同育人实践[27](p56-66)。张睿以协同理论模型来解释系统内部在资源整合、行动整合、系统优化三方面诱发系统内部不同环节间的集体行动发生[28](p101-106)。纵观现有研究发现,理论界大多集中在宏观层面的阐释,鲜有理论分析从“三全育人”核心微观层面三要素(“点—线—面”)出发来系统阐释协同效应产生的机理。具体而言如下。

一是“点协同”:育人个体的协同。现有理论界在解释“三全育人”如何促使系统内部不同环节间集体行动逻辑发生更多关注于“要协同”和“影响协同因素”的探索性研究,这为未来的研究提供了参考指引,但已有文献严格限定了“外生”(诸如政策)因素对协同效应的促进作用,容易陷入育人个体“天然地”会参与到思想政治教育工作中的假设前提误区。“三全育人”中育人个体作为实践中最为复杂、多变的因素,亟待从理性人角度出发来探讨如何通过制度设计激发其内生原动力,促使不同育人个体间形成集体行动。因此,今后可以从经济学“理性经济人”角度出发,使用集体行动理论剖析育人个体参与协同育人工作的影响因素,并基于期望理论与前景理论来构建育人个体参与协同育人行为决策的理论分析框架,以揭示育人个体参与协同育人工作的内生决策机制,为日后制定优化政策以有效激励育人个

体发生集体行动奠定基础[29](p35-41)。

二是"线协同"：育人个体间的协同。现有理论分析框架主要基于治理主体内部矛盾运动结果来驱动系统育人个体间从以往的"脱耦"向"耦合"转变，该转变过程折射出是以共同利益为"捆绑"的逻辑起点，在此基础上，通过要素交流、信息互动、资源共享来引导不同育人个体趋向树立共同价值取向[30](p17-27)，进而实现育人个体间行为整齐划一，即归纳为"利益趋同→价值共同→行动协同"逻辑脉络，而诱发以上系列行为通常都暗含着"三全育人"系统具备实施主体的包容性、实施过程的开放性和育人空间上的开放性三大基本条件。实际上，在推进"三全育人"实施过程中通常存在专业教师、管理人员、教辅人员等多元主体，而不同群体间、群体内部都存在差异性较强的利益关切点和行动逻辑[31](p96-101)，现实中不同育人个体之间的利益趋同并非易事，过去传统治理模式下所形成的路径依赖和管理制度僵化易形成排他的、封闭的和保守的利益"小圈子"。因此，面对系统内部多元化利益矛盾冲突难以调和的现实场域，如何将不同主体间利益再平衡是值得学界探讨的重要议题。尤其催人深思的是如何以"自然""柔性"方式来诱发不同主体"心甘情愿"为共同目标而摒弃固有的利益或运行秩序[32](p40-47)？与此同时，高校也表现出较强的"特定场域"，只有在尊重研究场域具体化基础上所形成的制度模式，才有可能重塑系统内不同育人主体间关系与利益格局，有效消除不同育人主体间隔阂。未来的研究除了考虑不同育人主体融合的"硬约束"外，仍须基于嵌入理论从"结构嵌入"和"关系嵌入"视角来探讨不同利益个体间形成"合作、互动、共享、共建"的"软约束"理论解释，并提出与之对应的实践模式[33](p292-304)。

三是"面协同"：育人组织间的协同。张艳国等认为党的建设在基层多元治理中发挥领导、协调作用，并将其归纳为政治领导功能[34](p125-130)。贾骞等则进一步深入挖掘基层党建的作用，其认为党的组织建设目标就是发挥战斗堡垒作用，其关注重点在于通过党组织建设来充分整合各方资源、凝聚社会各方力量来更好地服务于总体利益[35](p49-51)。2021 年 8 月《第二十七次全国高校党的建设工作会议》明确指出，应注重挖掘党建在高校"三全育人"实践中的独特组织功能优势，发挥高校党建组织政治功能，推动高校党建与思想政治教育深度融合[36]。相较于西方高校治理体系和实践中"去中心化""组织扁平化"差异，具有中国特色"党建＋"高校治理实践所呈现出的新组织模式、新育人理念、新育人战略，都极具历史向度与现实观照张力。因此，新形势下，引入"党建＋"是解决高校"三全育人"实践瓶颈的重要模式，未来研究应着眼于关注：一是如何发挥党建政治引领功能，利用其组织制度优势，将党建嵌入教学、管理、科研、实践等各环节，有效对育人各环节进行管理与监督，确保高校思想政治教育工作不脱轨、不脱节、全覆盖；二是如何发挥党建协调功能，协调好组织间协同矛盾，促进育人组织间资源交流与共享；三是如何发挥党建服务功能。将党全心全意为人民服务宗旨嵌入全体教职工中，发挥党员先锋模范作用，形成思想政治教育和教学科研互融互促的网络格局；四是如何发挥党史育人功能，以"三会一课"和主题党日活动为载体，将党史、新中国史、社会主义发展史和改革开放史有机融入师生日常教育中，做到学史明理、学史增信、学史崇德、学史力行。

（2）加强"三全育人"有关议题的量化研究。育人绩效是衡量"三全育人"政策实施是否有效的重要指标，因此衡量"三全育人"政策实施后的育人绩效具有重大现实意义。已有文献大多只是从定性的角度去分析说明“三全育人”开展与实施后所起的作用,但诸如大多政策评估研究范式一样,需要科学界定“三全育人”概念,具体可以从以下几个方面加以分析。

一是开展制定衡量“三全育人”内涵的具体量化指标研究。有关全员、全方位和全过程指标的制定是开展思想政治教育工作全覆盖的前提,亦是衡量“三全育人”政策实施绩效的必要条件,通过针对全员、全过程和全方位制定量化标准可以为“三全育人”的实施绩效奠定基础。

二是开展量化“三全育人”政策实施绩效的实证研究。确定了全员、全过程和全方位的量化标准后,进一步将育人绩效划分为显性绩效与隐性绩效,其中显性绩效主要包含诸如学生绩点、毕业生就业质量(就业率)、学科竞赛获奖等方面;而隐性绩效则涵盖诸如认知水平(社会主义核心价值观认同感)、爱国情怀、道德情操等方面。事实上,相较于显性绩效,隐性绩效是高校思想政治教育导向“立德树人”根本任务的重要体现,并且这些指标由于调查问卷设计缺陷缘由时常造成误差,从而使得该部分的研究价值和政策意义突显。在此基础上,可以借助该标准来开展实证研究以衡量异质性高校实施“三全育人”后的绩效差异,并进行对比分析研究,从而有效提升“三全育人”实施绩效。只有加强“三全育人”政策实施绩效量化的实证研究,才能为其日后政策优化提供经验证据。

三是加强对育人个体参与“三全育人”政策行为决策的实证分析研究。“三全育人”政策实施的核心要义在于如何诱导育人个体参与其中并形成协同效应。目前已有研究更多侧重于定性分析如何诱发育人个体共同参与育人实践以形成协同效应,鲜有文献探究育人个体参与“三全育人”政策实施的影响因素和剖析育人个体参与“三全育人”行为决策机制的实证研究。因此,未来应加强从育人个体采纳行为的视角出发进行的实证研究,具体可以从以下角度出发。①开展育人个体参与“三全育人”的影响因素研究,从而为日后完善相关政策,进而有效激励行为个体自愿参与其中而产生协同效应;②开展育人个体参与“三全育人”政策实施的机理分析,通过文献综述梳理育人个体参与“三全育人”影响因素,从理性人的假设出发,基于期望效用理论和前景理论来构建育人个体参与其中的作用机理,可以试图从行为偏好(或认知水平)对育人个体参与“三全育人”政策的作用机制进行实证分析,以揭示偏好与认知两个影响人们行为发生的重要因素对形成协同育人效应的理论缘由,从而为优化政策以有效激励育人个体主动参与“三全育人”政策实施奠定理论基础和经验证据。

(3)加强对“三全育人”异质性高校差异的对比分析。异质性高校决定了其办学目标、学科建设和人才培养等方面存在显著差异。因此,异质性高校对于深化“三全育人”政策实施研究至关重要,也影响着日后政策实施效果评估的精准性,但目前关注异质性高校研究议题的文献相对较少,且着重对比不同类型高校在实施“三全育人”政策后的模式机制与育人成效差异的相关研究更是凤毛麟角。具体而言可以从以下几个方面展开研究。

一是调研高校实施“三全育人”总体情况。了解高校“三全育人”实施的开展模式、进展过程与实施过程中存在的不足,是研究当前中国高校“三全育人”实施情况的前提条件,为后续对比分析奠定基础。具体而言,根据教育部对“双一流”建设高校的划分名单,展开对“双一流”建设高校与非“双一流”建设高校(或东、中、西部高校与理工医学类高校、农林牧渔类高校、人文类高校)在思政育人协同机制构建、十大育人体系建设等方面总体层面的研究。

二是研究异质性高校"三全育人"协同机制差异机理。探究不同属性高校形成协同育人机制的影响因素,了解影响不同属性高校形成协同育人机制的前置因素以便有效提升"三全育人"改革效率。在此基础上,深入探究异质性高校在全员、全过程和全方位不同维度上协同开展思想政治育人工作的作用机理。进一步加强其对"三全育人"政策精准性、指导性优化的支撑力度,从而提高高校思政育人工作的效率。

三是加强对"三全育人"实施高校与未实施高校的对比研究。目前已有关于"三全育人"研究大多只关注"三全育人"政策实施的高校,缺少关于未实施高校群体在思政育人实践模式的对比分析,而通过这种差异性对比研究,有助于厘清高校在贯彻执行"三全育人"实施过程中有哪些是值得我们总结凝练升华的,哪些存在不足亟待加以审视与反思,因此未来可以加强高校关于"三全育人"实施的对比研究。具体从以下方面展开:一方面,开展"三全育人"实施高校与未实施高校在思想政治教育工作模式上的对比研究,有助于不断优化政策,进而将政策目标导向精准化;另一方面,开展异质性高校"三全育人"实施绩效的对比研究,通过比较"三全育人"实施高校与未实施高校在育人绩效上的差异,为衡量"三全育人"政策实施绩效的量化研究提供依据。

五、结语

回顾中国高校"三全育人"的文献刊发、期刊分布与研究方法等情况,中国高校"三全育人"有关学术研究文献量目前处于迅速攀升阶段,研究热度处于较高水平,预计未来将涌现出更多文献。现有研究对高校"三全育人"实施的诸多方面已进行了有益探索,推进了有关理论的构建和拓展,增进了对当前中国高校"三全育人"政策实施后运行模式及其规律的认识,为政策制定与实践探索提供了科学依据和决策参考。总体来说,中国高校"三全育人"研究大致可以划分以下三个方面:一是关于"三全育人"内涵特征以及其演化脉络;二是基于"三全育人"十大育人体系内容,研究具体育人体系模式及其运行机制;三是有关"三全育人"运行机制的理论阐释。现有文献针对高校"三全育人"研究主要围绕协同育人模式特征、实施成因、发展模式及其背后机理等方面进行,研究视角总体上偏于高校层面较多,聚焦育人个体微观层面的文献相对较少,尤其是关于系统化剖析协同育人机制发生的理论分析更是凤毛麟角;对"三全育人"实施的绩效分析,现有文献已有涉及,但仍有待于拓展,并亟待从高校异质性角度加以区分与比较,而在研究方法上基本上集中在以定性分析为主,鲜有文献量化"三全育人"概念界定、实施绩效以及涉及在育人个体层面参与"三全育人"行为决策的实证分析研究。据此,本文提出未来的研究方向:第一,加强对"三全育人"协同育人机制的体系化学理剖析;第二,加强"三全育人"的量化研究;第三,加强对"三全育人"异质性高校差异的研究。

"三全育人"政策实施是党中央在新时期对高校思想政治工作的具体指引,旨在高校思政工作实现全员化、全过程化和全方位化,从而实现高校思想政治工作全覆盖、无死角,对高校牢牢把握住正确的育人方向具有举足轻重的作用。建议接下来的研究应在已有文献基础上，加强对“三全育人”微观行动主体的系统化研究，特别是从定量分析的角度来进一步开展育人个体参与思想政治教育工作的影响因素研究，以及实证检验出影响育人个体参与协同育人的作用机理与中介路径，为政策制定提供经验证据，并做好异质性高校在“三全育人”实践探究中的差异对比分析，以及对比分析“三全育人”试点高校与未试点高校在育人绩效上的差异，不断优化我国高校“三全育人”政策，进而助力高校思想政治教育工作迈上新台阶。

参考文献：（略）

思考与练习

（1）如何理解教育文献研究？

（2）简述教育文献研究在教育科学研究中的作用。

（3）如何理解零次文献、一次文献、二次文献和三次文献？

（4）简述文献检索的基本方法。

（5）根据文献综述的结构和撰写要求，自选题目，撰写一篇文献综述。

第四章　教育调查研究

在教育科学研究中，若要了解教育发展的现状以及存在的问题，并分析教育问题产生的原因，进而提出解决问题的策略与措施，就需要运用教育调查研究。教育调查研究是教育科学研究最常用的研究方法之一，对教育工作及教育科学研究具有重要的意义。

第一节　教育调查研究概述

一、教育调查研究的内涵

（一）调查研究

调查研究就是人们有目的、有计划地通过对社会现象的了解、考察和分析，以探求客观事物及现象的真相、性质和发展变化规律，形成科学认识的一种研究方法。调查研究属于经验性研究方法，它以直接的方式来研究客观事物，通过问卷、访谈、观察等方式在自然进程中搜集科学事实，获取经验材料，并在此基础上进行研究[①]。

（二）教育调查研究

教育调查研究是在教育理论指导下，运用观察、问卷、访谈等方式方法搜集相关资料，从而科学分析与认识教育现状，并提出具体工作建议的研究活动和方法。教育调查研究以当前的教育现实问题为研究对象，在自然情境下搜集反映教育实际情况的材料，对研究对象不加任何干涉，是收集第一手研究资料的主要方法。

二、教育调查研究的特点

教育调查研究与其他研究相比有以下几个特点。

1. 调查对象的广泛性

在进行教育调查研究时，调查对象的选择可以不受样本容量大小和地理空间的限制，它可以是某一个人、某一班级或某一学校，也可以是某一市、某一省或某一国家教育情况的调查，甚至是跨国的大型调查。另一方面，调查对象的广泛性还表现在，教育调查研究是以活动形态或现实存在形态的教育问题、教育现状为研究内容的，它们广泛存在于教育的各个领域之中，因此从理论上说一切教育现象都可以作为教育调查研究的对象来研究。

2. 调查手段的多样性

在进行教育调查研究时，可以采用多种多样的调查手段和方法。如问卷、访谈、观察、测量等，其中每一种方法，在不同的情况下可以表现出不同的方式。在具体研究过程中，研究

① 和学新，徐文彬. 教育研究方法 [M]. 北京：北京师范大学出版社，2015:217.

者可以根据课题的大小和性质以及研究者自身的情况选择适当的方法。如研究样本较小，可以采用座谈或个别访谈的方式进行；对于规模较大的样本，可以采用邮寄问卷或委托问卷调查的方式进行。如果想调查某单位的各方面情况，可以采用调查表和深入访谈相结合的方式进行。

3. 调查方法的可操作性和实用性

在进行教育调查研究时，要设计出详细、具体的调查方案。在调查方案中，有各种研究变量的操作指标，有根据各种调查方法设计出的调查工具，如问卷、访谈提纲、观察记录表、测验量表及试卷，也有供分析资料用的整理信息和统计的方法，等等。这样在开展调查研究时，调查者就可以依据调查方案进行具体操作，且具有较强的可操作性。另外教育调查研究对于设备条件上和控制环境没有太多的要求。特别是对于数据资料的收集，可以在较大的范围内使用，可以在较短的时间内收集到大量的数据资料，因此有较大的实用性。

4. 调查结果的延时性

利用教育调查手段和方法获得的结果资料一般是通过书面或口头语言等形式表达出来的关于教育事实的报告，具有延时性的特点，相对来说，其所得资料的信度、效度不如观察研究所得的资料高。

三、教育调查研究的类型

教育调查研究有多种不同的类型，依据不同的标准，可以分出不同的类型。

（一）普遍调查、抽样调查、个案调查和专家调查

按照调查对象的选择范围，可以将教育调查研究分为普遍调查、抽样调查、个案调查和专家调查①。

普遍调查又称全面调查、全体调查，简称普查。所谓普遍调查就是对调查总体所包括的每个部分、每个分子毫无遗漏地进行逐个调查。普查的主要优点是调查资料具有全面性和准确性。由于普查是对调查范围内的全部对象进行逐个调查，因此，所得到的资料精确度较高。其局限性，一是工作量大，耗资大，组织工作复杂，时效性差；二是调查项目有限，无法了解事物深层的变化，只能做一般了解。

抽样调查是从全部调查研究对象中，抽选一部分单位进行调查，并据以对全部调查研究对象作出估计和推断的一种调查类型。抽样调查的优点是经济性好、实效性强、适应面广、准确性高。与其他调查一样，抽样调查也会遇到调查的误差和偏误问题。通常抽样调查的误差有两种：一种是工作误差（也称登记误差或调查误差），一种是代表性误差（也称抽样误差）。抽样调查可以通过抽样设计，通过计算并采用一系列科学的方法，把代表性误差控制在允许的范围之内；另外，由于调查单位少，代表性强，所需调查人员少，工作误差比全面调查要小。特别是在总体包括的调查单位较多的情况下，抽样调查结果的准确性一般高于全面调查。因此，抽样调查的结果是非常可靠的。

个案调查是对一个人、一个群体、一件事、一个社会集团或一个社区所进行的深入而全面的调查。个案调查的优点是形式灵活多样、方法不拘一格，既可以运用问卷、访谈、观察的

① 和学新，徐文彬. 教育研究方法 [M]. 北京：北京师范大学出版社，2015:219-220.

调查方法，也可以运用作品分析等调查方法。另外，个案调查还可以对调查对象进行全面的、深入的、系统的调查研究，既可历史地，也可现实地弄清楚调查对象的来龙去脉，还可以追踪其发展变化的情况，掌握其规律，全面、具体、深入地把握个案的全貌。个案调查的局限是对调研人员要求高和缺乏代表性。

专家调查法又称德尔斐（Delphi）法，是以专家作为索取信息的对象，依靠专家的知识和经验，由专家通过调查研究对问题作出判断、评估和预测的一种方法。它是在专家个人判断和专家会议方法的基础上发展起来的一种直观预测方法，特别适用于客观资料或数据缺乏情况下的长期预测，或其他方法难以进行的技术预测。专家调查法的步骤包括：把咨询内容写成若干条含义明确的问题，分发给不同的专家；专家们在互不通气的情况下对问题作出书面回答，送交组织者；对回收的专家意见进行定量的统计归纳；将结果反馈给专家们，每个专家根据结果修订自己的意见，再送交给组织者；如此经过三四轮的反馈过程，从而得到比较集中的意见。

（二）现状调查、相关调查、发展调查和预测调查

按照调查目的可以将教育调查研究分为现状调查、相关调查、发展调查和预测调查①。

现状调查是指对被调查对象的当前状况进行调查。其目的是对教育现象的真实情况作出具体的描述，以便了解情况，发现问题，改进工作。例如，少年儿童体质状况的调查，关于实施新的课程计划的调查等。这种类型的调查有利于全面系统地了解当前状况，为制定相关政策或具体对策提供现实依据。

相关调查是指调查两种或两种以上教育现象之间是否存在相关关系，是否互为变量，目的是寻找某一教育现象的相关因素，以探索解决问题的办法。如教师的教学观与学生学习方式关系的调查，学生的家庭背景与学习成绩关系的调查等，都可以应用相关调查。

发展调查是对某一被调查对象在一个较长时间内的特征变化进行调查，目的是了解研究对象前后的变化和差异情况。例如，教育事业的发展如何随着社会和经济的发展而变化，学生的学习成绩如何随着教师教学行为的变化而发展等，都可以运用发展调查。

预测调查主要调查某一教育现象随着时间变化而表现出的特征和规律，从而推断未来某一时期的教育发展趋势和动向。例如，通过对当前高校毕业生就业状况的调查研究，对今后我国高校专业调整情况进行前景分析。

第二节　教育调查研究的步骤和要求

一、教育调查研究的步骤

通常而言，教育调查研究从明确调查课题开始，以提交调研报告结束，共包括 8 个阶段②。

① 和学新，徐文彬. 教育研究方法 [M]. 北京：北京师范大学出版社，2015:220-221.
② 和学新，徐文彬. 教育研究方法 [M]. 北京：北京师范大学出版社，2015:221-223.

(一)明确调查课题

教育工作中充满各种矛盾,存在各种问题,可以调查的东西很多。但我们不可能调查所有的问题,而只能选择其中的某些问题进行调查。至于选择什么问题作为教育调查的课题,可以考虑“新”“热”“实”这几个因素。所谓“新”,即选题应把握教育发展的新形式、新成果以及存在的新问题,把握新生事物,角度应有新意;“热”,指选题应关注那些社会生活、教育实践或教育研究领域中的争鸣话题、热点问题,以事实为证,分析推理,寻找解决问题的答案;“实”,指选题要考虑调查者的实际条件,量力而行,忌不切实际,选题太大。

当我们对某一问题进行调查时,这一问题就成了调查的课题。调查课题必须清晰明确,否则调查就无从下手,或失之混乱。明确课题常用的方法是逐步界定范围,即研究者从一个模糊的意向范围入手,不断地加限定词,直至认为范围已经明确为止。例如,研究者想要研究一个有关学生学习负担情况的问题,其明确课题的过程如下。

①第一步:学生学习负担情况调查;

②第二步:学生课业负担情况调查;

③第三步:小学生课业负担情况调查;

④第四步:城市小学生课业负担情况调查。

随着限定词的逐渐增多,研究的内容也不断明确。上例中,当限定到第四步时,可以说确定了一个调查研究的课题。如果研究者想要研究得更具体一些,还可以进行进一步的限定。

(二)确定调查对象

明确调查课题之后,接着应对调查的对象进行限定。调查对象主要由调查的课题决定。例如,上述研究课题,调查的对象是城市小学生,它就不包含农村学生,也不包含城市中学生。如果调查研究的人力和财力充足,那么可以在全国范围内选择若干城市的若干小学进行调查,从而全面了解一般状况;如果条件不允许,研究者可能会觉得原先确定的课题还需进一步确定,以使调查研究更加切实可行。比如,可以将“城市”进一步限定为“广州市”,这样调查对象就更好确定了。

(三)选择调查方法

不同的调查课题应采用不同的调查方式。访谈调查和问卷调查是最常用的两种调查方法。这两种方法的特点与适用范围各不相同。一般来说,问卷调查适应面广,既适合于大样本的调查,也适合于小样本的调查,而访谈调查只适合于小样本的调查。问卷调查一般采用不记名方式进行,调查对象不用担心别人知道自己答题的情况,因此相对于访谈调查来说,问卷调查更容易获得真实的材料。但是由于问卷调查采用的是事先编制好的问题表格,其灵活性较低,可能无法了解调查对象的一些具体想法;而访谈调查较为灵活,其进程由调查者掌握,可以根据访谈的实际情况及时调整,以便掌握最新的情况和材料。研究者应根据课题选用适当的调查方式。

(四)编制和选用调查工具

确定调查方法以后,应编制和选用相应的调查工具。访谈调查要有访谈提纲,问卷调查要有调查问卷，观察调查需要编制观察记录表。如果研究课题已有较成熟的相关调查工具，可以直接选用，反之，则需要研究者进行编制。

（五）拟订调查计划

调查研究往往要通过团队合作的方式进行。为使参与课题研究的成员都能够准确无误地开展调查研究活动，应拟订一个详细的调查计划。调查计划是对调查研究工作及其过程所做的具体规划和安排，其目的是确保调查研究工作有计划、系统地进行，以提高研究工作的实效。

调查计划主要包括以下内容：调查的目的和意义；调查对象的总体、样本数量及抽样的方法；调查中使用的方法、手段及工具的说明；调查工作的步骤及日程安排；调查的组织、领导、人员分工以及调查人员的培训；调查资料的汇总方式、分析处理方法；调查报告及其完成时间；调查经费的使用安排等。

（六）实施调查

实施调查是指按照调查计划开展调查活动，即运用调查工具对调查对象进行调查并搜集资料。这是整个调查工作的中心环节，它直接关系到调查资料的丰富程度、可靠程度和可分析程度，从而决定了整个调查工作的质量。实施调查应严格按照调查提纲的规定进行操作，避免随意性，力争使调查材料具有真实性、客观性和典型性。

（七）整理调查材料及数据

首先注意资料是否按照原先的规定和要求收集，结构型调查项目有无遗漏。

其次注意所收集到的资料是否能说明问题，有无所答非所问的现象，对于这一类资料，若不能补救，则应从事整理的材料中剔除。剔除后是否会造成取样偏差，对数字资料，其数字的应用是否符合要求等等，都需要进行耐心细致的核实审查。然后再将无误的材料进行整理。

通过调查得到的材料可分为两种类型，第一种是文字型材料，第二种是数字型材料。无论属于哪种类型，收集而来的原始资料往往都是零散的、杂乱无章的，研究者应对其进行汇总和分类处理。对于文字型材料，要进行合理而全面的概括，行文简洁，内容周全。对于数字型材料，应进行计算、观察和分析，掌握数量特征和数量变化，并以直观的形式，如统计图表来表示，让人一目了然。

经过定性分析与定量计算处理，研究者可以对调查课题确定的研究项目逐一进行比较、推断，得出结论。

（八）撰写调查报告

调查研究的最后一步是撰写调查报告。调查报告是以文字形式反映调查研究的过程和结果。一般而言，调查报告应就研究背景、选题价值、调查工具、方法、对象及过程、结果及提出的有关对策建议等内容作出交代。写调查报告时，观点和结论要从材料中来，要用材料说明观点和结论，切忌主观性、片面性、随意性。

二、教育调查研究的基本要求

（一）对调查者基本素质的要求

首先，调查者要为人正直、谦虚、诚恳，待人热情，能关心、理解、尊重人，富有同情心、仪态端庄大方，避免生硬、苛求和盛气凌人；其次，教育思想端正，具有正确的教育观、人才观、学生观，教育方法正确，知识渊博，视野开阔，经验丰富；最后，具有组织座谈会和访谈的引导能力、记录能力和交往应对能力。

（二）对调查者的工作要求

首先，调查者要能够透彻了解调查的目标和计划，熟悉问卷、量表及有关资料，以认真负责的态度实施调查研究计划；其次，遵守教育调查的工作（职业）道德和伦理，如避免不必要的打扰，尊重被调查人的人格、隐私权，尊重被调查人的保密要求，不刺激和欺骗被调查者，不因个人嗜好或暂时兴趣而打探被调查者的隐秘；最后，完整、客观地运用调查材料，不断章取义、穿凿附会，不假借别人之口说自己要说的话。

（三）必须注意影响调查工作的若干因素

为了保证教育调查工作的顺利进行，必须注意影响调查工作的若干因素。

1. 地点与环境因素

选择进行调查的地点与环境，要避免对被调查者的回答产生直接的影响。如在进行访谈或座谈的过程中，一定要回避第三者或调查对象的直接领导者，以免对被调查者产生不必要的影响，给被调查者带来不快。

2. 性别与年龄因素

在调查过程中，性别上的差异往往会引起拘束，一般来说，同性之间较容易建立非正式关系；年轻的调查者一般不宜采访上年纪的被调查对象，题目比较严肃和重要的调查，最好选派年岁稍大的调查者进行。

3. 调查记录因素

调查者的记录方法必须因题、因人而异。根据不同的题目与调查对象，采取不同的记录方法，无论是采取笔录、录音机记录还是记忆追录，都应避免带有诱导性。

4. 人际地位因素

调查对象的职业、文化素养、个性特点、社会地位都有不同。因此，调查者除了在外貌、服饰和风度上要加以注意外，还要特别注意使调查者与被调查者间的社会地位与职业因素较为接近，以便增加彼此间的信任、融洽，形成一种共同探讨、研究的气氛。

第三节　教育问卷调查法

一、教育问卷调查法的内涵

教育问卷调查法是以书面提问、并让调研对象回答的方式搜集资料的一种调查研究方法。问卷是问卷调查中使用的基本调查工具，是根据研究课题的需要而编制成的一套问题清单或表格，由调查对象自己回答并填写。问卷还可以作为测量个体行为和态度倾向的测量手段。

问卷调查法具有显著的优点。

（1）可不受人数限制，因此，抽样范围较广，调查的范围广，能在短时间内搜集大样本信息资料，效率高。

（2）调查过程标准化、匿名化，研究结论相对比较客观，调查结果便于归类和整理，方便做统计处理。

（3）对问卷中呈现的问题，被调查对象有相对比较充分的考虑时间，不受他人干扰，并会自由地表达观点，其结果将更为可靠。

（4）所拟问题可尽量求其细密，凡在访问时不能直接询问，或问而不易得到正确回答的事项，皆可在问卷上得到较为满意与可靠的答案。

问卷调查法也具有其局限性，表现为以下方面。

（1）问卷中的问题和大部分答案由问卷设计者预先设定，若缺乏弹性和聚焦，在一定程度上限制调查对象的思维，可能会影响对一些问题的深入和细致思考。

（2）若所选样本的代表性不强，其调查结果将不可靠。另外，由于受各种因素影响，问卷的有效回收率难以保证，也会使样本的代表性难于保证。

（3）调查中，若调查对象不合作，出现随便应付、乱答或不答的现象，会影响调查结果的客观真实性和代表性。

（4）对问卷的编制要求较高。若问题含糊不清，调查对象难以回答；问题太多，会令填答者生厌；若问题太少，又无法达到调研的目的；若问题设计缺乏逻辑性或精准性，则不利于整理和分析资料，且难以应用统计方法分析和对结果进行科学解释。

（5）问卷的回收率和有效率难以控制。在问卷调查中，问卷的回收率和有效率必须保证有一定的比率，否则，会影响到调查资料的代表性和价值。因无法控制被试，在某种程度上，回收率和有效率均难以保证；特别是邮寄或在线问卷的回收，靠调查对象的自觉和自愿，所以往往回收率和有效率难以控制。

基于上述优势和局限，教育问卷调查法有自身所适用的范围。由于问卷调查法使用的是书面问卷，问卷的回答有赖于调查对象的阅读理解水平，它要求被调查者首先要能看懂调查问卷，能理解问题的含义，懂得填答问卷的方法。而在现实生活中，并不是所有的人都能达到这样的文化程度，因此它只适用于有一定文化水平的调查对象，否则，需要问卷调研者的现场口头解释；从被调查的内容看，问卷调查法适用于对现时问题的调查；从被调查的样本看，适用于较大样本的调查；从调查的过程看，适用于较短时期的调查；从调查对象所在的地域看，在城市中比在农村中适用；从调查对象的文化程度看，适用于初中以上文化程度的对象。

二、教育调查问卷的类型

根据问卷中问题设置及回答形式的不同，可将问卷分为非结构型、结构型和综合型三大类。

1. 非结构型问卷

非结构型问卷又称无结构型问卷或开放式问卷，它的特点是在问题的设置和安排上没有严格的结构形式，调查对象可以根据本人的意愿自由作答。这种形式的问卷多半用在探索性研究中，一般被访问的人数较少，不用将资料量化，也不需要向有关人士询问相同的问题。对于被访问人来说，没有固定的回答格式与要求，可以与其他被访问的人回答相同，也可以完全不相同。

例如，关于小学生兴趣的调查问卷，可以使用如下问题展开调查：

您的兴趣是什么？

您认为小学生怎样才能产生学习兴趣？

2. 结构型问卷

结构型问卷又称封闭式问卷，其特点是，问题的设置和安排具有结构化形式，问卷提供有限量的答案，对所有被调查者应用一致的题目，调查对象者只能选择作答。问卷还可根据是否使用文字，划分为图画式与文字式、表格式。

结构型问卷根据答案的不同形式还可划分为以下 3 种。

1)选择式

将问题的几种可能答案全部列出，让答卷者选择一个或几个符合自己情况的答案。

A. 是否式

给出问题的答案只有“是”或“否”两种。回答者根据实际情况或对问题的认识回答“是”或“否”。

例如，关于小学教师目前教学实践情况的调查

(1)劳动教育课程纳入常规课时，(　　)

①是　　　　②否

(2)小学综合实践活动课程纳入常规课时，(　　)

①是　　　　②否

B. 单选式

提供的问题答案至少在两个以上，回答者根据自己的情况选择其一，这也是问卷中采用最多的一种问题形式。

如，关于教师基本情况的调查。

(1)您的文化程度是(　　)

①中专　　　②大专　　　③本科　　　④研究生

(2)您所在的农村小学所属类别是(　　)

①乡镇中心小学　② 九年一贯制学校　③村级完全小学　④教学点

C. 限选式

指在所列举的多个答案中，要求回答者根据自己的情况从中选择给定要求的选项。

如，关于教师教育科研工作的调查。

您比较熟练采用的教育研究方法(请最多选择 3 项打“√”)(　　)

①文献分析法　　②问卷调查法　　③观察法　　④访谈法

⑤实验法　　⑥其他(请注明)______

限选式比单选式更能反映被调查者的实际情况,但是无法从答案中看出被选择的顺序,无法区分选项间的程度差别。

D. 任选式

是在所问卷所提供的答案中,被调查者可以任意选择各种不同数目答案的一种问题形式。

如,您校研究型课程实施情况?(请在题号上打"√")

①校本模式　　②基础模式　　③自主选题　　④班级形式

⑤小组形式　　⑥其他(请注明)______

2)排列式

要求答卷者对问题的多种答案,根据实际情况或重要性、满意程度、先后次序等进行排序。

例如,您为什么对课外阅读感兴趣?对以下几个答案,按重要性在(　)依次填1、2、3、4。

(　)因为父母要求我多阅读,并且购买了许多书。

(　)因为课外阅读可以提高语文学习成绩。

(　)因为课外阅读可以增加知识。

(　)因为老师要求每天课外阅读。

3)画记式

要求答题者按"同意"或"不同意",在答案上分别画"√"或"×"。

如,关于对考试的看法,请在您认为符合您的情况前画"√",在不符合你的情况前画"×"。

(　)考试前我非常紧张。

(　)考试名次的前后是促使我努力学习的动力。

(　)如果不是为了考试,我就不想看教科书。

4)尺度式

问题的答案是用1~5,或1~7或1~X的其他数字表示,答卷人将反应显示在一个评价量尺上,选择一个或几个能表述自己实际情况的数字。

答卷人在选择答案时,可选一个数字,整理时用概率统计方法处理;也可以选两个数字,并标出哪个数字更侧重些,用模糊统计方法处理结果。

尺度式问卷的尺度,常用3~11之间的奇数系列表示,一般量尺范围不超过16,有实验证明,大于16时,人类被试的判断,难以等距。尺度在7±2之间最好。

如,您对教研活动的看法如何?(请在所选方框内打"√")

	很满意	满意	基本满意	不满意	很不满意
①指南学习讲座	□	□	□	□	□
②个人主体表现	□	□	□	□	□
③参与互动程度	□	□	□	□	□
④专题研讨适度	□	□	□	□	□

5)填表格式

把一些具有固定答案的问题制成表格,用填表的方式回答问题。这样的问题多是有关被试的自然情况的问题。

例如,调查教师基本情况,填写下表。

性别	出生年月	学历	职业	职称	工资级别

3. 综合型问卷

综合型问卷也叫半结构半开放型问卷,兼有结构型和非结构型的特点,一般情况下,以封闭性问题为主,根据需要加上若干开放性问题。也就是说,将研究者比较清楚、有把握的问题作为封闭性问题提出,而对那些调查者尚不十分明了或答案较多、无法一一列举的问题,作为开放性问题提出,由调查对象自由作答。

三、教育调查问卷的结构

运用问卷调查,关键在于问卷的设计。问卷设计的质量直接关系到调查的过程与调查的结果。因此,编制问卷是问卷调查中十分重要的一个环节。优秀的设计既要体现调查研究者的意图,也要将需要了解的问题明确无误地让被调查者理解。一份完整的问卷,一般包括标题、前言、指导语、问题、选择答案、结束语等。

1. 标题

标题是对调查内容的高度概括,要与研究内容一致。

2. 前言

前言是问卷最前面的问卷说明。一般包括:①调查的内容、目的与意义;②对调查对象匿名化及相关信息资料保密性的保证,以消除被调查者的顾虑;③对被调查者回答问题的要求;④调查者的个人身份或组织名称;⑤如是邮寄的问卷,写明最迟寄回问卷的时间;⑥对被调查者的合作与支持表示感谢。

案例 4–1 "农村小学教师专业自信研究问卷调查"前言

亲爱的老师:

专业自信是农村小学教师积极投身农村小学教育工作的重要影响因素之一,进而影响农村教师队伍建设的质量和教育教学质量。本问卷是针对农村小学教师专业自信情况的调查,调查结果仅用于科研,对您的工作和生活不会产生任何影响,本问卷不用填写姓名,答案也没有对错之分,请您根据自己的情况如实填写,我们将对调查内容严格保密。衷心地感谢您对我们工作的支持!

农村小学教师专业自信研究课题组成员

2022 年 10 月

3. 指导语

指导语是对问卷填写方法的说明,起着沟通调查者与调查对象的作用。主要用来指导调查对象如何填写问卷、提示注意事项,并做些必要的说明,例如,对所选答案做记号的说明(用"√"或方框"□"),选择答案数目的说明,填写答案要求的说明,答案适用于哪些被调查者的说明,等等。有时还附有例题,以帮助调查对象理解填写问卷的方法和要求。指导语要简洁、明了,用词恰当,便于理解,使问卷填答者明白如何填写。如果设计的问卷题型比较单一,这部分的内容可以与前言部分合而为一。

案例 4-2

"农村小学教师专业自信研究问卷调查"指导语

请根据您的实际情况,按要求如实填写本问卷。填答时请在符合的选项上打"√",有的是单选,有的可多选。个别题目若选择了"其他"选项,请在横线处写明您认为恰当的内容。谢谢您的合作!

4. 问题与选择答案

问题与选择答案是问卷的主体。问题是问卷的核心内容,一般分为特征问题、行为问题和态度问题三类。特征问题用以测量被调查者的基本情况,一般为问卷的开头或结尾请受测者填写的一些基本资料,也叫作静态资料。如,姓名、性别、年龄、教育程度、民族、职业、宗教信仰、婚姻状况、家庭住址、父母亲职业与教育程度、家庭人数、家庭结构等等;行为问题测量的是调查者过去发生的或正在进行的某些行为和事件。特征问题与行为问题统称为事实问题,它们是有关被调查者的客观事实。态度问题用以测量被调查者对某一事物的认知、情感、意愿等主观因素,如学习目的、理想、兴趣爱好等。一份问卷中,不一定必须同时具备3种类型的问题。

案例 4-3

"农村小学教师成长环境调查问卷"特征问题

1. 您的性别:

A 男　B 女

2. 您所在学校的类别是:

A 乡镇中心小学　B 村级完全小学　C 九年一贯制　D 教学点

3. 您的职称是:

A 小学初级　B 小学中级　C 小学一级　D 小学高级

4. 您已在校工作时间:

A 3 年以下　B 3~5 年　C 5~8 年　D 8 年以上

案例 4-4

"农村小学教师成长环境调查问卷"行为问题

5. 您的学校由谁来负责制订学校发展规划?

A 校级领导　B 教科室　C 教导处

D 按照区县教研室下发的年度课程计划执行

6. 您的学校参与制订学校发展规划的人员主要有哪些?

A 学校领导　B 教导处人员　C 教师　D 学生

E 家长　F 校外专家　G 社区代表

调查问卷的问题有开放式和封闭式两种,开放式只提出问题不提供答案,被调查对象可以根据题意自由作答;封闭式不仅要提出问题,还要提供备选答案。封闭式问题所提供的答案要准确,符合实际,便于被调查者进行选择。

5. 结束语

结束语一般包括两方面的内容:一是答谢词,即对调查对象的合作表示感谢;二是对问卷回收方法的说明,即填答者填答完毕后,如何将问卷返还给调查者。而结束语的具体内容则应根据问卷的需要来确定。

四、教育调查问卷的编制程序及基本要求

(一)调查问卷的编制程序

问卷的编制是研究者根据调查研究的目的和需要,编写问题和形成问卷的过程。问卷编制程序一般包括下列步骤。

(1)确定研究课题和研究目的,提出研究假设。

(2)根据研究目的和研究假设,构建课题研究架构或分析框架,即把课题分解成具有逻辑结构的研究问题。

(3)确定调查所获取的信息范围和问卷类型。

(4)以研究课题为中心,进一步分解研究问题,并草拟出问卷试题和答案。

(5)把草拟的问卷问题按照一定的标准进行排列,并草拟出问卷指导语。

(6)征求有关人员、专家的意见,对问卷进行修订。

(7)选择调查对象进行试测。从总体样本中抽取一小部分作为测试样本在小范围内进行一次试测,以检查问卷表述的方式、内容能否被调查对象所理解,所列举的限制性答案是否完善,并评价问卷的信度、效度。

(8)依据测试结果分析,对指导语、问题内容、备选答案、提问方式,以及问题排列方式等加以改进,进一步修订问卷。

完成上述程序后,问卷的编制工作完成,可以按计划打印并发放试卷,进行正式调查。

下面以中国社会科学院社会心理研究所几位学者进行的"关于大学生学习动机"的调查研究为例,说明问卷的编制过程[①]。

该调查研究的问题:①大学生学习动机特点,包括总体层次特点、具体内容特点、系科特点、年级特点和性别特点等;②大学生学习动机的影响因素,广泛涉及内外部因素及动机本身因素;③大学生学习动机的培养和激发。

调查形式:结构型问卷调查。

按照研究目的、问题以及所掌握的初步材料,根据小范围座谈会搜集的有关材料,整理

① 和学新,徐文彬. 教育研究方法 [M]. 北京:北京师范大学出版社,2015:229-230.

出大学生学习动机的几个层次，具体包括：①奉献；②作为；③完善；④充实；⑤丰富；⑥社会提高；⑦社会相符；⑧生理需求与生活；⑨社会安全。每个层次又具体分为若干个项目，每个项目内容尽可能选用访谈搜集的原始资料。如奉献层次，列举6项："努力学习才无愧于时代的要求""以知识为人类造福，才能实现大学生的价值""学习是为了对人类进步有所贡献""作为一个大学生，就应该为振兴中华、实现四化而学习""努力学习，为祖国争光""实现共产主义理想，是我们学习的最终目的"。

在以上工作基础上着手设计问卷，然后在小范围内试查。将试查结果进行分析整理，找出主要项目，合并相近项目，对问卷项目进行修订。最后形成35个题目的问卷以测查大学生的学习动机。

（二）问卷编制的基本要求

问卷中问题的设计是问卷编制的关键环节，关系到问卷的质量和科学性。因此，在设计问卷问题时应注意以下方面。

1. 问题内容的要求

要考虑所列项目相互之间不重叠、不交叉。

（1）问题的类型是否覆盖了所有研究问题，体现了研究目的。

采用无结构或有结构的题目，应根据研究的性质来决定。

（2）问题是否切合研究假设的需要。

（3）问题是否含混不清，引起歧义。

问题设计通常应避免三类问题：①太普遍化的问话，使调查对象不知道调查的真正目的。②语意不清的措辞，使调查对象费解。③包含两个或两个以上的观念与事实，使调查对象不知如何选择。

（4）问题是否涉及社会禁忌与爱好，或者正面问一些敏感的道德问题、政治问题。

（5）问题应避免或减少社会称许性和产生暗示作用。

（6）问题是否超出受测者的知识和能力。

2. 问题数量的要求

要考虑问题的数量是否适度。所谓适度是指通过控制时间以保持被调查者对应答问卷的兴趣和认真的态度。一份问卷作答时间一般以30分钟以内为宜。问题太多，作答者易产生厌倦情绪，导致敷衍塞责或不予回答；问题太少，则很难保证问题的覆盖面，从而影响研究结论。

3. 问题的文字表达要求

问卷问题的文字表达应简明扼要，通俗易懂，容易回答。具体来说，应符合以下要求。

（1）问题的语言要尽量简单明确，字句的意义力求清楚明白，不要含混不清，避免冷僻或专业性太强的术语。

（2）问题的陈述要尽量简短，一个问题只含一个疑问。

（3）问题要避免带有双重或多重含义，切忌意义含混。

（4）问题表述用标准的陈述语句或设问句，不用双重否定和反问句。

（5）问题表述不用或少用模糊词、假设语句或猜测语句。

（6）避免使用主观及情绪化的字句。

（7）措辞礼貌。

4. 问题的排列顺序

问题的排列与组合方式，是问卷设计中的一个重要问题。为了形成合理的结构，通常要注意两个方面：一要方便被调查者顺利地回答问题，二要便于调查后的资料整理和分析。问卷问题的顺序排列方式有多种，常见的有以下几种。

1）类别性顺序

即把同类性质的问题尽量安排在一起，这样可以便于被调查者按照问题的顺序，回答完一类问题后再回答另一类问题，避免思路经常中断或来回跳动。最常见的类别顺序形式是先填答有关个人特征资料和事实性问题，再回答态度性问题。

2）时间性顺序

即将问题按时间顺序安排。一般应根据历史的线索，由过去到现在，再到将来，这样可以使历史与逻辑统一起来。

3）内容性顺序

即把问题按照其复杂和困难程度排列，先易后难，由浅入深，先一般性质问题，后特殊性质问题。对于敏感性强、威胁性大的问题，更应该放在各类问题的后面。这样有利于增强调查对象的信心，并把其思路逐步引向深入，而不至于使被试一开头便被难住。

4）逻辑性顺序

即研究者有意识地将自变量问题放在前面，因变量问题放在后面，以便于研究者进行资料分析。

五、教育调查问卷的发放与回收整理

（一）教育调查问卷的发放

问卷发放有不同形式且各有利弊。研究者可根据研究目的和条件，权衡其利弊，选择合适的问卷发放形式。

1. 邮寄

即通过邮局向被选定的调查对象寄送问卷，并要求被调查者按照要求和时间填答问卷，然后再寄回给研究者。邮寄简便易行，省时省力，但回收率往往难以保证。

2. 专门递送

即研究者派专人将问卷递送给选定的调查对象，待调查对象填答完毕后，再由专人收回问卷。这种方式最适合有组织的集体调查对象，如参加会议的代表，某一部门的成员，某一学校或班级的学生等。这种发放方式时间短，回收率高，便于汇集和整理，但由于过于集中，调查对象之间可以相互询问，相互影响，回答结果容易失真，从而影响研究结论。

3. 集中填答

即研究者亲自到被调查对象的单位，把调查对象集中起来，由研究者直接向调查对象说明调查的目的和填答问卷的方法，调查对象即时填答后，再由研究者收集。这一问卷发放方式回收率高，常达到100%，调查对象可与调查者即时沟通，因而效率也高，但人力和财力花费较大，且取样范围数量有限。

4. 网络发布

随着网络技术的发展和普及，很多研究单位或研究者把问卷发布到网站上。作答者在线答题，即时提交。这一问卷发放方式回收率较高，但作答者主要是有上网条件的用户，其代表性受到限制。

（二）对回收问卷的回收整理

要保证调查的有效性，必须对回收的问卷进行认真的审查。回答不完整、不按要求回答和回答不正确的问卷都应视为无效问卷，应予以剔除。应在对问卷数据进行整理加工时，不计入无效问卷的数据。

（三）对问卷回收率和有效率的计算

问卷的回收率即实际收回的问卷数和发出的问卷总数之间的比率。问卷的有效率，是指剔除无效问卷之后的有效问卷与实际回收的问卷总数之间的比率。二者一般都用百分比表示。

一般来说，问卷有效率达到 70%~75% 及以上时，方可作为研究结论的依据。

第四节　教育访谈法

一、教育访谈法的内涵及其特点

（一）教育访谈法的内涵

教育访谈法是指在教育研究过程中，调查者通过与调查对象面对面的交谈，以口头形式了解某人、某事、某种行为和某种态度的调查方式。一般情况下，访谈是调查者探访调查对象，把要调查的问题逐一向调查对象提问，由调查对象根据要求一一回答，同时，调查者及时将调查对象的观点、意见和看法记录下来，然后对所做记录进行汇总、分析，从而得出调查结论。

作为教育调查的一种方法，教育访谈既有其自身的优点，但也有其无法克服的局限。

教育访谈与日常交谈不同，体现在以下两个方面。

第一，访谈比日常交谈更有目的性。日常交谈不一定有明确的目的，而访谈一定要有明确的目的。从目的的广度和范围上看，日常交谈的目的更加宽泛，而访谈调查的目的比较单一，即从访谈对象那里了解一定的情况和获得信息为目的。

第二，交谈双方在关系上不同。日常交谈是一种比较平等的人际关系，而研究性的交谈，构成的是一种比较特殊的人际关系。研究者控制交谈的内容、方式以及信息的类型和容量，一般是研究者提出问题，被研究者回答。

（二）访谈调查的特点

首先，它是研究者和被访者之间的直接接触和相互作用。

其次，访谈调查具有较好的灵活性。访谈是口头的流动的语言，容易“修改”、解释或者提示、明确问题，提高回答的效度。研究者可以调整问题的多少，决定时间的延长或者缩短等。

最后，由于访谈是口头语言的形式，所以它对于那些不适于用书面语言的对象来说，更为恰当和容易被接受。

访谈法也存在不足：需要做较多的准备工作，联系时间，确定地点等；访谈的内容，除非进行录音，很难完整地记录下来；对访谈人的访谈素质要求较高，需要经过一定的训练，才能较好地进行访谈。

二、教育访谈法的类型

（一）结构型访谈、半结构访谈和无结构型访谈

依据在调查访谈时的控制程度不同，划分为 3 种不同的类型，即结构型访谈、半结构访谈和无结构型访谈。又被称作封闭型、半封闭型、开放型访谈。

1. 结构型访谈，又称标准型或封闭型访谈

分为两种形式，一种是访谈者按事先拟好的访问大纲，对所有被访者进行相同的询问，然后将被访者的回答，填到事先制好的表格中去。另一种是将问题与可能的答案印在问卷上，由被访谈者自由选择答案。

2. 半结构（半标准）型访谈

这种方法只是将要问的有关问题交给被访谈者，但无一定的问题顺序，这种方法访谈时比较方便，被试易于合作。

3. 非结构型访谈，又称非标准型访谈或开放型访谈

这种方法是指事先不预定表格，在内容上没有固定的答案，也不按固定的问题顺序去问，自由地交谈，允许受访者作出多种回答，适合于探索性研究。这类问题通常以“什么”“如何”和“为什么”之类的词语为语句的主线。分为以下几种。①引导式访谈。即访谈者按照事先拟定好的访谈提纲，精确地为受访者提出相关问题，引导受访者陈述自己的想法和观点。②谈话式访谈。即访问者事先拟好腹稿与被访问者进行自由交谈。③非引导式访谈，事先完全没有拟定调查标题，可以进行深度访谈。这种方法要求访谈者具备一定的访问技术。

（二）个别访谈和团体访谈

根据访谈者一次访谈对象的多少，可以把教育访谈分为个别访谈和团体访谈。

个别访谈是指访谈者对每一个访谈对象逐个进行的访谈。在个别访谈中访谈者一次只与一个访谈对象进行访谈，有利于访谈者与访谈对象之间的心理沟通，对某些敏感性问题可以进行一定深度的交流和探讨。这种访谈方式灵活，适应性强，具有一定的保密性，所获资料相对真实、细致、全面，对问题的研究比较深入。但由于访谈效率较低，获得的资料有限，故常常用在个案研究中。

团体访谈又称集体访谈或座谈，是一种向群体集中搜集资料的方法。一般由一名或几名访谈者与一定数量的访谈对象就调查主题进行座谈，以了解他们的意见和看法。团体访谈具有访谈对象相对较多、了解情况快、工作效率高、经费投入少的优点，但对访谈者组织会

议能力的要求很高,如果运用不当,容易导致形式主义和走过场。另外,它也不适合调查某些涉及保密、隐私的敏感性问题。

(三)一次性访谈和重复性访谈

根据对同一访谈对象进行访谈的次数,可以把教育访谈划分为一次性访谈和重复性访谈。

一次性访谈也称横向型访谈,是指对人们在某一生活时刻或某段时期内的思想、态度或行为等方面的情况进行一次性完成的调查工作。一次性访谈所得到的结果多为静态信息,适用于某个特殊问题或事情发生后人们的看法的调查。

重复性访谈也称跟踪访谈或纵向型访谈,是指在一个较长的时间内,经过多次访谈才能完成的调查。这种类型的访谈主要用于随着时间的推移和环境条件的变化,人们在思想、态度和行为等方面所发生的变化的调查研究。重复性访谈是一种深度访谈,具有较强的科学研究性质,而且得到的结果更加深入并具有动态性特征,但一般耗时较长、花费较高,对研究者的素质也有较高的要求,因此多用于小范围的调查研究。

三、教育访谈的步骤与技巧

访谈的步骤与技巧是决定调查访问所获得的资料是否有用,是否能回答所要解决的问题的一个重要方面。

(一)教育访谈的步骤

1. 制订访谈计划

制订访谈计划是保证访谈能够顺利进行的前提,访谈计划应对访谈中涉及的问题作出明确的规定。如要对访谈的目的、访谈的类型、访谈的内容、访谈的对象、访谈的时间等作出明确的规定,还要编写好访谈的提纲,进行组织分工,等等。

访谈计划首先要确定用什么类型的访谈方式。一般来说,访谈方式要依据调查研究的目的来选择和确定。如果是探索性研究,通常选择非结构性访谈;如果是要验证某个假设或者需要较快获得较多人的态度,通常选择结构性访谈。访谈类型的选择除了与调查研究目的和性质有关外,还与人员、时间、经费的充裕与否直接相关。

访谈计划中还要明确准备访谈所需的工具,如访谈提纲、访谈记录表、各种证明材料、证件、采访机、录音机等。

2. 编制访谈提纲

访谈提纲就是访谈者依据研究课题确定的准备交谈的问题。访谈提纲的内容一般包括以下方面内容。

(1)访谈的目的。

(2)访谈的类型。

(3)访谈的主题。

(4)访谈的具体问题。

(5)访谈的时间、地点、访谈者、访谈对象和参与访谈的其他相关人员。

(6)访谈的资料记录和分类方法等。

在拟定访谈提纲时应注意以下两个问题:一是问题的表述力求浅显易懂,以便于访谈者提问和访谈对象的回答;二是合理安排问题的顺序,以便访谈时能自然地从一个问题过渡到另一个问题。

3. 选择访谈对象

在访谈调查中,被访者的选择对访谈最终成功与否有直接的关系,因为访谈调查的信息资料是由被访者提供的。在选择访谈对象时,需要注意以下几个方面。

1)访谈对象的人数

访谈样本的大小,多半由调查研究的目的和性质决定,当然也必须考虑调查研究的人员及时间、经费等条件。集体访谈时,一般以 5~10 人为宜,人数太多或太少都会降低访谈的效率。

2)访谈对象的典型性和代表性

如果是个别访谈,在选择访谈对象时,应事先了解访谈对象的经历、地位和个性特征,以确定访谈对象能否提供有价值的事实材料,是否乐于回答所提出的问题。如果是集体访谈,应确保所访谈的对象既具有代表性,又熟悉情况。

3)访谈对象之间的关系

在集体访谈中,应使访谈对象在学历、经验等方面尽可能相似,让他们相互之间感到地位平等,防止其中有个别权威出现,影响其畅所欲言。还要注意访谈对象之间是否有矛盾,以免他们担心访谈结果对自己的切身利益造成影响而保留意见和态度。

4)访谈对象的范围

教育是一种社会现象,根据教育研究的需要,教育访谈的对象既包括校长、其他教职员工、学生、家长,也包括教育行政部门管理人员、社会上的名人、专家学者、其他相关企事业单位管理者等。

4. 试访谈与修改访谈提纲

在拟定了访谈提纲后,正式进行访谈之前一般要安排一次试访谈。试访谈的目的是检查设计的问题和提问的方式是否恰当,访谈对象的回答能否与希望获取的信息资料比较吻合;试谈的对象不应与正式访谈相同,但两者的情况应该尽可能相似;试谈要做详尽的记录,以便发现设计问题的不足;如果需要,可以追问一些补充问题,以了解访谈对象较为真实的想法。

5. 正式访谈

在各项工作准备妥当后,就可以进行正式访谈。在正式访谈中,访谈者要尽快接近访谈对象,尽可能主动、友好、健谈,努力营造一个轻松和谐的访谈氛围,消除访谈对象的疑虑,让其感到无拘无束,然后很自然地按照预定计划进行访谈。在谈话过程中,访谈者要友好自然,诚恳谦虚,热情礼貌,鼓励访谈对象畅所欲言。

6. 结束访谈

按照访谈计划访谈过所有问题后,访谈就可以结束了。在访谈时,访谈者应把握好时间,尽快结束访谈。同时,应礼貌地向访谈对象表示感谢。如果是重复性访谈,还可以跟访谈对象商量好下一次访谈的时间。

(二)教育访谈的技巧

访谈技巧,是调查中确保研究目的的实现,获得确实有用资料的一个重要因素。技巧包括如下方面。

1. 访谈前的准备

(1)根据访谈目的设计访谈提纲。

(2)对访谈对象的材料搜集和特点分析,或寻找有关被访者的领导或邻居或其他可信赖的人作引荐,取得被访谈者的合作。

(3)联系商洽访谈的时间和地点。若遇到访谈预约被拒绝的情况,则需要耐心解释访谈目的和性质;若访谈对象坚持拒绝,则礼貌告辞;若访谈对象不方便安排时间,则另约时间。

(4)准备好一切可用的记录工具,如:录音机、照相机、纸笔等。

(5)对访谈中可能会遇到的一切问题,必须做好充分的心理准备和应对方案。

2. 访谈之前的会见

首先,穿着干净整洁,主动出示身份证件,佩戴身份标识,简洁明了介绍自己的身份。要求访问者要热情有礼貌,不失约,必要地寒暄,真挚地感谢,注意对方的身份、称谓,称呼得体,恰如其分。

其次,要详细说明访谈目的,并设法营造友好的谈话氛围。

再次,安排就座,征得访谈对象允许的前提下,作好设备(摄像机、录音机等)的安放工作。

3. 访谈实施中的技巧

1)提问

提问是访谈中主要的活动,提什么样的问题,如何提问,决定能够获得什么样的信息和访谈的质量。因此,访谈时,需要把握访谈的主题及方向,尽量避免题外话;问题表述简明扼要,尽量用口语表达,避免使用抽象的专业术语;提问语气和态度友好;时刻注意被访谈者的情绪变化,不能用刺激情感的字眼,使用的言语越简单越好,题目不能过多,提问时间注意不能太长。

另外,访谈者可以就受访者交谈中出现的某些概念、事实、观点、疑问等进一步追问,以达到深入了解的目的。

2)倾听

在访谈过程中,研究者一定要做一个好的倾听者,这不仅是访谈质量的保证,也是对访谈对象的尊重。

①行为层面的“听”。

访谈者在行为层面上的“听”指的是一种听的态度,有可能表现为“表面地听”“消极地听”和“积极关注地听”3 种状态。“表面地听”指的是访谈者只是作出一种听的姿态,并没有认真地将对方所说的话听进去。访谈者此时可能在想自己的事情,或者在对受访者的容貌或衣着评头论足。“消极地听”指的是访谈者被动地听进了对方所说的一些话,但是并没有将这些话所表示的意义听进去,当然更不用说理解对方的言外之意了。“积极关注地听”

指的是访谈者将自己全部的注意力都放到受访者的身上，给予对方最大的、无条件的、真诚的关注[①]。

②认知层面上的“听”。

认知层面上的“听”可以分为主观判断式的听、客观接受式的听和意义建构式的听。

主观判断式的听，即访谈者把受访者的回答内容，按照自己的观念、价值观、思维习惯等去理解，用自己的观念体系理解对方的话，迅速作出自己的判断。

客观接受式的听，即访谈者尽量把自己的观念暂时存放起来，客观地接受被访者的话，尤其重视被访者自己使用的一些独特的概念（如“本土概念”），尽可能理解其真实的意义。

意义建构式的听，即访谈者在倾听的同时，积极地与对方对话，与对方共同建构事物、概念等的意义。

③情感层面上的“听”。

情感层面上的“听”可以分成“无感情的听”“有感情的听”和“共情的听”。“无感情的听”指的是访谈者在听的时候不仅自己没有感情投入，而且对对方的情感表露也无动于衷。一般来说，如果访谈者自己没有情感表露，受访者也不会表露情感。“有感情的听”指的是访谈者对对方的谈话有情感表露，能够接纳对方所有的情绪反应，而且表现出自己对对方的情感表达方式可以理解。在这种情况下，受访者会受到感染，比较愿意接触访谈者和表达自己的情感。“共情的听”指的是访谈者在无条件的倾听中与受访者在情感上达到了共振，双方同欢喜、共悲伤[②]。

4）回应

回应的方式主要有以下几种。

第一，呼应。包括语言上的呼应和非言语的呼应。

第二，重复、重组和总结。重复是把受访者的话重复一遍，表示确认没有听错。重组是把受访者的话按照自己的理解重新组织一下，以便检查自己的理解是否正确。总结是把受访者的话进行归纳概括，一方面突出中心和主要的思想，另一方面，检验理解是否正确。

第三，自诉。指访谈者在受访者的话能够引起自己的共鸣的时候，适当地诉说自己的相关情况和自己的感受、体验。

第四，适度的积极性评价。

5）记录

必须抓紧一切时间和机会，随时记录，如果事先向被访问者说明，则名正言顺，当面记录，用录音或照相，如果没有事先说明，则应事后抓紧时间追记。

访谈记录根据访谈的类型可以分两种。对结构型访谈，由于事先设计有封闭型问题和准确的记录方式，因此，只需根据受访者的回答，在问卷的相应位置做相应的标记即可。这种记录也主要是用来进行定量处理的。

对于半结构型和无结构型访谈，则要求访谈者做较多的记录。这种记录可以采用两种形式。一是用笔记录，一是用录音机或者采访机记录声音。

笔记，访谈者需要注意以下几点。

① 辛治洋，张志华. 教育科学研究：方法与案例 [M]. 合肥：中国科学技术大学出版社，2012：230.

② 辛治洋，张志华. 教育科学研究：方法与案例 [M]. 合肥：中国科学技术大学出版社，2012：231.

第一,提高笔记的速度,可以使用缩语,使用速记,使用各种符号。

第二,事后要进行整理,把记录不完整的内容补充完整,把没有记录下来的补上,还可以记一些心得感想。

第三,处理好笔记与听的关系,不要一味埋头记录而忽视了适当的回应。最好能够盲记,即眼睛不看笔记本地记录,这只要通过适当的训练就能够做到。

现场记录的内容可以分以下 4 个方面。

(1)内容性记录,记受访者所说的内容。

(2)观察性记录,记访谈者所看到的东西,包括场景、受访者的表情等。

(3)方法性记录,记访谈者所使用的方法。

(4)内省性记录,记访谈者的个人因素对访谈可能产生的影响,以及访谈过程中的个人感受和心得,它应该和客观的内容性记录区别开来,而不要混在一起。

6)访谈的结束

访谈结束的技巧有以下几个。

第一,注意提问的方式,比如"我想再问您最后一个问题,就是……""您还有什么要说的?",以此表示访谈将要结束。

第二,直接说明访谈的结束,比如"今天我们就谈这些"。

第三,结束中最重要的是表示感谢。

第四,就后续的联系作好交代。

7)团体访谈

团体访谈的操作程序和要求与个别访谈基本相同,但有一些特殊要求,主要有以下方面。

(1)受访者的选取要有一定的代表性。

(2)受访者的人数要适当(一般在 5~10 人)。

(3)访谈开始,同样要互相介绍,彼此了解身份;然后访谈者要说明调查的目的和主要话题;与个别访谈不同的是,往往在开始还要说明访谈发言的一些规则,以便按照统一的规则进行。一般的规则有:鼓励大胆发言,不要有顾虑;适当控制发言时间,或者明确规定每次发言的时间;尽量谈自己的看法,一般不批评和驳斥别人的观点;围绕所提出的问题和中心发言,不要跑题。

(4)对那些没有发言的人,及时进行提示,鼓励他们发言。

(5)尽可能了解各种不同的意见和看法,以便对问题产生多角度的认识。

(6)在结束访谈时,表示感谢和发小纪念品。

第五节　教育观察法

俗话说,"耳听为虚,眼见为实",观察相对问卷调查和访谈而言,能够获得更准确的资料。在质的研究中,观察法是一种重要的研究方法。教育研究中的观察不同于自然科学中常用的实验室观察,而是一种实地观察。实地观察是在自然环境下对当时正在发生的事情进行观看、倾听和感受的一种活动。

一、教育观察法的概念及特点

1. 观察法的概念

教育观察法是研究者凭借自身的感觉器官和其他辅助工具，在自然状态下有目的、有计划地观察教育现象，以获得研究资料的一种研究方法。

观察法作为教育研究的一种方法，与日常观察不同。教育中的日常观察无处不在，如教师每天都在观察某个学生的行为习惯、情绪、学习态度等有何变化，上课注意力是否集中等。但它是一种非正式的观察活动，其目的、形式、程序、步骤等事先未经过周密计划，获取的资料不一定全面、系统，形成的认识不一定完全正确、完整。教育观察法是一种科学观察，是有目的、有计划、有严格研究程序的研究方法。

2. 教育观察法的特点

1）目的与计划性

教育观察不同于日常教学中的观察，日常教学中的观察大都以随机性、即时性的观察为主，而教育观察对观察的对象、范围、条件、方法等方面作出了明确的选择，明确观察是为了解决教育教学或教育科研中的问题。所以教育观察法需要事先进行研究设计，突出目的性和计划性。

2）直接性

观察法是在对观察对象不加任何干预和控制的状态下进行的，研究者与观察对象直接接触与联系，考察被观察对象在学习和生活中正在发生的真实的行为表现和事实现象，具有直接性。

3）重复性

观察者对研究对象的认识需要经过多次详细观察，才能避免表面化和片面化。一方面，被观察的现象或过程只有在重复出现的情况下，观察才有客观性。对于那些稍纵即逝的现象和过程，则不适于单独用观察法去研究。另一方面，要长期、连续、反复地进行观察，否则就不易分辨出事物现象或过程哪些是偶然的、哪些是一贯的，哪些是表面的、哪些是本质的等等。反复观察的次数越多，越能准确反映客观事物。

4）选择性

观察是从大量客观事实中，选择观察的典型对象，选择典型条件、时间、地点，获得典型事物的现象和过程。只有把注意力有意识地集中和保持在经过选择的观察对象上，尽量排除外界无关刺激的干扰，这样的观察才能获得预期的成效。

3. 教育观察法的基本要素

观察法包含 3 个基本要素：观察的手段、观察的对象和观察对象的状态。

（1）观察的手段，要求敏锐、仔细、准确。研究者要具备一定的理论知识和较宽的视野，能够从多角度看问题，借助各种现代的技术手段，提高观察的精确性、系统性、全面性。

（2）观察的对象，包含教育活动中的人和教育活动。

（3）观察对象的状态，应维持在一种“真实状态”，不致因为受到外界的影响、干预或控制，而处于一种特殊的身心状态。保证真实状态下的观察结果。

二、教育观察法的作用及局限

（一）教育观察法的作用

观察法是教育研究搜集资料的基本途径。有些社会学家称观察法为“科学研究的第一方法”，它是其他研究方法的基础。教育实验法实际上是一种被控制的观察，教育调查法是一种间接的观察。观察法在教育研究中有着重要的作用，是发现问题、提出问题的前提和产生理论假设的手段。国内外许多著名的教育学家、心理学家曾用观察法取得了教育科学和心理科学的研究成果。苏联教育家苏霍姆林斯基长期观察“差生”和“调皮学生”的行为表现，先后写了 3 700 名儿童的观察记录，完整地记录了 178 名“最难教育”的学生的曲折成长过程，写成了极为丰富的教育理论著作。赞科夫就是通过对课堂教学的长期观察，才提出新的教学结构理论的。观察法的作用表现为以下方面。

第一，观察可以获得大量的第一手资料，是教育研究的基础。教育理论的提出不是某个哲人的思维的自由创造，而是在实践基础上的飞跃与升华。观察法是收集各种科学事实和第一手材料最基本、最常用的方法。由它所得来的大量而丰富的各种材料，是发现和提出问题的前提，是一切教育科学知识的起点，有助于研究课题的选择和形成。正是在这个意义上，人们说“科学始于观察”。有经验的教育工作者，就往往善于观察教育实践中所产生的现象、问题，从中受到启发，形成教育科研课题。如有的教师通过对入学新生的观察，发现有的学生常常出现不适应性，如何使学生从不适应到适应，与他们今后的学习、成长都有十分密切的关系，由此而提出并形成了大学、中小学如何衔接的研究课题。

第二，观察是检验教育科学理论观点是否正确的重要途径。教育理论一经提出，其是否符合教育规律，是否具有真理性，提出解决问题的办法是否科学等，又有待于实践的检验。验证往往就要观察实验效果与预期效果是否一致。只有经过科学事实证明了的结论才是正确的。如中国儿童到底 6 岁入学合适还是 7 岁入学合适，小学到底是五年制好还是六年制好，办示范学校好还是不办示范学校好，校内按能力分班是否有利于儿童发展等，对于这些问题有不同的看法和意见，只有经过长期实验，观察其效果，才能鉴别出哪一种结论是正确的。如果说在理论的提出中运用的是探索性观察，那么，在理论的检验中运用的则是验证性观察。

第三，在儿童发展与教育研究领域，观察法的运用范围极为广泛，适用于各方面的各种课题。观察法在儿童发展与教育的研究中具有悠久的历史，运用范围极广，适用于各方面的各种课题。其原因主要有两点：首先，采用观察法，可弥补幼儿语言理解能力和反应方式等的局限，能观测许多用其他方法无法测量的行为，尤其是在社会、情感领域内，使用观察法更为合适。其次，与成人和年龄较大的儿童相比，幼儿更少受到观察过程的影响，一般在稍经熟识的观察者（有时甚至在不相识观察者）面前仍能表现自然行为，显得旁若无人，我行我素。幼儿年龄越小，这种现象就越明显，因而观察所得的资料也就越真实。

观察贯穿于教育教学和教育科研的全过程，如通过观察，可以了解教师的教育、教学活动，了解学生的学习、生活、娱乐活动，了解学生与教师的关系等。除了以上 3 点突出的作用外，在过程的各个环节和阶段上，对教育者或研究者认识教育本质，探索教育规律，改进教育教学工作，提高学生培养质量，发展教育理论等，观察也都起着重要的作用。

（二）观察法的优点与不足

教育观察法的优点是：简便易行、资料可靠性较高，可纵深分析教育现象。

观察法最大的优点就是所观察的行为发生在自然环境中，所获得的资料是被观察对象现实生活、学习等活动中正在发生的、真实的、典型的和一般的行为表现，资料可靠性较高。其次，观察法简便易行，不必使用特殊设计的复杂仪器，不需要特殊条件，花费少，适用于广大的研究范围。第三，不需要交谈。观察是研究日常非言语行为的理想方法。观察者可以在不懂某种语言的情况下，观察出懂这种语言的人的行为，如手势、姿势、表情等。第四，观察法比较灵活、机动，不受时间和地点限制，能较长时间在不同地点观察同一个人，或同一种情境。

但相对于其他研究方法而言，观察法也具有明显的局限性。

第一，缺乏控制。观察的行为发生在自然环境里，观察者往往对可能影响资料的外部因素难以控制，尤其是进行析因研究时，难以使用观察法。

第二，只适用于研究外在行为，无法直接了解人的内心活动。教育的对象是人的身心发展，离不开人的各种心理活动，研究教育就要研究人的心理活动，而人心是个黑箱，观察者不能直接观察人的内心世界。因此，观察只能说明"有什么"和"是什么"的问题，很难回答"为什么"的问题。

第三，短期的观察可能会有漏记。观察者总要确定观察期间，在一个确定的时间范围内进行观察。但是，在观察期间观察者想要了解的现象并没有表现出来，或观察期内观察者观察到的信息意义不明，难以进行判断。这时，观察者就面临两难处境：延长观察期间或许会有新的观察结果出现，也许会白白浪费时间；不延长观察期间或许会错过了观察的机会。观察者永远无法确定对一种教育现象究竟需要多长的观察期才是合适的。

第四，观察本身可能会影响观察结果。由于观察者的介入，观察对象可能不愿意暴露自己的动机或行为，特别是当观察对象的动机或行为不被社会主流意识所接受时。这样，当观察对象知道自己被观察者观察时，观察本身就使观察对象的言行变形，使观察者只能观察到扭曲的信息。

第五，难以用数量表示。观察研究中的测量一般采取非数量表示的知觉形式，而不采用调查研究和实验法中常用的定量测量法。当研究结束时，观察者会有表明观察对象行为的记录，比如说，课堂上关于教师与学生互动的记录，而非编制一个量表测量教师所得的分数。观察性资料虽可在一定程度上以数量表示，但一般限于百分比。

第六，不适合大规模的宏观调查，具有偶然性和片面性。观察研究往往取样小，资料琐碎，不易系统化，普遍性程度不高。观察受到时间和空间的约束和限制，同时观察的样本数小（样本容量小），因此，由观察得来的只是表面性和感性的材料，容易使观察结果带有片面性、偶然性。

如据《吕氏春秋》记载，孔子周游列国，在半路上穷困潦倒，七天没吃饭。他的学生颜回出去弄回了一点米来煮给他吃，等到饭刚要煮熟时，孔子看见颜回从锅里抓起一把饭吃了，孔子假装没看见。过了一会儿，饭煮熟了，颜回端着饭给孔子吃，孔子站起来说："今天我梦见我死去的父亲，饭是干净的话，我来祭奠他。"颜回说："不行，我刚才见有烟灰掉进锅里，觉得扔掉可惜,就把它抓起来吃了,这饭不干净了。”孔子听了感叹地说:“我所相信的是眼睛呀,可是眼睛也不是完全可以信赖的,我所依靠的是心呀,可是心也还不是可以完全依靠的。弟子们要记住:认识了解一个人真是不容易呀!”这个例子说明,观察法虽然有直接性和可靠性,但有时却往往具有表面性、片面性和偶然性,在德育研究中应特别注意这一点。

三、教育观察法的类型

1. 直接观察与间接观察

直接观察指不借助仪器,靠自身感觉器官进行观察;间接观察指借助于各种仪器来进行观察。直接观察比较简便,但人的视野与精力有限,记录难以精确全面;间接观察适于客观记录和多角度的观察,但使用仪器往往比较麻烦。

2. 参与性观察与非参与性观察

参与性观察是参与到被观察者的活动中去,在活动中观察;非参与性观察是不介入被观察者的活动,处于旁观者的角色。参与性观察的优点是:观察研究者可以不暴露自己的研究者身份,使观察处于秘密的状态;由于参与进去,对观察对象的活动就有了比较深入的体验和理解,有助于理解观察对象背后的心理活动和动机,使观察比较深入。非参与性观察比较冷静客观,但不易深入。教师可以采用参与性观察,也可以采用非参与性观察。

3. 有结构观察和无结构观察

有结构观察对于观察的内容、程序、记录方法都进行了比较细致的设计和考虑,观察时基本上按照设计的步骤进行,对观察的记录结果也适于进行定量化的处理。无结构观察在事先没有严格的设计,比较灵活、机动,能够抓住观察过程中发现的现象而不必受设计的框框的限制,但是难以进行定量化处理。一般在研究的初期,主要是无结构观察,以便发现研究的现象,帮助确定主题和观察方法与项目;而在研究的后期,为了深入地对某些项目进行观察分析,通常会设计一些有结构观察。

4. 全面观察与抽样观察

全面观察是对一定场景中发生和出现的各种现象进行观察和记录,它涉及的范围广泛,比较容易把握现象之间的联系,但是由于观察的视野有限,往往对观察者要求很高。抽样观察是对观察现象的场景、时间、人、活动等因素进行取样,再对样本进行观察,它涉及的范围比较小,容易使观察深入细致,操作比较容易,它对观察者的要求主要体现在取样上,要求取样有代表性。

5. 定期观察与追踪观察

定期观察是非连续性的、按一定时间间隔做观察。比如对某个学生的行为观察,规定每周一观察一次,这就是定期观察。追踪观察是对某个对象或者某种现象进行比较长时期的观察,从而获得发展性的资料。

四、教育观察法的设计

(一)界定研究问题,明确观察目的

这是教育观察的首要环节,即对观察所要解决的问题,所要获取的资料,预先必须明确,

并对所要观察的问题或变量作出明确的操作定义。研究问题和观察目的回答了教育观察“观察什么”和“为什么观察”两个问题。只有弄清楚这两个问题,即明确界定研究问题和观察目的,才能对整个观察进行设计,根据研究问题和观察目的进一步明确观察需要搜集哪方面的资料、在什么时间观察、观察范围应该定在哪里、需要用到哪些观察手段和方法等问题。在该阶段,研究者应广泛搜集有关文献资料,进行阅读分析,还可以向相关领域的专家进行咨询。

(二)设计教育观察提纲

观察提纲应该遵循可观察原则和相关性原则,针对那些可以观察得到的、对回答观察问题具有实质意义的事情进行观察。通常,观察提纲至少应该回答如下 6 个方面的问题①。

1. 谁(Who)

有谁在场?他们是什么人?他们的角色、地位和身份是什么?有多少人在场?这是一个什么样的群体?在场的这些人在群体中各自扮演的是什么角色?谁是群体的负责人?谁是追随者?

2. 什么(What)

发生了什么事情?在场的人有什么行为表现?他们说 / 做了什么?他们说话 / 做事时使用了什么样的语调和形体动作?他们相互之间的互动是怎么开始的?哪些行为是日常生活中的常规行为?哪些是特殊表现?不同参与者在行为上有什么差异?他们行动的类型、性质、细节、产生与发展的过程是什么?在观察期间他们的行为是否有所变化?

3. 何时(When)

有关的行为或事件是什么时候发生的?这些行为或事件持续了多久?事件或行为出现的频率是多少?

4. 何地(Where)

这个行为或事件是在哪里发生的?这个地点有什么特色?其他地方是否也发生过类似的行为或事件?这个行为或事件与其他地方发生的行为或事件有什么不同?

5. 如何(How)

这件事是如何发生的?事情的各个方面相互之间存在什么样的关系?有什么明显的规范或规则?这个事件是否与其他事件有所不同?

6. 为什么(Why)

为什么这些事情会发生?促使这些事情发生的原因是什么?对于发生的事情人们有什么不同的看法?人们行为的目的、动机和态度是什么?很显然,这个问题需要通过一定的推论,不能完全通过外部观察而获得。当然,参与型观察不排除现场询问,因此也可以通过这类方式获得当事人的想法。

与访谈提纲一样,观察提纲提供的只是一个大致的框架,为观察活动提供一个方向。研究者进入观察实地进行观察时,应该根据当时当地的具体情况对提纲进行修改。

(三)设计观察记录表

为了保证资料收集的完整性和准确性,观察记录应尽可能包括观察到的所有细节。因此,需要事先设计观察记录表,以便完整、清晰和有条理地记录实地信息,以便进一步补充记

① 辛治洋,张志华. 教育科学研究:方法与案例 [M]. 合肥:中国科学技术大学出版社,2012:234-235.

录、分类和编码，以供研究分析之需。

一般来说，在观察记录表中，记录观察材料的方法包括以下几种。

（1）连续记录法。研究者用笔记录的方法。在观察现场做连续记录，也可以运用录音机、摄像机将观察到的情况摄录下来，回来后再转记到笔记本上。

（2）行为核查记录法。研究者将所要观察的研究对象的项目预先制成行为核查记录表格，把要核查的行为按照一定的类别列出，对观察对象的某些行为是否出现、出现的时间、频率等进行核查后的记录，在表格的相应框格内打上记号。

（3）图形、符号记录法。在对某种活动或事件进行连续观察、记录中，因涉及的对象多，用言语记录比较困难，可用预先规定好的符号、线条、箭头等进行记录。为了提高记录的速度，可以编制记录代码。所谓记录代码，就是用一些数字、字母、符号等表示一定的事件和行为单位。例如，数字代码：1- 听讲，2- 笔记，3- 提问，4- 回答，5- 练习，6- 讨论；符号代码：○ - 表情丰富，◎ - 有些表情，● - 无表情，△ - 思维敏锐，◇ - 主动思考，▽ - 思维迟钝，☆ - 做游戏，♀ - 跳绳，□ - 跳远，× - 错误行为。

（4）等级评定法。研究者按照事先确定的等级的划分和含义，对观察对象的特质和行为评定等级，在预先印好的表格上按等级画圈。比如，在上课时研究对象回答问题的情况，可以分为从不、很少、有时、经常、总是 5 个等级，根据其实际表现选择其一。

（5）现象描述记录。对观察对象的有些行为和事件用语言进行描绘叙述，例如，按照事件发生的先后顺序进行描述，比如观察学生课间的行为，可以按其顺序记录。

观察表格的项目不宜太多，以 10 个以下为宜，尽量按某种逻辑顺序合理排列，表格项目的答案确定且没有歧义。比如，在记录教师对学生的回答作出的反应时，可以设计一个行为观察记录表，见表 4.1。

表 4.1 教师行为观察记录表

问题序号	教师对学生互动的反应				
	口头反应	非口头反应	肯定反应	没有反应	否定反应
1	√		√		
2		√	√		
3	√		√	√	
4	√				√
5		√			
6	√		√		
7	√		√		
8		√	√		
9	√			√	
10		√		√	
合计	6	4	6	3	1

运用等级量表也需要事先确定拟观察的现象或行为，同时还需要对现象或行为作出程度上的分类，如表 4.2 所示，纵向维度列出需要观察的教学行为，横向维度关注的是行为的完成程度. 分为“无”“完成得一般”“完成得较好”3 个等级水平，并分别赋值“1”“2”“3”。观察时，观察者可根据自己的印象在代表程度水平的相应数值打钩或画圈[①]。

表 4.2 等级量表：有效教学观察表

教师行为	无	完成得一般	完成得较好
清晰告知本课教学目标	1	2	3
阐释本次教学内容与前几次教学内容的关系	1	2	3
按照逻辑顺序呈现教学内容	1	2	3
回顾整节课的教学内容	1	2	3
概括本课的主要观点	1	2	3
在本次教学与未来教学之间建立关联	1	2	3
教学速度恰当	1	2	3
运用语调变化强调教学重点	1	2	3
恰当地运用体态语	1	2	3
清晰地阐释观点	1	2	3
对学生不熟悉的术语、概念、原理作出解释	1	2	3
用例子澄清观点	1	2	3
在新观点与已学概念间建立关联	1	2	3
倾听学生的问题与讨论	1	2	3
运用幽默促进学生对学习内容的兴趣	1	2	3

叙兹曼（L.Schatzman）和斯特劳斯（1973 年）提议将现场观察笔录分成 4 个部分：①“实地笔记”，专门用来记录观察者看到和听到的事实性内容；②“个人笔记”，用来记录观察者个人在实地观察时的感受和想法；③“方法笔记”，记录观察者所使用的具体方法及其作用；④“理论笔记”，用于记录观察者对观察资料进行的初步理论分析。某实地观察记录表见表 4.3。

表 4.3 某实地观察记录表

实地笔记	个人笔记	方法笔记	理论笔记
12：00，食堂里大约有 300 人，10 个窗口前队伍平均有 4 米长	我感觉很拥挤	这个数字是我的估计，不一定准确	中午 12 点似乎是学生就餐的高峰
12：05，在卖馅饼的窗口排了一个足有 2 米长的队，而且排队的大部分（大约四分之三）是男生	我想是不是今天的馅饼特别好吃？是不是男生特别喜欢吃馅饼？	我站在离卖馅饼的窗口有 5 米远的地方，看不清楚馅饼的质量，不知道这些人买馅饼是否因为馅饼好吃？	也许买某一样食物的人数与该食物的质量之间有正相关关系？

① 丁炜，陈静逊. 小学教育科学研究方法 [M]. 上海：华东师范大学出版社，2014:100.

续表

实地笔记	个人笔记	方法笔记	理论笔记
12:10,食堂里有5对成双的男女坐在一起吃饭,两个人坐得很靠近,都是男的坐在女生的左手边?	也许他们是恋人	我只是根据他们坐在一起的亲密样子判断他们是恋人,这个猜想需要进一步检验	也许在食堂里就餐时,男生习惯于坐在女的左手边
12:20,一位女生将一勺菜送到旁边男生的嘴边,望着对方的眼睛说:"想不想吃这个菜?"	为什么这些"恋人们"在公共食堂里如此"放肆"?我对此很反感	我现在与他们坐在同一张桌子上,可以听到他们的对话	似乎女生喜欢主动向男生"献殷勤",这一点与我平时的印象不一样,需要进一步观察和检验

无论是做现场观察记录,还是做访谈记录,最好做到"不引人注目地记录",即记录的动作要小,记录的速度要快,记录的时间要尽可能短。因为研究者的记录行为本身也是一种刺激物,它会影响和改变研究对象的行为表现。

另外,在观察记录中,应积极地思考与自我反思。研究者应该积极思考,运用一定的理论对观察到的现象进行初步的分析,发现各种现象之间的联系。同时,还要对观察活动进行自我反思。反省自己的思维方式;分析自己的观察角度、记录时使用的语言;对观察中出现的伦理道德问题进行反省,检查是否违背;反省自己对研究问题的假设、个人生活经历、宗教信仰、性别、社会地位、受教育程度等对观察可能产生的影响等。

(四)选择观察方式

为了有效地使用观察提纲,必须选择有效的观察方式,以便观察者在实地观察时,根据情境的需要有选择地使用,避免观察的随意性和低效率。

在实地观察中,研究者应采用参与性的动态观察,以尽可能地对研究对象有比较深入、全面的了解。在进入观察现场后,首先对观察对象进行整体和表面化的观察,对研究对象的大致情况有所了解。例如,研究者到某个学校进行师生关系问题的调研时,不宜直奔主题,而需要首先对学校的整体情况进行观察了解,如学校的硬件设施如何、校园文化建设情况如何、教师和学生的总体精神面貌如何等。在掌握了这些背景信息之后,研究者才适宜对问题进行聚焦,将观察的焦点定位于师生交往。

除了视野上的不同,聚焦还可以采取一些不同的程序和步骤,如主次程序法、方位程序法、动与静结合法、时间抽样法、场面抽样法、追踪法等。例如,在"主次程序法"里,研究者可以先观察研究现象中主要的观察对象和部分,然后再观察次要的对象和部分。在"方位程序法"里,研究者可以按照观察对象所处的位置采取由近到远或由远到近、由左到右或由右到左、由上到下或由下到上的方法逐次进行观察。在"动与静结合法"中,研究者可以选择从静态到动态或从动态到静态轮流进行聚焦。在"时间抽样法"里,研究者首先选择一个特定的时间段,然后对这个时间内发生的事情进行观察。在"场面抽样法"里,研究者首先选择一类活动场面,然后对这个场面重点进行观察。有学者对校园升旗仪式进行了人种志研究,他所运用的抽样方法就是场面抽样法。如果研究的项目涉及研究对象在时间和空间上的变化过程,研究者还可以使用"追踪法"对研究对象进行比较长期的、持续性的观察。

由于参与观察特定方式的要求,参与观察者往往要经历一个先融进去、再跳出来的过程。或者说,在参与观察的过程中有一个角色转换的问题。在参与和观察之初,研究者要尽快“进入角色”——将自己作为研究者的角色转换为观察对象群体中一员的角色,从语言、行为举止到生活方式,都尽量“同化于”被观察对象及其社区,以达到“移情理解”的目的。而当要对观察到的现象和行为进行判断、分析和理解时,研究者又要能随时“跳出角色”——恢复到研究者客观的、中立的立场上来,从局外人的角度,重新审视被观察对象的行为表现,发掘其所具有的客观含义,以达到“超脱理解”的目的。

五、观察资料的整理与分析

1. 对记录的整理

即对记录进行修补。例如,改掉明显错误的地方,补充遗漏的资料等。初步整理的目的是使观察记录完整、清楚、准确。

观察资料的整理分析一般步骤如下。

第一步,是对资料的初步整理,以确保资料的准确性和完整性。

第二步,对原始资料的再次整理,进行编码、分类。

第三步,在整体把握观察事件的基础上,确定分析单位和进一步分析的分析工具与框架。

第四步,借助于确立的概念和分析工具,对原始资料进行量化处理(行为的分布统计和差异检验)、定性分析和建构理论。

对记录资料可以进行定性分析和定量分析,定量分析一般在观察之后进行,而定性分析则有两种:生产性分析和无生产性分析,生产性分析是指资料的搜集和分析同时进行;而无生产性分析是指收集完资料后再进行分析。

2. 编码与分类

编码是用分析的概念或者数字、符号对记录的文字进行标注。编码要根据研究的课题来设计。常见编码有:过程编码,指对事物过程和状态的编码,其编码名称主要是时期、阶段、步骤等。活动编码,即对经常发生的活动或者行为按照一定的种类进行的编码。策略编码,是对人们完成一定任务所用方法、策略的编码,比如对学生的学习策略可以用“浅层次策略”“深层次策略”来标注。

分类是在编码的基础上,把同一类编码的资料归拢在一起,装在文件夹里,然后在每一个编码题目的下面,标出资料所在的页码、行数等,并把各处的资料编上序号。

3. 量化处理

量化处理是对经过编码分类的资料,运用数学统计的方法进行加总、求平均、求百分比、差异检验等。

4. 建立扎根理论

所谓扎根理论,是指从经验的基础上建立理论。

扎根理论的操作程序是:第一,对资料进行逐级登录,从资料中产生概念;第二,不断对资料和概念进行比较;第三,发展理论性概念,建立概念和概念之间的联系;第四,理论性抽样,研究者不断地就资料的内容建立假设,通过资料和假设之间的轮回比较产生理论,然后使用这些理论对资料进行编码;第五,建构理论,使理论中的概念本身得到充分发展,密度比较大,内容比较丰富,而且理论中每一个概念应该与其他概念之间具有系统的、内在的联系,具有整合性。

思考与练习

(1)简述教育调查研究的内涵及特点。

(2)教育调查研究有哪些类型?

(3)简述教育调查研究的步骤和基本要求。

(4)简述教育问卷调查法的内涵及优缺点。

(5)简述教育调查问卷的结构。

(6)简述教育调查问卷的编制程序及基本要求。

(7)简述教育访谈法的内涵及其特点。

(8)简述教育访谈的步骤与技巧。

(9)简述教育观察法的内涵及特点。

(10)简述教育观察法的作用及局限性。

(11)简述教育观察的实施程序和要求。

(12)根据教育问卷设计要求,自选题目,设计一份完整的教育调查问卷。

(13)根据教育访谈法设计要求,自选题目,设计一份完整的教育访谈提纲。

(14)以一个同学的日常学习 为对象,设计一份观察提纲。

第五章　教育历史研究法

第一节　教育历史研究法概述

一、教育历史研究法内涵

（一）历史研究

李秉德先生认为，历史研究是从事物发生、发展和消亡的过程中探索其本质和规律性的方法；裴娣娜先生认为，历史研究是探求研究对象本身的发展过程和人类认识该事物的历史发展过程，而不是单纯地描述具体的历史事件或历史人物的活动。美国学者威廉·维尔斯曼将历史研究界定为“寻找事实，然后用这些信息去描述、分析和解释过去的系统过程”。

通过学者们对“历史研究”的界定可以看出，作为一种独特的研究方法，历史研究具备较为鲜明的特点。首先，历史研究在研究对象上与其他类型的研究方法之间存在明显的差异，历史研究是研究过去的人或事，而它们在当下主要是以史料形式存在的，因此，历史研究的研究对象就是以各种形式存在的史料。其次，独特的研究对象决定了历史研究具备与之匹配的独特的研究程序，即对史料的搜集、鉴别、分析。最后，从研究目的的角度看，研究历史是“以研究人类过去的社会为起点，而以服务于当今的时代为归宿”，即通常所言的“古为今用”[①]。

综上所述，历史研究，即研究者通过对史料进行系统、周密的搜集、鉴别、分析，探求研究对象的历史发展过程，揭示其发展规律，指导现在、预测未来的一种研究方法。

（二）教育历史研究法

依循学者和学新和徐文彬的观点，“教育历史研究”是一个复合概念，它的分解主要有两种：一是将其分解为“教育—历史研究”，二是将其分解为“教育历史——研究”，由于“教育历史”通常被简称为“教育史”，因此它多被称为“教育史研究”。要把握“教育历史研究”的定义，首先需要弄清二者之间的关系[②]。

这二者之间存在很多相同之处。首先，史料是它们共同的研究对象和研究基础，二者的顺利完成都离不开各类史料。其次，二者都能达到“鉴古知今”“古为今用”的目的，这也正是教育历史研究和教育史研究共同的生命力之所在。

很显然，这二者之间也存在一些十分显著的差异。首先，二者在研究内容上存在差异。教育历史研究的研究内容为“教育”，其涵盖面相对较广，从时间维度看，它可以是一个教育

① 和学新，徐文彬. 教育研究方法 [M]. 北京：北京师范大学出版社，2015:94.

② “教育历史研究”内涵，借鉴学者和学新、徐文彬及董树梅的观点。和学新，徐文彬. 教育研究方法 [M]. 北京：北京师范大学出版社，2015:95.

历史方面的问题,也可以是一个现实的教育问题,甚至还可以是对未来教育进行预测的问题。因此,"教育历史研究",实际上就是对所要研究的问题进行系统的、历史的考察,但历史的考察可能只是研究内容的一部分,而不是全部。然而,"教育史研究"的研究内容则直接聚焦于"教育历史"。其次,二者关涉的侧重点存在显著差异。教育历史研究本身是一种研究方法,指用历史研究的范式去研究教育,它是方法论层面的概念;而教育史研究,其侧重点在"研究什么"上,即它侧重研究的内容,而在研究教育史时,既可以使用历史研究法,也可以使用其他方法,如统计方法、计量方法等。最后,二者在研究目的上存在一定的差异。虽然教育史研究和教育历史研究都会关注以史为鉴,但相比较而言,教育史研究更加注重在有限史料的基础上还原教育历史的真实,而教育历史研究则更加关注在历史反思和在理论分析的基础上构建教育未来的理想。因此,从这个角度看,教育史研究可以为教育历史研究提供更加丰富的资料。

综上所述,两种分解之间既有交集,又存在十分明显的差异。结合对二者异同的分析可以看出,作为研究方法的"教育历史研究",毫无疑问应该取第一种理解。因此,教育历史研究法即是研究者通过对教育问题或教育现象的史料进行系统、周密的搜集、鉴别、分析,探求教育发展的历史过程,揭示其发展规律,指导现在、预测未来的一种研究方法。

二、教育历史研究法的作用

(一)把握教育发展的规律和特点,深化对教育的理解

教育历史研究,是通过历史研究法还原教育的历史发展过程,揭示研究的教育现象或问题产生的历史条件、理论基础,研究教育现象或问题对当时和以后教育发展产生的影响,以及经过了什么样的发展阶段而不断得到改造与完善,阐释其中所蕴含的教育发展的规律和特点,这些无疑能够不断加深人们对教育的理解。由此可见,教育历史研究,对于深化人们对教育的理解,具有历史基础。

(二)借鉴教育历史经验和教训,指导教育未来发展

美国历史学家乔伊斯·阿普尔比认为,"历史拥有巨大的力量""在好的时代或坏的时代,在关键的时代,在转折的时代,或是在平常的时代,历史都能帮助人类更好地思考,更丰富地生活,更明智地行动"。历史研究的生命力也正存在于"鉴古知今""古为今用",它启发人们汲取历史经验教训,以便更好地指导未来发展。

教育的发展,离不开对教育历史经验和教训的借鉴,对教育现象或问题的历史研究,能够帮助人们总结教育发展中的历史经验和教训,以史为鉴,引导人们正确思考和解决当代教育问题,预测现在和将来教育发展的可能趋势,从而影响教育的未来发展走向。

(三)拓展教育研究的视域,提升教育研究人员素养,推动教育研究发展

从事教育历史研究,必须具备一定的史学素质和修养,即能够历史、全面、辩证和发展地分析和认识问题,因此,从事教育历史研究的过程,不仅拓展了教育研究的视域和范围,历练和提升了研究人员的史学素养,而且也推动了教育研究的发展。对教育进行历史考察时,需要对与研究课题相关的大量史料进行搜集、分析、鉴别和领会,有助于拓宽研究者的研究视野和提升其研究素养,同时,也能够帮助他们寻找新的理论生长点,实现理论创新。

三、教育历史研究的特点

教育历史研究与其他教育研究方法的区别主要体现在：研究者主体与作为被研究客体的历史事件、历史现象和历史过程之间，不是相对同步的协调关系，而是一种非共存的历史性关系。客体不是作为现实世界的客体，而是已经凝结、稳定了的过去，是已经发生了的、不可逆转的。主体只能在其所处的时代环境中以现实为起点去认识、思考过去所发生的事件。因此，教育历史研究具有鲜明的特点①。

（一）历史性

教育历史研究的历史性集中体现在教育历史研究的研究对象上。教育历史研究的主要研究对象就是过去发生的教育事件，教育历史研究的独特价值也正体现在通过对过去发生的教育事件的系统研究，揭示教育发生、发展、演变的客观规律，从而有效地指导今天的教育发展。另外，在研究过程上，教育历史研究在对过去发生的教育事件进行研究时，往往按照历史的时间顺序和时间范围再现历史过程，依据的是历史事件发生、发展的历史顺序和时间场域，如依据社会历史发展阶段的划分对教育现象进行历时性考察时，可以依据生产力发展水平和生产方式划分的原始狩猎采集社会、农业社会、工业社会和信息社会的教育现状，了解和研究不同历史阶段教育发展的规律和特点。

（二）主体性

历史认识的主体性，是指历史认识的属人特性，它是主体在历史认识活动中自觉或不自觉地将其自身因素投入认识过程，融合或凝结于认识结果之中而使认识不可避免地带有的主体属性。历史研究是形成历史认识的主要方式之一，研究者的主体性自然会对研究产生影响，因此，教育历史研究具有主体性的特点，主要体现在以下几个方面。

首先，如阿诺德·汤因比所言："无论研究人类世界还是研究非人类的自然界，人们都要受制于自身思想的局限。"在教育历史研究中，虽然我们应该努力追求研究的客观性，但作为研究主体的研究者，从具体的研究选题、搜集资料到对历史资料的分析、历史撰述的表达和结构，深受研究者主体意识的影响，构成一个主体意识结构基本的、稳固不变的认识因素，如哲学观点、政治立场、知识基础、生活经验、情感、性格气质，这些主体性因素会对研究结果产生十分明显的影响。其次，教育历史研究离不开思想、观点，而这又成为历史研究主体性的来源之一。如王家范所言，研究历史有两个基本条件不可或缺：一是材料，要熟悉过去与现在有关"人"与"社会"互动的经验材料，掌握检索和辨伪史料的技术；二是思想，要有自己的体验和心得，能言人所未言，道人所未道。而要产生有价值的观点、思想，自然避免不了需要研究者作出某种判断或取舍，主体性自然寓于其中。最后，教育历史研究中搜集到的各类史料，其本身就已经深深地打上了前人主体性的烙印。历史学家伊曼钮尔·沃勒斯坦曾说：原始文献是为了当时的直接目的而写的，前人在撰述历史资料时，就已经根据当时的目的进行了某些带有主体性的取舍。因此，卡尔精辟地总结道："我们所接触到的历史事实，从来不是'纯粹的历史事实'，因为历史事实不以，也不能以纯粹的形式存在；历史事实总是通过记录者的头脑折射出来的。"综上所述，虽然教育历史研究十分强调客观、价值中立，但其主

① 和学新，徐文彬. 教育研究方法 [M]. 北京：北京师范大学出版社，2015:97.

体性也是不可避免的。

（三）具体性

首先，在进行教育历史研究时，研究对象的概念必须确定，不能模棱两可、含混不清。例如，要考察我国学校的发展历史，对“学校”具体而明确的界定是本研究的关键，它是指向实行班级授课制之后的现代学校，还是涵盖了我国古代以来其他类型的学校形式，不同的界定将会对研究的范围、结果等产生巨大的影响。其次，教育历史研究的展开，是建立在丰富而具体的各种史料的基础之上的，无论这些史料来源于史书，还是各类档案文卷，抑或考古出土的文物、民间社会的各种传说传闻，它们都是关于历史事件的具体记录。最后，教育历史研究中，对于各类史料的分析，不能离开具体的历史背景。这是因为每个教育历史事件的发生，都与当时的社会政治、经济、文化、教育等有着千丝万缕的联系，这些因素交织形成的具体、特殊的历史背景，是我们认识某个教育历史事件的发生、发展时所不能脱离的。

（四）以逻辑分析为主

所谓逻辑分析，就是从纯粹的、抽象理论的形态上来解释对象的本质，通过概念、判断、推理等思维形式，研究事物发展过程的矛盾运动，解释历史规律并形成科学的理论体系。由于教育历史研究面对的研究对象是历史上存留下来的各类史料，有学者将“历史”划分为实在的历史、记录的历史、陈述的历史、戏说的历史 4 种相关而不相同的形态，并且认为，记录的历史与实在的历史之间的匹配关系可以归纳为 4 种情形：或高度吻合，或大体相符，或不太准确，或完全错误[①]。无论属于哪一种情况，这些资料都可以为揭示某些历史真相提供可靠的研究素材，但只有对这些史料进行分析、判断、归纳、推理、抽象等，才能获得对发生在过去的教育事件合乎逻辑的理解和判断。教育历史研究以逻辑分析为主，并不是排斥其他科学方法的合理使用，因此，在具体研究过程中，提升逻辑分析的质量，必要时辅之其他方法，这是提升教育历史研究质量的保证。

（五）综合性

教育历史研究，要想获得对教育历史事实的准确认识，揭示研究对象发展过程中的一切历史形式、全部丰富的内容以及各种相关因素，从而探寻其基本的发展规律，就必须进行全方位的综合。首先，必须对以各种方式、途径获取的丰富的史料进行综合，形成对研究对象更加全面的认识。其次，如上文所言，教育历史事件的发生、发展，离不开特定的社会、文化等背景，因此，在教育历史研究中，还必须综合教育、社会、文化等因素，对研究对象进行全面的研究。

四、教育历史研究法的类型

教育历史研究是形成对教育的历史认识的非常重要的途径。在历史认识系统中，有以下 3 种基本的认识形式：考实性认识、抽象性认识和价值性认识，因此，根据在教育历史研究中获得的主要认识形式的不同，教育历史研究可以划分为以下 3 种类型。

① 张分田.“历史”的四种形态与“史学”的学术伦理 [J]. 天津师范大学学报（社会科学版），2011(2)：8-14.

（一）考实性研究

所谓考实性研究，即研究的目的在于探求历史的真相，弄清历史的客观面貌，为进一步的研究工作打下坚实基础的研究。因此，考实性研究可以说是教育历史研究中最为基础的一种研究类型。

在教育历史研究中，考实性研究有着极其重要的意义。由于考实性研究旨在弄清教育现象或问题的历史原貌，因此，它可以为更深入的研究奠定坚实的事实基础，离开这个基础，所有的教育历史研究都会成为无源之水。而只有重视考实性研究，才能展开分析、综合、判断等一系列研究活动，才能将研究推向纵深，使研究立于不败之地。在教育领域，很多学者也做了大量的考实性研究，还原了教育历史发展的原貌。如章小谦对“先生”做了考证，以便还原教育者称谓的历史发展脉络，以及称谓的变化与社会其他因素之间的互动关系。

案例 5-1

“先生”考

当代对教育者的称谓，第二人称一般称“老师”，第三人称一般称“教师”。但是，古代各级学校包括私塾的教育者大多被称作“先生”。就是民国时期，“先生”作为教育者的称谓也还很常见。中国古代为什么会用“先生”一词来指称教育者？新中国成立以后，为什么“先生”作为教育者的称谓又会被“老师”所取代？通过对史料的分析发现，“先生”之称始于西周。此时，由于没有出现专门的文化教育机构，所以也没有专职的教育者——教师，先生承担了乡里的社会教化职责，所以“先生”在本来意义上指长辈。春秋战国时期，出现了专门化的教育机构——私学，从而也出现了最早的职业化教育者，“师”开始有了“教师”的含义，并且成为在第三人称情况下使用的对教育者的正式称谓。教师概念产生以后，由于传统的连续性和中国古代社会的宗法性，“先生”指称教育者的用法还在延续，这时的“先生”指称游离于政权系统之外的有学问的人。明朝开始出现用老师称呼座师的现象，民国年间因为科举制度被废除，“老师”成为对一般教育者的尊称，但是“先生”的称谓仍沿用不辍。新中国成立以后，因为意识形态方面的原因，“老师”几乎完全取代了“先生”，成为对教育者的第二人称。

考实性研究的目的在于求得历史之真，因此对史料真实性的考察是考实性研究的关键。一般情况下，考实性研究分两步进行。首先，以史料为对象，考证史书的真伪错谬，弄清史书的原貌，这通常被称为外考证。其次，以历史客体为对象，考证史事的真实与否，弄清历史之真，这即为内考证。内考证比起外考证而言是更深入的工作。考证一件史实，需要掌握与此相关的尽可能全面的史料，在对大量史料进行对比、分析、归纳的基础上去认识历史的真相，需要有极认真的科态度，要仅仅从历史材料出发，反对任何主观随意性。

（二）抽象性研究

抽象是人类思维通过对事物的比较、分析、综合、概括等活动，将隐藏在事物中的、内在的、本质的、共同的东西抽取出来，用概念、范畴、规律等形式固定下来的过程。教育历史研究中的抽象性研究，是研究者通过对考实性研究所获得的知识进行比较、分析、综合、概括等活动，将隐藏在研究对象中的内在的、本质的、共同的东西抽取出来，用概念、范畴、规律等形式固定下来的一种研究类型。抽象性研究的任务,是透过研究对象的表面现象,去发现其中所含的历史底蕴,发现研究对象内部及其与外部环境的必然联系,从而揭示教育的本质和规律。

抽象性研究在教育历史研究中具有重要的意义。如果研究者的认识不深入历史的深层,不着力去认识教育现象或问题的本质和规律,就无法对教育现象或问题的历史进行解释和实质性描述。因此,以考实性研究为基础,进行更深邃、更具有根本意义的抽象性研究,标志着教育历史研究达到一定的深度,并对其他类型的历史研究产生重要影响。抽象性研究使考实性研究的作用得以发挥,使考实性研究获得其意义;同时,抽象性研究又深刻制约和规定着价值性研究,可以说,抽象性研究在教育历史研究中起到承上启下的主导性作用。

对于抽象性研究,还需从以下两方面理解。一是明确抽象性研究也是弄清教育历史事实工作的一部分。教育现象的本质联系,是教育历史现象自身的存在,虽然它需要主体去分析、去抽象才能显现出来,但它毕竟是历史客体自身所蕴含的,是客体的一部分。抽象性研究的任务,仅仅是要把历史客体所蕴含的必然性揭示出来,并予以解释和说明。而历史的解释,应该是说明历史事实的一部分。二是要避免轻视抽象性研究的思想和做法的存在。抽象性研究获得的认识,看起来似乎失去了历史事物的具体性,变得空洞了,实质上它更深刻、更准确地反映了历史事物的整体和本质联系。它使历史研究不至于陷入对历史表象那些细枝末节的纠缠之中,而是去洞察历史的深层。

(三)价值性研究

单有考实性研究和抽象性研究,还不能完成教育历史研究的全部任务,教育历史事实所负载的社会功能和伟大使命,需要价值性研究来揭示。

价值是一种关系范畴,反映的是主体与客体之间的一种关系,表明客体能够满足主体的某种需要。教育历史研究中的价值性研究,就是指研究者通过对教育现象或问题的历史考察,揭示其能满足主体需要的属性的一种研究类型。在一般认识活动中,价值主体就是从事认识活动的主体,客体的价值就表现为能满足于认识主体的属性。而在教育历史研究中,价值主体主要表现为时代主体、历史主体和认识主体,因此,价值性研究主要评价研究客体的三层价值关系:历史客体与以它所处的时代为价值主体的价值关系,与以整个历史发展为价值主体的价值关系,和与以现实认识主体为价值主体的价值关系,即要努力揭示研究客体对于它所产生时代的意义,它对后世整个历史发展的作用和影响,以及它能满足研究主体的某种需要。

在进行价值性研究时,首先,需要对这三层价值关系进行具体分析。这是因为这三者虽在许多场合下并不一致,但却有很密切的联系。一般来说,研究客体只有在对它的时代、对整个历史的发展显示出价值作用的时候,也才可能对认识主体显示出一定的意义,也才可能作为研究课题被予以关注。但有时有些历史客体在它的时代显示出突出的意义,曾经显赫一时,而在后世却缺少历史价值;而有些历史客体在它的时代没有什么积极意义,或者并没有引起人们的注意,而对后世却产生了深远的影响。其次,在进行价值性研究时,研究者必须严格贯彻唯物主义认识路线,发挥主观能动性,必须避免仅以研究者自身的理解和需求进行的价值判断。

第二节　教育历史研究法的实施步骤与方法

作为一种特定的教育研究方法，教育历史研究法有其独特的研究步骤和程序，且每一个环节都会使用与之配套的具体方法。对于教育历史研究的步骤及其具体方法的清晰把握，是指导人们有效使用教育历史研究的关键，对于发挥教育历史研究的作用十分重要。虽然在具体研究过程中，根据不同的研究对象，不同的研究者可能会采取不尽相同的做法，但搜集史料、鉴别史料和对史料进行分析总结，是任何历史研究都不可或缺的。

一、教育史料的搜集

所谓教育史料，指能反映教育研究对象发生、发展过程及其规律性的一切文字和非文字的资料。要从历史上存留下来的浩如烟海的教育历史史料中搜集资料，首先就需要明确教育史料的类型[①]。

（一）教育史料的类型学考察

教育史料的存在形式多种多样，从不同的视角可以对其进行不同的类型划分。通常的形式是书面记录。而书面记录不是唯一的来源，物质的遗迹和物体（遗风）也是可能的历史资料来源，信息可通过口头的媒介，如民歌得到，传奇和画片、记录以及其他各类听觉媒介传播的信息也可作为历史资料来源。目前，学界主要使用两种划分方式。

1. 文字史料、实物史料和口传史料

这是按史料存在的形式划分的。文字史料，是以文字的形式留存的史料形式，它在教育历史研究中使用最为广泛。教育发展的历史，很多都被人们有意识地记录下来。

案例 5-2

我国文字史料的主要类型

（1）史部类，即关于历史的书籍。教育作为社会大系统中的一个子系统，与社会发展紧密相关，因此历史自然不会忽略对教育历史的记载。我国正史的二十四史，其中各史的《选举志》《儒林志》等有集中的教育史料；编年史、杂史、别史、诏令、奏议、传记、史抄、政书、实录等书中也有丰富的教育史料；历代学案如《宋元学案》《明儒学案》、典制体史书的《十通》等，都是教育史料的渊薮。

（2）经、子、集类。“经”字本意是指纵的线，也就是订书的线。后演化为古籍的统称，凡带有原理原则性的著述，都可以称为经。我国古代最为经典的经书当数开启于孔子的六经：《诗》《书》《礼》《易》《乐》《春秋》，后来它们逐渐成为儒家所传授的经典，其中蕴含着丰富的教育史料。“子”指我国春秋战国时期的诸子百家，如儒、墨、道、法、杂家等，他们留下的作品成为重要的史料。“集”指具有文学性质的史书，虽然它们不专门记载历史，但其中却蕴含着丰富的历史资料。如集部中的总集、别集、诗文、词典等，还有历代文人的文集，以及许多优秀的文学作品，从汉赋、唐诗、宋词、元曲到明清小说等，都有对当时教育情况的描写，也是教育历史研究非常重要的资料来源。

① 和学新，徐文彬. 教育研究方法 [M]. 北京：北京师范大学出版社，2015：104-107.

（3）档案类，它通常是官方记录有关教育的法令、制度、规章、政策、决议、指示、规则、调查、汇报、总结、报表、统计、会议记录、学校的章程、工作计划、条例、教学计划等正式文件，由专门机构加以保管。

（4）地方志，地方志是记载地方经济、政治、文化教育、地理沿革、民族、民俗等情况的书籍。历史上流传下来的地方志，为历史研究者提供了丰富的史料，其中《教育志》中关于学校、选举、经籍、艺文、人物、风俗等部分，蕴藏着极为丰富珍贵的教育史料，是教育研究者不可忽视的一个史料来源①。

此外，丛书、辑佚书和某些外国人的著述中，也会有一些极具参考价值的教育史料，也是我们在教育历史研究过程中可以参考的文献。

实物史料，顾名思义，就是以实物的形式记载历史信息的资料。在教育领域，实物史料大致可分为两类：一是教育遗址，即前人从事教育活动的各种场所；二是教育遗物，如前人在教育活动中所使用的设备、教学材料、用具、教科书以及学生作品等，在17世纪的学校中使用的初级课本、20世纪20年代以来的高中毕业文凭、某个历史时期学生所写的作业等都属于此类。

在以往的历史研究中，很多研究者经常会忽略这类史料的巨大价值。如在对教育史上儿童观的研究中，我们过去主要是依据历史上教育家的著作或官方的文献进行，对资料的使用和发掘缺乏想象力，而现在我们还可以通过许多关于某一时期儿童存在和生活的证据、图像、日记等实物史料来研究和说明儿童观，这对我们科学地认识儿童是十分有意义的。

口传史料，就是以故事、传说、歌谣或其他口头语言形式记录过去事件的资料。梁启超曾形象地说，“十口相传为古”，说明口传史料同样也是十分重要的史料形式。它可以通过对个人的访谈来获得，也可以通过对与见证人相关的经验的记录或改编的记录来获得。目前，比较热的口述史研究正是对此类史料研究的集中体现。

2. 第一手资料和第二手资料

这是按史料的原始程度划分的。第一手资料（Primary Source）就是对事件或经历的首次记录，它通常是由直接参与或目击所要描述的事件的人所提供的资料。在教育历史研究中，以实物形式存在的史料、亲历者的口述史以及部分文字记载，都是十分重要的、有价值的第一手资料。第一手资料是教育历史研究的生命，因此，利用逻辑推理、直觉判断以及生活的一般常识去发现、甄别和评价第一手资料是教育历史研究者应该具备的基本功。

第二手资料（Secondary Source）是没有直接目击事件，但从其他人那里获得的一些有关该事件的情况的人所提供的资料。第二手资料广泛存在于教育史料中，如有关教育研究的书籍、一篇总结孔子教育思想的文章、一本教育史的书籍等。在教育历史研究中，使用第二手资料有三方面的价值：一是有利于获取与研究问题有关的信息，如要研究美国公立学校问题，可以通过第二手资料（教育史教科书或研究专著）很容易发现哪些人研究了这一问题，提出了哪些观点，使用了哪些材料；二是有利于了解问题的背景，如要研究卢梭的教育思想，使用第二手资料可以帮助我们理解当时法国社会和教育的情况；三是作为一种研究问题的基本框架，可以了解别人的研究思路，第二手资料往往体现了别人研究时的一种解释框架和研究的基本途径，它通过赋予内容一定的形式，通过一定框架的解释为人们提供对问题的理

① 和学新，徐文彬. 教育研究方法 [M]. 北京：北京师范大学出版社，2015：104-105.

解,如在研究19世纪末20世纪初欧洲新教育运动发展时,可以通过阅读相关的教育史著作,来了解别人研究的基本结构和基本观点。

虽然第二手资料对于教育历史研究来说具备一定的价值,但需要注意其局限性,因为第二手资料在传递过程中容易被使用者曲解。因此,第二手资料可以使用,但要谨慎,一般在第一手资料不能得到时,第二手资料才作为第一手资料缺乏时的补充。

由上述教育史料的类型可以看出,教育史料的分布是极为广泛的,书籍、档案、报纸、期刊等,是教育史料比较集中的分布地。另外,在教育历史研究中,也不能忽视对遗址、遗物、口述史等教育史料的关注。

(二)搜集教育史料的方法

教育历史研究必须建立在翔实的史料基础之上,而历史上存留下来的史料纷繁复杂、浩如烟海,掌握科学的搜集史料的方法,是搜集到较为完整的资料的有力保障。因此,搜集史料必须遵循科学的方法。

首先,充分利用各种工具书,寻求门径,按图索骥,搜集所需史料。所谓工具书,是专为读者查考字形、字音、字义、词义、字句出处和各种事实等而编纂的书籍,如字典、词典、索引、历史年表、年鉴、百科全书等,它们是治史者的得力助手,借助工具书提供的线索,可以快捷地寻找到所需要的史料。文史工具书种类繁多,按其功用,大致有如下几种。

用于解答疑难的字典、词典类,如《中国历史大辞典》《世界历史辞典》《辞源》《辞海》等;为搜集史料指引线索的目录、索引类,如《四库全书总目》《中国丛书总目》《中国史学论文索引》《教育学论文目录》以及各种报刊、专题索引等;类书等史料汇编,类书是通过摘录各种书上有关的材料并依照内容分门别类地编排以备检索的书籍,如唐代的《艺文类聚》、宋代的《太平御览》和《册府元龟》、明代的《永乐大典》以及清代的《古今图书集成》等。

其次,分类阅读,提高史料搜集的效率。史料的搜集离不开阅读,但在面对纷繁复杂的史料时,要提高史料搜集的效率,就必须进行分类阅读。因此,可以将相关文献分为三类进行阅读。第一类是精读书。这类书需要逐段逐句地阅读,并且要仔细地抠文句的含义,抠它的可靠性,抠它的史料价值,发现能说明论题的、有价值的史料,对其进行圈点或摘抄,甚至可以制成卡片,这类史料是分析的主要对象和立论的主要依据。第二类是泛读书。泛读区别于精读,无须逐字逐句地阅读,而是依据需要进行快速的、有目的的、扫描式的阅读,其主要目的是为了进一步补充史料。但一定要明确,泛读是指更大的阅读范围,而不是泛泛而读,不予留心。而且,在某项历史研究中,并不存在绝对的精读书或泛读书,由于随着发掘史料质量、数量的变化,从泛读书中得到的史料,可能是更为重要、更能说明问题的,而精读得来的史料反而价值不高,它们之间的地位可能就会发生变化。第三类是查阅书。这类书主要指工具书,用于弥补史料缺漏,并对已有材料进行校勘、考证等。

最后,利用已有史料进行追踪搜寻,不断扩大史料搜集的范围。这种方法适用于手头已经搜集到的一些史料,在对搜集到的史料进行阅读时,从其正文、注释、参考文献等处,发现与所需史料相关的信息,如相关史实、有价值的参考书目或文章等,然后进行追踪阅读。这种类似于滚雪球的方法,对于扩大史料搜集的范围十分高效,但还需配合其他方法,否则极易被他人研究的范围所局限。

另外，教育史料的搜集，也需平时的积累。

二、史料的鉴别

史料的鉴别，是对史料进行去粗取精、去伪存真的过程，是历史研究不可缺少的环节。

史料的鉴别主要需要对史料的真实性和准确性进行考量，也就是史料鉴别的两个重要环节：外部评价（External Criticism）和内部评价（Internal Criticism）。

（一）史料的外部评价

外部评价，即对史料真实性的确定，也称外部评估、外在批评。在我国史学界，对史料的外部评价通常称为"辨伪"，它们之间不存在差异。外部评价关注的不是文献的内容，而是文献表面的或宣称的出处是否和它实际的出处相一致。"出处"一词在此处主要指所搜集到的史料的作者、地点、日期和出版情况这类东西。

史料真实性出现问题的情况大致有以下几个方面：尽管文献的作者通常都在文献中注明，但这一信息有时可能不真实，如文献可能由别人代写而非署名作者所写；作者用化名来掩盖真实身份；一份文献有多个作者，无法确定与某个历史研究问题相关的部分是谁写的；将不属于自己的经历杜撰到自己名下，或者是他人冒充作者伪造文献，这都会造成文献与史实的不匹配；文献的地点和时间上存在模糊或错误的信息。另外，判断文献真实性时还可能会遇到一些变异文献，所谓变异文献（Variant Source）指的是对一次文献做了一些改动的文献。这种改动，可能会提供给人们不同的信息，造成认识上的混乱，损害史料的真实性。

胡适在总结清代学者的治学方法时提道："他们用的方法，总括起来，只是两点。一是大胆地假设；二是小心地求证。假设不大胆，不能有新发现。证据不充足，不能使人信仰。""大胆假设，小心求证"这八个字，可以用于指导研究者对史料的外部评价，也即为了确定史料的真实性，研究者必须对文献出处的各个方面提出不同的假设并进行验证。对史料的真实性提出大胆的假设后，就必须对其进行验证，验证的方法多种多样。例如，对出处地点真实性的考察，可以从文献存放的地点或者从文献内部的说明中进行验证；对出处日期的考察，可以通过文献中的参考文献或者从文献在档案馆中的存放顺序进行推断；对作者的考察，可以寻找相似文献进行相互印证……总之，针对不同的史料、不同的假设，验证的方法需要进行适当调整。

（二）史料的内部评价

在历史研究中，对史料准确性的确定被称为内部评价，也称内部评估或内在批评。

内部评价的主要目的是保证数据或文献的准确性。外部评价所针对的是文献自身的特性或真实性，而内部评价是要关注文献中所讲的内容。

在进行内部评价的过程中，不仅要对文件中所包含信息的准确性进行评价，而且还要对作者的诚实程度进行评价。有学者认为，用来判断文献作者可靠性的标准可以包括以下几个方面：

①文献中描述的事件发生时作者是否在场；

②作者是事件的参与者还是观察者；

③作者正确描述这类事件的资格；

④作者对事件的感情成分有多少；

⑤事件的结果跟作者是否可能有利害关系。

史料的内部评价正是通过对以上问题的回答得以完成的，从而实现对史料的准确性追求。在我国史学界，对史料内容准确性的考察被称为“校勘”。著名史学家陈垣在其《校勘学释例》中提出了“校法四则”：对校法、本校法、他校法和理校法。第一种、第二种是以本书的不同版本或本书内部进行校勘，故也称“内校法”；第三种是以要校对的书以外的各种有关较为可靠的记载来校勘，故又称为“外校法”；第四种方法是在以上三种方法均不能校正的情况下，根据上下文并联系当时各种历史发展的背景和线索，运用逻辑思维来考证的一种方法，这对校勘者的学识有很高的要求。

三、史料的分析

德国学者诺尔指出：“教育史并不是教育珍品的堆集或者是对风格迥异的大教育家们的有趣介绍，而是描述了教育观念和思想发生与发展的连续性过程。如果我们仅仅停留在十分有限的个人经验上，而不去对教育史做系统的分析，那么，我们就不能理解教育的本质。教育的意义正是在这种历史关联中才脱颖而出，变得清晰可见。”因此，对史料鉴别后，必须对这些史料的真实可靠性进行分析。史料的分析是指通过对史料的分解剖析来明确史料所提供信息的性质、特点以及所能说明的问题。对史料进行分析的目的，是获得对事物本质和规律的认识并以实践检验这种认识，为保证认识的科学性，就必须运用科学的分析方法，对史料进行分析。

在教育研究中，对材料的理性加工方式很多，教育历史研究中使用最多的是分析、综合、比较、抽象、概括等。各种方式的综合使用，可以实现从史料到对与史料相关的事物的理性认识，再从理性认识回归对事物未来发展的规划或指导上。

有学者认为，“历史学家的任务是不仅要确定事实，还要解释它们”，即挖掘事实之间的联系和重建事实背后的“真实结构”。因此，在对史料进行分析的基础上，研究者如何进行解释，对教育历史研究的结论影响至深。

第三节　教育历史研究法的规范

当教育历史研究成为一种较为成熟的研究方法时，自然会形成一套与之相匹配的研究规范，引领研究者群体共同遵守，以保证教育历史研究的信度和效度，最大限度地还原教育历史的真相，并为教育的未来发展提供高质量的借鉴。

教育历史研究的规范需要明确：为什么研究、应当研究哪些问题以及应该如何研究才能得到科学的结论。一般而言，规范并不强制研究者遵循，而是用自己的价值体系影响研究者的价值观念，使研究者自愿遵循规范。

一、教育历史研究的优点和局限性

（一）教育历史研究的优点

（1）它可以对那些用别的方法无法研究的话题和问题进行研究。它是唯一的一种可以研究过去保存下来的与研究话题和问题有关的证据的方法。纵向研究最大的优点就是能够梳理出事物发展的线索、脉络，而事物发展的规律和特点就寓于这些线索和脉络之中。教育历史研究法正是通过对研究对象的发展进行纵向梳理，从而揭示其发展规律和特点。

（2）历史研究比其他任何研究所使用的证据种类更多。因此，它为其他方法的研究提供了一些可能更丰富的信息来源。教育历史研究法能够使用到更多历史时期、更多种类的资料。这是因为在教育发展的历史长河中，会留下各历史时期、各种与研究问题相关的、丰富而具体的资料供教育研究者使用。比如，要研究"教师参与对课程改革成败的影响"，就可以通过检索过去50年间关于课程改革的官方记载，课程改革的倡导者所写的报告或者书籍等，还可以对与此事件相关的教师日记等进行研究。另外，这些史料有以文字记载形式存在的、有以实物形式存在的，还有以口述史形式存在的。不同历史时期累积的形式多样的各类资料，为研究提供了丰富、鲜活的资料，这将有助于研究者更加全面地了解事物的原貌，使研究者所做的判断更加精确，从为研究结论的形成提供坚实的资料基础。

（3）教育历史研究在总结教育发展的经验和教训方面，也拥有其他方法所不具备的优势。任何事物的发展都会经历成功或失败，教育的发展也是如此，通过教育历史研究，可以总结出前人优秀的教育思想或做法，为当代所用；而那些教训，则可以作为反面教材，让今人引以为戒。

（二）教育历史研究的局限性

（1）无法控制研究的可靠性。由于历史是按年代顺序，经历了一个时间、空间错综复杂的发展过程，而历史文献常常是滞后记载，历史史料往往比较零散、不完整、不系统，而且搜集和考证、分析这些史料本身也是相当困难的，这都会影响到教育历史研究的可靠性。

（2）易受研究者个体因素的影响。教育历史研究的主体性特点，决定了教育历史研究深受研究者主体意识结构的影响，如研究者的哲学观点、政治立场、知识基础、生活经验、情感、性格气质、对史料的掌握程度以及方法论水平等等。如果研究者各方面素质稍有欠缺，就会使研究结论出现偏差。

（3）对历史事件的认识难于全面。教育历史研究很难做到精确的、量化的分析，这可能对研究的信度、效度产生一定的影响。因此，可以说，教育历史研究是一种非常难操作的方法，在具体使用使应该考量其局限性并努力去规避。

（三）教育历史研究的适用范围

综合教育历史研究的优点和局限性，教育历史研究主要适用于研究人们过去的教育实践和教育思想理论。具体而言，大致包括以下几个方面：对各个时期教育发展情况的研究；对历史上教育家们的教育思想理论观点的研究；对某个时期教育流派、教育思潮的分析研究，以及对不同教育流派理论的比较研究；对特定时期教育制度，如法令、计划、政策等的评判分析;对外国教育发展状况的分析;教育活动史研究①。

三、教育历史研究的基本规范

(一)注意历史研究中的资料来源及分析鉴别

史料是历史研究的出发点,研究者不仅要会搜集资料,而且要掌握鉴定和整理史料的方法,以确定资料来源的真实性和价值。

第一手资料和第二手资料是史料的两种基本类型,它们也是史料的两个重要来源。在历史研究中,首先应该更加注重对第一手资料的搜集,因为第一手资料最原始,也最可信;其次需要明确已经搜集到的史料的来源,对第一手资料和第二手资料进行区分,并在区分的基础上对其进行鉴别和分析;最后应充分认识并发挥第二手资料的价值。

从来源的角度把好了史料的搜集关,运用合理的方式方法对其进行内部评价和外部评价,也是教育历史研究者在研究过程中必须严格遵守的规范。另外,在众多学科大发展的今天,它们提供的新的科技方法,拓宽的新的研究领域,都可以为教育历史研究史料的鉴别提供帮助。梁启超提出和践行的"二重证据法",就是将考古学的研究成果服务于历史研究的典范,是值得教育历史研究者借鉴、学习和使用的。总之,我们在研究史料时,应通过审视鉴别,尽可能地把握教育史料的总和,不要罗列一大堆不重要的史料,要描述出教育发展史的实际历程,而不是僵死的史料的堆积。

(二)坚持唯物史观,正确处理历史研究中的几个关系

唯物史观,即"唯物主义历史观",也即"历史唯物主义",由马克思和恩格斯共同创立。作为"唯一的科学的历史观"(列宁语)的唯物史观,与以社会生活某一局部领域、某一个别方面为对象的各门具体社会科学不同,它着眼于从总体上、全局上研究社会的一般结构和一般发展规律,它的任务就是为各门具体的社会科学提供历史观和方法论的理论基础。

任何历史研究,必须以唯物史观为基础,因此,教育历史研究也必须始终坚持科学的唯物史观。同时,还必须处理好历史研究中的几个关系。

1. 古与今的关系

古今关系,即研究历史与研究现实的关系。教育历史研究,必须正确对待古与今的关系,通古今之变,尊重历史,古为今用,让历史研究成为促进当下教育发展的重要推动力。

从本质上来说,历史与现实是息息相关的。历史是过去的现实,现实是未来的历史。人类从事的每个时段的社会实践,无不需要以已经具备的历史条件作为基础,无不需要借鉴有关的历史经验。历史学的生命力就在于与现实有这样那样的关联,可以为现实提供各种各样的经验。如果教育历史研究者能够从教育的历史宝库中发掘出时代需要的教育资源、生产出现实需要的教育思想和精神,满足教育发展的需要,把隐含在教育历史中的宝藏转化为推动教育前进的动力,教育历史研究就会呈现出勃勃生机,引起更多人对此研究方法的重视。

"古为今用""历史为现实服务"是中国史学史上的一个优良传统。历史上那些有成就的史学家,在处理历史与现实的关系上,无不重视历史为当时的现实服务。如中国最早的史

① 周洪宇. 加强教育活动史研究 构筑教育史学新框架 [J]. 湖北大学学报(哲学社会科学版),2012,90(3):96-101.

学家孔子在编撰《春秋》时，“详今略古，寓褒贬，别善恶，推此类以绳当世”，处处体现出为当时现实服务的政治倾向；司马迁著《史记》，“究天人之际，通古今之变”，明确表示要“居今之世，志古之道，所以自镜也”，他的这种治学宗旨充分体现了历史与现实的结合；司马光编《资治通鉴》，“叙国家之兴衰，著生民之休戚，使观者自择其善恶得失，以为劝戒”，其为当时现实服务的目的更为明确；顾炎武自称所著之书“皆以为拨乱反正，移风易俗，以驯致乎治平人之用”；梁启超则说“史学者，学问之最博大而最切要者也，国民之明镜也，爱国心之源泉也。今日欧洲民族主义所以发达，列国所以日进文明，史学之功居其半焉”。所有这些无不表明，“古为今用”“历史为现实服务”乃一切有识史学家的共同主张，它也应该成为教育历史研究者的坚持。

在教育历史研究中，实现“史”“今”转换，透过对历史的研究，解释教育科学中最富于生命力的深层结构，以此为基础，使之在实践上的延续和空间上的扩展统一起来，从而促进教育理论研究不断深化和现实化。这也就是说，在进行教育历史研究时，要有历史意识，在广泛收集史料的基础上，不断发现新的课题，并能够挖掘它们与现实的关联，将现实中最迫切需要解决的问题确定为研究的新论题。教育历史研究正是在历史与现实的良性互动中，通过对过去教育问题的研究，实现其强大的功能。

2. 史与论的关系

所谓“史”，指的是具体的历史史料，“论”指理论的概括分析。在教育历史研究中，史与论分别指教育历史史料和教育理论，如何处理二者的关系，是需要每一个教育历史研究者思考的。

对于如何处理好史与论的关系，学者们给予了广泛的关注。在理论上，学者们普遍认同二者之间的相互依存关系，比较典型的观点认为：一方面，应该努力做到“论从史出”，另一方面，还需关注“以理论史”，以充分体现历史与逻辑的统一①。但在实践中，二者的关系并不是那么容易把握，因此会存在一些错误的观点和做法，如有人认为，只要收集丰富的史料，把史料考订准确，就能理所当然地得出研究结论。甚至还有人只关心收集史料，而根本不关注对史料的理论分析和提升。这些错误的认识致使很多教育历史研究仅停留在对教育史料与具体问题的研究上，且只处于经验性的概括水平，无法达到阐发教育理论的层次，从而使教育历史研究不能很好地揭示教育历史与现实的联系。另外，有人也赞同史与论的结合，可实际上却只是简单罗列史料，并美其名曰“纯客观”。殊不知，不加分析和说明的罗列，使“史”成了几乎僵化的史料的堆砌，而“论”却成了几个范畴的排序，不能真正把握研究对象的本质，揭示教育发展的规律。

毫无疑问，正确处理史与论的关系，将二者紧密结合起来，不偏废任何一方，是教育历史研究中应该坚持的。结合现实中存在的错误或不尽如人意的做法，我们认为，必须双管齐下，才能使这一规范在教育历史研究中得到更好的贯彻。首先，应该不断提升教育历史研究者的史学修养，使他们对史与论的关系有更加科学、理性的认识，继而引导其更好地践行。其次，提高教育历史研究者的理论加工能力，这也是处理好二者关系的关键。

3. 批判、继承与创新的关系

鲁迅说过：“有人做一部历史，将中国历来教育儿童的方法用书，做一个明确的记录，给

① 潘懋元. 教育史是教育理论的源泉 [J]. 河北师范大学学报（教育科学版），2013，15(1)：5-6.

人明白我们的古人以至我们，是怎样被熏陶下来的，则其功德当不在禹下。”教育历史的价值由此可见一斑，因此，教育历史研究非常重要的一个功能就是以研究促继承，让历史上的教育智慧能够惠及当代。很显然，历史上存留下来的未必都是精华，很多历史经验可能会在演化中失去它的价值。因此，批判应该与继承相伴，这是提高教育历史研究质量的有力保障。

继承是教育历史研究的目的之一，批判是为了更好地继承，但教育历史研究还可以走得更高、更远，即在批判、继承的基础上进行创新。我们必须不断开辟新的领域，采取新的方法，阐述新的问题，提出新的见解，作出新的总结概括。这是因为“历史本身是历史的，各个时代只能按照它自己的经验去理解，也只对它自己有用，新的经验会产生新的历史见解，又可以阐述新的问题，可以重新审查新老论据，可以从大量似乎无用的资料中挑选出颇有意义的事实来。因此，历史必须不断地加以再写，才能满足各个特定时代人们的需要。再写历史是人类为驾驭历史力量所做努力的一部分，而在历史过程中的每一转折点，这一任务都变得特别迫切。”因此，社会的发展要求教育要与时俱进，对教育历史的研究也自然要与时俱进，因此教育历史研究只有不断创新，才可以满足社会发展和教育发展的要求。因此，继承与创新也是相互交织的，正确处理好二者的关系，决定着历史研究的深度和广度。

（三）研究者应具有历史感和现实感

所谓“历史感”，是指以历史事实为前提，以尊重历史的价值为基础，以历史主义精神为核心，以创造性转化历史为目的的主体意识。“现实感”指研究者本人对所处时代教育发展的高度责任感和参与意识，表现为研究者对反映时代发展要求的重大课题的高度敏感性以及对发展变化特点及趋势的深刻洞察和认识，同时也表现在借助当代认识工具和思维方式，不断扩展和深化对历史问题研究的水平上。很显然，历史感和现实感是教育历史研究者必备的基本素质，缺失其中任何一个，都无法达成教育历史研究的目的。因此，作为教育历史研究者，就必须不断吸收有关哲学、社会科学、自然科学、历史学、人类学、考古学等领域的最新研究成果，开阔自己的理论思维视野，借助科学合理的认识工具，在现实和历史的双向考察中深入研究教育的历史现象和历史过程，同时不断提高自己的认识能力，提升自己的研究水平。

思考与练习

（1）简述教育历史研究法的内涵及作用。

（2）简述教育历史研究法的主要类型。

（3）简述教育历史研究法的优缺点。

（4）简述教育历史研究法的实施步骤与基本规范。

第六章 教育实验研究法

第一节 教育实验法概述

实验研究方法初始于自然科学的研究。我国古代的《墨经》中记载的“针孔成像”、古希腊物理学家阿基米德计量“王冠”含金量，都是公认的古代科学实验的典型。近代以来，实验法逐渐用于社会科学的研究。在教育领域，自从 1768 年裴斯泰洛齐创办“新庄”实验学校，许多教育家相继创办各种实验学校，特别是拉伊和梅伊曼把实验科学的实验模式引入到教育研究中来，推动了在教育教学各个方面进行实验研究的开展。时至今日，实验研究方法成为教育科学研究的重要方法之一。

一、教育实验法及其基本要素

（一）教育实验法的定义

关于教育实验研究的概念，有代表性的观点包括以下几个。

实验研究是一种研究情境，在此情境中至少涉及一个自变量，即实验变量，它受到研究者的精心处理或控制。

教育实验研究方法是为了解决教育中的问题，根据一定的教育理论或假设组织有计划的教育实践，经过一定的时间，就实验效果进行比较分析，从而得出有关实验因素的科学结论。

教育实验研究方法是研究者按照研究目的，合理地控制或创造一定的条件，人为地变革研究对象，从而验证假设探讨教育现象因果关系的一种研究方法。教育实验，或许是变化某个条件而使其余条件保持恒定，或许是让多个条件同时变化，分析这些条件的影响以及它们之间可能的相互作用。

综上所述，教育实验研究法，就是根据研究目的和研究假设，主动控制研究因素，干预研究对象的变化，进而揭示教育现象因果关系的教育研究方法。

从方法论上看，实验是定量研究的一种特定类型，它比其他几种教育科学研究方法更直接地基于实证主义的背景和原理。尤其是在检验变量之间的因果关系方面，实验研究具有最突出的效用。

（二）教育实验研究法的基本要素

作为一种特定的研究方式，教育实验研究法具有三对基本要素，即：变量、事前测验与事后测验、实验组与控制组。

1. 变量

变量即变化的量，是指某个与实验相关的因素或条件，即在实验中可观测、可量化的东西。

教育实验研究过程中主要包括实验变量（自变量）、反应变量（因变量）和干扰变量（无关变量）3个基本变量。实验者应有效地操纵实验变量，努力控制和排除无关变量，尽量降低对反应变量测量的误差，以提高实验的效度。

1）自变量（Independent Variable）

又称实验变量、刺激变量或原因变量。它是由研究者设计安排的，主动操纵而变化的变量，是能独立地变化并引起因变量变化的实验情境、因素或条件的组合。

2）因变量（Dependent Variable）

又称反应变量或结果变量。它是随着自变量的变化而变化的，是实验者需观察、测量、计算的变化因素。它是研究中需要观察的指标，具有一定的可测性。

3）无关变量（Irrelevant Variable）

无关变量即干扰变量，又称控制变量。是与特定研究目标无关的非研究变量，影响反应变量变化的其他干扰因素。它使实验者无法对所得的结果作出正确的判断和解释。它在研究结果中会对研究结果产生影响，必须在研究过程中严格加以控制。

教育实验的基本操作就是研究实验变量对实验对象施加作用之后，实验对象产生怎样的反应变化，从而了解实验因素的作用。通常使用如下符号表示：*O*-实验对象，*X*-自变量（实验变量），*Y*-因变量，X_0-实验因素 *X* 对实验对象施加作用，*C*-整个实验结果。

2. 事前测验与事后测验

在一项实验设计中，通常需要对因变量（或结果变量）进行前后两次相同的测量。在实验因素未对实验对象施加作用之前，事先对因变量进行测量，即事前测验，简称前测（Pretesting），其结果通常用 Y_0 表示。在实验因素对实验对象施加作用之后进行测量，即事后测验，简称后测（Posttesting），其结果用 *Y* 表示。研究者通过比较前测和后测的结果，来衡量因变量在给予实验刺激前后所发生的变化，反映实验刺激（自变量）对因变量所产生的影响。这种测量既可以是一次问卷调查，也可以是一项测验。

3. 实验组与控制组

实验组（Experimental Group），是指接受自变量水平处理的被试组。即使在最简单的实验设计中，也至少会有一个实验组。

控制组（Control Group），也称为对照组，指不接受自变量水平处理的被试组。

在对比试验中，通常利用随机取样或测量配对选择形成两个条件相等的样本组，其中一组接受实验因素的作用，即实验组。另外一组将不接受实验因素的作用，只作为比较标准，即控制组。控制组的功能是作为比较标准，与接受实验处理的实验组进行结果对比，以确定自变量的效果。

在实验研究过程中，研究者不仅观察接受刺激的实验组，同时也观察没有接受实验刺激的控制组。并通过比较对这两组对象的观察结果，来分析和说明实验刺激的作用和影响。

二、教育实验的逻辑和实验的条件

(一)教育实验的逻辑

如果我们根据某种理论命题得到两个变量之间存在因果联系的假设,或者我们根据经验事实和主观判断,推测现象 X 是造成现象 Y 的原因,即:$X \rightarrow Y$。为了证明这一假设,我们首先观察 Y 的变化情况。即先测量在没有受到 X 的影响之前, Y 的情况如何,然后,通过操纵某些条件,引入被看作自变量和原因的实验刺激,即引入 X,接着再对引入 X 以后 Y 的情况进行测量,并比较前后两次测量的结果。如果前后两次的情况发生变化,则可以初步认为 X 是导致 Y 变化的原因,即检验了 $X \rightarrow Y$。这可以说就是实验研究的最基本的分析逻辑。如图 6.1 所示。

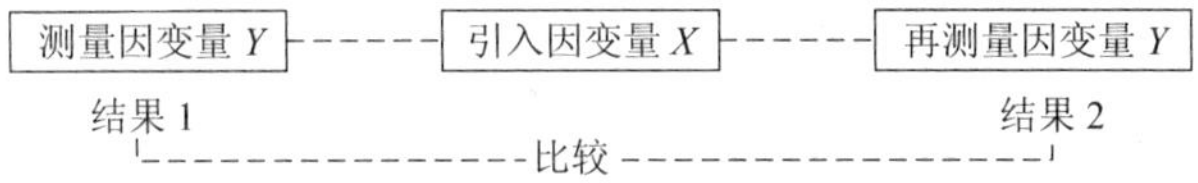

图 6.1　实验研究分析逻辑

当然,这只是一种最简化的情形,同时,它也是一种最理想的情况。实际的教育科学实验的形式要复杂得多。一般情况下,任何两种事物或现象之间的关系,都会同时受到若干其他事物或现象的影响。要说明这两种事物或现象之间存在因果联系,实际上就意味着,人们要排除其他相关事物或现象造成因变量发生变化的可能性,即要排除其他各种因素造成因变量 Y 在前后两次测量中所得的结果不同的可能性。

可能性最大的一个影响因素是前测的影响,即人们第一次对因变量 Y 进行测量的行为本身对因变量就已经产生了影响。它使得在人们引入实验刺激(即引入自变量 X)和在对因变量进行第二次测量(即后测)之前,因变量就已经发生了变化,因而人们带着前测情况的影响进行后测,从而使后测结果产生变化(或有所不同)。正是为了排除这种因素造成结果变化的可能性,需要有一个控制组。对这个控制组来说,它也接受前后两次对因变量 Y 的测量,但却不对其实施实验刺激,即不引入自变量 X。这样,在"实验组和控制组这两组对象是相同的"的前提下,人们就可以从实验组前后两次测量之差中,减去控制组前后两次测量之差,从而得到仅由自变量 X 所产生的影响。这就是为什么实验研究的分析逻辑中必须有"实验组""控制组"这一对基本要素的原因。

注意上面所说的"在'实验组和控制组这两组对象是相同的'前提下"这句话的含义,自然就会提出另一个重要的问题:实验组和控制组的对象是否相同?以及如何使得或保证这两个组的对象相同?如果实验组和控制组这两组对象本身就不同,那么,对这两组对象进行前测和后测所得到的结果也会不一样,它们之间的测量结果实际上是不可比的。换句话说,由两组对象前后测之差相减所得到的,并不就是实验刺激 X 的影响,其中还夹杂着由两组对象本身的差异所造成的影响。正是为了排除这种影响,实验研究又必须面对实验对象选择的问题。

通过一个假设的例子来具体说明实验研究的基本逻辑,以及实验的三组基本要素在实验中所扮演的角色。假设,研究者对某种新的教学方法的效果感兴趣,即他希望探讨:"新的教学方式”（自变量）与“学生成绩提高”（因变量）之间的是否存在因果关系？他选择了两个各方面情况都差不多的班级，并在开学初对这两个班级的学生进行了相同科目、相同试卷的测验（前测）。然后，在其中一个班级（实验组）按一种新的教学方式进行教学（给予实验刺激），而在另一个班级（控制组）中，仍按照原来的教学方式进行教学。学期末，他再对这两个班级的学生进行第二次相同科目、相同试卷的测验（后测），并对测量结果进行比较。如果两班学生后来的学习成绩相差无几，则说明新的教学方式（实验刺激）并没有起作用；如果只有实验组的成绩提高了，而控制组的成绩没变化；或者虽然两班学生的成绩都提高了，但实验组学生的成绩提高得更多，则可以看作新的教学法所起的作用和产生的影响。

（二）教育实验的条件

进行一项具体实验必须满足这样几个基本条件。

（1）必须建立变量之间因果关系的假设。实验研究的目标就是检验和证明因果关系。因此，变量之间因果关系的假设是实验研究的逻辑起点。在进行一项具体实验时，研究者必须事先建立起两个变量之间因果关系的明确的假设。同时，研究者应了解他所要引入的自变量是什么，他要测量的因变量是什么，特别是要清楚如何引入作为自变量的实验刺激。

（2）自变量必须能够很好地被“孤立”。即所要引入和观测其效果的变量必须能够与其他变量隔离开，即实验环境能够很好地“封闭”起来。在许多实际研究中，这一点往往是最难做到的。比如，如果研究者希望研究电视节目对儿童行为的影响，他就必须从儿童所受到的家庭影响、学校影响、同龄群体影响和其他大众传媒影响中，严格地“孤立”出“电视的影响”这一因素，显然，这在实践上常常是相当困难的。

（3）自变量（实验刺激）必须是可以改变的，同时也是容易操纵的。最简单的改变是“有”和“无”，对应的操纵则是“给予实验刺激”和“不给予实验刺激”；更为复杂的改变则是程度上的变化，比如刺激程度的“强”“中”和“弱”以及刺激时间的长短等。

（4）实验程序和操作必须能够重复进行。实验作为教育科学与自然科学在研究方法中最接近，而且程序和操作也最严格的一种研究方法，可重复性是必须具备的重要条件之一。从另一个角度说，实验的可重复性也是实验结果所具有的确定性（或信度）的重要基础。

（5）必须具有高度的控制条件和能力。对实验对象（包括实验组和控制组）的严格控制，以及对实验环境的高度把握，共同决定着实验研究的结论的准确程度。可以说，控制是实验研究的本质特征，没有控制就没有实验。因为根据实验的基本逻辑，如果研究者在实验中缺乏适当的、准确的控制，他就无法确定实验所得到的结果究竟是由于他所假设的因素（自变量）所导致的，还是由于一些其他未能加以控制的因素所导致的。

三、教育实验法的分类

（一）实验室实验和自然实验

以实验研究条件的控制程度划分，教育实验法可分为实验室实验和自然实验两种。

1. 实验室实验

实验室实验是在人为设计的环境下，严格控制外界条件进行的实验研究。教育研究中的实验室实验是借助自然科学实验研究方法进行的，其控制的程度力求达到自然科学实验的标准。事实上,实验室实验是将被试置于特定的环境中,由实验者设计特定的教学情境,通过被试在特定的教育情境中的表现,得出有关的因果关系。

在实验室实验中,实验背景和变量都相对容易控制,实验环境可以较好地“封闭”,实验者能够比较清楚确切地观察到自变量对因变量的影响。这是实验室实验的主要优点。

实验室实验在实验内容上局限性比较大,实验室实验的结果在推广性、普遍性和概括性上往往较差。原因之一是较多的实验室实验都是以一定区域学生的有限取样为实验对象,而他们与众多的不同区域的学生之间存在着许多差别。另外,由于实验室实验控制条件过于严格,实验室的环境与现实的教育环境之间的差别也很大,而教育现象又是一个极其复杂的多因素系统工程,所以即使实验室实验得出了精确的结果,但由于与现实的教育距离较远,所以在实践中也难以推广。

2. 自然实验

自然实验法是在现实的教育环境和教育条件下进行的实验研究。自然实验从控制程度上看,没有实验室实验严格,但自然实验立足于现实的教育,以教育实践中的问题为出发点,以现有的教育环境为条件,探索在自然的教育环境下,改变某种教育因素所产生的效果。自然实验更多地考虑实验结果的实用价值,更多地考虑教育活动的教育性和道德性,在此前提下尽可能地运用科学的研究方法和程序。与实验室实验相比,其特点是:一方面,立足于现实的教育,是在真实的教育环境中进行的研究,所得的结论情境与现实的教育较为接近,研究成果容易被推广;另一方面,由于在真实的教育环境中控制变量相对不够严格,因而易受各种无关变量的干扰而影响研究结果的有效性和精确性。所以,在进行教育自然实验研究时,既要保证现场的自然性、真实性,又要尽可能地控制各种变量,同时,在下结论时要注意研究结果的客观性和科学性。

(二)探索性实验、验证性实验和改进性实验

按实验的目的划分,可以把教育实验分为探索性实验、验证性实验和改进性实验 3 种类型。

1. 探索性实验

探索性实验是在一定的理论和实践研究的基础上,提出新的问题,检验新的假设是否成立的实验研究。探索性实验的特点在于求新,是研究一个新的课题,验证一个新的假设。

2. 验证性实验

验证性实验是对他人已经研究并得出结论的问题,再进行重复性研究。验证性研究并不是简单重复别人的研究,而是将一项研究在不同时间、不同地域或不同研究对象中进行研究,以检验在新的条件下是否会取得同样的结果。

3. 改进性实验

改进性实验是对已经取得的实验成果所做的修改和完善。实验成果往往是在一定的时间,一定的区域或一定的研究对象中研究取得的,当这些成果推广到别的区域或别的群体时,必须进行相应的充实和改造。

(三)单因素实验与多因素实验

根据自变量的多少,可把教育实验分为单因素实验和多因素实验两种。

1. 单因素实验

单因素实验指自变量只有一个,自变量有两个或两个以上水平的实验。例如,教师职业倦怠对工作绩效的影响,自变量只有一个,即职业倦怠,这就是一个单因素实验。

2. 多因素实验

多因素实验是指自变量有两个或两个以上,每个自变量都有两个或两个以上水平的实验。例如,教学方法与手段对学生学习成绩的影响实验中,研究的自变量有两个(教学方法与教学手段),这两个自变量都有两个或两个以上的水平,就是一个多因素实验。

多因素实验不仅可以研究每个自变量主效应,还可以研究自变量之间的交互作用。

(四)前实验、真实验和准实验

根据控制条件的严密程度不同,可以把教育实验划分为前实验、真实验和准实验 3 种。

1. 前实验

前实验是指实验中无关变量缺乏控制的实验,是一种不理想的实验。

2. 真实验

真实验是指在实验中能随机选择和分配被试,能有效操纵实验变量并能严格控制影响实验结果的无关变量,实验结果能客观地反映实验处理的影响的实验。

3. 准实验

准实验是介于前实验和真实验之间的一种实验设计。在无关变量的控制上,它比前实验设计好,但不如真实验设计那样对无关变量控制得严格和充分,准实验对被试的选择和分组不能做到随机化,实验中所使用的各被试组往往是那种已经形成的现成团体(如现有的两个班级、两所学校等)。

四、教育实验研究方法的优点和不足

1. 教育实验研究方法的优点

1)教育实验研究法是教育科学研究中建立因果关系的最好方法

实验研究法在建立因果关系方面是优于其他方法的,因为,文献法、调查法、内容分析法等研究方法,在多数情况下是横向进行的,而非在整个时期内进行的,但实验研究方法一般都是纵向的,尽管时间可能很短,但是自变量与因变量之间也有一个时间的先后问题,它为研究实验因子在整个时期的变化提供机会。此外,在严格控制无关因素对因变量影响方面,实验法是最好的。例如调查研究一般对环境中的干扰因素难以控制,观察法研究虽然常常是纵观地进行的,但一般不能控制外部因素对因变量的影响,也不大可能准确地测量因变量的变化;文献研究有时是纵贯的,但一般不能控制外部因素对因变量的影响,也不能准确地测量因变量的变化;文献法研究有时也可能是纵贯的,但也有很大可能进行控制。一个真正的实验,在控制方面是较好的,控制对于资料分析和假设检验都具有重要的效果。

2)具有控制性和主动性

教育实验是在主动地创设或控制某些情况的条件下进行的,而非被动地等待所研究现象的自然出现。研究者通过对无关变量的控制,以确定所研究变量之间的因果关系,使研究者可以在多种不同的情况下或情境中,研究教育问题。

3)可以重复验证

在实验中,通过人为地改变条件,可多次获得同一状态下的某些现象,因此它比采用观察法、调查法等能更加确切地研究这些现象。

4)提高研究的准确性和精密度

实验使研究者有可能准确地、精细地、分别地研究事物的各方面或组成部分,比较容易观察某些特定因素的效果。进行实验,可以有计划地控制现象和环境,创造便于精确测量和运用机械方法记录的条件,使研究更为精密。

2. 教育实验研究方法的缺点

(1)教育实验研究需要花费较多的人力、物力和财力,有时也受实验设备以及其他实验条件的限制。

(2)对实验所需要的现象和环境的控制难度大。教育实验的对象是活生生的人,要像自然科学的实验室实验那样实行严格的控制是不可能的。

(3)对参加实验的人员都有一定要求,有的实验要求实验者熟练地掌握实验法的有关技术,并要求训练有素。有的实验还需要有关单位、学校的配合和协助方能进行。

正是由于这些原因和限制,在教育研究中,实验研究法的应用不如其他研究方法广泛。

第二节　影响实验的因素和实验的控制

一、效度问题

进行实验设计,首先必须考虑实验效度。所谓效度,就是指实验设计能够回答要研究的问题的程度。实验效度一般有2种:内在效度和外在效度。在实验过程中,这两种效度可能受到许多因素的影响。

1. 内在效度

内在效度(internal validity)指研究结果能被明确解释的程度,即实验者所操纵的实验变量对因变量所造成的影响的真正程度。实验内在效度的高低,取决于对无关变量控制的程度。控制得越好,实验的效果越能解释为是由实验处理所造成的。反之,控制得越差,实验结果越无法解释。其结果究竟是由实验处理所产生,还是由其他无关因素所导致的,将难以确定。

对于影响内在效度的因素,美国学者坎贝尔和斯坦利(Cambell & Stanley, 1963)认为以下因素是影响内在效度的无关变量。

1)历史(history)(或同时事件)

在教育实验的进程中,除了自变量对实验结果产生影响之外,未曾预料到的偶然事件也会影响实验效果。例如,研究者想试验一种新的阅读教学方法的效果,先对一组受试实施阅读测验,经过一个学期的新的阅读方法教学后,再使用同样的阅读测验测量他们的阅读能力。结果发现后一组测验的分数显著高于前一组测验的分数,因此,研究者就下了这样的结论:新的阅读教学方法是较好的方法。这个结论可能不正确,因为在实验进行期间,一些影响因变量的事件可能和实验处理同时发生作用,从而混淆了实验结果。例如,学校图书馆在实验期间购进了大量趣味性强的读物，引发学生的阅读兴趣；或学校正巧在该期间开展阅读竞赛活动，调动起学生的阅读热情；甚至，学校平时的正规教学也可能介入影响。所以，阅读能力的增加，不能认定为单纯由实验处理所导致。一般来说，实验时间越长，实验处理以外的其他事件施加影响的可能性就越大。

2）被试的成熟度（maturation）

受试者在实验期间，不论生理或心理都会产生变化。例如，变得更成熟、健壮、疲劳、饥饿、分心或没有兴趣等，这些改变都会影响实验结果。例如，在教学实验中，学生在两小时后因疲劳、饥饿而分心或没兴趣等，这些改变会影响实验结果。前面提到的新阅读教学方法实验的例子中，受试者也会因为年龄增长而在认识能力方面的自然发展和成熟，或词汇的自然增长，形成干扰实验处理的效果，使阅读能力的提高，难以单纯归因于新的阅读教学方法。

3）测验（testing）

许多教育实验研究为了比较实验前后的情况，往往在实验处理之前进行测验，但前测的经验常常有助于后测分数的提高，尤其是前后测验的题目基本相同时。因为，受试者在经过前测之后，会熟悉测验的技巧和内容。所以，即使没有实验处理的效果，也可能因前测的经验的影响，导致后测分数的提高。

4）工具（instrumentation）

在测量过程中，测量工具（如试卷、仪器等）不同，评价者身心发生变化（例如，评卷者在评价后测时，变得比前测时较为疲劳、粗心或严格），也可能改变实验的结果。还以上述新阅读教学方法的实验为例，如果前测的试题比后测的试题容易，则阅读能力的变化有可能是测量工具不同引起的结果，而非实验处理的效果。同一主试者，对实验处理后的评价，可能会因为对实验较为熟悉，或更为了解实验的目的，或因疲劳与厌烦，而改变评价的标准，结果导致实验效果受到影响。

5）统计回归（statistical regression）

统计回归现象指受试者的测量分数在第二次测量时，有向团体平均数回归（趋近）的倾向。换言之，高分组的受试者在第二次测量时，其分数由于向平均数回归而有降低的趋势，但是低分组的受试者，其分数却有升高的趋势。在有前后测的实践中，若以极端分数（高分和低分组）的学生为对象，容易出现统计回归现象。

6）差异的选择（differential selection）

由于采用随即抽样和随即分派之故，所选择的两组或几组受试者，在未用实验处理之前，本来各方面能力有所偏差或不相等，那么实验结果的两组成绩不同，就不能说这种差异是单纯由于实验处理所造成的。所以，在采用两组或多组的实验研究中，研究者必须考虑不同组别受试者在各项特质（实际素质）上是否一致。如果组别之间受试者的特质不同一致，实验结果中出现的差异就有可能是由原来研究组之间所存在的差异所造成的，而非实验处理的结果。

7）受试者的流失（experimental mortality）

研究样本在实验期间的流失（例如，迁居、退学、死亡等），有可能使实验结果难以解释。例如，研究者随机分派两组小学一年级新生进行某一新课程的新方法教学研究，假定实验一年期间，不少智力低的学生从实验组退出，而控制组却无此现象，研究结果如发现实验组成绩优于控制组,此结果很可能不是因实验处理所造成的,而是因实验组多数低能力的受试中途退出实验的结果。当实验组和控制组有不同比率的受试退出实验室时,就会导致实验结果的偏差。虽然,两组都是经过随机抽样和分派而得到的,而由于不同比率的受试者退出实验中,所剩下的样本可能有异于原来的无偏差的样本。

8)选择与成熟的交互作用(selection-maturation interaction)

前面所述7项因素,因彼此交互作用,将是构成影响内在效度的另一个因素。选择与成熟的交互作用是常见的例子。例如,研究者要检验某心理治疗方法的效果,分别选择一些有心理异常状态的学生为实验组,选择一些心理正常的学生为控制组,在实验处理前,两组均作心理测验,测验表明,异常组的异常倾向分数比正常组的该项分数高得多。在异常组实施异常心理治疗后,再对两组进行心理测量,发现异常组的异常倾向分数大为降低,或接近正常组的该项成绩分数。

对这种现象的分析认为,有可能不是心理治疗所发生的实验处理效果,而是因为选择了一组有自然恢复现象的异常组与一组无自然恢复现象的正常组所造成的。异常组与正常组本来就不同,这是“差异的选择”的因素;实验处理后,异常组发生了自然恢复,正常组则无,这是“成熟因素”;这两种因素造成了不平行的发展曲线,即受到了选择与成熟的交互作用因素的影响。

2. *外在效度*(external validity)

外在效度指实验结果的概括性和代表性。换言之,就是指实验结果是否可以推论到实验对象以外的其他受试者,或实验情境以外的其他情境。一个实验越能实现这个目标,就表示该实验越有良好的外部效度。如果用于男生实验的结果,只适用于中学生男生,而不能推论到女生,用于中学生的实验的结果,只适用于中学生,而不能推论到小学生,那么,这个实验设计的外部效度(群体效度)就比较低。如果在实验室里实验的结果,只是用于实验室环境,而不能推论到日常生活情境,在城市实验的结果,只适用于城市,而不能推论到农村,这个实验设计的外部效度(生态效度)也不高。

美国学者坎贝尔和斯坦利(Cambell & Stanley, 1963)认为有4个因素是影响外在效度的无关变量。

1)测验的反作用或交互作用效果(reaction or interaction effect of testing)

测验的反作用指前测对后测的作用;测验的交互作用,指前测与后测的交互作用。有前测经验容易造成后测成绩好。在有前测和后测的实验设计中,前测的经验往往会限制研究结果的推论性,因为,由于受实验处理时具有敏感性,对于平常情境下未曾注意到的问题或现象,这时变得更加敏捷和警觉,以致实验效果可能部分来自前测的经验所产生的敏感性。例如,研究者欲了解一周的政治理论学习对学生政治理论学习的态度改变的效果,学习之前,如先测量学生对政治学习的态度,则由于这一测验的影响,学生在一周的学习期间,特别集中注意学习和前测经验的影响有关的问题和内容,结果导致测验成绩有很大的改变。这种改变可能是前测所产生的敏感性和政治理论学习的交互作用结果(因为前测使学生对政治理论的学习更容易引起警觉和重视)。但在没有前测的实验情境下的一周的政治学习,可能就不会有这样好的测验成绩。因此,有前测的实验结果,只能推论有前测经验的情况,而不能推论到其他没有前测经验的团体中去。

2）选择偏差与实验变量的交互作用效果（interaction effects of selection biases and experimental variable）

当研究者选择一些具有独特心理特质的受试者作实验时，选择偏差与实验变量的交互作用效果就容易产生。因为这些独特的心理特质，有利于对实验处理造成较佳的反应。例如，如果选择一些具有高智力的学生，进行发现式教学与传统式教学比较，实验结果发现前一种教学法优于后一种教学法。但是这一结果不能推论到实验以外的其他一般的学生中去。因为参加实验的对象，是具有高智力的独特心理特质者的学生（选择偏差），他们也许比这种特质低的学生（例如，低智能的学生），更能从发现教学法（实验变量）获益。如果将这种结果随意推广到智力一般或较低的学生，显然会造成推论的错误。

3）实验安排的反作用效果（reactive effects of experimental arrangements）

由于实验情节的安排，受试者知道自己正在被观察或正在参加实验，他（她）所表现出来的行为，通常与他（她）不知道在正在被观察或不是参加实验时，有很大的不同。这时，他们往往可能为投实验者所好，而改变正常的行为方式，努力表现实验者所期望的行为，以获得实验者的欢悦。但受试者在非实验情境的表现，可能与此完全不同。例如，学生知道自己被选择在参加一项新的教学方法的实验，因而在实验期间表现出比平时更高的兴趣和动机，更大的学习主动性和积极性，结果使实验效果产生很大的改变。由此可见，在实验情况下所得的结果，可能和自然情境下的结果大不相同，这就是为什么实验结果常不能适用于日常生活情境的原因。

4）多重实验处理的干扰（multiple-treatment interference）

当同样的受试者重复接受两种以上或多种实验处理时，由于前面的处理通常不易完全消失，以致几项实验处理之间会产生干扰的作用。因此，这种实验的结果，只能推论到类似这种重复实验处理的受试者，而无法应用于只有一种实验处理的情况。例如，实验集中学习法、分散学习法、整体学习法和部分学习法的效率时，让每位受试者重复采用 4 种方法，如果发现其中的整体学习法的效果最好时，研究者并不能将这种结果推论到仅仅接受一种整体学习法的处理情境，因为整体学习法之所以取得良好的效果，可能是和其他的 3 种方法共同交互作用的结果。

综合上述，实验的内在效度愈高，其结果愈能确认是由实验处理所造成的；而实验的外在效度愈高，其结果的推论范围就愈大。因此，实验的设计必须重视这两种效度。但是在实验情境中，要同时兼顾这两种效度是很难做到的。一般地，基础研究比较重视内在效度，而应用研究则比较重视外在效度（在不太影响内在效度的情况下）。

二、实验控制的两个重要内容

1. 寻找两组相同的对象

根据实验研究的分析逻辑的要求，必须有两组各方面都一样的对象。在实际研究中，研究者为了创造出两组相同的对象，往往采用两种方法：一是匹配；二是随机指派。

1）匹配

匹配（matching）指的是依据各种标准或特征，找出两个完全相同或几乎完全相同的实验对象进行配对，并将其中一个对象分到实验组，而将另一个对象分到控制组的方法。在心理学的实验中,这种方法比较常见。例如,要进行一项有关小学教育的实验研究,需要选择两组"相同的"学生作为实验的对象。可以先对某一个年级的全体学生进行一次智商测验。从学生的智商测验得分表中,发现有两个(或者多个)学生的智商分数为108,就将这两个学生作为一对,并将其中的一个分到实验组,而将另一个分到控制组。同样,又发现有两个(或以上)的学生智商分数为112,也照样一个组分一个;继续找出这样具有相同智商分数的学生对子,同样将他们分别分到实验组和控制组,直到找满实验样本所需要的数目为止。用实验的语言来说,这样做就是"在智商这一变量上对两组学生进行了匹配"。应该指出的是,按照上面所介绍的方法进行匹配的两组学生,虽然在"智商"这一变量上完全相同,但他们可能在其他一些变量上又很不相同。比如,可能其中一组的女生比例较高,而另一组中则是男生的比例较高,即两个组在"性别"这一变量上的分布有所不同。同时,由于男生和女生对待学习的态度不同,学习的方法不同,学习成绩也有所不同。因而对于所研究的问题来说,"按照智商分数相等"的标准选择出来的这两个组,仍然没有达到在"性别"上"完全相同"的要求。还必须进一步根据性别进行匹配。推而广之,这两个组的学生除了在性别上有差别外,还会在类似地许多变量上都有所不同。比如学习成绩的好坏、家庭人口的多少、家庭收入的高低、父亲的职业类型等等。因此,要保证两个组的对象"完全相同",必须在第三个、第四个……第 n 个相关的变量上继续进行匹配。这是一项什么样的工作呢? 十分显然地是,要找出两个在一个、两个或者三个变量上相同的对象是容易的,但要找出两个在所有变量上都相同的对象,则是完全不可能的。这也即是说,在某种意义上匹配的方法是基本无用的——因为目标是要使两组对象在所有方面都相同,然而,在实际生活中无法做到这一点。

困难来自三个方面:一是现实中往往会没有足够的对象供选择。因为随着需要相同的变量数目的逐渐增加,现实中符合条件的对象数目将急剧减少。从实践的角度来看,研究者将在这方面遇到难以克服的困难。二是研究者只能在那些他们已经意识到对因变量可能有影响的变量上进行匹配。而实际生活中还有更多没有被研究者意识到的因素可能对因变量有影响,这些没有被研究者意识到的变量,显然不会被研究者用来对对象进行匹配。三是人们的有些特征在实践上是很难测量的,或者说是很难操作化为具体的、可观测的指标的。比如人们的"动机""性格"等。如果不能很好地测量"动机",就无法在"动机"这一变量上与对象进行匹配。当然,匹配的方法在实际研究中仍具有一定的作用,研究者还是可以在有限的条件下,针对那些与研究所关注的主要问题密切相关的变量来进行匹配,而暂时忽略和放弃其他一些与所研究的问题联系相对不太紧密的变量。只是在这样做的时候有一点应注意,研究的结论应限于一定的范围,下结论时应留有充分的余地。还可以从一种相反的途径来对实验对象进行匹配,即直接将实验组和控制组的总体结构配成完全一样。这种方式与非随机抽样中的"定额抽样"方法有点相似。例如,假如实验对象共60名学生,其中有40名男生,20名女生,那么,安排20名男生、10名女生到实验组,而另外20名男生和10名女生则分到控制组。这样,实验组和控制组在"组内的性别比例"方面就是相同的;或者说,对这两个组的对象在"性别"变量上进行了匹配。另外,假如这些对象中共有20名学生来自城市,其余40名学生来自农村,那么,在按性别分组的同时考虑到城乡变量的分配,即在分到实验组和控制组的30名学生中,都要保证有10名是城市学生,20名是农村学生。这样就在“性别”和“城乡”两个变量上对实验组和控制组进行了匹配。同样困难的是，要想同时考虑实验组和控制组在所有变量上的比例和结构，事实上也是不可能的。人们所能做的往往只是在非常有限的几个重要变量上实现两组结构相等。

2）随机指派（randomization）

随机指派的方法是研究者用来解决实验中两组对象相同性问题的另一种办法。随机指派的逻辑和程序十分简单，即完全按照随机抽样的原理和方法来将实验对象随机地分配到实验组和控制组中。具体的操作方法可以有如下3种。

（1）用抛硬币的方式来决定每一个具体的对象是去实验组还是去控制组。比如，假定要将60名大学生分到实验组和控制组（每组30人）。那么，从第一个对象开始，根据抛硬币的结果来决定其去的组别。若硬币正面朝上，则该对象去实验组；若硬币反面朝上，则该对象就去控制组。根据概率原则可知，抛硬币时出现正面朝上与反面朝上的概率各为50%。因而，被分到两个组去的实验对象也基本相等。

（2）按单、双号来简单地决定每一个对象是去实验组还是去控制组。同样是60名学生，将他们随意地按顺序排列。然后，将号码为单数的，即1，3，5，7，……，59号的学生分配到实验组，而将双号的，即2，4，6，8，……，60号这30名学生分配到控制组。这实际上类似于概率抽样方法中的系统抽样法。

（3）按照排列的顺序或实际抽取实验对象时的先后顺序来决定。比如，将名单中排在前面的30名学生分到实验组，而排在后面的30名学生分到控制组。或者将先抽到的前30名学生分配到实验组，而将后抽到的30名学生分配到控制组。

按照上述3种方法分配的结果，两个组在各个方面都会比较相似。例如，如果这60名学生中有40名男生，20名女生。那么，在所形成的两个组中，其男女生所占的比例也会接近2：1。这也即是说，两个组中的性别比与总体中的性别比基本相同。完全一样的道理，这两组学生在其他变量（特征）上的比例也都会与总体中的比例相接近。这样，得到了两个在所有变量上都几乎完全一样的小组。或者说，这两个小组的学生在所有变量（包括那些尚未认识到的和无法测量的变量）上的分布几乎都是相同的。这是随机指派最为重要的作用。可以说，随机指派为人们创造了几乎完全相同的两组对象。之所以说“几乎完全相同”，是因为随机指派仍然存在误差，特别是当对象的数量比较小时，这种误差可能还会很大。所以，在可能的情况下，实验对象应达到一定的数量。

3）匹配方法与随机指派方法的比较

匹配方法的实质是尽可能使实验组和控制组中的成员相互之间在许多重要的背景因素、个人特征因素上完全一样。而随机指派方法的实质则是依据与随机抽样完全一样的原理，用概率论来控制各种干扰变量的出现。不难理解，当人们根据随机指派的方法，从一个总体中选出两个群体时，各种干扰变量会以同样的方式对两个群体施加影响。因为根据概率论，此时所选出的两个群体基本上是两个完全相同的群体。所以，使用后者所进行的实验在准确性和精确性上将超过前者。因为通过概率论可使那些偶然因素像熟知因素一样被把握，所以在匹配法中的那些由于不熟悉而不能控制的因素，也成为可以把握的了。

2. 对自变量的操纵

当研究者能够决定他的实验对象将经历什么，或将接受什么处理和安排时，就说他能够操纵自变量。例如,如果研究者能够决定实验组的学生在新的学期中将接受新的教学法的教学,就说这个研究者能够操纵自变量——“新的教学法”。

实验中对自变量的操纵常常体现在如何恰当地“制造出”这个自变量上。例如,如果人们的假设是“在紧张情景中,吸烟者会吸更多的烟”,那么,“紧张”和“香烟的消耗”是两个主要的变量,其中“紧张”是自变量,它一般可以定义为人们在心理上、精神上的一种压力或负担。要用实验来检验这一假设时,前提之一就是要在实验中制造出“紧张”来。人们可以用“必须在规定时间内完成一份数量大、难度大并且占学期总成绩 80% 的数学考试”来对一组学生“制造”紧张。然而,许多对教育研究者来说十分感兴趣的变量通常都不能够被操纵。比如,教育研究者通常要探讨学生的性别、年龄、家庭背景或个性特征等等,是否会影响他们的学习倾向。而学生的这些特征却是研究者无法操纵的,即研究者无法使某个学生的这些特征发生改变。因此,人们往往无法用实验来研究这种关系。与实验相反,调查正好适合这种研究。除此以外,教育研究者还会由于政治的、伦理的原因或限制,而不能操纵另一些变量。比如,人们不能为了研究人的社会化过程,而把一部分儿童同社会隔离开来,即制造出“缺乏社会接触”这一自变量,以比较这些儿童的成长与那些正常生活在社会中的儿童的成长之间的差别。我们也不能去人为地让一对夫妇离婚,以观察离婚事件对其子女成长的影响。因此,许多对教育研究者来说十分感兴趣的变量通常不能被操纵,正是造成教育学者较少采用实验室实验这一研究方式的一个重要原因。

三、实验控制

要正确地解释实验结果,除了具体分析影响实验效度的各种因素外,还必须设法控制一些影响实验效果的无关变量。

1. 实验控制的原则

实验控制有一个基本原则,这就是最大最小控制原则。意思是使自变量产生最大变化,使其他干扰的变量与误差产生最小的影响。这个原则在英文上称为 maximincon principle,前一单词是由 maximize, minimize, control 3 个单词缩写组合而成。这个原则包括 3 层意思。

1)控制实验变量

要使实验变量有系统而且尽量(maximized)使前后的变化显出差异。例如,要研究时间(自变量)与遗忘(因变量)的关系时,时间的选择应采用 1、3、5、7、9、11 天等不同日期的变化顺序,而不宜采用 1、2、3、4、5、6、7、8 小时等不同小时的变化顺序。因为后者变化之间差异太小,所产生结果的影响不易辨别。

2)控制无关变量

要控制自变量之外一切可能影响结果的其他变量,使其保持不变或达到最小变化甚至排除在实验情境之外,务必不致影响自变量与因变量之间的因果关系。

3)控制测量工具

控制测量工具的选择与使用,务必使误差减低到最低限度。

2. 实验控制的方法

根据上述原则,研究者要采取一些对可能影响实验结果的无关变量进行控制的方法。

1)随机控制法

随机控制是将参与实验的受试者以随机分派的方式，分为实验组与控制组或各个不同的实验组。从理论上说，随机法是控制无关变量的最佳方法。因为在概率的原则下，各组受试者所具备的各种条件机会均等。在实际使用时，随机分派法可分为两个步骤：

第一步是用随机的方法将参加实验的所有人员进行分组；

第二步是再以随机的方法决定哪一组为实验组，哪一组为控制组。

随机控制的方法，虽然在事实上未必各方面都完全相等，但理论上相等的机会是比较多的。

2)物理控制法

物理控制就是注意实验情境的物理条件是否保持恒定，刺激的呈现是否标准，以及反应的记录是否客观一致等物理性因素的控制。例如，为了使实验情境保持恒定，以免干扰实验变量对因变量的效果，要设法控制声音、灯光、气氛、周围环境等物理因素。

3)排除控制法

排除法是在设计实验时将可能影响结果的变量，预先排除于实验条件之外，使自变量简化，免受其他变量的影响。例如，在试验发现式教学法和演讲式教学法的优劣时，如果认为智力因素会影响结果，则只选高智力生为受试者(或只选中等智力生或只选低智力生为受试者)，这样智力因素对实验结果的影响被排除掉了。同样，如果认为性别因素对实验有影响，则可采用单一性别(如只用男生或只用女生为受试者)，这样，性别因素对实验结果的影响可排除掉。

排除法能很有效地控制无关变量，但所得到的研究结果缺乏普遍的推论性。例如，只用男生为研究对象，将来结果就不适用于女生。因此，在实验设计时，排除法并不常用。

4)纳入控制法

纳入法是弥补排除法缺点的一种方法。这种方法是把影响将来实验结果的某种(或某些)因素也当作自变量来处理，将其纳入实验设计中，称为多因子实验设计。这样，不但可以收到控制之效，而且还可以进一步了解变量间的交互作用结果。例如，上例中，可将智力因素分为高、中、低3个层次纳入设计中，这时，原设计就变成为2(教学法)×3(智力)的二因子实验设计。在这一设计中，一方面可了解不同智力间的差别，另一方面又可了解智力和教学法之间的交互作用，亦即教学法的效果是否因不同智力层次而有所差异。假如同时考虑智力和性别两个因素，就成为：2(教学法)×3(智力)×2(性别)的三因子实验设计。

5)配对控制法

配对法是企图使实验变量之外的其他变量发生相等影响的一种方法。具体做法是：首先认定与因变量有明显关系的变量，然后决定所要控制的变量，并据此选择同等分数或相同特质的受试者配对。配对后，再以随机分派的方式，将其中一个分派到实验组，另一个分派到控制组。例如，为了使两组学生的智力相等，研究者可从智力测验分数中，选择分数相同的受试者配成对，然后随机分派到实验组和控制组。常用以配对的变量有性别、年龄、社会经济地位、智力、学业成绩、个性特征和前测分数等。必须注意的是，配对变量的决定，一定要以和因变量高度相关者为根据。

在理论上，配对后，实验组和控制组的受试者，在所据以配对的特质方面，可达到相等的程度。但在实验上是很难使用的。因为：首先，配对的变量若超过两个以上时，要找到这几个变量同时相等的受试者是十分困难的；其次，配对的变量虽然可保证会相等，但其他因素却未必会相等。再次，对于中介变量，如动机、态度等内在的因素，根本无法找到可靠的根据去进行配对。只有随机控制法才能克服配对法顾此失彼的缺点，而且对难以观察测量的中介变量如动机、性向、态度、疲劳、注意等因素，也同样发生控制作用，这也许是在实际中人们多用随机法而少用配对法的重要原因。

6）测量选择控制法

测量选择法是把参加实验的对象全部测量一下，然后根据测量的结果，予以合理的选择与分配。为了使各组均等而编制或采用的测验，必须合乎实验处理的要求。例如，如果打算采用两个组做实验，以比较两种数学教学方法的效果，那么所要测量的就是学生原有的数学水平。测量的结果出来后，就按分数多少的顺序排列好，然后再按排列顺序上的位置，把他们均等地分派在各组里面。为了使各组均等，在实行分组时可采取“弓”字排列式。如图6.2所示A、B两式，若按顺序连结，则是两条“弓”字形的曲线。

图6.2　A、B式排列

根据上述分组法，组数再多时仍可依此类推。为了使各组的均等更接近于理想水平，可在依上述方法分组后，再求得各组的平均分数而加以比较，若仍发现有彼此悬殊的情况，则可把这一组中分数较高的人和那一组中分数较低的人加以调换。此外，仅仅在平均分数上相等还不算相等，还必须在差异量数（如平均差、标准差等）上也力求相等。只有这样，才能使两组在原有水平上更接近于真正均等。控制无关变量是实验研究中一项非常重要的工作。但这里所说的“控制”，只是相对的，而非绝对的，只有程度之分。要想对人类行为和复杂多变的教育现象，像物理化学实验那样达到绝对控制而又确定变量间因果关系的程度，事实上是不可能的。因此，在教育实验研究中要正确理解“控制”一词，才能正确解释所得的实验结果。

第三节　教育实验设计

实验设计是实验研究的蓝图。它的意义在于给研究者提供如何控制变量，如何分析资料，可以获得怎样的结论的一种构想、计划和策略。为了简明地表示各种研究设计的特征，下面的研究设计将用符号来表示。本部分内容借鉴学者辛治洋、张志华的研究，现先介绍实验设计的符号及其含义[①]。

X:表示研究者所操纵的实验变量;

O:表示观察分数或测量分数;

R:表示受试者是随机选择和随机分派到各组;

…:表示由虚线所隔开的各组研究对象之间不相等;

—:表示由实验所隔开的各组研究对象之间不相等;

由左至右:表示时间次序或先后;

同一横行的X或O:表示这些X或O是对同一组受试者的实验处理。

一、单组实验设计

单组实验设计是以单一实验组为研究对象,施加某一种或数种实验处理的实验设计。

1. 设计1:单组后测设计

这种设计的模式如下:X O

这种设计的要求是,首先选择一些受试者作为研究对象,并给予一种实验处理,然后测量实验处理的效果。例如,为试验一种新的教学方法对学习成绩的影响,于是采用一班学生实施这种教学方法,一个学期后,测验学生的学习成绩,并凭研究者主观的判断下结论说:这种教学方法有助于学习成绩的提高。这个结论可能是不正确的,因为,这种设计的内在效度甚差,如"历史""成熟""差异的选择"和"受试的流失"等因素可能干扰实验结果。总之,这种设计虽然简单易行,但因缺乏控制组和可比较的量数,许多因素会混淆实验结果,在一般的教育研究中,这种设计已甚少采用,不过,能认识其优缺点,对于从事更适当的实验设计是必要的。

2. 设计2:单组前后测设计

这种设计的模式如下:O_1 X O_2

这种设计的要求是,对受试者进行实验处理前的测验(O_1),然后给予受试者实验处理(X),再给予受试者一次测验(O_2)。最后比较前测和后测的分数,通常采用两个相关样本平均数差异的显著性的检验($N>30$用Z检验,$N<30$则用t检验),以检验前后两次测验平均数的差异显著性。这种研究设计的优点是:相同的受试者都接受前测和后测,"差异的选择"和"受试的流失"两因素即可被控制。缺点则是:实验效果可能受到"历史""成熟""工具""选择与成熟的交互作用"的干扰,可见其内在效度也很差,少用为宜。

3. 设计3:单组相等时间样本设计

这种设计的基本模式是:X_1O_1 X_0O_2 X_1O_3 X_0O_4

这种设计是对一组受试者抽取两个相等的时间样本,在其中一个时间样本出现实验处理(X),另一个时间样本不出现实验处理(X_0),然后,比较这两段时间测验的分数。例如,新的教学方法与传统的教学方法对同一班学生相间出现,看两段时间的学习成绩有无不同。统计检验可采用变异数分析法。也可采用相关样本平均数差异的显著性检验($N>30$用Z检验,$N<30$用t检验)。这种设计能完全控制影响内在效度的8个因素。缺点主要在外在效度方面,实验结果可能会受到"实验安排的反作用效果""选择的偏差与实验变量的交互

① 辛治洋,张志华.教育科学研究:方法与案例[M].合肥:中国科学技术大学出版社,2012:165-172.

作用”“重复实验处理的干扰”等因素的影响。这一设计也可用于只有一个受试者的情形。

4. 设计 4:单组纵贯时间系列设计

这种设计的基本模式是: O_1　O_2　O_3　O_4　X　O_5　O_6　O_7　O_8

使用这种设计时,要对实验组做周期性的一系列测量,并在测量的这一时间系列中间呈现实验变量(X),然后比较实验变量前后的一系列测量记录是否有显著差异。例如,研究者欲探索提高工人的教育水平是否会提高工厂的产量,于是从 1 月到 6 月,在每月末,都把准备参加教育培训的工人的生产量记录起来,然后,从 7 月至 12 月,对工人进行某一项专门技术的教育培训,接着,继续记录从第二年的 1 月至 6 月的生产量,看看经培训后的 1~6 月产量比培训之前的 1~6 月产量是否有显著增加。

这种设计的统计分析除了可用相关样本平均数差异的显著性检验($N>30$ 用 Z 检验,$N<30$ 用 t 检验)外,比较理想的统计检验方法是采用趋向分析。

在内在效度方面,这一设计的缺点是:“历史”的因素可能对实验结果产生干扰。要补救这一缺点,最好多增加一个控制组,成为“多重纵贯时间系列设计”。除了“历史”因素外,影响内在效度的其他因素均可被控制。在外在效度方面,“测验的反作用或交互作用效果”未能控制,因此,其实验结果只能推论到重复测验的群体。好在利用学校里的学生做实验时,学生便是常常接受重复测验的团体,而研究者所要推论的对象也正好是学生。因此,这一缺点,对于在校学生而言,并非真正的缺点。

5. 设计 5:单组多因子实验设计

这种设计的基本模式是:(O_1　X_1　O_2)　(O_3　X_2　O_4)

这一设计的要求是,以单组作为实验对象,施加两种或两种以上的实验处理。每一种实验处理均进行前测和后测。然后比较各种实验处理的效果。例如,要对一个班级进行两种教学方法的对比实验。具体做法是,在实施甲种方法前进行一次测验(O_1),在实施甲种方法(X_1)后,再进行一次测验(O_2),对两次测验成绩比较,可求出甲种方法所产生的效果。同样,用乙种方法(X_2)实验一次,得出乙种方法所产生的效果。最后,对这两种教学方法所产生的效果进行比较,明确哪一种方法的效果比较好。

这种设计的统计分析,可采用相关样本平均数差异的显著性检验($N>30$ 用 Z 检验,$N<30$ 用 t 检验)。在内在效度方面,这种设计的缺点是:实验结果可能受到“历史”“测量的工具”等因素的影响。在外在效度方面,这种设计的缺点是“多重实验处理的干扰”,即后一实验处理在实验对象中所产生的变化,可能受到前一实验处理的影响。

二、组别比较实验设计

组别比较实验设计是以两个或两个以上的组作为实验组和控制组,然后比较各个组所发生的变化。

1. 设计 6:静态组比较设计

这种设计的基本模式是:

$$\begin{array}{cc} X & O_1 \\ \hdashline & O_2 \end{array}$$

这种设计要求选择一班学生作为实验组,另一班学生为控制组,给予实验组实验处理后,测验两班学生的成绩。统计分析可采用独立样本平均数差异的显著性检验($N>30$ 用 Z 检验,$N<30$ 用 t 检验)。这种设计由于使用控制组比较,“历史”因素可被控制,如果两组年龄相同,也可能控制“成熟”因素。因在设计中没有前测处理,“测验”和“工具”两个因素也容易控制。但由于两组实验对象条件不相等,“差异的选择”“选择与成熟”的因素可能会影响结果。因为有两个组,“受试者的流失”也可能干扰实验效果。

2. 设计 7:等组前后测设计

这种设计的基本模式是:

R	O_1	X	O_2	(实验组)
R	O_3		O_4	(控制组)

这个设计的主要步骤包括:

①用随机方法选择受试者,并将其随机分派到实验组和控制组(R);

②实验处理前,两组都接受前测(O_1O_3);

③实验组接受实验处理(X),而控制组则不接受;

④实验处理后,两组都接受后测(O_2O_4);

⑤比较两组实验结果 $[(O_2-O_1)-(O_4-O_3)]$。

在实际研究中,有时可能有好几种不同的实验处理,这时,可根据比较的需要采用两组或超过两组以上的实验设计。

两种实验处理的等组前、后测设计模式:

R	O_1	X_1	O_2
R	O_3	X_2	O_4

实验结果 $=(O_2-O_1)-(O_4-O_3)$

3 种实验处理的等组前、后测设计模式:

R	O_1	X_1	O_2
R	O_3	X_2	O_4
R	O_5	X_3	O_6

实验结果是把 3 种实验处理所产生的变化互相比较。如果实验因子加多,设计的组数也要相应增加。

这种设计的统计分析是对两组调节后的平均数(实验的后测值减去前测值的平均数,即各增益数之平均数)作独立样本平均数差异的显著性检验($N>30$ 用 Z 检验,$N<30$ 用 t 检验)。但这种设计最适当的统计分析法,是共变量分析法(analysis of covariance),即以两组的前测分数作为共变量,进行共变量分析。

这种实验设计的内在效度是很高的,由于采用相等的控制组,而且两组都有前、后测,故在前测到后测期间影响内在效度的“历史”“成熟”“测验”“工具”“统计回归”等因素,两组完全一样。再者,由于采用随机方法,两组在各方面的特质相等,故可控制“差异的选择”“受试的流失”和“选择与成熟等因素交互作用”等3个因素的干扰。可见,它是一种严谨控制的实验设计,在教育实验研究中常被采用。

但在外在效度方面,由于采用前测,实验结果可能受到“测验的反作用或交互作用效果”因素的干扰,“实验安排的反作用效果”因素的干扰有时也可能产生。

3. 设计8:等组后测设计

这种设计与前述等组前后测设计比较,不同之处是两组在实验处理前都没有测验。现以一例子来说明这种设计的使用方法。假定要探讨教师和学校领导交换意见的机会是否有助于提高教师的工作态度。于是从学校中随机抽取一些教师参加实验,其中一部分教师随机分派为实验组,另一部分为控制组。实验开始时,实验组的教师每日均有两次机会和校长交换意见,商谈校务和教学事宜,控制组则无此机会。经过一年后,实验组和控制组的教师,都接受一项测量“教师工作态度”的问卷。然后比较两组教师的工作态度是否有显著差异。统计分析可使用独立样本平均数差异的显著性检验($N>30$ 用 Z 检验,$N<30$ 用 t 检验)。

这是一种十分理想的实验设计,因为它对影响内在效度的8个因素均可有效控制,而且,尚可避免因前测而产生的“测验的反作用效果”。

这种设计的局限性在于,它无法确定实验处理是否对不同层次的受试者有不同的效果。如果有前测时,则可据之以形成不同组别,从事进一步的分析。例如,假定要比较采用归纳法和演绎法教数学的效果,如实验前,两组都没有进行数学成绩的测验(前测),仅在实验后测量数学成绩,如经比较结果,发现两组没有显著差异,据此而确定实验处理没有效果。但是,如果有数学成绩的前测,人们就可根据数学成绩将学生分成高、中、低3个层次,进行2(教学法)×3(数学成绩)的实验设计,实验结果可以发现两种教学方法的效果因学生数学前测成绩不同而异。

4. 设计9:所罗门四等组设计

这一设计实际上是上述等组前后测设计和等组后测设计的综合,是由所罗门(Solomon,1949)首创,故称为所罗门四组设计(Solomon four group designs)。其设计模式是:

R	O_1	X_1	O_2	(实验组)
R	O_3	X_2	O_4	(控制组)
R		X	O_5	(实验组)
R			O_6	(控制组)

这种设计包含有两个实验组和两个控制组,四组受试者均由随机方法选择而来。其中,有两个组接受前测,两个组则无。实验处理后,四组均接受后测。

实验效果的测定,可用相关样本或独立样本的 Z 检验或 t 检验($N>30$ 用 Z 检验,$N<30$ 用 t 检验)的方法,检验下列4种平均数的差异显著性:

①第一组前测和后测平均数的差异(O_2-O_1);

②第一组和第二组后测平均数的差异(O_2-O_4);

③第三组、第四组后测平均数的差异（O_5-O_6）；

④第一组、第二组前测平均数和第三组后测平均数的分别差异（O_5-O_1 或 O_5-O_3）。

如果上述 4 个差异的检验都获得一致性的效果，研究者将更有信心确定是实验处理产生了效果。因为这等于重复做了 4 次实验（若以有前测和无前测比较，则等于重复做了 2 次实验）。有关前测经验的单独效果之检验，可比较第二组和第四组后测平均数的差异（O_4-O_6）。这种设计对影响内在效度的 8 个因素均可控制，而且，可以控制和测量前测的主要效果，可以控制和测量前测与实验处理间的交互作用效果（通过第一组和第三组的比较），可以测量"成熟"和"历史"的综合影响效果（根据第四组的后测平均数 O_6 和第一、二组的个别前测平均数 O_1、O_3 的比较）。可见，这种设计是最严谨控制的实验设计之一。但是，由于有 4 个组，需要大量的样本，研究者须付出很大的代价，缺乏实用性。因此，在一般的教育研究中，这种设计的应用并不广泛。

5. 设计 10：不相等控制组设计

这种设计的模式是：

R	O_1	X_1	O_2
R	O_3	X_2	O_4

这种设计与静态比较设计相比，唯一的不同之处是：这种设计两组都有前测。而与等组前后测设计相比，区别则在于：这种设计不是采取随机方法分派受试者，所以实验组与控制组的各方面条件未必相等。

运用这种设计的一般步骤是：①以班级为单位，将班级随机分派为实验组和控制组；②对两组实施前测；③实验组接受实验处理，而控制组则否；④实验处理后，两组进行后测。

例如，研究者欲试验新编的小学数学课教材是否优于旧教材，可接洽一所小学做实验，结果这所学校不允许采用随机方法从各班级中抽取学生，并随机分派到实验组和控制组，而只能提供 6 个原来班级学生作为实验对象。这时，研究者只好将 6 个班级随机分派 3 个班为实验组，另 3 个班为控制组（显然，这种分派方式不能看作随机分派，因为每一位学生并没有同等机会被分派到实验组或控制组。不过，在不能完全随机分派学生的情况下，以班级为单位随机分派也是一种可取的措施。）。接着，对两组受试者实施一项数学思维能力水平测验，然后，实验组使用新教材教学，而控制组仍使用旧教材教学，一个学期后，两组再接受水平测验，则可比较新旧教材之优劣。统计分析同第 7 种设计。

这种实验设计在教育研究中使用很普遍。在内在效度方面，这种设计可以控制"历史""测验""成熟""测量的工具""受试的流失"等因素。由于有前测，"差异之选择"因素也可控制（如，可用共变量分析法控制某些特质方面的差异）。但是，由于没有采用完全随机方式分派受试者，故"选择与成熟""选择与同时事件"等的交互作用，会干扰实验效果。如果两组受试的选择不适当，"统计回归"也有可能产生。在外在效度方面，不能控制"测验的反作用或交互作用效果""选择偏差的交互作用效果"和"实验安的反作用效果"等因素。

三、循环实验或轮组实验设计

循环实验设计或轮组实验设计也叫对抗平衡设计，它是把各种实验处理（不管是几个），轮换施行于各组（各组不必均等），然后根据每种实验处理所发生变化的总和来决定实验的效果。

1. 设计 11：循环实验设计

这种设计的模式分为甲、乙两种。甲模式：

		时间 1	时间 2
组别	A	$O_1X_1O_2$	$O_5X_2O_6$
	B	$O_3X_2O_4$	$O_7X_1O_8$

这种设计的实验步骤如下：

①选取 2 个班作为实验组（2 个班不必均等）；

②两组在第一个实验时间内进行前测并分别接受 2 种不同实验处理中的一种；

③两组在第一个实验时间内，进行实验 1 处理以后的测验；

④在第二个实验时间内，将用轮换方式，将实验处理分别呈现给各组受试者，使每组都有机会接受每一种实验处理。在每次实验处理前后，各组均接受前测和后测。

例如，研究者欲探索两种不同的强化方式对学习效果的影响。这两种不同的强化方式是：A. 固定时间强化（X_1）：不管学生的学习成绩如何，只有等待某一特定时间到来才“强化”。如：教师固定在每个学期的中段考时，才对学生优者表扬，差者批评。B. 不定时强化（X）：教师对学生的强化，没有固定的时间，如教师经常对学生优者表扬，差者批评。

根据上述设计模式，研究者选择两组学生（不必均等），在第一学期，A 组接受固定时间的强化，而 B 组则接受不固定时间的强化；在第二学期，B 组接受固定时间的强化，而 A 组则接受不固定时间的强化。在每个学期的实验前后，都分别对各组学生的学习成绩进行前测和后测。最后，把这两种不同的强化方式各自在各学期内所发生的变化的总和进行比较，即可知两种不同的强化方式对学习效果影响的优劣。

如果实验处理有 3 种，则实验组分别也应增至 3 个，每组仍对所有实验处理轮流实验一遍，各种实验处理的次序应像下面的方法排列。

这样的排列方法使每一种实验处理不但在各组中循环了一遍，而且在实验次序的每一个地位上也都循环了一遍。上述设计若不要前测，则变为乙模式。

这种设计的统计分析，可采用拉丁方格实验的重复量数变异数分析法，其分析的模式依上面设计模式安排如下（表 6.1）。

表 6.1 分析模式

组别	实验处理	
	X_1	X_2
A	t_1	t_2
B	t_2	t_2

t 表示实验处理时间顺序。利用纵行的总和可检验“实验处理”之间的差异显著性；利用横行的总和可检验组别之间的差异显著性。

在内在效度方面，这种设计除了可能产生“选择与成熟的交互作用效果”之外，其他 7 个影响内在效度的因素均可被控制。在外在效度方面，“多重实验处理的干扰”的因素可能影响外在效度。在每种实验处理都有前测的这类设计，“测验的反作用效果”因素也能影响外在效度。在实际应用上，这种设计不必要求各组均等，因而省却了均等组别的麻烦。但各种实验处理被实验的次数增加，这就自然又增加了很多麻烦。

上述 11 种实验设计各有利弊。在选择运用时，每种设计还可以根据实验情况而加以改进。在这些设计中，第三种单组相等时间样本设计、第四种单组纵贯时间系列设计、第十种不相等控制组设计、第十一种循环实验设计这 4 种又被叫作“准实验设计”（quasi-experimental design）。准实验设计和真正实验设计的主要区别在于，真正实验设计可以使用随机分派的方法将受试者分派到不同的实验处理或情境，而准实验设计则无法如此分派受试者。准实验设计在教育研究中广泛应用，原因是在学校抽样很难做到随机化，因为在实际中，人们不能也不愿打破现存的编班。而准实验设计，以原班级作为实验对象，并在可能的条件下尽可能进行控制，所以教育研究者常常愿意采用。

第四节 教育实验法的基本程序

教育实验的全过程一般包括准备、实施和总结评价 3 个基本阶段。准备阶段包括：确定实验课题、提出实验假设；选择实验设计；制订实验方案。实施阶段包括：实施实验设计。总结评价阶段包括：验证实验假设、形成研究结论；总结研究成果、形成研究报告①。

一、教育实验的准备阶段

准备阶段是教育实验研究最重要的阶段，实验是否具有科学性、可行性，在很大程度上取决于准备阶段在理论上的探索和具体方案的设计。一般来讲，实验的准备阶段包括以下几个方面的内容。

（一）确定实验课题，提出实验假设

教育实验研究是在一定理论指导下，以验证某一假设为目的的研究。确定恰当的课题并形成理论假设是教育实验研究的第一步，也是成功的教育实验研究不可缺少的环节。实际研究中应当注意以下几个方面。

① 金哲华，俞爱宗. 教育科学研究方法 [M]. 北京：科学出版社，2011：166-167.

第一，教育实验选题要遵循选题原则。选题要具有价值性、科学性、创新性、可行性。

一是确定具有较高价值的研究课题。教育实验研究一般要经过周密的设计和安排，研究的周期相对来说比较长。因此，在选择研究课题时，要确定那些在理论上和实践上有重要意义的问题。

二是实验课题要具有可行性。完成一项系统的科学的实验研究，需要具备多方面条件，包括理论上的指导、实验教师的队伍、实验学校的内部与外部条件等。不具备必要的条件，实验研究的措施就得不到落实，就不可能达到预期的实验效果。例如中小学整体改革实验的设计与实施，需要具备各方面的条件，包括理论上的指导、原有的实验基础、实验教师的状况等。只有具备了进行某项实验研究的条件，才能选择相应的实验研究课题。选定的实验课题应当与研究者或研究学校本身的条件相符合，不能只考虑实验课题自身的价值，要综合考虑多种因素。

第二，教育实验要遵循科研育人原则。教育实验的实践目的是科研育人，通过实验研究促进学生的身心发展，而不能给学生身心发展带来负面影响。教育实验必须符合教育伦理要求。

第三，教育实验要有明确的实验假设。假设是对实验研究问题中因果关系的表述，研究者在确定研究课题时首先要明确实验研究的假设，明确实验过程中改变哪些因素，进而对哪些因素的变化产生影响，在实验设计时要将这些问题表述清楚。《创造性思维与个性教学模式的实验研究》中提出的假设是："使用由上述 10 种教学方法（矛盾法、发散与集中法、定式打破法等）构成的创造性思维与个性教学模式，在培养和发展学生的创造性思维品质和个性品质方面，比常规的教学方式方法效果好。"这一假设比较明确地阐述了课题研究的目标，明确了变量之间的因果关系。课题的假设如果不明确，就会使研究具有很大的盲目性。

（二）选择实验设计

实验设计是指实验研究中被试的选择和分组的方式，以及自变量与因变量实施和测量的安排。例如，被试的选择是采取简单随机抽样还是其他的抽样方式，是单组设计还是等组设计；是只有前测验的设计还是前后测验的设计等。不同设计方法，产生的研究效度也不同。设计教育实验研究时，需要全面考虑各方面因素，确定恰当的设计方案。

（三）制订实验方案

一个完整的实验研究方案，应该包括以下几个方面的内容。

（1）问题的提出。简要地阐明研究课题的来源，对该研究课题研究现状作概括性说明，明确研究的基本假设等。

（2）实验的理论基础和指导思想。对实验研究所依据的理论基础作必要的说明，对实验所遵循的指导思想和基本原则作简要的阐述。

（3）实验的对象和方法。说明被试的来源、分组的方式和实验设计的方法。

（4）自变量与因变量的操纵。明确规定实验处理的性质与操作方式，这是把实验所提出的假设具体化的关键。一项实验研究的可行性如何，很重要的因素就是实验处理是否明确。同时还要确定因变量测量的方法，以便有效地分析和论证实验效果。要根据实验研究的目的和实验中变量的内容，确定如何测量实验的因变量。如对学生学习成绩的测量，学生智力发展水平的测量,学生个性品质的测量等。

(5)实验的具体步骤。规定完成实验研究的时间表,包括实验的准备阶段、实施阶段、总结阶段等具体的时间安排。

(6)实验的组织与领导。比较大的实验研究要确定实验的领导小组,以保证实验各项任务的落实。

以上几个方面的问题,在实验研究方案的具体表述上可以进行适当的整合和调整。

表6-2是一个实验研究方案的摘录,从中可以体会实验方案的具体结构和表述方式。

表6-2 实验研究方案示例

步骤	内 容
1	问题:在中学进行计算机辅助教学(CAI)的效果分析 研究假设:采用计算机辅助教学方式与不采用计算机辅助教学相比,对学生的学习成绩、学习兴趣方面将产生积极影响,但对学习态度、学生认知能力影响不显著
2	处理1:在教学课上,利用计算机进行辅助教学,课后上机对所学内容进行练习(每人累计上机练习量10课时左右) 处理2:按课堂正规教学传统方式,只做书面材料的练习,不使用微机
3	目标总体:北京市中学高中一年级学生 接近总体:北京市一所城市重点高中的一年级学生 样本大小:80人 取样方法:从接近总体中随机指派两个自然班,将两个班随机分成实验组与控制组
4	因变量:学习成绩、学习兴趣、态度、认知能力 因变量操作定义:高一数学函数部分学习成就测验(函数运算技能,数学学习保持和迁移效果);隐藏图形与认知推理能力测验
5	采用的控制方法:①随机指派形成被试组,对于实验组与控制组数学知识、认知推理能力、识别镶嵌图形能力,进行初始状态前测,以保持两组均衡;②控制性别差异;③教学内容相同;④同一时间进行教学、练习作业相同、练习时间相等;⑤采用同样的后测;⑥设计了补充实验:在该校初三年级选取一个班44名学生,根据英语基础成绩采用配对法,随机形成实验组和控制组,进行对照实验
6	实验设计:不等组前后测设计 统计假设:两个处理组得到的平均分之间差异没有显著性意义

二、实验的实施阶段

实验方案的实施过程就是按照实验的设计方案搜集资料的过程。要通过培训教师,落实实验的各项措施,严格按照实验程序操作,做好各项实验记录,组织因变量的测验,随时对取得的数据进行初步的归类等。

三、实验结果的总结评价阶段

一是验证实验假设,形成研究结论。要将实验过程中搜集到的资料进行整理和分析,发现有价值的结论,验证提出的实验假设;二是总结实验成果,撰写实验研究报告。

第五节　实验结果的验证

教育是复杂的社会现象，影响某一教育现象发生的因素是很多的，教育实验所得的结果不可能达到像自然科学实验研究结果那样准确的程度。为了有效地检验教育实验结果的准确程度，下面介绍几种常用的检验实验结果的方法。

一、从实验程序上检验

任何实验研究的进行都有一定的程序（包括设计、抽样、分组、控制等工作），实验程序的科学性和先进性将影响实验结果的准确性。因此，要验证实验结果，首先必须全面地考察整个实验的全过程，检查实验过程的各个环节是否抓好，实验设计效度如何，无关因素控制得怎样。只有这样，才有可能对实验结果的准确性有比较全面的认识和评价。

二、用实验系数进行检验

实验处理所产生的效果如何，主要是从前后测验所得数据的比较，及对不同实验处理效果测验所得数据的比较中来看的。实验结果可靠程度的大小一般可用下列求实验系数的办法来检验：优胜点实验系数 =2.78× 优胜点标准差优胜点 = 实验因子 1 的平均进步数 - 实验因子 z 的平均进步数优胜点标准差 =J（平均标准差 1）2+（平均标准差 2）2- 每个受测者的增益数之和平均进步数 - 受测者数

每一实验因子的平均进步数求得后，可据以求得这个平均进步数的平均标准差，进而求得优胜点的标准差。实验系数的大小可用来表示实验可靠程度的大小。实验系数越大，就表明实验结果越可靠。一般说来，实验系数为 1 或接近于 1 时，就表明实验结果相当可靠。如果在 0.5 以下，就不能认为是可靠的。

三、与其他有关的已确立的定理定论对照进行检验

任何理论都不是孤立的，人们可以把实验所得结果以及由此推出的理论，拿来和已经确立的有关定理、定论对照，进行验证。如果相一致，就证明实验结果及由此产生的理论是可靠的，否则就应有疑问。不一致有两种可能：一般情况下，可能是实验结果不可靠，但有时也可能是已成定论不可靠，应予推翻，当然，后一种情况是很少的。所以，当实验结果与已成定论不一致时，问题就非常复杂了，这时往往需要把研究范围再扩大，即连同所谓已成定论的也要再拿来分析研究一番。那就不属于这一实验的问题范围了。

四、用重复实验来检验

这种检验办法是另行抽样，改变实验对象，进行重复实验。重复实验的关键是：实验对象改变，实验处理不变，其他条件尽可能保持不变。重复实验的结果若与原实验结果相符或差别不大，就证明实验可靠，如果差别太大，还可重复实验多次，看究竟哪个实验结果比较可靠。真正的科学结论是应该经得起多次反复检验的。

不过，这种检验办法是比较麻烦的。前文就比较具体的问题所进行的有控制的小型实

验而言，而对于牵涉面比较广的问题所进行的自然实验，就不能拿前面所讲的那些要求去硬套，特别是对于牵涉面比较广、规模比较大的实验，要想对于各方面的情况严格加以控制是不可能的，而且控制过多了反而会失去实验的真实性。在这种情况下，自然实验就非常必要，它绝不是控制实验所能代替的。当然，自然实验也是一种科学实验，也一样须有假设，须有实验因子，并须有各方面应有的数据。它与控制实验的主要区别在于它是在自然状态下，在日常正常生活工作学习条件下所进行的实验。它需要进行更深入的分析与检验，并不断调整其实验措施。它要求实验者站在更高的角度，具有敏锐的观察能力与更高的分析综合能力。

思考与练习

(1)简述教育实验法的内涵及其基本要素。

(2)简述教育实验法的条件。

(3)简述自变量、因变量和无关变量的内涵。

(4)简述教育实验法的分类。

(5)简述教育实验研究方法的优点和不足。

(6)简述实验控制的原则和方法。

(7)简述教育实验法的基本程序。

第七章 教育个案研究法

近年来，质的研究已经成为一种在教育科学研究中越来越被重视的研究范式。质的研究是在自然情境下采用多种资料收集方法对社会现象进行整体性探究，使用归纳法分析资料和形成理论，通过与被研究对象的互动，获得对其行为和意义建构的解释性理解。进行质的研究的方法有很多，个案法是其重要方法之一。个案研究强调对一个人、一件事物、一个社会团体或是一个社区进行深入全面的研究。通过个案研究能够提供对教育问题成因的理解，对复杂的关系作全面的涵盖，对动态变化的情境条件作适当分析。

第一节 教育个案研究法概述

一、教育个案研究法的含义

个案研究法是指采用各种方法，搜集有效、完整的资料，对单一对象进行深入细致研究的方法，其任务是揭示研究对象形成、变化的特点和规律，以及影响个案发展变化的各种因素，并提出相应的对策。

个案研究法不只是一种研究方法，也是一门复杂的认知课程，是帮助个人解决现实问题的理论。通常个案研究法是在对象总体中选择特定的人、事、物所进行的深入描述和分析，研究对象可以是一个人、一个机构、一个社会团体等。

个案研究法是针对单一个体在某种情境下的特殊事件，广泛系统地收集有关资料，从而进行系统的分析、解释、推理的过程。狭义的个案研究法是指对单一特定的人、事、物所作的描述、分析及报告的方法。广义的个案研究法则可界定为：采用各种方法，收集与研究问题相关的资料，对单一个体或一个单位团体作深入细致研究的过程。个案研究法也称麻雀解剖法或个案历史研究法。

个案研究法应用范围很广，在教育研究中往往适用于对不良问题的研究或对某些难以重复、难以预测和控制的事例进行研究，如学生辍学、学业失败、家庭破裂、道德不良、青少年犯罪等，也适用于对学生的心理问题和人格偏差的诊断研究和矫正研究。

二、教育个案研究法特征

个案研究常被看成自然主义的、描述性的、质化的研究，与实证主义的、验证性的、量化的研究相对应。事实上，个案研究不是以质化与量化研究来划分的，而是以研究对象的单一性来界定的。个案研究是所有研究方法中最生动、最有趣的，在学校教育教学、心理咨询、行为矫正等工作中具有重要意义。一般说来，个案研究主要有以下特征。

1. 研究对象的个别性与典型性

个案研究的对象是个别的，但不是完全孤立的个别，而是与其他个体相联系的，是某一个整体中的个别，因而对这些个别对象的研究必然在一定程度上反映其他个体和整体的某些特征和规律。个案研究的目的固然是了解、把握某个个体的具体情况，但也要通过一个个案的研究，揭示出一般规律。个案研究取样较少，其研究的结论代表性也就较小，因此不宜机械地推广到一般中去，需要谨慎地思考和分析，以免犯以个别代替一般的错误。

一般来说，作为个案研究对象的个别应该具有以下 3 个显著特征：①在某方面是否有显著的行为表现；②与这方面有关的某些测量评价指标是否与众不同；③教师、家长等主要关系人是否都有类似的印象和评价。

比如对某学生创造能力发展的个案研究，可以看一下他是否经常有些小发明、小创造、小制作；在创造力测验上的得分是否高于常人；教师及家长等对该学生在这方面的表现诸如脑子活、常提怪问题等是否有较深的印象，能否举出一些事例等。

2. 研究内容的深入性和全面性

个案研究既可以研究个案的现在，也可以研究个案的过去，还可以追踪个案的未来发展。个案研究可以作静态的分析诊断，也可以作动态的研究或跟踪。由于个案研究的对象不多，所以研究时就有较为充裕的时间，进行透彻深入、全面系统的分析与研究。

例如，对一个学困生的研究，往往需要从多方面加以考察，诸如学生学习的智力因素和非智力因素、原有的知识基础和学习方法，以及教师的教学和家长的辅导情况，还要进行前后左右的对照和比较，这样就可以对该生进行比较全面而深入的了解和认识。

3. 研究方法的多样性和综合性

个案研究有自己的研究方法，如追踪法、追因法、临床法、活动产品分析法、教育会诊法等。但是，个案研究又不是完全独立的研究方法。为了搜集到更多的个案资料，从多角度把握研究对象的发展变化，就必须结合教育观察、教育调查、教育实验、教育测量等多种研究方法，综合运用各种研究手段。

例如，我们研究一超常儿童，首先需要对被试进行智力测验，看看其智商是否超常，还要对被试作系统观察，看看其各种智力操作是否杰出，同时要调查其成长环境，必要时还要作一些对照实验。

4. 研究过程的客观性和真实性

个案研究法最显著的特征是描述客观世界的真实故事，而且大多是以纯粹客观的态度，运用归纳的方法，所以说，个案研究法所得的材料比较科学准确，具有较高的文献价值。教育的研究在很大程度上是一个不能复制的过程，所以对这一过程中所发生的一个个典型个案进行深入细致的分析研究，其中包括收集有关个案的背景、具体材料、调查访问结果及有关人员作出的评定和反映，如实地描述这一过程中发生的“故事”，这本身所具有的文献价值就很大，而众多的个案汇集在一起便构成了一个进行教育科学研究的取之不尽的宝贵源泉。但个案研究的意义并不局限于“描述客观世界”，它力图解释、预测或控制客观世界的发展变化。因而，个案研究不属于缺乏理论深度的“收集事实”的经验主义方法论范畴，它的价值在于通过解剖“麻雀”，从中总结或提取普遍性原理，即把个案一般化。

三、教育个案研究法类型

个案研究方法在教育研究中有两种不同的取向：一是逐渐脱离主观分析，与科学客观的量化典范连接，如个案实验法；另一种则是承续精神医学的传统，强调质的分析，与解释学、现象学及批评理论相结合，试图减少主观研究所造成的缺失。

（一）个人个案研究、机构个案研究和团体个案研究

这是根据研究对象的不同对教育个案研究的分类。

1. 个人个案研究

个人个案研究是以个人为研究对象，对该个体特殊的历史、现状及后来的发展进行的研究。个人个案研究最初是指医学领域中对精神病患者的研究，后来扩充到法学、心理学等领域。教育领域的个人个案研究主要是指对个别学生、教师等进行的研究。例如，对某情绪障碍儿童进行个案研究，对某智力超常儿童进行个案研究，对某优秀教师的教学特点进行个案研究，对某著名校长的领导风格进行个案研究。陈鹤琴对其长子陈一鸣的成长过程进行的观察、记录和分析就属于典型的个人个案研究。

2. 机构个案研究

机构个案研究是以家庭、学校、学区等单位为研究对象进行的个案研究。机构个案研究一般涉及该机构的基本情况、机构的主要目的、任务以及为实现目的所采取的一些典型做法和改革措施，如某个学校的教育教学改革、某学区的教育改革试验等。

3. 团体个案研究

团体个案研究是以企事业团体、学术团体、群众性团体组织或地区中一定数量的成员为研究对象进行的研究。如对某乡村学校所有留守儿童进行研究，对某一类中学的校长进行研究，揭示留守儿童或这类校长的共同特征。朱源等对中国科大第三期少年班学生进行的追踪研究，就属于典型的团体个案研究。

（二）探索性、描述性、解释性和评估性个案研究

这是根据研究目的和功能的不同对教育个案研究的分类。

1. 探索性个案研究

探索性个案研究是在未确定研究问题和研究假设之前，凭借研究者的直觉线索到现场了解情况、搜集资料形成个案，然后再根据这样的个案来确定研究问题和理论假设的个案研究。由于这样的研究往往不是最终的个案研究，而且有可能被其他研究方法所替代，因此，探索性个案研究被一些学者看作其他类型个案研究或其他方法研究的前奏，而不是一种独立的研究方法。

2. 描述性个案研究

描述性个案研究即以描述为目的的个案研究。在这类研究中，研究者尽量描述一些现象并使之概念化。好的描述，是伴随情境中的固有意义和意图，尽量对内容再多创造一些情境的描述，能充分地展示现象。该研究可以使用故事讲述、图画描绘等方法。如此，可以给读者一种对情境中内在的意义的感受，从而深入理解研究对象。

3. 解释性个案研究

解释性个案研究即旨在对研究对象进行解释的个案研究。这种解释叫作模式（pattern），即将在个案研究中观察到的一种变化与另一种观察到的变化系统地联系起来。如果研究者没有表明一种变化对另一种变化有因果作用，我们可以把它作为关系模式（relational pattern）；如果表明有因果作用，那就是因果模式（causal pattern）。

4. 评估性个案研究

评估性个案研究即以评估为目的的个案研究。在这类研究中，研究者对教育事件、方案、计划、章程和制度等进行分析，判断其价值，为教育决策者和实践者提供信息，帮助他们判断政策和决策的优点和价值。

四、教育个案研究的意义及局限性

（一）个案研究的意义

1. 特别适合教师使用

个案研究是特别适合教师使用的一种方法。在一定意义上，每个教师都应该是一名教育研究者。但由于教师的主要时间和精力还是放在教学和教育工作上，开展大规模的教育调查和严格控制实验，往往有一定的困难。而个案研究的对象少，研究规模也较小。同时个案研究一般都是在没有控制的自然状态中进行的，也不需要在一段时间内突击完成。所以，个案研究就特别适合教师。教师可以抓住一两个典型的学生，结合教学、教育工作实践进行研究。对于每一个教育实践工作者来说，总可以在班上找到研究对象，而且也不需要什么特殊的处理，不影响正常的教育活动。

2. 有利于因材施教

个案研究是因材施教的基础，具有实践意义。个案涉及的人与事较少，教师有条件对个案的方方面面进行细致的研究，便于掌握个案的全面情况。同时，个案研究可以对少数个案进行几年甚至更长时间的追踪研究，便于掌握个案动态发展。我们只有在对个案全貌研究和了解的基础上，提出有针对性的教育措施，才能真正做到因材施教。例如，对于基础较好、学习能力较强的学生进行个别辅导，提出更高、更难的要求；对于基础不好的学生就要采取措施，查缺补漏。

3. 有利于教师的成长

通过个案研究，可以帮助教师及时了解整个班级或年级的情况。及时收集到关于自己教育措施的反馈信息。通过对个案的辅导，还可以不断总结和评价一些积极的教育措施的实施经验与效果，从而得出对以后教育工作的有益启示。

4. 促进教育科学的发展

个案研究所提供的典型材料为心理学、教育学理论观点提供具有说服力的具体佐证。能够丰富相关的教育学、心理学理论成果。现代教育学心理学的研究，常常要借助于个案研究材料来丰富一般研究的基本结论。如关于儿童元认知的研究都借助了大量个案研究的具体材料，来说明其研究所得出的一般结论。此外，个案研究通过典型材料，以个案举例的方式来说明某种抽象的教育理论和观点，使理论既有概括性，又有实用性，既抽象，又生动，有助于推动教育研究成果的广泛应用,从而促进教育科学的发展。

(二)个案研究的局限性

个案研究适用于具有典型意义的人和事的研究,如对班级中优差两头学生的研究,对个别品德不良学生的研究,对某个学生采取特殊教育的追踪研究,对某个学生的心理问题和人格偏差的诊断研究等。此外个案研究还适用于对那些不能预测、控制,或由于道德原因不能人为重复进行的事例的研究,如对某个学生犯罪过程与原因的研究。

但是个案研究也具有局限性,表现在以下几个方面。

1. 样本小

由于个案研究的对象数量少,其代表性有限,难以从个案研究中得出具有普遍性的规律和结论,因而推广应用的可能性受到限制,故依据个案研究得出的研究结果的适用性也常常被人怀疑。

2. 结论主观性较强

个案研究一般只能揭示对象的典型特征,常常是定性的分析,其分析的结果也难以量化、标准化,研究者受自身的知识结构、能力等因素的影响,容易作出主观的不精确的结论。

3. 费时费力

个案研究往往需要采用不同的方法收集各方面的资料,对儿童进行一定的训练或矫正,有时甚至需要追踪研究几年或几十年,因而耗时较多,投入的人力物力也较多。

第二节　教育个案研究的基本程序、原则与方法

一、教育个案研究的基本程序

(一)确定个案

个案研究重在探讨事物怎样发生和为什么发生,是在对事件深入理解的基础上,通过对事件的精细描述和分析而获得整体的认识。在个案研究中,如何选定个案是关键。适用个案研究的条件是:用小样本去说明总体;在对一个事物有了一定研究后,通过分析个案来剖析事物;有的事物并不普遍,不具有代表性,但值得关注,也可以成为个案;在对某种理论、方法的应用中,采用个案加以反馈,在实践中验证;为了不断积累材料的需要,以个案为素材为今后研究打下基础。如研究智力超常儿童的教育问题,选择对象必然是高智商、具有创造力者;研究学困生教育问题,一定要选择智力滞后、改变教学方案与教学方法后仍然不能适应教学的学生。

确立研究对象一般要把握以下几条标准:①根据已掌握的情况所形成的主观印象,看研究对象的行为是否有显著性特征;②向教师、家长以及有关人员进行调查了解,看是否也有类似的评价和印象;③通过有关检测,看测量结果是否达到评价指标。

为了选取具有能完成研究任务的特性及功能的样本,个案研究往往采用有目的抽样。如代表性个案抽样、关键个案抽样、极端型个案抽样、配额抽样、声望个案抽样、滚雪球式抽样、效标抽样、证实和证伪个案抽样、综合抽样等。不管是哪种抽样,都体现了目的性原则。

有目的抽样与随机抽样的逻辑基础不同。随机抽样的逻辑基础是所选择的样本对总体要有代表性,以便推广到整个总体;而有目的抽样的逻辑基础是样本个体对所深入研究的情况信息掌握得多且丰富,确信那些被选的样本个体本身就是丰富信息的提供者。

(二)个案现状评定

个案评定要全面,除了对突出方面要有专门的测量与评定,以便正确认识个案在这些方面的特点、所处的水平,以及与一般情况的判别外,对个案的一般情况也应有一个全面的了解与评定,因为某一方面的突出不是偶然的,往往与个案所处的现状有关。例如,学生的学习成绩,不仅与教师、集体、个人兴趣等有关,还与他的家庭、朋友以及其他环境有关。

(三)收集个案资料

个案研究依赖于详尽的相关资料,否则难以得出准确的结论。

1. 个案资料的内容

个案资料涉及的内容十分丰富。就个体个案研究来说,其内容主要包括以下几个方面。①研究对象的基本情况,如个人的姓名、年龄、性别、民族、所在学校和班级、所在班级同学的总体情况(年龄分布、性别比例等)。②个体身体健康资料,如既往病史、药物过敏史等。③个体成长及心理发展资料,如母亲妊娠、生产情况,出生后的发展情况,个性心理特征,行为习惯等。如果个案是一名学生,要收集学生的历次品德评语、升学考试成绩、单元测验成绩、近几年的作业本、日记、周记等等。④个体家庭背景资料,如父母的姓名、年龄、职业、文化程度、健康状况,家庭经济状况及居住环境,父母的教养方式,亲子关系,家庭中的重大生活事件,家庭病史等。⑤个体当前问题资料。如目前的主要症状、表现等等。

2. 个案资料的来源与收集方式

收集个案资料时,必须注意个案资料的来源是十分广泛的。可以来自对研究对象本身的观察、调查,或由研究对象自己提供,也可以来自与研究对象相关的一些人或机构。如对超常儿童的个案研究,可以向研究对象本人收集相关资料;也可以通过对研究对象相应的观察、调查谈话等获得资料,如让研究对象回忆自己的发展历程,介绍一些对自己影响较大的事情和人物,然后重点调查;还可以向与研究对象相关的一些人或机构索取材料,如可以到学校收集研究对象的有关资料,也可以让家长、任课教师、同学好友谈他的发展情况等。

所收集的这些个案资料可概括为两类,即主体和客体资料。前者指研究对象的自传日记、写给别人的信件、著作等;后者指个人档案,社团或学校、机关的记录、照片、录音、登记表格,以及同学、同事等人提供的证明材料。

收集资料的方式很多,如观察、测量、问卷、访谈、查阅个案的一切文字记录等。

3. 收集个案资料的要求

收集个案资料要做到客观、公正、全面、深刻。

(四)整理分析资料

对收集到的各种个案资料,要进行细心的整理和分析,作出合理判断,探究某一特殊行为的原因,揭示出个案的外在现象与内在本质之间存在的必然的因果联系。在教育或心理现象中,有些行为的原因易于发现,有些行为的原因则不易察觉;有些行为的原因很单纯,有些行为的原因却很复杂;有些行为的原因可能源于童年时代的生活经历,有些行为的原因可能是由于成年生活的重大事件的影响；有些行为的原因可能曲折变化；等等，都需要研究者对个案资料进行全方位的谨慎而深入的分析。

1. 个案资料的记录整理

个案研究资料的记录和整理一定要分门别类，简便清晰，一般可采用表格来处理。如个人谈话记录表和儿童个案研究资料袋都是记载和整理个案资料的简便形式。

2. 个案资料的分析

面对收集到的丰富而详细的资料，如何进行分析，从哪些方面分析，直接影响研究的质量。一般而言，分析个案资料主要从以下两个维度进行。

1）主观—客观维度

从研究对象的主观上分析，主要是探究隐藏在个案外在行为背后的内在动力，如动机、态度、情感、世界观、人生观、价值观等；从客观上分析，主要是了解教育、家庭、社会环境等与儿童的生理、心理特点以及学生的成长、发展存在哪些相适应或不适应的地方，并找出它们的矛盾关键所在。

2）现状—过程—背景维度

现状—过程—背景维度分析主要从个案当前的发展现状和水平来分析个案行为或现象的形成和发展过程与现有水平的动态关系，进一步分析个案行为或现象发生的背景因素，以此来了解个案发展变化的基本特点和规律以及影响个案发展变化的各种因素。

在对所收集的历史资料与现代资料进行比较分析的基础上，理清个案发展变化的脉络，找出哪几个因素对个案在某些方面的突出发展有较明显的意义，形成初步的认识，然后再进行深入的分析。

（五）个案的补救，矫正与发展指导

个案的补救、矫正与发展指导就是根据对个案资料的分析、诊断，提出恰当的教育措施，进行矫正或发展指导教育，或对学生如何发扬成绩克服缺点，设计一套因材施教的方案并加以实施。

个案的补救、矫正与发展指导涉及两个方面的具体内容。①改善和疏导那些不利于个案发展的外在条件，加强创设那些有利于促进发展的外在条件，使之更好地适应、满足学生发展的需要，如家庭氛围、父母的教养态度、学校的教育措施、学生人际关系、社会文化环境等因素对其发展的影响；②激励或引导儿童内在因素的健康积极发展，如通过心理咨询和治疗，提高学生的心理健康水平，改善和发展儿童的良好情绪、情感和人格倾向及性格特征，克服过度焦虑和一些不良性格等等。

对个案进行补救、矫正和发展指导的具体方法视问题的性质而定，如矫正儿童的问题行为，其矫正方法就要根据问题行为的性质而定，处理有偷窃行为的儿童的方法与处理学习行为异常儿童、情绪障碍儿童的方法就不同。一般来说，教师要矫正儿童的不良行为，需要根据生理学、心理学、教育学、社会学的原理，针对病源综合运用，有针对性地加以矫正。

（六）追踪研究

教育是一种长期活动，有时要在一段时间以后才能比较全面准确地看清某一教育措施的效果。因此，对于个案研究，特别是施以发展指导的个案研究，有必要有一段较长时间的追踪观察，以测定与评价其指导措施。

（七）撰写研究报告或论文

个案研究报告最好是按照以上 6 个步骤来写，把它们当作 6 个组成部分。

二、教育个案研究的基本原则

（一）综合性原则

个案研究的综合性原则是指在研究方法的运用上需要运用调查法、测量法、文献研究法等多种方法，进行综合性研究。

（二）灵活性原则

灵活性原则是指研究者要灵活处理研究中出现的各种变化，尤其是在对研究对象进行个别访谈时出现的各种变化。对于不同的问题、不同研究阶段以及不同的研究对象，应根据需要和进展，调整研究进程和研究内容，选择或变换更为恰当的研究方法。

（三）伦理性原则

由于个案研究针对具体的研究对象，涉及研究对象的各方面内容，因此，研究时必须注意材料的报道是否经对象同意，是否涉及研究对象的一些隐私和秘密，是否触及个人情绪，遵循教育个案研究的伦理性原则。

1. 自愿参与原则

社会研究总是不可避免地要介入他人的生活，或者影响他人的工作，如访谈、问卷调查、座谈等。因此、在选取个案资料时，必须征得相关人员的同意，使他们知晓研究的意图、意义和作用，乐意提供支持与配合。在个案研究中，不能通过强制手段迫使他人参与研究，接受研究者的访谈或填写问卷。任何非自愿的方式都可能影响个案资料的可信度和研究质量。

2. 保护隐私原则

由于个案研究需要对研究对象进行深入细致的描述，广泛展示研究问题的背景，有可能公开个案所涉及地点、人物的隐私，因此，为了保护个案所涉人员或地点的隐私以及实际利益，避免造成不必要的伤害或社会负面影响，必须尽量采用化名方式处理相关地名、人名，当事人或当地人不介意研究者使用他们的真实名称除外。

3. 平等尊重原则

研究者应当从人格上真诚对待研究对象，平等对待参与研究的人，在访谈、对话和讨论中尊重他们的意见与看法，将自己与访问对象和参与讨论的人置于平等的地位，不居高临下、盛气凌人。研究者在实地考察中要尊重当地的风俗习惯与民情，理解和接受当地的人际交往规则及禁忌。

三、教育个案研究的方法

中小学的教育个案研究可以根据研究目的、对象、内容的不同，采用追踪法、追因法、临床法、活动作品分析法、教育会诊法等具体的个案研究方法。

（一）追踪法（追踪研究法）

个案追踪法就是在较长的时间内连续跟踪研究单个的人或事，搜集各种资料，揭示其发展变化的情况和趋势的一种研究方法。

追踪法的运用有以下几个步骤。①确定课题。确定课题首先要明确追踪研究的对象是个人还是团体或机构，目的是什么，要追踪研究对象的哪些方面；②实施追踪研究；③整理和分析资料；④提出改进建议。

（二）追因法

实验法先确立原因，然后根据原因去探究产生的结果。追因法则是先有结果，然后根据发现的结果去追究发生的原因。

实施个案追因研究有这样几个步骤。①确定结果和要研究的问题；②追因假设；③设置比较对象；④查阅资料，进行对比；⑤检验结果。找出原因尚有待进一步检验。最后的检验办法是看有同样原因存在的其他许多事例中是否有同样的结果发生。

（三）临床法

临床法也叫作临床谈话法，往往通过谈话的形式进行。这一方法既适用于陷于困境儿童的研究，也适用于正常儿童的研究。前者旨在解决个案的问题，后者旨在通过研究特殊个案发现儿童发展的一般规律。

临床法应用的一般过程如下。

（1）由教师、父母或学生本人提出需要帮助的具体的行为问题或学习问题，然后观察其行为。

（2）根据学生的学习成绩、教育测量情况、同伴评价、家庭情况以及该生在各种环境中的表现，明确当前的情况。

（3）根据学生的发展史、学校记录和家庭历史等资料，了解其过去的历史。包括以下方面。①找出行为的一贯性。如学生的问题行为是在所有情境中发生，还是只在一定的情境中发生。②找出行为的模式，即使行为前后有不一致，也可能是一种有意义的模式。③找出可能的动机。

（4）根据可能的假设设计处理方案。

（5）根据初步处理的结果判别假设是否正确，是否需要修改或者必须完全推翻。

（6）为了提高研究的科学性，一般宜用实验法再加以检验。

（四）活动产品分析法

通过对研究对象活动产品如作业、书稿、日志、教案、总结、自传、绘画、工艺作品等的分析，以了解研究对象的能力、倾向、技能、熟练程度、情感状态和知识范围，从而对个案状况作出准确判断。

（五）教育会诊法

教育会诊法是指召集有关教育专家学者（尤其是教师集体）通过讨论，就个案（学生的行为）作出鉴定，作出对研究对象比较客观公正的结论的一种研究方法。其特点是集体性、公正性、简便性。

巴班斯基认为教育会诊通常包括6个环节:①明确会诊目的;②确定会诊参加者;③由班主任和任课教师详细说明对某一学生的看法,并列举理由;④组织集体讨论,广泛交换意见;⑤为该生(个案)作出鉴定,提出有针对性的教育措施;⑥根据学生的鉴定材料,教师对集体或个人的教育工作进行自我反省,加强自身修养,提高教育教学水平。

第三节　教育个案研究的应用

一、教育个案研究模式及其实施步骤与方法

个案研究可以由问题切入,亦可以从研究对象着手,通常有两种研究模式。

(一)问题解决模式的实施步骤与方法

学校中多数个案研究着重对问题的解决,即帮助个案解决其行为或人格上的特殊问题。从实际操作程序上可分为下列6个步骤。

1. 确定问题性质

在实施个案研究时应先察觉问题行为或人格上的特殊表现是什么并加以确认及界定。有时候问题性质并不像问题表面所显示的那么明显易察,因此确认问题性质时,研究者应该先确认偏差行为的存在,并依据该行为出现的频率及严重程度来确定问题性质。

2. 把握问题关键

问题的关键是什么?必须从问题的性质中收集相关资料,再加以核对、评估、分析,确定问题的关键。

3. 了解问题背景

个案问题的发生有其独特的背景和缘由,实际问题的状况与理论上或理想上的普遍情况不尽相同。研究者必须通过各种渠道了解问题发生的过程、条件、个案的内在动机和社会环境等外在因素。

4. 提出解决方案

为了解决问题,研究者可以根据过去处理类似问题的经验及方法提出处理意见,也可以用独特的创新方式提出解决问题的方案。

5. 付诸行动,检验结果

解决问题的方法会有许多,这些方法中哪些具有实效则要在行动过程中加以检验。当解决问题的方法无效或出现新问题时,可以回到前一步骤,重新探究解决问题的方法。就这样不断地循环重复,直至问题最终解决。

6. 形成最佳决策

研究者在比较评价各种结果的基础上,选择解决问题效果最好的方法形成最佳的研究决策。

以上6个步骤是互相联系的整体,前一步骤是后一步骤的基础,一旦哪个步骤出现问题,可以返回到前一步骤,重新探究。下面是一个问题解决模式的案例。在一些情况下,个案研究并没有提出问题的解决方式并付诸行动,而只涉及第1至第3个研究步骤,这种情

况。通常也被视为个案研究。

例1:某班级学生和老师应对考试压力情况的研究。

(1)确定问题性质——考试压力。

由于升学考试的压力,中学生的学习负担普遍较重。

(2)把握问题关键。

升学考试的压力渗透在学校生活的方方面面,也从根本上制约着学生自主性的发展。

(3)了解问题背景。

首先,选取了学习成绩好、中、差的三类学生进行了座谈。

①问:你们是怎样看待考试的?考试对于你们意味着什么?答:略

②问:你们对这次考试成绩满意吗?答:略

③问:为什么?是不是对自己期望值太高了?答:略

④问:你们个人有没有责任呢?答:略

⑤问:你们觉得现在的考试主要是考查什么?答:略

其次,还同语文教师进行了交谈。

⑥问:这次语文考试成绩怎样?

答:不好,考下来我很火。主要是考试题目出得不好。有几个题目我没有让学生背到,学生就答不上来。

⑦问:什么题目没背到?

答:略

(4)问题分析:现在的考试,不是考查学生对知识的理解和应用能力,而是要求学生死记硬背所谓的"标准答案",不是鼓励学生独立思考,有自己的独立见解。在这样的考试制度下,教学变成了应试的手段,而不是教师、学生共同探求知识的活动,这样的教学,对教师和学生的创造力、想象力都是一种摧残和迫害。考试的内容、形式以及考试背后的思想观念如果不发生根本的转变,教育教学改革将难以取得实质性的突破。

(二)对象跟踪模式的实施步骤与方法

如果个案研究的对象是某位学生的话,也可参照下列基本步骤进行。

1. 确定研究对象

研究者应根据个案研究的目的和内容以及对个案问题行为的界定,选择典型的人或事为研究对象。例如,研究的目的是了解超常儿童的特点,探索超常儿童的成长规律,那么就应该选择智商高的、学习成绩出众的学生作为研究对象。在教育教学研究中,个案研究的对象通常是:有生理障碍的学生、学习成绩差的学生、行为偏差学生、情绪异常学生、资质优秀学生等。

2. 收集个案资料

全面地收集个案资料是个案研究有效性的重要保证。全面系统的个案资料有助于研究者对个案的完整认识。

1)个案资料的来源

①个案的个人资料。包括:身份资料,如姓名、性别、年龄、出生年月、籍贯等;个人发展

史，如胎儿史、出生及新生儿期的情况、发育情况、学习情况、人际关系情况等；文档资料，如个案历年来的学习手册、考试成绩、作业、日记、周记、书信、照片、绘画作品等；身体心理特征，如身高、体重、生长发育情形、健康情况以及能力、兴趣、人格、智商、态度、习惯、情绪等。

②学校有关记录。个案的学校记录资料比较规范，又有延续性，容易作前后对比。资料包括各种情况登记表、成绩记录、操行评语、奖惩情况、师生及同学关系、教师和学生的评价等。

③家庭和社会背景。家庭和社会背景涉及个案的个人生活史，是个案研究的重要的信息源。这方面的资料往往涉及父母的姓名、年龄、健康状况、教育程度、职业、社会经济地位，家庭成员间的关系情况，个案在家庭中的地位，家庭中有无重大挫折和意外遭遇，所在社区的文化状况，交往的同辈群体等。

2）收集资料的方式

①观察。暗中观察记录或请同学代为观察以搜集个案的人际关系、师生关系及同伴互动和其他行为（尤其是问题行为）。

②心理测量。搜集个案的智力、性格、成就、人格等测验分数以了解个案的心理特征。

③文件分析。搜集个案的自传、日记、周记、信函、历年成绩记录或奖惩记录；个案的健康检查记录，了解其发育情况。

④口头访问。个别约谈，在与个案谈话之前，必须取得个案的信任，使个案愿意将感受倾诉，以了解问题行为的动机、前因后果等。家庭访问，可以了解家长的教育态度及管教方式，父母婚姻状况，个案的家庭生活与兄弟姐妹的关系，了解个案的问题行为是否与家庭因素有关系；旁观者调查，调查与个案接近的人，如老师、同学、朋友，以了解问题行为。

3. 诊断与假设

在广泛收集个案资料的基础上，常常还需要对相关问题作进一步的测试，以诊断问题的症结所在，推论原因——主因、次因、远因、近因等，形成初步的假设。诊断最好能有标准化的测验量表。诊断的类别包括以下几种。

（1）动力性诊断。对影响学生问题的各种动力的诊断研究，了解学生产生烦恼的生理、心理、社会原因。

（2）临床诊断。在现场操作进程中的诊断。

（3）病源性诊断。旨在了解问题的原因及形成过程。

因此，个案研究的诊断不只是对问题症状和现象的探究，更重要的是掌握问题的本质及原因。

4. 个案分析

个案研究收集到的资料往往比较粗糙、琐碎，需要用逻辑思维的方式进行理性的加工。通常内容分析法在综合个案资料上用处较大，它可以系统、客观地辨识信息，提供推论的依据。分析的首要步骤是选择与界定所分析的类别，如前面所提，一般有两种维度：①主观—客观维度；②现状—过程—背景维度。

5. 个案指导

个案研究不仅仅要提出研究的问题，还需要提出解决问题的策略和指导性意见，通过跟踪、观察、记录等方式验证先前的诊断和假设。在个案研究的诊断与假设、分析与指导的过程中难免会有错误的判断和推论,因此需要在实际的个案实施过程中,通过多方面的信息和资料来检验先前主观推断的合理性。

6. 形成结论

对个案研究结果进行讨论和评估,提出建议,得出结论,撰写个案研究报告。个案研究除了收集个案相关资料外,还需与个案进行沟通,以达到辅导、咨询、解决问题的目的。沟通方式可以是一对一的。也可以是多对一的。沟通形式可以是正式场合,也可以是非正式场合。在沟通过程中,研究人员要特别关注个案的非语言信息。如动作、表情等,以全面、真实了解个案。下面是一个对象跟踪模式的案例。

例 2:行为个案研究

(1)确定研究对象:(略)。

(2)收集个案资料:(略)。

(3)诊断与假设。

由于父母在船上工作,家里无人照顾,A 个性好动,所结交的朋友都是喜欢玩的,在家也不做功课,这些是个案问题行为的原因。父母管教态度不当,个案爱说谎,姐姐因为遭恐吓,不敢将 A 的实情告诉父母。

老师为此与家长联系, A 的母亲很关注,愿意与校方配合。老师因为感到田径、足球与跆拳道会使 A 分心,所以征得 A 父母同意让 A 停止那些活动,并劝导 A 静心求学。在父母管教态度测验上发现 A 觉得父母对他的感情有拒绝、严厉、前后不一致、父母不一致等倾向。

(4)个案矫治指导。

①随时与姐姐保持联系,若 A 未上学或晚归,应查原因,以免与不良少年在外闹事。

②劝其父母多留在家里关心子女。

③建议父母对 A 管教要一致,请父母规定 A 每晚做功课。

④规定 A 每天写日记,以掌握其行踪。

⑤利用同伴辅导,帮 A 解决功课上的疑难,以提高 A 的学习愿望。

⑥建议其母亲找老师利用夜间辅导 A 的英语与数学,每天准时去上课,万一不能准时上课要打电话说明原因。

⑦对 A 采取“先礼后兵”策略,一旦他违规,事先说明处罚规则。限制他和其他不良少年来往,并鼓励他与班上同学一起玩。

⑧在学校与同学有冲突时,尽量找到相关人,当面对证,以免说谎,让他知道不得欺骗老师,并告诉他不得动手打人。

⑨老师利用上课或课余讲解有关问题学生或少年犯罪事实给全班同学听,让学生明辨是非,知道何事可为、何事不可为。

⑩老师让其他任课老师不要将 A 当坏学生看,找出其长处,多加赞美, A 有好表现时,多加赞赏。

⑪ 老师与 A 每星期见面两次,多半在学校,偶尔在老师家,时间多半在下午放学后或中午午休时间,老师与其姐弟建立良好关系。

（5）矫治效果与结论。

A慢慢越来越听话，在班上表现也愈来愈好，对师长态度已经改变，不像昔日那样凶。动手打人少了，每晚多多少少会看书，做作业，能按时交作业，平时考试也有显著的进步，成绩也节节上升，很喜欢上课，更希望得高分。他除了与班上的同学一起玩外，很少与别班同学为伍，完全没有与外面的不良少年来往。经过两三个月的辅导，在各方面有显著的进步。

二、教育个案研究报告撰写

个案研究报告是个案研究的表现方式，是个案研究的过程中必不可少的一环。通过个案研究报告可以了解个案的基本情况及处理的过程。正如到医院看病，医生写的病历一样，可以为以后的诊断、治疗提供依据。撰写报告的遣词用字应该具体、明确，不可笼统、模糊不清。陈述事情应客观，不可过于作主观解释、说明，以免造成误导。

（一）个案研究报告的类型

个案研究报告的表达方式多种多样，大致可分为以下几类。

1. 描述性报告

描述性报告比较详细地叙述个案资料，直接而精细，可以将这些片段并列或串联，不可以转述而用原话，尽可能用客观描述来呈现对个案的解释。但整理报告的时间较长，重心难以把握，较为繁复。

2. 简介性报告

简介性报告像是一幅个案的速写，着重反映个案的主要特征，比较简洁。报告整理时间较短，较能显出问题的重心，不过往往难以详细获知一些有关个案的细节部分资料。

3. 分析性报告

分析性报告通常对论点进行直接的论述，对论点均需提供论据，并需说明个案的各种可能现象及推理历程。分析性报告是一种企图利用客观的方式呈现个案资料，但又无法全然放弃主观判断的呈现方式。

（二）个案研究报告的基本组成

教育个案研究报告的内容和格式要对应于教育个案研究的基本程序，教育个案研究报告的结构由以下部分构成：①确定个案；②个案现状评定；③个案资料的收集；④个案资料的整理与分析；⑤个案的补救矫正与发展指导；⑥追踪研究结果与总结。

思考与练习

（1）什么是个案研究法？ 它有哪些特征？

（2）个案研究法的研究范围是什么？

（3）试比较问题解决模式和对象跟踪模式。

（4）试结合教育个案研究的基本程序拟定教育个案研究报告提纲。

第八章　教育行动研究法

第一节　教育行动研究法概述

一、教育行动研究的产生与发展

行动研究作为一个专业术语、一种研究类型，是 20 世纪 40 年代在美国的社会科学研究中开始出现的，20 世纪 50 年代被应用于教育研究之中，20 世纪 70 年代以来越来越受到教育研究工作者的欢迎，目前已经成为广大教育实践工作者从事教育研究的重要形式。

行动研究一词最早是柯勒于 1933 年至 1945 年间任美国联邦政府印第安人事务局局长时，曾安排事务局内、外人士共同合作研究如何改善印第安人与非印第安人之间的关系时提出的。他认为，研究的结果必须能为实践者付诸应用，并利用自己的经验进行检验，因而他鼓励实践者参与研究。他把这种实践者在行动中为解决自身问题而参与进行的研究，称为行动研究。

20 世纪 40 年代，勒温在对不同人种之间的人际关系进行研究时，他们与黑人、犹太人合作进行研究。这些实践者以研究者的姿态参与到研究中，积极地对自己的境遇进行反思，并力图改变自己的现状。勒温将这种结合了实践者智慧和能力的研究称为行动研究。他将行动研究描述成一个螺旋状逐步行进的过程，其中包括计划、发现事实、监察、实施、评价等步骤。后来，这些步骤被其他学者明确地解释为计划—行动—观察—反思—计划的循环。

20 世纪 50 年代，由于哥伦比亚大学师范学院前院长科里等人的倡导，行动研究进入了教育研究领域，教师、学生、辅导人员、行政人员、家长以及社区内支持教育的人都参与到了对学校教育的研究之中。然而，到 20 世纪 60 年代中期，因实证主义在社会科学领域十分兴盛，技术性的“研究—开发—普及”（RDD）模式逐步占据统治地位，行动研究曾经沉寂一时。20 世纪 70 年代，经艾略特等人的努力，行动研究在西方社会再度崛起，特别是在教育研究领域。

进入 20 世纪 90 年代以来，由于人们越来越意识到实证研究已经不能解决社会问题，理论与实践的分离已经成为社会科学领域的一个重大危机，而行动研究可以提供一些可行的变革社会的途径，因此这种主张和方法日益受到人们的重视。

二、教育行动研究的定义

“行动研究”概念具有多种界定。英国学者艾略特将其定义为：行动研究是对社会情境的研究，是从改善社会情境中行动质量的角度来进行研究的一种研究取向。这种研究被运用于社会科学的各个领域，特别是组织研究、社区研究、医务护理与教育等。

《国际教育百科全书》将“行动研究”定义为：由社会情境（教育情境）的参与者为提高对所从事的社会或教育实践的理性认识，为加深对实践活动及其依赖的背景的理解所进行的反思研究。在行动研究中，被研究者不再是研究的客体或对象，他们成了研究的主体。通过“研究”和“行动”的双重活动，参与者将研究的发现直接运用于自己的社会实践，进而提高自己改变社会现实的行动能力。研究的目的是唤醒被研究者，使他们觉得更有力量，而不是觉得更加无力，在受到社会体制结构和其他势力的压迫之外还受到研究者权威的进一步压制。在行动研究中，研究者扮演的只是一个触媒的角色，帮助参与者确认和定义研究的问题，为分析和解决问题提供自己的思考角度。

综上所述，教育行动研究法是指有计划、有步骤地对教育实践中产生的问题，由教育实践工作者和专业研究者相结合，将问题发展成研究主题进行系统的研究，边研究边行动，以解决实际问题和提高认识为目的的一种科学研究方法。

三、行动研究的特点

行动研究是在人们的社会实践领域中产生的。它一方面指的是人们为达到提高社会生活质量，改变自身境遇的目标而设计的一系列渐进活动；另一方面又试图确认这些活动的标准、提供行动的方案，使渐进的活动系统化。正因为如此，行动研究才有着区别于其他研究方法的一些特点。

1. 研究的目的——以解决实践中遇到的问题为主

行动研究为行动而研究，以解决实际问题为主要任务，为实践本身的改善而展开研究，而不是理论上的建构，通过行动与研究的结合，通过实践行动来改善工作情境中所面临的问题，关注问题的圆满解决，进而改善实践工作情境，行动研究强调研究的应用价值性，此价值性旨在改善实践工作者的工作情境、解决实践工作中的问题。

2. 研究的情境——当事人实践工作情境

行动研究旨在解决研究者所处工作情境中所遇到的问题，它以行动者的实践情境为依据进行研究。情境合适的范围较小，与研究者工作无关的情境通常不在行动研究范围之内。由于研究情境有其特定性，因而行动研究结果不宜作情境推论。

3. 研究的主体——实践工作者

实践工作者既是研究的主体，也是研究的客体，但以研究主体为主。行动研究强调实践工作者要实际参与研究工作，亲身投入研究过程。在传统意义上的社会科学研究中，实践者是被研究者，是研究的客体或对象，而在行动研究中，他们成了研究的主体，不是被动地接受局外人的研究成果，而是对自己所从事的实践进行研究，通过研究与行动的密切配合，提高自己改造社会实践的能力。

4. 研究的应用者——行动研究者

在学术研究中，多数研究参与者并非研究应用者，其理论取向重于实用取向，造成理论与实践应用的分离。行动研究的实践工作者不仅是研究参与者，同时也是研究应用者，其目的在于改善实践工作情境，解决实践工作问题，因而行动研究可有效缩小学术理论与实践应用间的差距，将实践工作者、研究者、研究应用者合而为一。

5. 研究的过程——重视协同合作

行动研究是在实践过程中进行研究。因此,行动研究是研究者与实际行动者共同参与、协同合作的研究过程。协同合作研究重视的是成员间的平等关系,而非上下等级关系。行动研究强调协同研究、分工合作、经验分享、脑力激荡、共同决定与成果分享等;此外,学者专家亦是实践工作者的合作伙伴,担任协助辅导角色,主要处于咨询顾问的地位,实践工作者才是主要的研究者。

6. 研究问题的解决 ——立即应用性

行动研究与一般研究不同,行动研究重视研究结果的应用性,实践工作者通过行动研究可有效解决实践问题,改善实践工作情境,改进实践工作情境的方法与策略,增加工作效率与工作效能。行动研究重视研究的实用价值性,强调研究结果的即时应用,而非是学术理论的验证或建立。

7. 研究结果的推论——情境特定性

行动研究具有情境特定性,并非从事大样本研究,其样本以特定对象为主,不必具有普遍的代表性。每个行动研究方案,不管方案规模的大小,都有自己的特点。行动研究的情境特定性不同于一般研究的普遍代表性、情境类推性。行动研究以特定实践问题为主,实践问题的解决有其特定的适用情境;行动研究以小样本为范围,以实践工作者所在情境的人、群体、组织为研究对象,因不重视取样代表性,研究结果无法类推至其他的实践情境。

8. 研究的效益——解决问题与促发个人专业成长

行动研究鼓励实践工作者扮演研究者角色,通过反省,批判探究,解决工作情境中的实践问题。就动机而言,实践工作者从事行动研究,具有改善和解决实际问题的意愿,行动研究者所从事的研究即是一种促发个人专业发展的研究。行动研究是实践工作者带着改善实际工作情境的目标,扩展自我的视野与角色,对自己的实践工作随时作批判式的反省和思考。

9. 研究的理论基础——人的发展,自我反思、自我教育

行动研究本质上是追求更为合理的教育教学实践的过程,旨在使教师获得一种内在启蒙和解放的力量,打开新的思考维度和新的探询方向,增强实践能力和自我超越的能力。如此,行动研究超越了传统意义上对"研究"功能的界定——真理知识的获得,而成为"人的发展"的一个过程,一个自我反思、自我教育的过程。

10. 研究的方法——兼用量与质方法,偏向质性研究

行动研究虽然不排斥量的研究方法,但多数以质的研究方法为主,在资料的验证上常采用多种方法搜集资料。在行动研究过程中,量或质的研究方法均可采用,但多数情境中,以质的研究方法为主。

概括而言,教育行动研究具有如下特点。

1. 为行动而研究

行动研究的目的不是构建系统的学术理论,而是解决实践工作者所处的情境、遇到的问题。研究的目的具有实用性,问题的解决具有即时性。

2. 在行动中研究

行动研究的环境就是实际工作者所在的工作情境,并非经过特别安排的或控制的场景。

行动研究的过程即是实际工作者解决问题的过程，是一种行动的表现，也是实际工作者学会反省、提高问题探究与问题解决能力的过程。

3. 对行动的研究

这是针对行动研究的对象而言的。行动研究重点关注社会实践中的特殊问题在社会情境中的独特表现，以及对其相关原因进行分析、阐述，以达到解决该问题的目的。但是，行动研究随时会受到研究所在环境中各种因素的影响，要根据实际情况的变化不断修改调整研究方案，不断地改进行动，把研究问题和解决问题结合起来。

4. 由行动者研究

行动研究的主体是教育实践工作者，而不是外来的专家学者。专家学者参与研究，扮演的角色是提供意见与咨询，是协作者，而不是研究的主体。

四、行动研究的优点和局限

（一）优点

（1）适应性和灵活性。行动研究简便易行，较适合于没有接受过严格教育测量和教育实验训练的中小学教师。行动研究容许边行动边调整方案，可以不断修改，经过实际诊断，可以增加或取消子目标。实验条件的控制比较松缓，注重实际的教育环境，较有利于在教育这样复杂的研究现象和领域内进行。

（2）评价的持续性和反馈的及时性。行动研究强调评价的持续性，诊断性评价、形成性评价、总结性评价贯穿于整个研究过程。反馈的及时性表现在两个方面：一是及时总结反馈，使教育实践与科学研究处于动态结合与反馈中；二是一旦发现较为肯定的结果，便立即反馈到教育实践中去。

（3）较强的实践性与参与性。教育研究与教育实践紧密联系，教育研究紧紧围绕着学校的实际问题进行分析、研究和行动。参与性体现在典型的行动研究中，研究人员由专职研究人员、行动领导和第一线教师联合构成，研究人员直接或间接参与方案的实施。

（4）多种研究方法的综合使用。在较成功的行动研究中，可汇集多种研究方法的使用。理想的行动研究法应是多种科学研究方法的灵活和合理的使用。

（二）局限性

由于行动研究本身常以具体实际情境为限，研究的样本受到限制，不具代表性，对自变量的控制成分很少，因而内外部效度都显得有些脆弱，在某些方面难以达到科学研究的严格性要求。在实际研究中，表现出诸多不足。一是不可能严密控制条件，其结果的准确性、可靠性不够；二是研究质量不高，难以将结果推广到应用；三是研究者本身在观念方面、时间方面和能力方面存在限制；四是由于研究中主管人员不支持或群体间意见的不一致，会造成研究过程和研究结果的不确定性增大。

此外，行动研究不能取代其他的研究方法，而只能作为其他研究方法的一种补充。行动研究的理念和程序可能因为不够严格和有调查偏倚而受到某种批评。然而不只是行动研究，实际上所有的研究都可能遇到这样的问题。无论采用什么样的研究方法，都必须尽可能科学规划和综合考虑，才能保证研究过程和结果的高质量。

五、教育行动研究的类型和适用范围

行动研究的类型大体上有两种,一是独立进行的行动研究,二是联合性的行动研究。分为 3 个层次,这 3 个层次分别为:单个教师的行动研究;协作性的行动研究(理论工作者与教师合作);学校范围内的联合行动研究。

行动研究的适用范围主要是教育实际问题而不是理论问题的研究。单个教师的行动研究的特点是规模小,研究问题范围窄,具体易于实施,但力量单薄,很难从事深入的、细致的、说服力强的研究。协作性行动研究的特点是可以发挥多个教师的集体智慧和力量,但可能在理论指导方面较欠缺。

学校范围内的联合行动研究是专业研究人员、教师、政府部门、学校行政领导等组成的较为成熟的研究队伍所从事的研究。这是较为理想的行动研究,它的特点是有专业人员参与,有较强的理论指导,研究力量强,能充分地发挥领导、教师、研究人员的作用。

行动研究适用于中小规模而不是宏观的实际研究。主要针对教育的实际情境而进行,是从实际中来又回到实际中去,具体表现为:课堂教学研究将改革措施实施于教学过程;对课程进行中小规模的改革研究;为教师职业技能训练提供新的技术和方法;学校管理评价;对已确诊的问题施行改革措施、如困难学生的教育措施、不良心理行为的矫正,环境因素的变革等。

六、教育行动研究与实验研究的区别

1. 研究目的不同

实验研究的目的是获得较大范围总体应用的概括性知识,发展和检验教育基础理论;行动研究的目的是获得能够直接应用于当前教育情境的知识,促进教师的专业发展。

2. 问题的来源不同

实验法通过各种途径提出研究的问题,研究者必须了解问题,但通常并不涉及其中;行动研究法从实际工作面临的困境中确定课题,与改进研究者本身的教育工作的效果有直接联系。

3. 假设不同

实验法需要提出可供操作化处理和检验的相当专门化的假设;行动研究法对问题的特别说明常视同假设,就理想而言,行动研究的假设必须接近于正式研究所要求的严谨程度。

4. 文献查阅不同

实验法通常需要查阅和评述大量的第一手材料,以便研究者对这一课题的背景有一个全面的了解,在前人研究的基础上有新的发展;行动研究法给教师阅览的可用的间接资料,使其对被研究领域有一般性的了解。往往不对直接资料作完整而无遗漏的探讨。

5. 取样不同

实验法中研究者试图从总体中获得随机样本或其他类型的无偏见的样本,但这一点并不是常常能做得完美无缺的;行动研究法可以把班级中的学生或教师作为研究对象。

6. 研究设计与执行不同

实验法在开始研究之前,进行详细有计划的设计,注重提供比较的条件,控制无关变量,减少误差；行动研究法在开始研究之前，按一般方式设计程序，研究期间注意变化，了解其是否有利，并据此调整计划，对条件控制和降低误差不作过高要求。由于教师本人直接介入了研究情境，总会带有某种偏见。

7. 测量工具不同

实验法努力选取最有效的测量工具，对可用的测量工具进行评价，并在研究之前对测量工具进行预测试验；行动研究法不需要对测量工具进行严格的检验，参与者缺乏使用与评价教育技术测量工作的训练，但可通过咨询者的协助，进行令人满意的工作。

8. 资料占有程度不同

实验法经常要求复杂的分析，包括量化的分析，由于将结果普遍化是研究的目标之一，通常要求进行统计检验，具有显著性；行动研究法依靠简单的分析就可以，强调分析的实际意义，而不是统计意义的显著性。

9. 结果应用效果不同

实验法的研究结果是可以普遍应用的，但许多有用的发现无法直接应用于教育实际，研究工作者与教师之间有经验的差异，产生严重的沟通问题；行动研究法的研究发现可以立即应用于参与教师的班级，并可导致持久性的改良。

第二节　教育行动研究法的实施模式与基本步骤

一、教育行动研究法的实施模式

在教育文献中，有不少学者关于行动研究程序的建议，许多学者都根据自己的理解提出理想的程序模式。其中卢因早期提出的“螺旋循环”模式影响最大，后期多数学者都或多或少受其影响，相当一部分后期的程序建议都可以看成是基于卢因的模式加以细致化和补充而成，其中的程序组件基本没有变化。

1. 卢因循环模式

卢因行为研究的循环模式如图 8-1 所示。

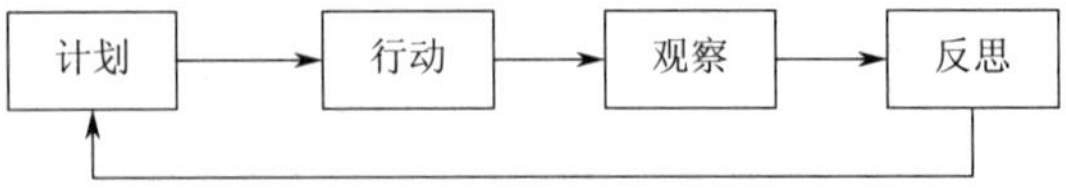

图 8-1　卢因行动研究的循环模式

2. 卢因螺旋循环模式

卢因行为研究的螺旋循环模式如图 8-2 所示。

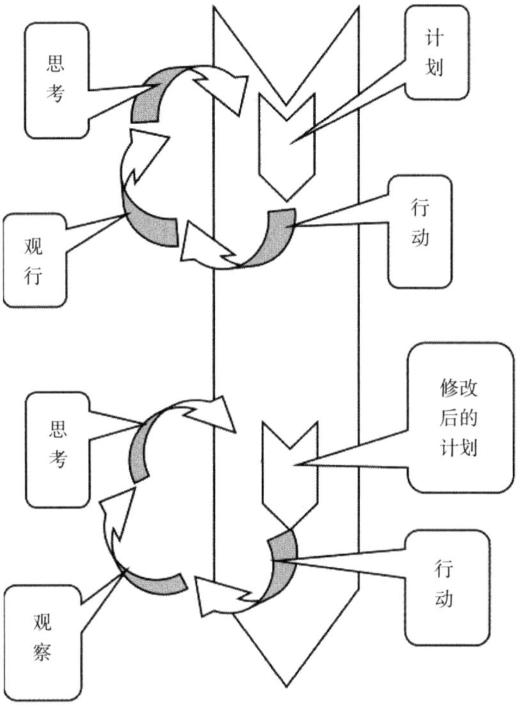

图 8-2　卢因行动研究的螺旋循环模式

3. 埃巴特的教育行动研究模式

埃巴特的教育行动研究模式如图 8-3 所示。

埃巴特认为,循环模式没有能够把行动研究的整个过程如实地、恰当地表现出来。因为它是一种直线式的过程,没有回路,难以形成信息反馈;在循环模式里如果想修正最初的想法,须沿来路返回,而这是不现实的;此外,该图虽然是阶梯走向的,但没有反映出上升到一个新阶段的趋势。

显然行动研究过程并不一定完全符合这些程式,因为现实总是一种即兴的、创造性的情景。现实中的行动研究过程往往是这些程式的种种变式,或者是它们的简单化。

埃巴特的一般操作程序又有 3 个方面的发展。第一,允许基本设想的游移变更。即研究者不仅可以依据逐步深入地认识到实际情况,修改总体计划,而且可以更改研究的课题。第二,监督行动的全过程。为了更准确及时地掌握有关行动的信息,以便为反思和评价提供更丰富的第一手资料,行动研究逐渐从强调观察行动的后果,推延到重视监督行动的全过程,监督的内容包括行动者主观态度、努力程度的变化,行动者在遇到意外阻力、困难时表现出的机智和采取的应急措施,以及行动对象和背景的在行动作用下的变化和反作用。第三,反馈和开放性。一些行动研究者提出,行动研究过程不同于物理、生物过程,往往不能简单地、集中地表现出计划与结果、计划与行动、一个行动与另一行动之间的“必然的”“线性的”规律性关系。应该强调的是行动研究的一般操作程序有利于各个环节间的及时反馈和依据反馈调整行动。

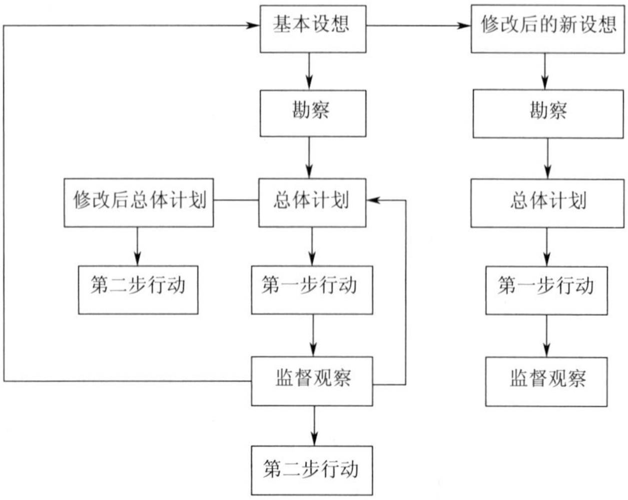

图 8-3 埃巴特的教育行动研究模式

二、基本步骤

1. 计划

（1）计划始于解决问题的需要，它要求研究者从现状调研、问题诊断入手，弄清楚以下问题。①现状如何？为什么如此？②存在哪些问题？从什么意义上讲有问题？③关键问题是什么？它的解决受哪些因素制约？④众多的制约因素中，哪些虽然重要但一时解决不了？哪些虽然可以改变，但不重要？哪些是重要的，而且可以创造条件改变？⑤创造怎样的条件，采用哪些方法才能改进？⑥什么样的设想是最佳的？

（2）计划包括总体计划和每一个具体行动步骤的行动方案，尤其是第一、二步行动计划。

（3）计划必须有充分的灵活性和开放性。

2. 行动

行动即实施计划。或者按照目的和计划行动。这里的行动不是原先行动的简单重复，而是在计划指导下，在研究人员、行动人员的共同协助下，在对原行动计划加以干预控制的基础上，代之以研究所形成的行动的过程。行动的执行不是为了检验某一设想或计划，而是为了解决实际问题。

（1）行动是在获得了关于背景和行动本身的反馈信息，经过思考并有一定程度的理解后的有目的、负责任、按计划采取的实际步骤。这样的行动，具有贯彻计划和逼近解决问题的性质。

（2）实际工作者和研究者一同行动，在教育研究中，家长、社会人士和学生均可作为合作的对象。要协调各方面的力量，保证实施到位。

（3）重视实际情况变化，随着对行动及背景认识的逐步加深，及各方面参与者的监督观察和评价建议，不断调整行动，所以它又是灵活的、能动的。

3. 考察

教育活动受到实际环境中多种因素的影响和制约，许多因素不可能事先确定和预测，更不可能全部控制，因而考察在行动研究中的地位就显得十分重要。考察是反思、修正行动计划,确定下一步行动的前提条件。

(1)考察的内容。①行动背景因素及其制约因素;②行动过程,包括什么样的人以什么样的方式参与了计划的实施,使用了哪些材料,安排了哪些主要活动,有无意外的变化、干扰,如何排除等等;③行动结果,包括预期的与非预期的,积极的和消极的。背景资料是分析计划设想的有效性的基础材料;过程资料是判断效果是不是由方案带来的和怎样带来的观察依据;结果资料是分析方案带来什么样的效果的直接依据,此类材料对于效果分析来讲是缺一不可的。

(2)考察的视角。为了全面而深刻地认识行动的过程,需要进行多视角的观察。考察既可以是行动者本人,也可以是实践对象或其他人。

(3)考察的手段。考察主要指对行动过程、结果、背景以及行动者特点进行考察。为了使考察系统、全面、客观,鼓励行动研究者使用各种有效的技术手段和方法,而不拘泥于特定的程序和技术。

4. 反思

反思是一个螺旋圈的终结,又是过渡到另一个螺旋圈的过渡,此环节包括以下方面。

(1)整理和描述。即对观察和感受到的与制订和实施计划有关的各种现象加以归纳整理,描述出本循环过程和结果,勾画出多侧面的生动的行动过程。

(2)评价和解释。即对行动的过程和结果作出判断评价,对有关的现象和原因作出分析解释,找出计划与结果的不一致性,从而形成是否需要修正计划的判断和构想。

对研究成果的评价,并非以解释的完善与否为标准,而是以实际问题的解决程度为依据,每一步行动结果的评价对整个研究进程都会产生影响,如果评价结果反馈的信息是可行的信息,则进入第二步具体的行动计划;如果评价结果反馈出不可行的信息,则总体计划甚至基本设想都可能需要修改,整个研究进程将在修改后新计划的基础上进行。因此,教育行动研究是难以保证一个单一的研究过程实现研究目的的,很可能需要多次计划—行动—考察—反思,是一个螺旋循环的研究过程。如图 8-4 所示。

(3)撰写研究报告。

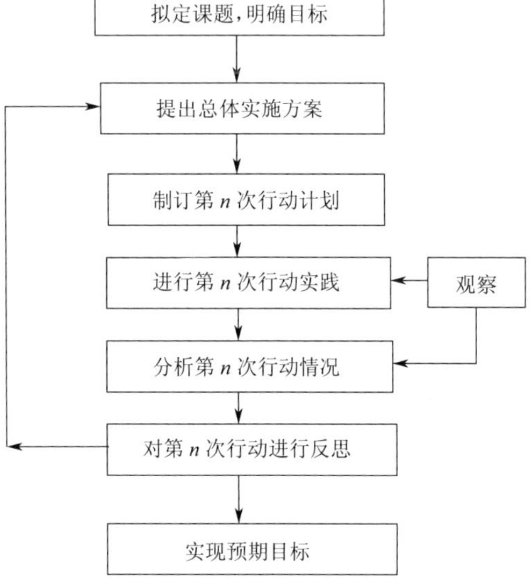

图 8-4　教育行动研究过程

第三节 教育行动研究的方式

依照行动研究中参与人员的构成，可将其分为个人行动研究与合作行动研究两类。个人行动研究的参与者一般是教师个体，是教师为了改进实务工作而开展的研究。在这类研究中，教师常常关注微观的课堂教学问题，如课堂问题行为管理、课堂教学方法与策略、学生指导等，运用研究日志、撰写教学故事或教学反思的方式开展研究。合作行动研究的参与者一般是一个研究团队，这个团队可以由多位具有共同研究志趣与目标的教师组成，也可以由教师、教育领域的专家与其他相关人员构成。课例研究是合作行动研究常见与主要的方式①。

一、研究日志

研究日志，也被称为教学日志、工作日志，指教师对课堂教学事件的定期记录。研究日志可以根据教师研究的需要确定记录的频率：每天记录或者隔几天记录一次。在研究日志中，教师可以记录自己的所见所闻，也可以记录自己的所思所想。

1. 研究日志的特征

（1）忠实地记录教学事件的原貌。在行动研究中，研究日志既是对教师经历的记录，又是重要的收集资料的工具。研究的起因与问题、研究的过程、研究的结果、研究的反思等等都可以通过撰写研究日志的方式得以记录与分析，而这些分析与记录又为研究者生成其他的行动研究成果提供第一手的资料。因此研究日志的重要特征是忠实记录事件发生的时间、地点、人物、情景与内容，呈现教学事件的原貌，以帮助研究者回顾与反思研究的进程。

（2）基于自我的表达。研究日志以第一人称的方式写作，记录“我”的经历、“我”的行动、“我”的思考与“我”的感悟。所以研究日志既是对教学事件的真实记录，又是对自我的一种反思与认识，是基于自我的表达。阅读研究日志，我们不仅能看到研究者的行动，了解研究者解决问题的历程，而且能听到研究者的声音，理解研究者的心声（详见下例）。

9月1日 星期二

今天唯一的一节语文课给开学典礼占用了，无法完成预定的教学任务，只能在中午的时候把声母表、韵母表、整体认读音节表抄满黑板，准备下午占用别的课教孩子们读读唱唱。计划赶不上变化，下午要开会，让孩子整体接触拼音的希望破灭了。

9月2日 星期三

今天有两节语文课，心中不禁窃喜，终于可以上完整课了。第一节课，就是教孩子们一个一个读声母表、韵母表、整体认读音节表，然后套用《新年好》的曲调唱声母表，用《世上只有妈妈好》的曲调唱韵母表，用《两只老虎》的曲调唱整体认读音节表。孩子一个一个读字母时，明显地缺失兴趣，而唱歌的时候又蹦又跳，虽然音不准，至少对拼音有个整体的印象了。

第二节课，我不敢再推迟了，直接进入单韵母的学习——还是用故事吧，拼音妈妈生了六个漂亮的女儿，生第一个大女儿的时候，她喉咙疼，去看医生，医生叫她张大嘴巴，大声说

① 本节内容借鉴丁炜，陈静逊. 小学教育科学研究方法 [M]. 上海：华东师范大学出版社，2014:180-195.

“啊”，所以，她就给自己的大女儿起个名字叫“a”，生第二个的时候看到一只公鸡在喔喔叫，生第三个时看到一只大白鹅，生第四个时自己去晾衣服……我把故事和书中的插图结合在一起，还结合自编的儿歌，绘声绘色讲起来，孩子们非常认真，连后面最调皮的几个小男孩也盯着我。

晚上，有家长反馈：“老师，我孩子说她最喜欢上语文课，因为老师讲的故事可好听了。”

为了孩子的兴趣，我得坚持每天讲故事了。

2. 研究日志的撰写

（1）要及时记录。研究日志重在对真实事件的观察与感悟，所以及时记录相当重要。人的记忆力是有限的，及时记录有助于研究者详细描述教学事件的面貌，以及一些重要的细节与一闪而过的灵感，使得行动研究的资料收集得较为具体。

（2）要连续记录。研究日志常常围绕某一主题展开，所以就某一主题进行连续记录，可以帮助研究者追踪事件发展的经过与问题解决的过程，使得行动研究的资料收集得较为完整。

（3）要对基本信息作记录。研究日志应当包含一些具体的信息，如时间、地点、参与者等等。为了便于阅读与资料归类，研究日志还可以包括标题。

（4）要将描述与分析感悟结合起来。研究日志以描述事件为主，详细记述事情发生的过程。在撰写研究日志时，可以在描述事件的基础上，增加自己对事件的剖析、感悟与评论，理性分析事件发生的深层原因、事件所带来的影响以及从事件中获得的教益。

二、教学故事

教学故事，也被称为教学叙事，指以故事方式记录教学活动中的真人真事。它通常通过精心构思，运用叙述的手法、生动的语言描绘事件的发生、发展的过程，并以此引发读者的思考。

教学故事重视教师与学生的课堂生活，着力于从真实的课堂生活中寻找内在的结构，摒弃可能简化或歪曲事实的外在框架。在教学故事中，细腻翔实的描述力求创造一种现实感，以便淋漓尽致地展现真实的课堂教学，传达现象背后隐藏的种种关系。构思与撰写教学故事的过程是观察他人与自身生活的过程，也是一个沉静思考的过程。静心倾听现象背后的声音，站在多个角度思考与挖掘，能使教学故事的撰写者，即教学的研究者，脱离对他人思想的依附，以教学问题解决层面为依托，进一步寻求对意义的关怀与创造。因此，教学故事不仅保留了“历史”，更重要的是培养了教学故事撰写者敏锐的洞察力，使他们能穿越真实情境的复杂性与丰富性，达成对某一教学现象的深层理解，而这种理解，正是个体教学智慧形成的基点。

1. 教学故事的特征

（1）真实性。教学故事首要特征是真实性。教学故事以故事的形式呈现案例，这个故事的定位应是“纪实”，而不是虚构的小说。所谓纪实，就是强调教学的原生形态，对教学过程的记录，对教学情境的解释都是以原生形态为基点的。如果背离了这个特征，教学故事对复杂教学情境内涵的揭示、对人物冲突与内心情感的体味、对教学价值与意义的挖掘都成了无源之水、无本之木。教学故事的真实性要求作者亲临教学现场，在“现在进行时”中收集信息，在撰写故事时也以“现在进行时”为中心，有机结合“过去时”与“将来时”加以恰当的表达。

（2）教育性。所谓教育性，主要涉及教学故事存在的价值。教学故事能对撰写者与阅读者产生正面的影响，撰写者在思考与写作中受到心灵的洗礼，阅读者在阅读中受到感染，从而产生实践“真、善、美”的内驱力。教学故事的教育性集中体现在主题的选择上。主题的时代感、新颖性与共性是体现教学故事教育性的重要因素。

（3）可读性。在教学故事真实性、教育性的基础上，我们还同时强调它的可读性，因为只有当读者甘心情愿地接受了表层语言信息之后，才会进一步在理性支配下进行深入的思考。教学故事的可读性取决于以下几个要素。第一，矛盾。主题中有没有矛盾，能不能形成矛盾，矛盾是表层还是深层的是可读性的指标之一。第二，兴奋点。兴奋点是引发读者情绪变化的关键点。有没有兴奋点，兴奋点是情感的、悬念的还是幽默诙谐的，在一定程度上决定了教学故事可读性的高低。第三，细节。生动的细节能给人留下极其深刻的印象。没有细节的故事如同鸡肋，食之无味，弃之可惜。由于教学故事的真实性是第一位的，因此教学故事可读性的基点不是“创造”，而是“发现”，即用细致的观察、敏锐的思维、切身的体察去回顾、咀嚼整个教学事件，找出有价值的主题、矛盾、兴奋点，并有意识地用生动的细节表现它们。

下面一个案例集中体现了教学故事的3个特征。

太阳照着才会暖和

为了增强学生的自学能力，奉老师与学生约定互换角色：由学生们自己预习课文中的生字，并选出小老师来教；奉老师则给小老师当学生。

星期五下午，奉老师坐在学生的位置上，听见小老师严肃地说：“奉老师同学，请您把外套脱下来！”奉老师虽然感到意外，但只能无可奈何地照办，因为她的一切权利都已经和小老师互换了。全班同学的视线齐刷刷地投向了她。

“同学们这么多目光看着您，你觉得暖和吗？”小老师又发话了。奉老师有些莫名其妙，一个劲地摇头。现在已是深秋，脱掉外套肯定会感觉有些凉飕飕的。其他的学生觉得好奇，开始小声议论起来。

“安静！”小老师把目光转向了其他孩子，“谁能回答我，在什么也不能做的情况下，怎样才能使奉老师暖和？”

“我知道！”“我知道！”一只只小手举起来了。小老师请第二排的一位女生回答。小女孩结结巴巴地说：“是……是……太阳照着的时候。”

“说得好！请大家表扬她。”小老师露出了微笑。

噼噼啪啪的掌声响过之后，小老师又恢复了严肃：“既然大家都知道要太阳照着才暖和，为什么老师说了那么多次，大家还把‘暖和’‘温暖’的暖写成目字旁呢？”

奉老师恍然大悟，她微笑着把衣服穿上了。

“啪，”小老师敲了一下桌子：“请大家记住了，只有日头照着才暖和。‘暖和’‘温暖’的暖应该是——”

“日字旁！”学生们响亮地回答。

事后，奉老师发现，以前自己屡屡提醒，学生屡教不改的目字旁的“暖”字从学生的作文中消失了。

2. 教学故事的撰写

教学故事的撰写以个人经验为基础，以经验分享为导向。教学故事反映的是真实课堂教学中发生的丰富、复杂的事件，但这种反映又是简约的。它不是对教育情境的简单复制，而是选择具有教育性的主题，并且围绕主题对实践情境中的大量信息进行筛选，以独特的视角组织文本，建构意义。确定主题、课堂实录文字化与润色加工文字是撰写教学故事的三大步骤。

（1）确定主题。富有教育意义的主题是教学故事的灵魂。选择与确定主题，首先应对教学事件的整体信息进行梳理，找出教学事件中最突出、最鲜明的部分，然后根据自己的经验和兴趣，结合时代性、共性与新颖性，从自己深有感触，并具有较高教育价值的内容中提炼出主题。

（2）课堂实录文字化。教学故事撰写的基本素材是课堂实录，因此以文字的形式将课堂教学过程真实、详尽地记录下来是写好教学故事的重要保证。在此过程中，撰写者需注意：照实记录师生的语言；仔细观察课堂情境，客观地描述教学的气氛，师生的动作、表情等；对亲临现象时的内心感受进行恰当的表达。

（3）润色加工文字。由课堂实录到教学故事是一种再创造的过程，需要我们对课堂实录的内容进行进一步的开发，即对实录的内容进行编辑和加工，以更好地突出主题，增强教学故事的可读性。在润色加工文字时，要注意对师生语言中口语化、不符合逻辑的部分进行适当的修改，以保证案例的规范性和科学性。

三、教学反思

作为一个日常概念，反思指思考过去的事情，并从中总结经验教训。教学反思是作为教学主体的教师对教学现象与教学行为的反思，它是教师在教学过程中通过监控、体验自己与他人的教学过程，质疑、批判与再构教育教学观念与教学行为的过程。教学反思作为行动研究的一种方式，对于教师专业发展具有重要的意义。在教学反思中，教师将自己的教育教学活动作为认知的对象，对教育教学行为和过程进行有意识、批判性的分析与再认知，不断探究与解决教学中存在的多方面问题，将“学会教学”与“学会学习”统一起来，努力提升教学实践的合理性，不断提高自身的教学效能与教学素养，并实现自己的专业发展。

1. 教学反思的特征

（1）问题性。教学反思常常产生于问题与无知境界。在教学实践中，当教师运用原有观念与方法不能顺利完成教学任务，或者在完成教学任务的过程中遭遇障碍与困境时，就会产生心理上的不适感，这种不适感会激发教师的问题意识，并最终引发教师的反思。

（2）批判性。教学反思具有批判的品格，教师的每一次反思，都意味着对过去教学行为和教学理念的扬弃，都意味着对过去教学实践中的成功经验和失败教训的再认识。这种认识促使教师正确认识教学中存在的问题与不足，采取相应的改进策略，从而提高教学实践的科学性。

（3）发展性。教学反思是教师在反省与否定中认识自身、发展自身的过程。通过教学反思，教师的教学理念得到丰富与充实，教学方法与策略得到改进与补充，教学行为日趋科学与合理。我们将教师称为反思性实践者，原因就在于此，教师是在反思中丰富、发展、完善自身的实践者。

2. 教学反思的撰写

（1）基于事实的反思。教学反思是对教学事件、教学行为以及上述事件与行为蕴含着的教育教学观念的反思，因此它首先应当基于事实，然后对事实进行回顾、质疑、批判与再认识。教学反思从撰写内容的角度来说，一般包括两部分：第一部分是教学事实，如教学设计、课堂实习、教学片段、教学情景的描述等；第二部分是由教学事实引发的深度思考，可以对事实背后的观念进行剖析与挖掘，可以对教学进程中所出现的问题进行揭示，也可以就解决问题提供一些构想与对策（详见下例）。

《最难忘的一句名言》教学反思 1

李云

《最难忘的一句名言》是小学五年级的一次习作训练。在这次习作训练中，我们希望学生能选出一句自己最难忘的名言，运用具体事例写出这句名言对自己所起的作用，并把难忘的原因写清楚，同时学习修改自己的习作，使之符合习作要求。

第一部分 教学设计

一、谈话导入，揭示课题

1. 故事导入

教师讲述“只要功夫深，铁杵磨成针”的故事，引出什么是名言，组织学生交流自己收集的名言，说说对名言的理解。

2. 揭示课题

在你收集的名言中，哪一句最让你难忘？板书课题：最让我难忘的一句名言

二、习作指导

（1）创设情境。

快乐星球上的老顽童爷爷很关注我们地球上孩子的学习与生活，他知道我们今天要上习作课，特意推荐了两篇快乐星球上的孩子写的文章。

（2）出示阅读要求：看看例文都写了什么？（都写了一句名言，并用具体的事例写出自己难忘的原因。）不同之处在哪里？（名言不同，举出的事例就不同，也就是说，你举出的事例一定要跟名言相符。）

（3）出示例文一《胜不骄，败不馁》与例文二《我明白了“不听老人言，吃亏在眼前”》（略）。

（4）交流：原来，这样的文章是这么写的。同学们，刚才我们读了快乐星球上的小朋友写的文章。老顽童爷爷也想读读我们的习作，请大家想一想，最让你难忘的一句名言是什么？能说说你难忘的原因吗？准备一下，然后我们来交流。

（5）如果我们把刚才说的内容写下来，该怎么写呢？

①出示习作要求。

* 请你选一句自己最难忘的名言。

* 运用具体事例来说明这句名言对你所起的作用。

* 把难忘的原因写具体。

吴忠豪. 从“教课文”到“教语文”:小学语文教学专题行动研究 [M]. 北京:高等教育出版社,2012;354-370. 引用时作了修改.

②出示补充要求。

* 写的时候不要停顿,不会的字用拼音或别的符号代替,下课以后查字典。

* 写一个自己最喜欢的题目,老师给的只是一个范围。

三、评改习作

(1)老顽童爷爷说了,要想把你们的文章送到快乐星球,必须过三关,同学们有没有信心啊?

(2)出示过关要求。

①第一关。

写出一句名言	一件具体的事例	难忘的原因
有(　　)	有(　　)	有(　　)
无(　　)	无(　　)	无(　　)

②找出学生习作一,指导修改。

出示习作一,同学自读,并对照要求点评。

小结:这一关很简单,这也是习作的基本要求。

③第二关。

名言与具体事例的关系	非常吻合(　　) 基本吻合(　　) 关系不大(　　)

继续对照表格要求,示范指导习作一。

④举个反面的范文。让学生找出毛病,并讨论改正的方法。

⑤第三关。

难忘的原因是否写清楚	很清楚(　　) 基本清楚(　　) 不清楚(　　)

仍以习作一为例,对照表格进行评价,谈谈怎样把难忘的原因写清楚。

⑥对照表格,同桌合作评改。

⑦检查过关的情况,出示修改后的习作。

第二部分　教学反思

在设计教学的过程中,我发现以前没想清楚的问题逐渐清晰起来,如习作教学首先要根据教学内容和学生的认知特点制定可操作、可检测的教学目标,教学流程的安排一定要紧扣教学目标等等。

在根据教学设计进行教学实践时,我觉得最大的收获是对习作讲评的认识。为了让学生成为习作讲评的主人,积极发挥学生的主体性作用,培养学生的习作修改的意识,我选择了以下两种教学策略。

（1）精选点评，范评引路。最有价值的知识是方法，古语云：授人以鱼，不如授人以渔。为了落实本节课的教学目标，让学生掌握修改习作的方法，我先选择一篇学生的习作，让学生欣赏、剖析，并指出评改的3个要点；有无名言，名言与具体事例是否吻合，为何难忘，让学生懂得习作“佳”在何处、“病”在哪里，让学生认识到平时要注意观察生活，运用具体事例表达真情实感。这对学生自我评价习作有很大启发，对学生准确评价自己的习作、恰当修改自己的习作有很强的指导意义。

（2）独立修改和互改相结合，培养学生自改习作能力。只评不改的习作讲评课是“纸上谈兵”的空洞说教，只有让学生动手修改习作，学生才会有深切的体会，真正地领悟修改的方法。叶圣陶先生说：“教师只给些引导和指点，该怎么改让学生自己去考虑去决定。”于是我给学生创设修改机会，使他们在独立修改和互改中培养出自己修改习作的能力。令我欣慰的是，评改习作前后，我发现许多学生的习作是有进步的。

当然，教学是遗憾的艺术，我在教学中存在的主要问题：指导环节不够扎实。指导学生写作这一环节仓促，对名言的界定不够清楚、细致、到位，指导学生习作的实效性不够理想。教学中我试图通过例文引路达到示范作用，但是我没有很好地带领学生走进习作的氛围中，有一部分学生不能从中学习到写作的方法，在写作之时思路没有完全打开。

针对上面的问题，我感觉自己今后要做好以下几方面的工作：第一方面，写作教学要由动机走向目的，要激发学生表达的兴趣，从下面几方面进行尝试：一，以鼓励激兴趣。教师运用鼓励的艺术，运用自己热情的语言和姿态来激发学生的情感，告诉学生写作无非是学会表达自己的思想感情，告诉学生“世上无难事”，习作亦然，告诉学生“只有写，你才能真正会写”，努力与学生一起营造愉快、自信的习作氛围。二，减少对学生写作的束缚，给题目松绑。教师在把习作要求及目标确定好后，鼓励学生自己拟题，甚至可以尝试定出大范围之后，把其他大权全部下放。习作应该在拟题、写作内容、写作时间等方面把主动权交给学生，充分调动学生写作的自主性。三，选择学生喜欢的、切合他们实际的文题。文题选得好，可以触发学生的灵感，诱导其打开记忆的仓库，让学生把自己看到的、听到的、说过的、玩过的都倾吐出来。有了写作愿望，才能思接千载、心有方向、浮想联翩，就会有事可记、有情可抒、有理可论。第二方面，引导学生重视写作之本——生活，在现实生活中培养情感，训练思维。语文学习的外延与生活的外延相等，学习习作的目的是生活应用。

（2）关注教学的多个侧面。教学反思往往贯穿于教学的全过程，涉及教学过程的多个侧面，所以在撰写教学反思时，可从多个侧面入手展开深度思考，如以下方面。

• 对教学目标的反思。目标是否达成？目标达成了多少？未达成的原因是什么？目标是否合理？如何确定科学合理的目标？

• 对教学内容的反思。教学内容的选取是不是恰当？教学内容的安排是不是符合学生学习的规律？教学内容的量是不是合适？这一教学内容与上一教学内容存在怎样的关系？这一教学内容对下一教学内容的作用是什么？恰当选取教学内容的标准是什么？

• 对教学过程的反思。教学的流程设计是否合理？教学方法的运用是否恰当？师生之间的互动是不是积极？学生学习兴趣如何？学生的学习效果如何？教学时间的分配是否合理？

（3）关注反思的不同层面。教学反思可以分为3个不同的层面。第一层面的教学反思较为关注教学技巧问题，即如何利用最好的教学方法和策略，在最短的时间内实现教学目标，使教学获得最大的效益。第二层面的教学反思聚焦“为什么”，意图透过教学行为层面分析行为的原因，探讨或澄清个人对行为合理性的理解。第三层面的教学反思聚焦“应当是什么，应当怎么样”，即在反思时考虑社会的、道德的、伦理的标准，从较为广泛的背景出发审视教学行为与教学问题，揭露潜藏于这些问题中的意识形态，以引导教学的改革。在撰写教学反思时，教师可以由浅入深，层层递进，从技巧与行为问题入手，对自己的教学进行深刻的反省，深化自己对教学的理解，找到提高教学效率的对策。

四、课例研究

课例研究，指将某课的设计与教学过程作为研究个案开展研究。课例研究作为行动研究的重要方式，打破了长期由理论专家统领的“理论研究”和教师的“实践操作”之间的藩篱，为教师融合运用教育教学理论与教学实践经验解决教学问题提供了一条可行的途径。在课例研究中，教师可聚焦自己感兴趣的问题，将某种纸面上的教学理论或者方法转化为具体的教学行为，尝试解决问题，并在此过程中汲取他人所长，整理和提升个人经验，建构关于教与学的新知识，并改善自己的教学实践技能。

1. 课例研究的主要特征

（1）以“问题”为研究的对象。如果说课例研究有一个圆心，那么这个圆心就是问题，课例研究无论经历几个阶段，这个圆心一直存在，贯穿始终。研究早期关注的是找问题，明确问题。

研究中期关注的是寻找问题解决方案，尝试解决问题。研究后期关注的是评价与判断问题解决得如何，以及发现新的问题。

（2）以“某课”为研究的载体。课例研究以问题为圆心，以“某课”为研究的载体。问题隐含于某课的教学内容、教学设计、教学实施中。问题的解决方案生成于对教学内容与学情的分析、教学设计与实施中。对问题解决得如何的反思也一定依托某课进行。

（3）以“合作”为研究的方式。有人认为课例研究就是教师合作研究课堂教学行为，从而改善教师教学经验和学生的学习经验的综合过程。这一定义虽然看上去有些宽泛，但是指出了课例研究的重要特征为“合作”。课例研究一般不是教师个体的行动研究，而是一个教师团队，一个教学共同体共同研究某个问题，并通过教学行动解决问题的过程。团队成员的分工合作与对话互动为找到良好的问题解决方案，以及教学新知的创生奠定了良好的基础。

2. 课例研究报告的撰写

（1）反映研究的过程。课例研究一般要经历成立课例研究小组、明确课例研究问题、进行课堂教学设计、实施课堂教学与观察、进行课后反思等多个阶段。在撰写课例研究报告时，要反映各阶段的研究现状与研究成果，以完整展现课例研究的过程。

（2）反映多方声音。课例研究是以合作方式开展的研究，因此在研究团队中，人员的构成可能是多元的，人员的知识分布可能是不同的，正是这种多元的人员构成与不同的知识分布为有质量的互动与对话提供了良好的条件。在有些团队中，大学教授、区县的教研员、一线教师、行动主管部门的成员组成一个课例研究的小组，就共同的问题展开探索与研讨，由于经验不同、所处的位置不同、观点视域不同,对同一问题以及教学行动的看法也会有所不同。在撰写课例研究报告时,一定注意反映团队中不同成员的声音,让这些声音得到充分的表达,为人们提供一个多元的思考空间。

(3)反映行动的完善。课例研究起始于问题,并以问题为中心,但是解决问题的主要目的之一是为了更好地改善行动。在课例研究中,旨在寻找问题解决的课堂教学行动一般不止一次,而是经历多次,并且多次之间的关系是循环递进的,也就是后一次行动一般比前一次行动更加合理与完善,更接近于问题的解决。在撰写课例研究报告时,要详细反映多次行动的过程,并且凸显行动的完善,以便为他人提供处置性经验与行动上的启示。

案例:课例研究报告

语言训练点的确定[①]

——人教版三年级上册《盘古开天地》课例研究

团队成员:张馨、李淑华、姜丽霞、魏冬梅、牛纪英、邢毅丽、刘延云、董丽君、孟强、王成义

执教老师:魏冬梅

指导专家:吴忠豪 丁炜

研究问题

学校的语文学习与日常生活中的语文学习在语文学习环境与学习资源方面具有重大的区别。日常生活中的语文学习环境是随机的,学习资源广泛,不固定。而在学校中,学生往往是在特定的环境中,依据较为固定的语言学习材料开展学习,并且这种学习又是在教师指导下进行的。因此,学校的语文学习是一种有组织、有系统的活动,这种活动明确指向的是学生语文能力的提高。

把学生语言能力的提高作为学校语文教学的主要目的,要求教师在设计与实施教学时认真思考:根据语文课程的目标,这个年龄的学生在语言理解与表达上要达到怎样的水平;如何分析与运用现有的教材,以帮助学生达到那样的水平;结合教材分析与学生现在水平分析,如何确定明确的训练点;有了明确的训练点之后,如何有效地实施训练以达成语文教学与课程的目标;如何评估教学是否达成目标。在上述一系列的过程中,训练点的确定是极其关键的,它是教学内容的具体化、明晰化与情境化,又是实现目标的重要手段与保证。

为了对这一问题进行深度研讨,我们选择了《盘古开天地》一文,力求通过教学设计、团队研讨、与专家互动、教学实践、教学反思等多个环节,不断澄清与深化对这个主题的理解。

《盘古开天地》是人教版三年级上册的一个神话故事,作者运用生动的语言、瑰丽的想象,向我们描述了一个富有奇丽色彩的传说。文章讲了盘古开天辟地、创造美丽宇宙的过程,歌颂了盘古甘于奉献的伟大精神。文章脉络清晰,结构完整,共分为五个自然段。第一自然段介绍盘古开天地的背景,用简洁的语言把故事的三个要素,即时间、地点与人物交代清楚。接下来,文章叙述了盘古开天地、化万物的过程。第二、三自然段讲了盘古用斧头把天地分开,身体也随着天地分开的过程越长越高;第四自然段讲盘古累得倒下后,身体化为了万物:第五自然段总结全文,用一句话简明地指出:是盘古,人的老祖宗创造了美丽的宇

① 吴忠豪. 从“教课文”到“教语文”:小学语文教学专题行动研究 [M]. 北京:高等教育出版社,2012:129-156,引用时作了修改.

宙。从开天辟地,到顶天立地,再到化为万物,盘古的形象随着故事的推进一步步高大起来,最后,成为永恒。作为教材中为数不多的神话故事,本文的语言颇具特色,第二自然段的对偶句、第四自然段的排比句有着鲜明的语言特点,读起来朗朗上口,对孩子有很强的感染力,是孩子们学习语言的典范。

结合这篇课文,我们意图研究下列问题。

(1)什么是语言训练点?

(2)影响语言训练点确定的因素有哪些?

(3)确定语言训练点时应注意哪些方面?

研究过程

一、基于教师个人经验的教学设计与研讨

【教学设计】

(一)教学目标

(1)认识“猛、缓”等十个生字,会写“创造”这两个字。

(2)学习有感情地朗读课文,体会盘古的献身精神。

(3)感受神话故事的神奇想象,并能根据文本展开想象,练习说话。

(二)教学准备

(1)课件。

(2)学生课前预习,查阅相关资料。

(三)教学过程

导入

(1)中华传统文化就像一个巨大的宝库。在祖国的灿烂文化发展过程中,我们先辈留下了许多美妙的神话故事,今天我们就一起来学习其中的一个神话故事《盘古开天地》,请同学们和老师一起书写课题。

……

【团队研讨】

(一)关于语言训练点

李淑华:什么是语言训练点?我觉得就是对学生理解与表达语言十分关键的一些点,比如说理解词语的方法、阅读的方法、表达的方法等等。掌握这些点,学生的语文知识、能力可能就得到了提高。

孟强:语言训练点属于语文教学内容,选取课堂的语言训练点其实就是选取有效教学内容。

(二)语言训练点与教学目标的关系

王成义:语言训练点与教学目标密切相关,教学目标内应当包括所有的语言训练点。

牛纪英:语言训练点应当能从教学目标中看出来,所以教学目标一定要制订得清楚明确,否则我们连训练什么都搞不清楚,那么课堂教学效果一定不会好。

(三)如何确定语言训练点

王成义:要确定语言训练,一定要结合我们的课例,要根据课本的特点选取恰当的训练点,每个教师都要发挥自己的教育智慧。

魏冬梅：本课的第二、第四自然段的句子很有特点，可以抓住这些句子，让学生品读，并且进行想象说话。另外，这是个故事，十分有趣，学生讲故事的能力也很重要，需要培养，可以要求学生复述，来提高他们的口头表达能力。

（四）如何清晰表达训练点

董丽君：有了训练点，我们还要思考怎么把训练点表达清楚，这样自己也明白自己要教什么，教学时就比较有方向。

魏冬梅：很有道理。如果把词语学习作为一个训练点，那么一定要说清楚学习哪些词语，这些词语学习到什么程度，是认识还是掌握、会用。如果要训练学生说话，那么要说清楚是说一句话、几句话还是说一段连贯的话。

二、基于专家指导的教学设计及研讨

【教学设计】

（一）教学目标

（1）能正确认读“混沌、猛劈、缓缓、逐渐、倒下、创造”6个词语。

（2）有感情地朗读课文，体会盘古的献身精神。

（3）品味语言，根据课文内容展开想象，并仿说句子。

（4）能展开想象用自己的话讲述这个故事。

……

【团队研讨】

（一）对语言训练点确定依据的再思考

张馨：修改后的教学目标比上一次清晰，训练点也说得比较清楚。我有个困惑，一篇课文语言上的特点很多，各年级学生需要学习的语言基本技能也很多，那么我们在确定训练点时，只要考虑课文的特点就可以了吗？

邢毅丽：我觉得，首先要考虑课文的特点，然后还要考虑学生的年龄特点，如果不考虑年龄特点，训练不能被小学生所接受，不符合这个年段学生的认知特点，那么即使有了这个点，也是白花力气。如这篇课文的对偶句写得很好，如果我们也让学生在学了对偶句后，仿写对偶句，或者独立地写对偶句，那么这个要求好像就高了点。相对而言，排比句的学习与仿写就比较适合三年级的学生。

（二）关于语言训练点的数量

牛纪英：我想说说训练点的量的问题。一节课中，语言训练点要有，但是好像不能太多，因为一个训练点要训、要练，要有指导，还要有学生自己的操练，需要花很多的时间。本节课要让学生学习对偶句、排比句，还要学生复述课文，是不是点有点多？

（三）关于提高语言训练的质量

董丽君：除了训练点的数量，训练的质量也很重要啊。训练如何一步一步由浅入深地展开，是要做认真思考的。

魏冬梅：这个我仔细想过，训练一定要分步骤进行，每一步的步子不要太大，这样便于学生掌握。大家可以看“学习对偶句”这一部分，训练的步骤还是比较清楚的。

【专家指导】

吴忠豪：这次的备课是大家集体的智慧，有了一定的水平。与第一次设计相比，在教学目标的设计上,有了一些变化,这些变化意味着老师们的思想在变化。这次明确锁定语言训练点,教学目标确定得比较准确,既有很强的指向性,又能够检验学生的能力,目标选取很合适,注重学生语言的发展。人文性的目标很明确,引导学生读出感情,在潜移默化中感悟语言,这是一种润物细无声的感悟过程。表达的目标也是比较明确的。如果这两项目标整合起来,就会显得更有梯度、更有整体感,所以建议目标再做一定的修改,第一要整合积累与表达,使其环环相扣,第二,删除复述。

本文第二自然段的句式有特点,对仗非常工整,读起来朗朗上口。第四段的排比句也写得比较好,这些都是选取训练点时应当重点加以关注的地方。文章中还有很多这样的句子,让学生找出来好好地读一读,在句子的欣赏中品味文本语言。要引导学生有感情地反复朗读,并尝试背诵,这能帮助学生积累语言。一种语言文字的范式能让学生记住,就有可能促使学生的语言得到发展,因此这样的朗读、背诵、积累是非常有价值的。

在学生有了初步积累以后,再将后面的想象与学生的积累有机地结合起来,可以让学生先联想再想象,然后清晰地表达出来,再加上形容词,使表达更具体、更生动。这样,学生的语言就丰富了。每个学生的语言是不同的,可以让学生小组合作共同表达,再进行想象比较。另外,十分重要的是,要让学生仿写,把刚才说的写下来。这样学生就有了一定的成就感,对语言文字的训练也不会局限于表层。

三、基于实践反思的教学设计及研讨

【教学设计】

(一)教学目标

(1)能正确认读“混沌、猛劈、缓缓、逐渐、四肢、肌肤、滋润、血液、创造、祖宗”这 10 个词语。

(2)有感情地朗读课文,体会盘古的献身精神。

(3)初步感知对偶和排比的句式特点,能展开想象,用“他的____变成了_____的______”进行仿说、仿写。

……

【团队研讨】

王成义:第三稿的设计目标更加清晰了,训练点更明确了,教师的指导也是循序渐进的。

邢毅丽:教师对训练步骤的设计是比较合理的,从朗读到想象,再到说话与仿写,符合学生的语言学习规律。

牛纪英:我觉得,教师还应思考训练的目标,到底达到一个什么程度,比如仿写,到底学生写到什么程度,才算是达到训练要求,这个还需要做进一步思考。

【专家指导】

吴忠豪:我有两个方面的意见。第一是关于教学设计修改的。如果教学环节中有背诵,那么应当在教学目标中加上背诵,另外想象这一环节,学生可能想象什么?老师的预设要充分,要体现教师的指导作用。教师要想一个好的句子,给学生一个示范。写句子对学生来说是比较难的,具有挑战性。教师要通过示范引导,让学生在原有水平的基础上有所提升。第二是关于研修的。经过几次的讨论,大家关于语言训练点及其确定的讨论越来越深入,我建议大家把讨论的内容汇总起来。比方说,关于语言训练点是什么这个问题,很值得讨论。我认为,要弄清什么是语言训练点,首先要弄清什么是“训练”,什么是“语言训练”。“训”指的是指导、引导,“练”就是练习、演练,所以训练既包括指导与引导,又包括实际的操练。语言训练指的是学校教育中针对听说读写开展的练习与指导活动。“语言训练点”指的是师生实施练习与指导时所关注与聚焦的分项语言知识、技能与方法。它属于语文课程的内容,是语文课程内容的具体化、明晰化与情境化。还比如,影响语言训练点确定的因素有哪些?这个问题大家讨论得比较多,也可以加以归纳。

丁炜:我很赞同吴老师的意见,我们应当一边学习一边总结。影响语言训练确定的因素在我看来主要有3个方面。第一,语文课程目标。语文课程目标是确定语言训练点的基本依据,它从宏观的角度大致框定语言训练点的范围与边界。训练点的确定其实就是课程内容的确定,课程内容的确定取决于课程目标的要求。第二,语文课本。语文课本是学生学习语文的主要媒介。课堂教学中的语言训练主要依托的是语文课本,因此在确定语言训练点时,既要考虑课程目标的要求,还要分析课本的特点,结合课本中具体课文在内容与形式上的特征来确定。这样就可以将抽象的、位于课程层面的语文训练要点加以细化、具体化。有了课文,语言训练点就有了具象的情境,有了训练的境脉,训练的实施就具有了可操作性。第三,学生学习的年段特点。所有训练的旨归是学生语言上的发展,因此在确定训练点时,必须根据学生在特定年龄语言发展的特点与需要选择恰当的点,以确保训练的有效性。另外,在整个研修过程中,还有很多方面值得大家思考与总结。如“求质不求量”。在日常的课堂教学中,教学时间是非常有限的,所以训练点不求多,不追求数量,而是要求质。求质表现以下几点:第一,选择对于这个年段的学生来说真正需要的点;第二,课本能够为这个训练点提供好的“例子”,有助于训练实施;第三,训练点位于最近发展区,在教师指导下学生可以通过练习“跳一跳,摘桃子”。还比如“注意点与点的关系”。一个训练点不是孤立的,它总是与其他的训练点有着这样或那样的联系,这种联系包括纵向与横向两种。纵向的联系指的是同一类属的训练点之间的关系,横向联系指的是相关训练点或相近训练点之间的关系。在确定训练点时,教师不能只看一课,而应当看一册、一个年级,甚至在更大的范围,从系统的角度来考虑训练点的选择,使学生循序渐进习得相关的知识、技能与方法。在确定语言训练点时,大家还要注意“既要定点还要定评价”。教师要在确定训练点的同时思考训练效果的评价。确定训练点时,教师要对“训练什么”作出思考,同时还要需要考虑通过训练学生能“达成什么”,对达成什么的思考有助于教师在更具体、更深入、更有效的层面上对“训练什么”加以剖析,并且有助于训练步骤的细致敲定,以确保教学的有效性。

四、教学实践评价

【组员评课】

组员1:我谈三点看法。一是认为语文课要上出语文味,老师首先要有语文味儿。魏老师在这节课上指导朗读用的就是诗意的语言,这就是老师的语文味儿。二是想到了所听到的报告,看一节课时要想到老师在教什么,这节课老师在教朗读,教语言。这节课怎么教呢?主要是为学生搭建支架,比如为了学会仿写,老师就进行了很多步骤。但有异议的是,本节课学生说的话远离文本吗?学生的想象是很丰富,但是不符合课文整体的语言风格。课文中精心选取了盘古的身体部位代表,变成的事物也是世界上有代表性的事物。三是教什么和怎么教的问题,本课是一篇神话故事,需要符合神话的特点,本节课的教学也体现了这一点。

组员 2:我感到非常高兴,此次教学反映了学习研讨的成果,看出了我们的课堂发生了很大的改变,即崔峦老师等提到的美丽的转身。这节课,即使不讲出教学目标,通过听课也能感受到那是语言的训练,是在发展学生的想象,发展学生的语言。比如课堂开头的检测时间很短,直接进入语句,体会品味语言,然后放手进入第四段,当积累了一定的语言之后,就引导学生去想象,开阔思维。这点非常好,很清晰。值得商榷的是:后边学生在发言交流时,说出了许多变化,包括牙齿变成了坚硬的岩石等,其实已经达到了预想的效果,但老师仍然回到了"手"的指导,仍要指导说说是什么样的手。个人认为应该抓住生成的情境,直接去品评岩石与坚硬的岩石哪个好。还有,在学生说完后,教师直接结束了课文,其实可以总结一下,现在的世界变成了什么样的,之前是混沌的,现在风清日朗,这样更能体现出盘古的献身精神。

组员 3:本节课两个训练点的选择,非常到位。有一句话印象特别深,是歌德所说的,文章内容人人都看得见,但含义需有心人才能得知,其秘密隐藏在形式之中。第一个训练点,两句话排起来,找到了反义词,这是形式的问题,为什么要用相对的词来写天地的形成,最重要的是蕴藏在最后的"天和地"两个字中,除了是音韵的美感之外,还是在写天和地分开的状态,如果没体会到这个,只是停留在反反复复的朗读上,是不对的。昨天的《瑞雪图》一课,对"霎时间"的理解,老师引导学生反复读,注意了速度的快,我个人认为不是的,应该看后面的山川、田野、村庄来读。也就是说,"霎时间"的秘密不在这个词的本身,而是蕴藏在接下来的句子中。所以形式的秘密远没有发现。形式的秘密藏在哪里?首先藏在词语当中,既藏在实词当中,也藏在虚词当中,二是藏在语序当中,三是藏在各种各样的句式段式之中。

【专家评课】

关于今天的课,主要想谈两点,一是语文课教学目标的提炼与选择问题。这样一篇课文,我们究竟要教什么,原来的设计主要还是在教内容,现在最大的变化是在教语言。我们这个小组设计与修改共有三稿。先看第一稿,走进文本是最重要的,采取的方法一是引读,知道盘古是怎样把天和地分开的,二是了解盘古防止天地合在一起是怎样做的,三是知道盘古的身体发生了哪些变化,中间穿插谈话、朗读与说话的训练。第二稿的变化很大,和内容分析说了再见,目标发生了变化,设计了感情朗读、品味语言等四个目标,安排了三次说话练习。一是盘古倒下后,你仿佛看到、听到什么,把话说具体,二是盘古的身体发生了哪些变化,三是复述整个故事。这是在训练表达,这是语文。第三稿是集体备课,探讨如何展开想象,仿写句子,怎样做更有效。在研究过程中,发现前面的说话与后面的复述是没有联系的,体现不出由低到高,由复习到创造的变化,因而不是一个整体。今天的表达主要在句式的训练,前面是反复读,感受这个句子,后面是想象,能够把句子写具体,写丰富,然后转成书面语言写下来,体现了递进。尽管目标只有一个,把这个当训练点,突出重点,然后扩大,反而更有效。如果三个目标同时进行,反而最后仿写的目标不易实现,现在舍二取一,围绕一个进行,才更有效。总之,目标该如何选择?首先不是内容方面的,应是语文的目标;然后如何选好,涉及课程开发的问题,靠的是什么?目前的语境下,只能靠老师的开发,一个是自己的功力,解读得好,有可能开发到适合学生学习的,如果功力不好,就很难符合学生的需要。不在于课堂老师的表演,而是看老师能否把握学生的起点与需要。

第二个问题,过程的设计问题。过程怎么设计?老师往往考虑一篇课文,一个环节一个环节进行,教课文的过程得心应手,现在需要研究的是学语文的过程设计。比如要教学生模仿写句这样一个知识点,应该怎样去设计。如朗读,今天魏老师的设计非常到位,当然,老师此方面的素养很好,指导很有办法。对于仿写句子的指导过程,值得我们去玩味,这种模仿句子不是粗线条的,不是打出句子后,学生自己模仿就行了。步子很细,当然怎样更合理,还需要好好考虑。学语文的过程要实实在在,非常细致。这个研究的路很长,每一步都是创新的过程,做得好就有收获。于永正老师教事物和联想值得好好学习,一般人就是读一读,想一想就过去了。上《高尔基和他的儿子》一课,于老师先让学生点评,然后再拿出自己的点评,让学生感受高水平的点评是怎样的,体现出教师的专业和思想。所以过程设计一定要精细,其实就是让学生有一个从不懂到懂,从懂到会的过程。今天这节课结束之后,我问了一个大队长,一个小队长,让其谈一谈自己的收获,学生课堂上会写句子了,但说不清楚学会了什么。所以一堂课的最后需要反思总结,让学生知道这节课到底学了些什么,强化意识。总之,教学过程怎么设计更加合理、更加有效,值得研究的问题很多,现在才刚刚起步,在座的是迈得早的,我们一起来研究如何更有效,一切为了学生。

第四节　教育行动研究报告撰写①

一、教育行动研究报告的结构

教育行动研究报告由报告题目、作者、作者单位、摘要、关键词、引言、本论、结论、参考文献和附录等部分内容构成。其中引言要说明研究问题的提出、研究现状、研究目的、意义、研究假设等;本论部分包括研究设计与实施(研究方案、研究工具、实施过程)、实施结果、数据分析与讨论等;结论部分包括取得的成就(支持假设的方面及原因)与存在的不足(不支持假设的方面及原因)和今后努力的方向(进一步行动的策略)。

二、典型案例

团队探究式学习模式在英语教学中的行动研究

一、引言(略)

二、行动研究

本研究在笔者执教的大学第二学期的英语阅读与写作课上进行,为期6个月。研究的对象为2006级(大学一年级)英语教育专业33名学生,他们于先前在大学第一学期的“英语阅读与写作”课堂已经接触过一段时间的小组合作式学习和探究式学习等教学活动。

① 金哲华,俞爱宗. 教育科学研究方法[M]. 北京:科学出版社,2011:198-201.

（一）发现问题

笔者于第一学期末采用问卷形式调查了学生自主学习情况，结果表明大多数学生尚未摆脱中学被动接受式学习方式，主要表现在自我学习监管能力较弱，合作学习习惯不强，以及主动获取和建构知识的意识较差。为解决这些问题，笔者在第二学期中尝试采用了一种新型学习模式——团队探究式学习。

（二）研究假设

在英语阅读与写作课中采用新的学习模式—团队探究式学习能有效帮助学生提高自我学习管理水平，强化合作学习习惯以及主动建构知识的意识，并提高学习成效。

（三）研究设计

本研究提出的团队探究式学习是一种“基于项目的学习”形式，强调学生在团队中长期的“合作学习”和项目进行中的“探究式”学习。在学习过程中，学生通过组成学习小组并利用多种学习资源开展探究活动，并在一定时间内解决一系列相关问题，最后将结果以作品的形式表现出来。这一学习模式的特点是，实践项目贯穿于学习过程的始终，学生能真正感受到学以致用，并有效地激发学习的内在动力。在实施过程中，学生以团队模式组织学习，学生之间长期紧密合作，开展协作学习、讨论交流，从而使学生进入一个更良好的学习情境氛围。此外，通过项目的成功制作，还能使学生获得成功的体验，培养其理论与实践相结合的综合应用能力，真正做到全面提高学生的综合素质。基于上述框架，笔者结合实际课堂教学并针对学生目前存在的自我学习能力的不足，设计了“批判式阅读项目”目标（任务）表（表 8-1）。

表 8-1 团队探究式学习模式在英语教学中的行动研究

训练目标	学生任务	教师任务
自我管理	分组并制订小组活动规则	提供活动规则范例
	制订小组活动安排	提供小组活动安排记录表
	撰写小组和个人反思报告	汇兑学生反思情况，调整教学方案
合作学习	小组互评	提供系列互评 / 自评表
	小组讨论	提供小组讨论记录表
	小组编辑	提供编辑范例
主动建构知识，提高阅读写作水平	撰写文章结构图	结合课堂教学，提供相关学习策略、范例和修改意见
	撰写文章大意	
	撰写与阅读主题相关的文章	

（四）研究操作

根据项目要求，全班学生分成 8 个小组，每组 4~5 人，分别完成阅读教程中一个单元的批判式阅读任务。这项任务分 4 阶段完成，即第一阶段：个体活动，完成初稿和和自评；第二阶段：团队讨论，互评、修改；第三阶段：课堂讨论：演示、生生教学、讨论；第四阶段：提出成果，修改、编辑、打印完成稿。首先，个体活动：学生从寒假（2007 年 2 月）开始运用教师课堂上教授的探究性学习策略，阅读并用概念图呈现其中一单元课文的结构图，写出文章大意，同时，每人创作一篇与课文主题相关、约 300 词的英语短文。其次，团队讨论：所有作品都必须经过自评、小组评议及班级编辑部评议。开学后，笔者收取学生作品初稿并及时反馈指导意见，要求学生对作品进行进一步修改。第三，课堂讨论。结合课堂教学，利用生生教学的形式，教师要求每组将修改后的成果在课堂演示，教授其他同学学习该单元内容并接受其他同学的改进意见。最后，团队讨论，提出成果。学生对作品还必须经过层层严格修改，直到作品集公开展示。

笔者在整个项目过程中主要承担项目设计和监控任务。为较好地监控小组活动，帮助学生控制项目进行过程，并进行自我评估，笔者还提供了一份工作记录单，内容包括项目指南，自评、小组评价表，小组规则，项目进程表，小组会议记录表和小组反思表。

（五）研究工具

本研究采用了调查问卷、学生反思、考试和访谈 4 种工具，以了解学生对这一新的学习模式的掌握情况和反馈。调查问卷围绕教学实践设计了 25 道题，涵盖了 3 个方面的内容：策略运用情况、对策略有效性评价、阅读与写作方面水平变化。每个题目后面有 5 个选项，分别赋值为 5 分、4 分、3 分、2 分、1 分。学生反思和访谈围绕项目中的收获、目前存在的问题以及今后的改进计划。最后笔者在期末考试中设计了与实验项目相关的考试形式，检验学生在英语阅读和写作中的学习成效。采用这 4 种不同方法收集数据可以使我们从不同侧面了解学生对该学习模式的评价，因而确保得出的结果具有较高的可靠性。

（六）数据分析及讨论

（1）学生阅读与写作水平提高（分析略）。

（2）学生的学习自主性有一定提高（分析略）。

①对自我学习管理有帮助（分析略）。

②对合作学习效果持肯定态度（分析略）。

③对主动建构知识有帮助（分析略）。

（七）反思

为了进一步分析本研究存在的问题，找出问题的原因，从而制订下一步的研究计划，笔者阅读了学生反思报告并采用座谈的方式找各组学生谈话，调查学生对新的学习模式的意见。具体问题和改进思路主要体现在以下 3 个方面：第一，小组合作学习的活动设计要注意周全性，以增加学生在学习过程中的主体性、参与度；第二，进一步监督学生完成自评和互评，对评价的质量作出及时反馈；第三，强调小组合作与个别指导相结合的原则，在监控小组合作时，应注意观察学生个体的学习情况，并及时给予点拨和指导，否则不利于激发学生参与小组活动的热情。

三、结论

行动研究过程是一个循环型的研究过程，本文所展示的只是“团队探究式”学习模式在英语阅读与写作教学中探索的一个反思性环节，但本研究已经证明研究假设成立，即在英语阅读与写作课中采用新的学习模式能有效帮助学生培养自主学习能力，提高学习效果，具体体现在以下几个方面。①自我管理能力加强。该学习模式对于提高学习主动性有很大帮助，学生的学习目标更加明确，学习过程中学会自我监控、自我总结。②合作学习习惯逐渐养成。学生展开促进性互动，建立积极的同伴关系，改善了学习氛围，提高了学习效果。③主动建构知识的意识增强。积极探索的学习过程提高了学生主动思考的能力，增强了他们对知识探究的兴趣，调动了学习的积极性，并提高了教学效果和学生个人素质。对于本研究存在的问题，笔者将在今后的教学实践中对该学习模式做进一步完善：加强对学生的个别指导，强调合作学习活动设计的可行性，并加强自评和同伴互评效果监控。

第五节　行动研究的实施原则和注意事项

明确了行动研究的具体步骤，那么，在实施过程中，还要遵循哪些原则？注意什么事项？怎样保证该方法的科学操作呢[①]？

一、行动研究的实施原则

（一）行动原则

实施行动研究法，必须要在行动中进行。传统的教育研究通常是以专业研究者代替教师对教育实践进行研究，教师处于对教育理论被动接受的地位，而行动研究提倡教师行动起来，对自己的教育教学实践作出多层次、多视角的分析和反省，从而在行动中获得对实践情境新的理解和改进。也就是教师在自己的行动中发现问题，在自己的行动中研究问题，又通过自己的行动来解决问题。

（二）合作原则

要求相关的人员共同参与研究，鼓励通过合作来解决问题。教师开展行动研究，需要教育科研人员、教育理论工作者、教师的共同参与和合作，单个教师的努力很少甚至完全不可能保证行动研究有所成效。所以，教育科研人员、教育理论工作者、教师都要以解决教育教学中的问题以及改进教育教学工作为共同目标，在理解和尊重的基础上，相互支持，真诚合作，共同研究。这种合作既包括教师与教育科研人员、教育理论工作者间的合作，也包括教师之间的合作。合作会使合作者都受益，也会使行动研究产生理想的效果。

（三）弹性原则

教师可以在自己的教育教学生活中，随时随地依据实际情况，发现问题，制订计划，研究问题，解决问题；也可根据实际情况，适时调整研究的计划。教师行动研究应该有较充分的灵活性、开放性，随着行动场景的变化而变化，要能够包容始料不及、未曾认识、在行动中才

① 本部分内容借鉴胡中锋. 教育科学研究方法 [M]. 北京：中国人民大学出版社，2018：164-167.

发现的各种情况。

（四）持续考核原则

需要对行动研究进行不断的考核与检讨，利用各种方法及工具来搜集证据，使之作为再修改、再设计之参考，从而使行动研究在螺旋发展与不断上升中改进教育教学实践的质量，提升教师的专业化程度。

二、行动研究实施的注意事项

（一）转变观念，加强认识

当前，广大中小学教师面临着新课程改革的挑战，一些教育发展水平较高地区的中小学教师，已经走出或正在走出陈旧教育观念的束缚，通过教育科学研究尝到了教育改革的“甜头”，但还有相当一部分中小学教师由于长期以来受陈旧的教育思想的影响，仍守着一本书、一支粉笔、一块黑板，至于如何研究教学，研究教师本身与学生学习等，他们还缺乏经验。

一般来说，中小学教师对教育科学研究的认识误区有如下几种。

（1）有些教师认为，现行的教育教学方式对他们来说驾轻就熟，而且在应试教育的大环境下，无人敢以“牺牲升学”为代价来进行教学改革，因此，他们以教学负担重等借口拒绝从事教育科学研究，在教育实践中因循守旧，凭借主观经验办事。

（2）有些教师认为，从事教育科学研究要冒风险，要出成绩也不容易，得不偿失，还不如按部就班，或靠“加班加点”出成绩，而且这样的成绩（升学）是得到学校和家长的肯定的。

（3）还有一些教师对教育科学研究抱有畏难情绪。他们认为教育科学研究是少数专家学者的任务，中小学老师没有经过一定的科研训练，不能完成复杂的教育研究。

受传统观念的影响，部分教师对从事科研抱有不正确的认识，即便有教师撰写论文也只是为了晋升职称之需，缺乏教育科学研究的“局内”意识，自然也就不能创造性地从事教育教学工作。为此，中小学教师应该转变观念，加强对参与研究的认识。

一是要充分认识到教师从事教育科学研究的重要性。教育改革的开展必然要求教师进行教育教学的变化，所以中小学教师在忙于教育教学事务时，应该对其中的许多问题进行理性思考、切实进行研究。解决一个问题，教育教学就会向科学化靠近一步。

二是要破除教育科学研究的神秘性。教师处在教育教学的一线，从事教育教学研究最有发言权，中小学教师本应是教育科学研究工作者的一部分。而专业从事教育科学研究的研究者相对于中小学教师而言，可能理论功底厚一点，理论思维多一点，但他们对一线的教育教学情况的掌握远不如一线教师。所以，作为理论与实践中介的行动研究能充分发挥中小学教师的优势，强调教师的教育教学过程本身就是一种研究。如果中小学教师能主动学习教育科学的基本理论，掌握一些基本的教育科学方法，并自觉运用教育科学理论来解决教育实际中的一些问题，并把经验上升为理论，这本身就是教育科学研究。而行动研究法破除了教育科学研究在教师执行中的神秘感，是适合教师使用的研究方法。

三是要树立“教师即研究者”的新观念，增强教育科学研究意识，自觉地将自己由教育科学研究的“局外人”转为“局内人”。在行动研究中，教师要改变自己传统的“教书匠”的身份，用“研究者”的身份参与教育教学，在行动研究中发展教师个人的自我意识和自我教育,提高教师个人的职业能力,使研究成为教师新的职业生活方式。

(二)加强学习,提高科研素养

行动研究的实施需要研究者具备一定的科研素养,研究者不仅需要具有良好的身体素质、理论素质等,还要具备一定的科研实践能力。这就要求做到以下几点。

一是要加强教育理论学习。教师对教育理论的学习程度和教师的教育理论水平一定程度上决定了教师对教育教学实际的理解程度和对教育教学问题的洞察水平,并影响教师教育教学实践的方向和效果。进行行动研究如果没有教育理论做指导,就会回到毫无研究性质的经验总结的老样子,也会导致研究工作的盲目性。因此,进行行动研究的教师必须加强教育理论学习。

二是要培养问题意识。教育行动研究源于问题,教师在日常的教育教学实践中,能感受到问题的存在,面临教育教学困境时,能意识到研究的必要性,由此引发开展行动研究的动机。没有问题意识、缺乏探究精神、不具备敏锐发现问题能力的教师是发现不了教育教学中值得研究的问题的,也是不会开展行动研究的。可以说,提高行动研究的有效性,有赖于教师准确而及时地发现并概括教育教学中的问题。

三是要坚持研究与实际紧密结合。行动研究的性质和特点决定了它必须与学校的教育教学实际紧密结合。脱离教育教学实际的研究不能称为教育行动研究,更不能保证教育行动研究的有效性。教育行动研究与实际结合要求研究的问题必须来自实际,开展研究的过程必须是教育教学工作进行的过程,研究的目的必须是改进实际的教育教学工作,研究的结果必须促进教育教学中问题的解决和教育教学实际工作的合理、科学和有效。

四是要提高科研实践能力。当前,教师对教育科学研究存在不正确认识的原因之一是部分教师的科研能力不足,缺乏信心。只有教师具备了一定的科研能力,才能消除他们从事教育教学研究的心理和行为的障碍。这就要培养教师的问题意识,提高信息处理能力和创新能力等。学校一方面可以引进有关专家、学者对教师进行科研指导;另一方面也可以让教师走出校门,到其他科研先进学校和单位进行考察和学习。只有亲身体验到教育科学研究对教育实际的促进作用,教师才会相信教育科学研究,并主动参与教育科学研究。

(三)加强管理,改善条件

教师进行行动研究,需要一定的客观条件做基础。客观条件的制约也是中小学教师对科研存在畏难情绪的原因之一。为此,学校应该加强管理,积极改善条件,为教师从事研究创造良好的环境。

一是要给予时间保证。在现有教育体系下,有些学校对学生实行看管式管理,这样教师们忙于应付日常工作,几乎没有时间反思自己的教育教学行为。在提倡对学生进行减负的今天,也需要对教师进行减负,把教师从烦琐的简单劳动中解放出来,使其从事创造性劳动。学校要减去教师不必要的工作负担,增加教师的行动研究时间。

二是要提供帮助。教师开展行动研究,需要理论上的帮助。理论书籍是教育理论的书面载体,专家是教育理论的活化载体,两者缺一不可。然而,现在有些学校教育理论书籍缺乏,只购买各个学科的辅导资料,教师很难得到教育理论书籍的帮助,因此迫切需要构建学校开展教师行动研究的理论支撑体系,包括书报杂志、文献资料等。同时,学校还应该为教师研究配置必要的仪器设备,给予一定的科研经费,聘请有关专家作为教师开展行动研究的引路人等。

三是要建立激励机制。学校在评职称方面应该向开展行动研究的教师倾斜,鼓励教师多读书、多行动、多反思。现在有一种看法,认为中小学教师开展研究、写作教育论文没有必要。这种看法是对教育工作性质的简单化理解,忽视了教师工作的复杂性。认识到教师行动研究对于提高教育质量、深化课程改革的重要性,需要落实到行动上,建立有效的激励机制。

教师在行动研究中可以得到知识、能力、态度、情感等多方面的发展与提高,更重要的是,这样的过程一旦由教师自觉主动地进行,教师就可以持续不断地提升自己、改进自己,成为“专家”。

思考与练习

(1)教育行动研究的含义及其特点是什么?

(2)教育行动研究的基本步骤及各环节应做的主要工作包括哪些?

(3)教育行动研究与教育实验研究的区别有哪些?

(4)试析教育行动研究者应具备的素质。

(5)教师开展教育行动研究的意义是什么?

(6)教育行动研究与一般的学术研究方法具有哪些不同的特征?

(7)教育行动研究对中小学教师从事教育研究有什么意义?

第九章　教育叙事研究

第一节　教育叙事研究概述

"用嘴说出的话随风而散，用笔写出的话永不磨灭。"把文学叙事的方法引入教育研究之中，让教育研究以故事的形式呈现出来，推动了教育研究范式的变革和发展。教育叙事研究以其重真实、接地气、原汁原味的特征，重塑了当代教育研究的新形象，给当代教育研究带来了崭新的面貌。教育叙事研究以其贴近灵魂和抵达心灵的力量，给教育工作者带来了专业启迪和无限遐思，切实地促进了教师专业实践的成长和发展①。

一、教育叙事研究的内涵

（一）叙事

人类的叙事源远流长，它参与了人类历史文化的形成和社会文明的发展。可以说，没有叙事，就没有人类及其社会生活。

叙事在中西方历史、文学等人文科学中占据重要地位。在中国，"叙事"之"叙"与"序"或"绪"相通，叙事常常称作"序事"，不是现在特指的讲故事，而是表示国家重大活动中礼乐仪式的安排。此外，"序"又与"绪"同音假借。"绪"字的意思，指抽丝者得到头绪可以牵引，后来引申为凡事都有头绪可以接续和抽引。可见，叙事最早是作为一个动宾词组应用的，叙事在某种意义上就是按照顺序安排事情或寻找事情的头绪线索。到唐宋时代，"叙事"开始转变成为一种文类术语。唐代刘知几的《史通》特设《叙事》篇，南宋真德秀编选的《文章正宗》也专门列出了"叙事"这一文类，由此标志着中国叙事理论的诞生。在西方，早在公元前5世纪，古希腊的哲学家和文艺家就对叙事开展了理论探讨。德谟克利特认为，荷马的天才主要表现在其惊人的各类诗歌的叙事方面。柏拉图在谈及诗人时，也把荷马当作诗歌叙事的榜样。他提出，荷马在诗中记叙了广泛的题材内容，包括战争、人类的关系、神与神之间的关系、神与人之间的关系、天上与地下发生的事情以及神和英雄们的由来。公元前4世纪，亚里士多德在《诗学》中结合文学艺术对叙事理论展开了系统深入的探讨，创建了西方早期的"叙事之学"②。

在现实中，"叙事"就是"讲故事"，讲述叙事者亲身经历的事件。叙事与我们的日常生活世界息息相关，它不仅是人们讲述或写作事件的记录方式，而且是人类认识和理解世界的基本方式。现在，叙事正在被广泛地引入到哲学、法学、历史学、社会学、心理学、教育学等社会科学的诸多领域。叙事把抽象的理论还原为生活，把复杂的观点转化为生动的故事，把个

---

① 本部分内容参见和学新，徐文彬. 教育研究方法 [M]. 北京：北京师范大学出版社，2015：139-160.

② 许并生. 科学叙事学论纲 [J]. 山西大学学报（哲学社会科学版），2011，34（3）：13-20.

人经历背后隐含的内心体验和生命意义展现出来。人只有在叙事中才能完成自身的文化建构和身份认同。在人类进入信息化时代的今天,叙事更加深入人们的日常生活,信息转化成故事在互联网上瞬时传递,影响着社会生活的各个领域。

(二)叙事研究

"叙事研究"源自文学中的"叙事学",是对叙事作品展开理论研究,阐明叙事作品的文本意义。1969 年茨维坦·托多洛夫首次提出"narratology"这一概念,标志着叙事学的诞生。20 世纪中期,叙事理论已经取代小说理论成为文学研究主要关心的问题。叙事学从形式出发,旨在探讨叙事文本中的模式、角色、时空等问题,揭示叙事文本的结构形态、话语表达和形式规律,使叙事文学研究走向科学化和系统化。叙事研究的最大特点在于注重探寻和解释叙事文本的意义,主张在探讨叙事作品的主题意义时,考虑作品的创作语境和阐释语境,考虑读者个人的生活体验和人生经历,这种意义解释具有强烈的独特性和个体性。正如"一千个读者有一千个哈姆雷特",不同的读者对于同一文本亦会有不同的反应和理解。通过记述个人的生活故事和揭示真实的情感体验,叙事研究对人的现实生活和可能生活进行了重构和创造,发掘出潜藏于个体生活故事背后的价值与意义。叙事研究最初是以神话故事、民间故事和小说等文学作品为中心,后来逐渐扩展到对各种叙事文体的研究,现在它已经广泛应用于各种社会人文学科,出现了哲学叙事研究、法律叙事研究、教育叙事研究、历史叙事研究、文学叙事研究,其中,文学叙事研究又可具体划分为诗歌叙事研究、小说叙事研究、戏剧叙事研究、电影电视叙事研究等。

(三)教育叙事研究

教育叙事研究起源于北美国家。早在 1968 年,杰克逊就开始运用叙事方法研究学校现场活动。1980 年,伯克(Berk)提出自传是教育研究的首要方法。1988 年,封·马南(Van Maanen)系统探讨了人种志故事的主要叙述形式。在北美,"狐火方案"(Foxfire Project)就是在教育中运用口述史研究的典型案例。

20 世纪 80 年代,加拿大著名教育学者康纳利(F.Connelly)和克莱丁宁(D.Clandinin)最早把叙事作为研究方法引进教育学研究领域,他们在胡森主编的《国际教育百科全书》中指出,"复杂撰写的故事就是叙事","在研究中,这些故事的创作有赖于特殊的经验方法和原则"。他们先后发表了《作为课程计划者的教师:经验的叙事》《经验的故事和叙事研究》《叙事研究:质的研究中的经验与故事》等系列研究成果,标志着教育叙事研究作为一种科学的教育研究方法的形成。伴随着世界教育研究的重要转型,我国教育研究也开始向人文研究范式演进,出现了教育研究的叙事转向。20 世纪 90 年代,教育叙事研究开始在我国兴起,并以其独特的人文品性和生活气息,日渐成为我国教育研究的流行话语和重要方法。

作为一种研究形式,教育叙事研究就是把叙事研究方法应用于教育问题的研究之中,对教育叙事文本进行分析的新型研究方法。作为一种理论形式,教育叙事研究就是研究者以故事的形式描述个体或集体的教育生活,在反思教育经验的过程中发掘潜藏于人类日常生活之中的思想意义,在此基础上对个体的教育生活和教育实践进行解释性理解。教育叙事研究的本质特征在于关注个体人的生活故事,探寻这些生活故事对于特定个体发展的教育意义。

根据研究主体的不同，教育叙事研究可以分为教师的叙事研究与教育学者的叙事研究。教师的叙事研究主要是由教师撰写教育故事，描述教师在日常的课堂教学、教改活动中曾经发生或正在发生的事件，展示教师的个人经验世界及其心灵成长的轨迹，表达教师在教育教学活动中的真情实感，包括教师本人撰写的个人传记、个人经验总结等各类文本，其中，教师自身既是叙说者也是记述者，既是研究者也是研究对象。教育学者的叙事研究是由教育学者撰写的基于研究对象个人生活经历的教育故事，通过搜集和分析各种经验故事、口述、现场观察、日记、访谈、传记、书信等个人的第一手的资料，重新叙说研究对象的教育生活故事，探讨这些故事之于个人的价值和意义，反映研究对象的重要生活经历与生命主题，其中，教师只是叙说者，研究者是记述者。

根据研究方式的不同，教育叙事研究可以分为自传型叙事研究与合作型叙事研究。自传型叙事研究就是教师在故事中追溯自己在教育活动中经历的教育事件、解决的实际问题和积累的个体经验，从个人生活史的角度探寻专业成长的机制和实践知识形成的过程。其中，研究者与叙事主体是同一的，研究者讲述的是自己的教育故事。合作型叙事研究是指研究者与教师建立平等合作的研究关系，研究者通过对话与反思，将教师的教育故事加以分析和重组，探寻教师的生活经历和专业发展的历程。其中，研究者与叙事主体是不同的，研究者讲述的是他人的教育故事。

二、教育叙事研究的作用

（一）沟通教育理论与教育实践之间的联系

由于教育叙事研究从教师的日常教育生活出发，以课堂生活中的真实事件和问题为研究对象，深深植根于教学实践，因此，教育叙事研究实现了研究旨趣的转向。一方面，它要求理论工作者放弃为研究而研究、为理论而研究的传统路线，改变以确定和发现“真理”为主旨的宏大叙事方式，走入中小学教育教学现场，关注活生生的教育教学经验，讲述普通中小学教师的教育故事，通过教育故事的叙述促进人们对于教育及其意义的理解。另一方面，它赋予了中小学教师研究权和话语权，教师每天都处在真实的教学情境之中，他们对其所处的环境和面临的问题具有深切的感受和潜在的认识能力，他们不仅处于最佳的研究位置，而且还拥有最佳的研究机会，他们完全可能而且应该成为研究者，使教学在自我反省和研究的基础上不断改进。教育叙事研究贴近经验和实践本身，是以叙事为基本的话语形式，以教师的教学经验和教育故事为主要内容，叙事文本的表述方式灵活多样，这种研究方式很容易被中小学教师掌握，也很容易在中小学加以推广。

在教育叙事研究中，教师不再是传声筒，不再依靠别人的思想而生活，而是开始学习倾听自己内心深处的声音，站在自己的角度反思和挖掘自我。在教育叙事研究中，教师不再把视野局限于教学内容及传授方法上，而是关注教学内容的价值和意义，了解教学活动在学生身上产生的实际效果。在教育叙事研究中，教师逐渐学会对自己教学行为及整体情境进行思考，能够利用来自不同渠道的信息连接理论与实践，从多重角度分析问题，对它们进行批判反思。

教育叙事研究日渐成为教育研究中的一个重要的话语方式，它有助于在理论工作者与实践者之间构建民主化的研究关系,促进两者之间的平等对话;有助于形成沟通教育理论与教育实践之间的中间道路,推动教育理论与实践的发展。

(二)有助于研究者面向教育事实本身

教育叙事研究强调面向事实本身,倡导教育研究应回归生活世界,主张用人文科学的方法去说明和解释教育生活中的人和事,从被研究者的视角倾听他们的话语,关注他们的体验。这正如胡塞尔所指出的:“要避免科学的专门化的说话方法,采用素朴的生活世界的说话方式。因为科学的专门化说话方法掩盖了科学起源于生活世界这一事实,使用生活世界的素朴的说话方式有助于从科学的观念化的世界回归到活生生的直接经验的世界中去。”

面向事实本身的教育叙事研究表现出生活化、情境化和整体化的特征。第一,研究对象的生活化。教育研究者不是局限于某一学术概念或理论体系的建构,而是对师生的个人故事、真实的课堂生活进行深入细致的描述与反思,探讨师生在教育活动中表现出来的各种意识、情感、行为,揭示出教育生活中所隐含的传统、经验、习俗、常识等不言自明的事实及其意义。第二,研究过程的情境化。教育研究者不是完全遵从确定假设、验证假设的科学主义研究路线,而是尽可能地通过研究者与被研究者之间的互动,在教育生活中进行长期深入的体验,在课堂情境中搜集资料,在“看”“直观”中把握教育事实本身。第三,研究内容的整体化。教育研究者不是孤立地、线性地分析问题,而是对研究对象进行整体的动态考察,即不仅要了解被研究者及其行为,而且要深入被研究者的教育生活之中,了解被研究者在学校生活中变化发展的历程、学校的社会文化背景及其相互之间的影响,原汁原味地呈现事物本身,立体地勾勒被研究者生活世界中的复杂万象。从这个角度上说,教育叙事研究是一种以“生活”为底蕴的研究活动。

案例 9-1

一位“教育博士”教师的故事

郭京,1999 年获得教育学硕士学位后,应聘到 Z 校科研室工作,并任政治教师。2000 年起在职攻读教育学原理专业的博士学位。与其他中学教师相比,她本身具有与众不同的受教育经历和知识结构,那么,她个人的实践理论有何特点,与其他教师相比又有什么不同呢?

故事一:教改筹划

我(郭京)不想糊里糊涂上课,一堂课不要很痛苦地过。我想把课上得让学生喜欢,把课上得活起来。可以说,我的教改动机来源于我的教育理论素养。我强调渗透,考虑哪些点可由学生去探究。政治课的改革,教材体系改动不大,我主要从教法上做文章。我考虑教法的依据,一是学科定位:我把政治课当作社会常识课,重视学科的学术性,立足于培养反思批判思维、分析问题能力、创新精神和实践能力;二是课程论依据,主要是杜威的《儿童与课程》、施良方的《课程理论》,明确老师要在学科逻辑与儿童心理逻辑之间做桥梁,学生感兴趣的多讲。有了大的定位,具体的设计应尽量从学生身边生活入手。

故事二：三位“小老师”

下午一点是实验1班的课，这个班90%的课由学生主讲，这种上课形式是上学期期末学生讨论决定的，每个学生主讲哪个内容，是自愿认领的。学生备完课，要给老师说课，郭京会从内容和上课方法两方面加以指导和把关。

上课铃响，郭京在黑板上有力地写下了这节课的课题——“货币和通货膨胀”，然后请主讲的小老师上台。今天主讲的小老师有三位，他们三人互相协调、分工合作：甲负责讲货币部分，乙负责讲通货膨胀，丙最后总结通货膨胀产生的原因。甲先请语文课代表朗读课本的第一自然段，然后请同学谈感想，第三步自己讲，他按照他们从大学本科教材中找来的材料念，乙帮他板书要点，三人又分工表演小品，演绎货币形成的历史，台上同学的精彩表演使得台下同学啧啧赞叹。小品之后，甲又讲了货币的作用……

（三）表达教师的个体实践性知识

在叙事研究中，教师成为研究的主体，拥有开展教育研究的自主权，教育生活和教学故事成为研究的对象，教师的个人经验、生活体验等实践性知识在研究中便拥有了“合法化”的地位。教师的实践性知识是一种动态的存在，它伴随着具体的情境建构或者消解，内隐于教师的观念之中，以习惯性思维方式影响和支配教师的教学行为。教育叙事研究是记载和表达教师实践性知识的最佳研究形式，因为叙事研究是以看似零碎的非思辨方式面向教育生活的，致力于讲述教师的个人经验和教育故事，它可以是教师“即兴创作”的艺术，可以是教师在非常态教学情境中恰到好处的灵机一动，可以是教师捕捉稍纵即逝的教育时机的“课堂事件”，也可以是教师对学生的关爱，对真、善、美的追求。好的教育故事接近经验，同时它们也接近理论，这种理论在很大程度上是一种“实际使用的理论”，一种“难以言说的知识”，这种理论包括教师的教育信念、对教学关系的认知、对教学情境的把握、对教学策略的运用以及教学反思等内容，蕴含着教师丰富的情感体验、教育机智及个人的实践性知识，对于教师的教学发挥着价值导向和行为规范的功能。

三、教育叙事研究的特点

教育叙事研究不是为了检验某种已有的教育理论，也不是要形成一套可以移植和推广到其他人身上的教育理论，而是注重微观分析，关注作为个体的人的经历故事及其背后隐藏的意义，帮助该个体反思和改进其教育教学行为，提高其教育教学质量。具体来说，教育叙事研究具有以下特点。

（一）真实性

教育叙事研究应尽力避免情节及故事的虚构，它所呈现的内容应该是真实发生的教育事件，而非教师或研究者主观想象的产物。有的叙事研究者有一种“文学”情结，力图以文学家的笔法对某种教育生活进行深描和刻画。这种情结在教育叙事研究中一方面发挥着积极作用，另一方面却产生了负面影响。其积极作用在于，研究者有了责任感和使命感，勇于面向现实的教育生活本身；而负面影响则是为了追求叙事的艺术效果，研究者在研究中自觉或不自觉地加入了个人想象或虚构的成分。

应该注意的是，教育叙事研究不是文学创作，它区别于文学作品的本质特征在于其真实性。虚构、夸张、想象这些文学创作手段是不适合于教育叙事研究的。如果说判断一般教育研究的效度标准是“客观性”和“普遍性”，那么判断教育叙事研究的效度标准则是“真实性”和“价值性”。教育叙事研究的真实性不是再现客观世界的真理，而是从被研究者的视角揭示其真实的生活体验；不是研究结果与客观真理的相符性，而是研究结果与教育生活的一致性。在考察教育叙事研究是否真实时，不仅要看研究结果，而且要考察研究过程中各种因素之间的关系，具体表现为：研究者是否准确地记录和描述了教育现象和教育故事；是否真实地表达了被研究者赋予教育生活的意义；是否归纳出了可信度和认同度较高的研究结论；是否对研究现象及结论作出了确切的价值判断。简言之，教育叙事研究的真实性是指，研究结果真实地反映了这样一种研究过程，即研究者为了研究某种教育问题而选择了恰当的对象、使用了适切的方法、达到了特定的研究目的、获得了有类似经历者的认同。

（二）价值性

从某种意义上说，教育叙事研究是一个由故事中的角色、叙述者、读者共同建构意义世界的过程。教育叙事研究致力于揭示教师的实践智慧和缄默知识，它特别关注教师的亲身经历，关注教师作为个人的体验与感受，以及对个人的影响与意义。教育叙事研究不仅把师生置于事件的场景之中，而且注重对教师和学生的行为作出解释和合理说明，探明研究过程中大量“细节”及其“情节”背后的意义。

教育叙事研究不止于寻求简单的因果关系，而且关注教师、学生等个体生活体验的复杂性，尽可能展示研究对象相互冲突的多面性和复杂交织的联系，以及事情本身对个体的生活意义。教育叙事研究强调意义的理解与建构、面向事情本身，通过记述有情节、有意义的相对完整的故事，试图把人直接体验到的种种状态展现、揭示出来，并由此领悟价值和追问意义，获得视界的敞亮和自我更新。教育叙事研究还特别强调研究者在研究过程中的自我反思，即研究者不是一个价值中立的观察者，而是一个处于某个时期、某个地区、富有人性的、课堂生活的参与者和观察者。

在叙事研究中，研究者对研究现象和被研究者充满关怀，研究者本人也变得更加开放和宽容，能够容忍更多的模糊性和不确定性，整个研究过程成为一种充满情感的意义追问和价值探寻的过程。在日常教学中，一些有意义的教育生活的点滴往往会从我们身边不经意地掠过，而以叙事的方式追问和反思教育过程，则有助于把握教育实践的实质，探寻其背后的意义，让日常生活中的教育智慧和教学艺术得以关注。

（三）体验性

相对于科学化的教育研究来说，教育叙事研究关注的是个体在教育情境中的生活体验和独特经历，揭示被研究者日常的课堂生活、特定的教育环境及其对个体思想和行为的影响。这正如马克思·范梅南所说：“教育学根本上是一门实践的学问。教育学不能从抽象的理论论文或分析系统中去寻找，而应该在生活的世界中去寻找，在母亲第一次凝视和拥抱新生儿时，在父亲静静地约束孩子盲目地横过大街时，在老师向学生眨眼睛对学生的工作表示赞赏时。”“教育学不是在可观察得到的那类事物中找得到的，而是像爱和友谊一样，存在于这种情感的亲身体验中，也就是说，在极其具体的、真实的生活情境中。”

与思辨语言或实证研究不同，叙事表达不再是揭示真理或发现事实，而是通过呈现他人的教育经验及生活故事，揭示个体的生活体验，发掘教育生活中隐藏的无限丰富的意义，从而建构一个有意义的生活世界。“从某种程度上说，真正的经验叙事比教育生活本身更深刻、直接地揭示了一种教育‘真理’。”

（四）对话性

教育叙事研究倡导在研究者与被研究者、与历史、与自我之间开展一种合作与对话。在对话中，研究者必须认识到，教师并不是教育研究的“工具”，而是研究的主体，并非“缺乏”教育理论知识的人，而是需要根据教学实际和个人体验建构教育知识的人；在对话中，研究者应该站在被研究者的立场上，倾听他们对自己生活故事的描述，对他人意图和动机的解释；在对话中，研究者应对现实的教育问题和真实的生活体验保持敏感，应致力于解决教育生活世界与理论世界之间的矛盾。同时，教师必须认识到在合作与对话中所获得的不仅是新的教育理论、教学策略或方法，而更应该是养成一种自主反省的意识，建立一种批判性思考的能力，从而促进个人实践知识的生成，主动参与教育研究，成为一名“成熟”的研究者。由此，研究者与被研究者在教育叙事研究中构成了一种新的、平等互动的关系。

由于叙事研究注重研究者与被研究者之间的互动，强调从被研究者及其生活体验出发，引入一种平易、亲切的生活语言，因而，这种研究给参与研究的“人”以极大的尊重，使研究富有较强的人文精神和人文意味，这样，教育叙事研究便去掉了其“圣化”的冰冷的面目，走近了教育生活中的普通人。

（五）实践性

教育叙事研究是对教育理论研究的有益补充，它在理论驻足之处前进，在理论沉默之时畅谈。它的威力就在于其切身的实践性，它具有立足现实生活、勇于批判反思的品质。

与文学叙事的“娱乐性”“游戏性”功能不同，教育叙事具有深刻的实践性和反思性。由于教育活动在根本上是一种有目的地培养人的社会实践活动，这便决定了教育叙事研究对于教育现实具有强烈的介入性和干预性。教育叙事不应重复记录过去已有的教育生活，也不应简单地述说师生个体的日常感受，其真正功用在于促进师生的共同成长和研究者的专业拓展。教育叙事以故事的方式“告诉”人们教育生活的真谛，以故事的形式改变或重塑个体的生命感受。当听故事的人为叙事中个体的命运所感动，就有可能把叙事中传达的信念变成自己的实践行为。当一个人进入由叙事所构筑的教育时空之中，其个人的教育信念和生活实践将会发生根本性的改变，其专业发展意识和专业实践能力将获得极大的提升。恰如加拿大学者康纳利和克莱丁宁所说的，叙事研究不仅仅是讲故事和写故事，而在于“重述和重写那些能够导致觉醒和变迁的教师和学生的故事，以引起教师实践的变革”。

四、教育叙事研究的理论基础

作为质的研究方法的表现形式之一，教育叙事研究的主要理论基础有现象学、解释学以及后现代主义理论、文学中的叙事学理论、人类学中的田野调查方法、社会学的实地考察方法等[①]。

① 胡中锋. 教育科学研究方法 [M]. 北京：中国人民大学出版社，2018:184-185.

1. 后现代主义理论

后现代思想家们关于主体的消亡、元叙事、对实在深层模式的否定、历史本身、任何最终意义的不可能性、理解世界的理性的失败、对差异的颂扬等理论对叙事研究影响很大。反过来,叙事、故事、语境等词汇也成为后现代思想家们高频率使用的词语。

2. 文学中的叙事学理论

这是叙事研究的主要理论基础,或者说,文学理论是叙事研究首要的智慧源泉。自 20 世纪 70 年代以来,叙事学成为文学研究的核心领域。叙事学中关于叙事的情节、结构、语言、语境、合理性以及口头叙事与书面文本间的转换等,都成为当前教育叙事必须加以考虑的问题。故事是继承历史和历史哲学的时间手段,历史和历史哲学在本质上都是研究时间的,这一点决定了其在形成社会科学的叙事研究中起了特殊作用。由此可见,叙事的本质是作为话语形式对经验的现实事件(历史的)或想象的虚构事件(文学的)的描述再现;叙事的价值则在于通过时间进程中事件序列的表面,提炼并显现出超时间的逻辑真实或者说本质意义。

3. 现象学和解释学理论

这两派哲学的主张为叙事研究提供了重要的认识论和方法论的启示。现象学和实证科学有相似之处,都重视现实。现象学的第一口号是“面向事实本身”,它看重的是“事实”“实事”“事件”。对“事实”的关注显示现象学也是一门“实证科学”。但是现象学更重视“个别”事实,并注重个别事实在当下领会、领悟事实的本质,现象学称之为“本质直观”“现象学直观”。实证科学虽然也从个别事实着手,但实证科学更期望从“个别”事实中抽象出“一般”规律。虽然现象学也重视事物的本质、本性,但是现象学坚持各人观看时总是有自己独特的视角,视角不同、立足点不同,各人的领会和领悟也必不相同。也就是说,现象学更珍重由此而发生的个人的感觉、个人的领悟,提倡对所研究对象的欣赏、投入、参与、对话、提问并倾听,要用语言来描述。现象学体现着一种叙事精神,同理,叙事和叙事研究也是一种现象学精神。语言描述本身就具有理解和解释的功能。解释学的核心是“理解”,理解不是去把握一个事实,而是去理解一种潜在性和可能性。理解也不仅是为了寻求新的知识,而是为了解释我们存在其中的世界。解释学主张对经验性文本的解释和意义的挖掘,也为叙事研究奠定了方法论基础。

4. 人类学、社会学、语言学理论与方法论

近些年来,随着人类学研究的升温,对人类生存和交往模式的思考及其运用的田野调查法开始对诸多社会学科领域产生影响。同时社会学使用的扎根理论方法、行动研究,以及语言学中的符号互动理论等都构成了叙事研究理论基础的一部分。

除此之外,叙事研究还吸取了多种理论和研究方法,如哲学中的后实证主义、批判理论、建构主义、象征互动主义、女权主义等。总之,叙事研究是一种多元文化视角下的研究方法。

五、教育叙事研究的内容[①]

教育叙事研究是通过讲教育故事或教育事件来研究教育实践。教育事件可以发生在不同的叙述者身上,即可以由不同的叙述者来讲某种与教育相关的经验、行为、过程、心理、情感、观点等,从而形成不同的叙事材料,这些叙事材料构成叙事研究的内容。根据教育叙事的

① 胡中锋.教育科学研究方法 [M].北京:中国人民大学出版社,2018:189-190.

主体可分为教师叙事、学生叙事、学生家长叙事、其他教育工作者叙事和社会媒体叙事。其中,教师叙事是教育叙事研究的主要内容,以至于有的学者认为教育叙事研究不是教师科研的方法而是教师专业发展的一种方式。但是,无论是作为一种研究方式还是作为教师专业发展方式,教师的叙事研究已非常鲜明地划定了事件的范围:这些“事”是教师之事,是教师的生活故事和发生在教师身边的教育故事,教师是参与其中的人。教育叙事研究就是研究教师在日常的教育活动中所遭遇、所经历的一切,包括教师的教育思想、教育活动和教育对象。

教师的教育思想具体体现在教师的教育教学行为当中,表现为教师的教育理念先进与否、教育思想系统与否、教育认识独特与否。教师关于教育的理想、认识、看法、见解渗透于日常的教育活动中,指导着教师的教育行为,也影响着教师的人生。教师的叙事研究首先就要研究教师的日常行为背后的思想、教师的生活故事当中所蕴含的理念,以便为教师的行为寻求到理论的支撑,为教师的生活建构起思想的框架。

教师教育思想的研究离不开对教师的教育活动的研究。教育活动构成了教育事件。教育叙事研究正是立足于此进行的研究,即通过教师在校园里的谈吐举止了解教师的为人修养,通过教师在课堂中的行为处事了解教师的个性特征,通过教师对教学内容的诠释了解教师的知识基础,通过教师对教学方法的运用了解教师的教育机制等。研究教师的教育活动是要倾听教师的内心声音,感受教师的主观世界,体验教师的生命律动,探寻教师的行为意义。这种研究有助于教师更好地认识自己、提升自己,由此带来教育世界的整体升华。

教育思想与教育活动又与教师的教育对象息息相关,所以,教育叙事研究离不开对教育对象的研究。教师职业的劳动对象不是无生命的自然物质材料,而是具有思想、感情、个性和主动性、独立性、发展性的活生生的人。教育叙事研究当然离不开对这些特殊的教育对象——学生的研究。教育叙事研究要研究学生的认知特点、情意特点、人格特质,研究学生的年龄特征、个性差异、身心规律,研究学生所感兴趣、所思考、所进行的活动。

当研究将学生生活的真实世界展现于人们面前时,人们就获取了与学生对话、沟通、交流的可能,从而有可能理解学生所追求、所欣赏、所厌恶的事物。这样的教育世界才是真正属于师生的共同世界。

六、教育叙事研究的方法论意义

(一)研究领域拓展到现实的生活世界

现代教育研究一直在追寻科学化的道路上蹒跚前进,这种科学化教育研究范式往往以理性主义和实证主义作为其坚实的理论基础。20 世纪 90 年代,随着现象学、解释学、批判理论等人文思潮的兴起,教育学研究者开始反思教育研究的方法论困境,寻求缓解教育理论与教育实践、科学世界与生活世界之间紧张关系的途径,叙事研究在教育领域应运而生。它以其浓厚的人文色彩和独特的理论形态成为连接理论与实践、科学与生活这两极之间的中间桥梁。教育叙事研究促使教育学向文学、历史研究领域汲取营养,突破了教育研究传统的学科视角和刻板的理论框架,要求教育研究拓宽视野,面向感性的、具体的、真实的生活世界,着重研究教师的教学生活、学生的学习生活、校长的管理生活、学校的节日仪式等。

从某种意义上看,教育叙事研究以现实的生活世界为研究对象,以“叙事”的方式诠释和表达教育生活的真相，在更高层次上推动了教育研究的科学化。“在思辨终止的地方，在现实生活面前，正是描述人们实践活动和实际发展过程的真正的实证科学开始的地方”。真正的教育学知识应该诉诸人的生活世界的“证实”。教育研究的叙事转向让研究者真正走进教育生活，通过呈现教师和学生真实的生活，揭示出教育生活的本质与意义，推动了教育研究领域的拓展和深化。

（二）研究主题关注学校教育中的人及其情感体验

狄尔泰认为，在科学研究中存在两个世界：一个是自然世界，一个是精神世界，两者在研究对象、研究方法和研究目的上存在着明显的区别。自然科学以自然界为研究对象，关注的是事物的因果关系方面的知识，缺乏意义上的内涵，对自然界只能说明，不能理解和体验；人文科学则是以人的精神世界为研究对象，要求必须理解和体验生活的价值和意义，而不能采用自然科学的说明方法，“自然界需要解释说明，对人则必须去理解”。

相对于科学化的教育研究而言，叙事研究强调与人类生活经验的联系，主张以叙事来描述人们的经验、行为及其生活方式。教育叙事研究要求研究者将研究对象真正转向教育生活空间与人物，采用现实主义的教育叙事，展示真实的教育生活。叙事采用与思辨不同的生活语言，是人类教育经验的表达方式，是教育意义生成的承载工具，通过叙事，研究者建构了我们生存的教育世界。相对于宏大叙述、逻辑实证研究而言，这种教育叙述方式凸显了教育研究的人文性、经验性，教育研究不仅追求逻辑上的真，而且关注生活世界中的善与美，从而把理性引入活生生的教育经验之中，并通过生活故事和经验叙事，促使人们更好地理解教育及其意义。

（三）研究风格从理论语言转变为生活语言

现代教育研究等同于教育理论研究或教育实证研究，研究成果往往是高度“简化”“抽象化”“体系化”的理论、原则和观点。这种专业化、理论化、学术化的研究风格把广大的教育工作者拒之于千里之外，进一步拉大了教育理论与教育实践之间的距离。教育是人类生活的重要活动，对于教师和学生而言，教与学是他们基本的生活方式和生存状态。因此，真正的教育问题来源于学校中“沉默的大多数”及其生活故事，真正的教育研究应当发挥其推动教育实践和促进社会变革的作用。教育叙事研究以其深刻的反思性和实践性，为教师、学生以及普通大众提供了一种共同参与和探讨研究教育问题的研究平台。“写得好的故事接近经验，因为它们是人类经验的表达，同时它们也接近理论，因为它们给出的叙事对参与者和读者有教养意义。”

教育研究的叙事转向意味着，教育学要从“理性教育学”转变为“叙事教育学”①，研究风格则从追求“宏大叙事”的理论语言转向呈现“经验叙事”的生活语言。教育研究的叙事转向，旨在把普通教育者的生活故事“合法化”，让其在现代教育研究成果中占有“一席之地”，从而，吸引更广泛的教育实践者参与研究，弥合教育理论与教育实践之间的鸿沟。教育叙事

① 刘小枫认为伦理学可以分为理性伦理学和叙事伦理学两种类型，他指出，“理性伦理学探究生命感觉的一般法则和人的生活应遵循的基本道德观念，进而制造出一些理则，让个人随缘而来的性情通过教育培育符合这些理则。亚里士多德和康德堪称理性伦理学的大师”；“叙事伦理学讲述个人经历的生命故事，通过个人经历的叙事提出关于生命感觉的问题，营构具体的道德意识和伦理诉求”。他认为：“理性伦理学关心道德的普遍状况，叙事伦理学关心道德的特殊状况，而真实的伦理问题从来就只是在道德的特殊状况中出现的。”参见刘小枫. 沉重的肉身 [M]. 北京：华夏出版社，2007：3-4.

研究的主要任务在于把具体人物、思想和事件转化成推动个体实践的文本，转化成一种生成想象力和激发创造力的力量，从而促发教育工作者对于教育生活的反思与革新，激发他们为实现教育理想而奋斗不懈。

（四）研究对象面向普通教师，倾听“沉默的声音”

20 世纪 70 年代以来，西方教育科学领域发生了重要的范式转换和重心下移：开始从关注教育精英的思想活动转向描绘普通教师的真实人生，从弘扬教育经典转向直面教育现实，从探讨公共知识转向发掘教师的个人知识与实践智慧，从探究教育规律转向寻求教育意义。

真正的教育生活是由精英和普通人共同谱写而成的，普通人的教育生活是教育叙事研究的根本出发点，正确的教育叙事“只能从对每个时代的个人的现实生活过程和活动的研究中产生”。从现实生活出发研究普通教师的课堂教学，无疑是促使教育研究走向真实丰富的重要前提。普通教师的生活史是教育叙事研究的基础，把教育问题置放在教师生活的历史关系中进行考察，不仅可以看到个体或群体教师教育生活的全部信息，而且可以从人性的角度生动展示出教育变革和发展的历程。教育叙事研究将研究资料来源扩展到师生的生活事件和生命叙事，将教育的诠释权回归普通师生和广大民众，有效地关注了广大的普通民众和基层人士，忠实地倾听了弱势群体“沉默的声音”，记录了普通师生的生活故事和生命经验，阐释了日常生活中教育事件的意义和价值。

第二节　教育叙事研究的原则与步骤

一、教育叙事研究的原则

教育叙事研究必须遵循以下原则[①]。

1. 真实性原则

“所谓真实是指教育叙事者应回归教育生命生活，力图创设一种现场感，把真实的教育生活淋漓尽致地展现出来，以真实的故事为基础，还原教育生活的本来面目。”教育叙事研究的真实性使其与一般的叙事研究相区别，显示了教育叙事研究的独特性。当然，教育叙事研究允许研究者和读者从不同的角度来建构和理解研究文本。

2. 理论性原则

教育叙事研究的理论性原则是由教育研究的过程与目的所决定的，一方面，教育叙事研究需要一定的理论框架来指导研究设计，指导叙事材料的搜集、解读、建构以及研究文本的撰写；另一方面研究者又要通过研究文本表达自己的教育观点、理论。教育叙事研究是起于现象、归于抽象的研究。理论性是教育叙事研究的基本特性。

3. 开放平等的对话原则

没有平等的对话，研究者则无法获得或真正了解被研究者的真实态度和体验，所以，在叙事研究中研究者和被研究者之间必须建立平等、信任的对话关系。只有在此前提下，研究者才能探究到一个真实、真诚、自由的心灵世界，搜集到各种真实的材料，梳理出叙述者的实

① 胡中锋. 教育科学研究方法 [M]. 北京：中国人民大学出版社，2018:191-192.

践经验，建构起完整的教育故事，从而实现教育实践和教育理论的某种契合。

4. 倾听的中立原则

作为教育叙事研究的研究者，在走进教育现场与叙述者交流，搜集叙事材料的过程中一定不要带有任何价值倾向。保持价值中立原则很重要，这既是研究者与叙述者建立平等对话原则的表现，也是搜集自然真实叙事材料的前提条件。

5. 意义原则

“教育叙事研究的主要目的在于关注日常教育实践与经验的意义。”作为教育研究的一种重要方式，教育叙事研究只有结合实践，着力关注日常教育生活中的活动、感受、体验与诉求，才能彰显其活力而呈现多样丰富的教育意义。正是教育叙事研究的意义性才使教育叙事研究有别于一般意义上的教育故事讲述与复述。

6. 规范原则

规范原则主要针对教育叙事案例而言，是以研究文本的方式呈现的。在了解教育叙事研究有其本质追求和基本的构成要素的基础上，还要掌握其基本规范，具体而言就是在撰写教育叙事案例时要注意叙事研究的问题性、情境性、故事性和意义性。

7.“深描”原则

教育叙事研究是基于教育故事的研究，如何叙述故事及故事的叙述效果直接影响教育叙事研究的质量和意义，因为叙事研究的文本是在叙述行为的基础上产生的。但“叙述”不是普通的闲聊，而是“深描”，只有通过深度描写才能揭示矛盾冲突的发展过程，揭示故事背后的道理和意义。“深描”是质性研究对文本撰写的一个基本要求，是叙事研究与其他研究方法之间的最大区别。

二、教育叙事研究的步骤

教育叙事研究有着自己独特的操作方法和研究步骤。一般来说，教育叙事研究的基本步骤如下[①]。

（一）确定研究问题，选择研究对象

教育叙事研究的问题起始于教育现象或教育实践中值得探究的内隐问题。研究者可以采用不断聚焦的方法，从多个教育现象和复杂的教育实践中提炼出值得探究的教育现象以及内隐的问题。在确定研究问题的时候，所探究的教育现象与内隐的研究问题应是真实的、独特的和有意义的。在此基础上，研究者采用目的抽样的方式来选择研究对象。研究对象可以是一个或几个经历了某一境遇的最具有代表性的人物，也可以是对事情产生决定性影响的关键性人物。除了目的抽样之外，研究者还可以根据研究的实际情况综合使用不同的抽样策略。

案例 9-2

我是如何确定合作教师的

在选择教育叙事研究的合作教师的时候，我主要考虑到了以下问题。第一，本研究需要

① 王攀峰. 行动研究的理论与方法 [M]. 北京：首都师范大学出版社，2013：174-181. 转引自和学新，徐文彬. 教育研究方法 [M]. 北京：北京师范大学出版社，2015：150-156.

进入研究现场进行实际的观察、访谈等，因此，选取合作教师以西安市及周边地区学校的初中初任语文教师为对象，以利于研究的实际展开。第二，本研究需要对合作教师进行至少为期一年的跟踪研究，合作教师需要接受多次访谈和研究者的课堂观察，愿意参加研究是选择合作教师的一个重要参考。第三，不同类别的学校为初任教师提供的成长要求和帮助会有所不同，因此，研究选择的合作教师来自不同的学校。第四，教师在初任阶段的成长会随着时间增加呈现不同成长的状态。因此，进场研究时所选择的三位合作教师分别处于任职0~1年、1~2年、2~3年的时间，通过一年的跟踪合作，关注他们每人一年的成长历程，同时结合访谈和实物分析方法，对有过一段初任成长历程的合作教师（完成了初任前一年、前两年的成长）的前期成长进行研究。第五，本研究的三名合作教师均毕业于同一所师范院校的汉语言文学专业，均为大学本科学历，其教学的指导教师为同一教师，接受的职前培养课程一致，这样有利于重点关注他们在职后初任阶段的成长状态。

本研究入场前和被研究者之间建立联系主要是通过两种方式实现的，一是通过中介人介绍，中介人是我的朋友，同时也是与被研究教师关系密切的教师同伴；二是由作为研究者的我直接接触，而直接接触的初中初任语文教师是我所熟识的。考虑到社会科学研究的道德规范，本研究合作教师的选择首先尊重被研究者的意愿。在研究前期一共初步接触了五所学校的六位初中初任语文教师，对他们展开了试探性访谈，在此基础上结合语文教师的初任阶段、职前学习背景、性别和所属学校实际，同时考虑到个人的研究精力，最终选择了三所学校的三位合作教师。而和“守门员”的接触则是通过中介人和合作教师来进行联系，获得他们对我的进场研究的批准。由于在每所学校进行合作研究的教师仅有一人，抽样人数少，加之合作教师有参与研究的自我意愿，且这三所学校的“守门员”都一致认为这样的研究有利于所合作的初任语文教师的职后成长，因此和“守门员”的沟通非常顺畅，该研究在现场研究中得到了他们的有力支持，他们为研究资料的搜集提供了不少便利条件[①]。

（二）进入研究现场，建立合作关系

叙事研究是研究者与被研究者相互合作、相互对话的过程。专业研究者可以通过两种方式进入研究现场：一是通过正式的学校体制进入。研究者常常采用学校介绍信、熟人的推荐或学校社团支教的方式，进入调查学校，认识研究对象。这种进入现场方式的优点在于能够得到研究对象管理者的认可和支持，容易获得管理者提供的相关资料。但是，其缺陷在于研究行动的开展或研究第一手资料的搜集难度较大，往往因为研究对象的疑虑或不配合而遭到拒绝。另一种进入现场的方式是通过非正式的渠道进入。研究者通过老师、朋友、熟人、同学、亲戚等个人关系进入调查点，凭借与某个研究对象之间良好的个人关系，研究者可以很快融入社区及学校生活，便于进行深入细致的研究。研究者采用这种方式容易得到研究对象的合作和信任，有利于行动的开展和研究的深入。

此外，研究者也可以研究自己熟悉的对象，如自己的家乡、自己的学校、自己的老师等，直接进入研究现场。比如，司洪昌的《嵌入村庄的学校——仁村教育的历史人类学探究》一书反映的主要内容就是作者的亲身经验、作者的家乡及家乡的学校。

① 节选自李莉. 初中初任语文教师专业成长的叙事研究 [D]. 西安：陕西师范大学，2014.

（三）搜集研究资料，形成现场文本

研究者进入研究现场，通过观察、访谈搜集个体的生活经历和教育故事，形成现场文本。所谓现场文本是指“由研究者和参与者创造的代表现场经验的各个方面的文本”。研究者在形成现场文本时需要遵循两条基本原则：第一，处理好研究者与研究对象之间的关系。叙事研究要求研究者扮演恰当的研究角色，既要和研究对象一起全然涉入教育情境，探索、描述和解释所探究的教育事件，在研究中融入研究者和参与者的现场体验；又要和研究现场保持一定距离，从而理清研究者自己的故事、参与者的故事及研究者与参与者共同生活的场景之间的关系。第二，从整体上理解和反思教育故事。叙事研究不仅应记录现场中的只言片语或案例式的客观事实，而且要从整体上理解教育故事，建构叙事的文化历史，提供故事的意义诠释，以便为以后撰写研究文本提供充分的解释。

教育叙事研究现场文本可以通过多种途径获取：观察研究对象，记录现场笔记；搜集研究对象的日记、生活故事、自传、信件、照片、录音或录像材料，及其与他人、家庭或社会互动时形成的作品、生活记录；记录研究者与研究对象之间的讨论、对话、访谈；从亲人、学生、家长、领导等处获取研究对象的教育故事和生活经历；请研究对象用自己的方式讲述自己的故事；采集学校及相关机构的政策文献，阐释学校的历史背景与官方立场；等等。

（四）分析研究资料，重新讲述故事

现场文本和资料搜集的任务结束后，研究者接下来需要开展的一项工作是，系统分析和讨论包含研究对象经历故事的现场文本，并重新讲述故事。这一过程包括以下几个步骤。

1. 阅读现场文本

离开现场后的资料分析首先要求研究者熟悉现场文本的内容，认真阅读资料，仔细琢磨其中的意义和联系。在分析资料前研究者要通读资料，对资料做到了如指掌。在阅读现场文本的过程中，研究者首先必须将自己对该现象事先具备的知识背景搁置，存而不论，尽量避免个人的解释或评论，让资料中存在的意义自然显现。其次，研究者还应重视在阅读中产生的反应和体验。每次阅读都是读者、作者和文本之间一次新的遭遇，都可能创生一个新的意义世界。阅读资料的过程是在资料中寻找重要信息和意义的过程。

2. 编码与转录故事

编码和转录是分析研究资料中一项最基本的工作。在阅读原始材料、寻找原始材料意义的基础上，研究者把搜集到的现场文本按照故事所包含的基本元素进行编码、转录。编码是对资料进行解读的一种方式，是研究者对资料进行分析的基本概念框架。研究者根据自己的研究经验，提出了多种编码系统的内容和结构。伯格丹和比克兰提出，在一般情况下，编码系统可以分为以下 10 种类型（见表 9-1）。

表 9-1 编码系统类型表

编码类型	说明	范例
场所 / 语境编码	人员、位于何处、空间如何分配	教师休息室的配置
情境定义编码	研究对象对环境所持的解释	受训者眼中的工作
研究对象的观点	研究对象单独或共有的规则、标准或一般观点	退休金制度

续表

编码类型	说明	范例
研究对象的思考方式	研究对象了解、定义、解释周遭环境、人、事物的思考方式	教师对时间的定义
过程编码	随着时间移动的事件	一节课
活动编码	经常、固定方式的事件	训练活动
事件编码	偶尔发生的事件	停课
策略编码	完成事件的方法	如何找答案
关系和社会结构编码	人与人之间互相的行为	友谊
方法编码	研究程序、方法、问题、困境	研究者反思

康纳利、克莱丁宁提出了另一套叙事研究的分类系统：相互作用、连续性和情境（见表9-2）。

表 9-2　三维空间的叙事结构

相互作用		连续性			情境
个人	社会	过去	现在	将来	地点
注意内部的内在条件、感觉、期望、审美反映、精神调整	注意外部的环境条件，其他人的打算、意图、设想和观点	看过去的、回忆的故事和早些时候的经验	看当前的故事和处置事件时的经验	看隐含的期望、可能的经验和情节线索	看处在自然情境或者在有个体打算、意图、不同观点情境之中的背景、时间、地点

分析资料是一个不断演化的过程，在分析过程中，一些新的码号可能出现，某些旧的码号可能需要修改或抛弃，一些下位类属和上位类属也可能会从原来的码号中分化出来，从而，需要研究者对现有的编码系统进行相应的调整。在调整编码系统时，我们不仅要检验该系统是否反映了原始资料的真实面貌，而且还要考虑这个系统是否能够在撰写研究报告时有效地为自己服务。

研究者可以参考上述编码系统分析现场文本，在资料中提炼出那些频繁出现的，或是带有感情色彩的有意义的内容，为这些意义单位设置数字或赋予字母码号，把相应码号标注在资料中有关内容旁边。这一过程是规范的叙事研究不可或缺的环节，它们是评估研究合理性与准确性的重要依据。编码完成后进入转录环节，它是将叙事的基本要素从故事之中抽取出来重新加以组织的过程，即按照码号所代表的概念、意义重新组合现场文本，将标有同种字母码号的句子按照顺序转录在一起，这样形成一个反映原始故事精神实质的压缩的精短的“骨架”型故事。

3. 重新讲述故事

研究者把已经转录出来的“骨架”型故事，按照时间顺序或研究主题重新书写成清晰的包含叙事基本元素的文本。只有按照一定的逻辑顺序组织后，研究对象所讲述的故事才能够被更好地理解。由于叙事涉及两个必要的因素，即故事与叙述者，因此，两者之间必然存在不同的关系，这便构成了不同的叙事情境。

一般来说,研究者可以采用两种不同的叙事方式:一为“讲述”的叙述方式,即叙述者外在于故事,叙述者就是讲故事的人,他与故事中的人物距离较远,作为传达信息的中介存在于文本当中,他记录、讲述、评论和解释故事,与读者交谈,恰如我国传统的艺人形象——“说书人”。在这种叙事方式中,由于有了叙述者的暗示和引导,读者很容易形成自己的明确的结论。二为“展示”的叙述方式,即所有的故事情节在反映者的视野中展开,没有一个讲述者向读者传递信息,读者亲历事件发生发展的过程。随着故事的不断发展,读者直接进入这位人物的内心世界,感受着他的感受,思考着他的思考,领悟着他的领悟。在这种叙事方式中,读者只是随着故事人物的意识四处游走,故事中存在着大量不确定的意义空间,文本具有更多的开放性和自由性。

(五)撰写研究文本,形成扎根理论

完成教育叙事研究报告的过程,就是把现场文本转换成研究文本的过程。康纳利、克莱丁宁认为:“从现场文本到研究文本的主要转变是:研究文本为其他研究者和参与者而写,并超越现场文本中捕获的经验的特殊性。”这就要求教育叙事研究不应仅仅停留于描述故事和再现生活,还应通过归纳分析现场文本,尝试自下而上地建构理论。

例如,马佳关于一所农村学校教师合作的个案研究,就是以浙江省北部一所普通农村学校为研究对象,通过实物呈现、研究者亲历及教师言说等多个方面搜集资料,呈现出教师合作的详细图景,整理出教师合作的组织、制度、内容以及合作场景等,在分析的基础上提炼出教师合作的本土理论,并揭示出教师合作中存在的问题。通过这所农村学校教师合作的多个图景,揭示出课程改革的理想与农村学校教育现状的矛盾、教师教研组内教师求同与独立之间的冲突、农村学校中不同学科教师及同一学科教师合作的缺失。该研究对于理论做了如下建构:

勘察——事实搜集

整理——教师合作的现场内外

提取——教师合作的组织、制度、形式和内容

推断——“教师合作”(本土)理论和原则

溯源——课程改革,教研组文化,教师个人专业发展

由此我们不难发现,研究者对叙述事件之间的相互影响和相互作用关系进行了梳理,通过分析和比较搜集来的各种叙事素材,成功地将这些零散的叙事素材转换成完整的学校场景,生动地再现了这所学校中教师合作的现状,在此基础上,提出农村学校教师合作的“本土化理论”。

教育叙事研究中的文本不仅要讲述故事,而且要揭示某个主题,诠释其中的意义。在教育叙事研究中,故事包含着多层意义和某些主题,这些主题是故事的意义逻辑,也是叙述文本的意义所在。研究者需要做“诠释的现象学式的反思”,必须从不同的经验资料中找出有说服力的、有意义的主题,从而把握故事的深层意义。好的研究文本所揭示的主题和意义,能够引起读者的共鸣,为人们带来心灵的震撼和灵魂的激荡。

第三节　教育叙事研究的评价

教育叙事研究作为一种研究方法虽然已经广泛应用于教育研究，被广大教师和一部分教育研究者所喜欢，但是如何评价教育叙事研究还没有统一的标准。怎样的叙事研究才是好的叙事研究？不同的学者有不同的观点。但究竟哪些可以作为教育叙事研究的基本标准？在教育叙事研究中还要注意处理好哪几对关系，以保证教育叙事研究的质量[①]？

一、教育叙事研究的评价标准

叙事研究被引入教育领域以来，就一直存在着有关其信度和效度的争议。批评方认为教育叙事研究缺乏应有的信度和效度，一是因为研究中所叙述的故事的真实性和客观性无法检验；二是因为教育叙事研究缺乏普遍的解释力和推广力；三是因为受到研究者个人倾向的影响，无法做到"价值中立"等。虽然辩护方对教育叙事研究的信度与效度问题加以辩护，但总体而言，评判教育叙事研究的标准仍在讨论之中。毋庸赘言，对于使用教育叙事研究的研究者来说，事先建立控制研究和评价研究的标准是很重要的。

目前教育叙事研究在理论界已经提出了"貌似"和"逼真"的评价标准，这对于叙事研究而言比信度和效度更为重要。这是基于教育叙事研究的真实性原则提出的，是基于真实发生的教育事件而建构对于研究者而言真实的研究意义，并能深刻感染读者，引起读者心灵共鸣。另外，考察教育叙事研究可以着重关注经验的代表性、因果关系性、即时性，事件经验和事件讲述的差异，叙事形式，整个研究文献的前后一贯性，研究文本的感染性、真实性、充分性和合理性等。

也有学者围绕何为"好的教育叙事"对教育叙事研究的评价标准展开讨论，认为好的教育叙事应该：①关注人的基本处境，向教育存在发问；②以"具体的个人"为基点与核心；③以复杂性思维在关注"善"的同时，也关注"恶"在教育生活中的存在；④拥有教育学立场；⑤是新的教育生活和教育存在的建构者。虽然教育叙事和教育叙事研究不同，但高质量的叙事研究一定是建立在高质量、深刻的教育叙事的基础上的。

综观教育叙事研究的文献，根据目前已有的对叙事研究的评价标准的认识，结合其他的质的研究的评价标准，维护教育叙事研究严谨性的基本标准应有如下几点。

1. 明显性

以清晰而完整的故事形式，具体而准确地描述外在的可观察到的现象或事物。叙事研究主要采用的方法是讲故事，故事是对个人生活中重要事件的反思和再现，它包含着叙述者个人的实践经验及其实施情形。清晰而完整的故事可以给听者一个完整的认识，从而确保了研究对象的真实感。同样，通过完整、清晰的准确描述，才能真实地再现研究者的研究过程与成果，使研究过程与结果获得读者首肯。

2. 似真性

研究者站在被研究者的角度，从被研究者的经验中较为"确切"地推演出他们看待世界及构建意义的方法。叙事研究法中的研究者应该努力摆脱个人生活经验、价值观念、文化参

① 本节内容借鉴胡中锋. 教育科学研究方法 [M]. 北京：中国人民大学出版社，2018:194-197.

照等的束缚，以同情的和理解的态度，认真感受和分析被研究者讲述的故事，力争站在他们的立场上，从他们的视角出发，从被研究者自身提供的经验现象中推演、清理、归纳出他们的真实思想。

3. 反思性

研究者自始至终地以反思性的态度对待自己的研究过程与决策行为。对自己的研究过程与决策行为，研究者必须时时采取认真反思的态度，时时回顾自身的研究过程，明了个人的“前见”和“偏见”，以随时弥补或纠正自己在研究中的疏漏和偏颇，使研究尽可能地接近真实。

4. 验证性

研究者与合作者在研究过程中经过互动所创造的意义是彼此共有的。叙事研究是由教师与研究者共同完成的，双方是平等的合作者。在研究过程中，研究者应随时将自己的研究成果或结论告知教师，双方共同探讨或寻究教师故事中蕴含的真正意义，以避免研究者主观性的失误与偏颇。研究的结论是教师与研究者双方在不断协调中共同创造出来的，是由研究者所发现并由被研究者反思确认的。研究成果是双方共同拥有的，既有助于研究者深入了解被研究者，也使被研究者从研究结果本身引发反思，并进一步促进被研究者的专业发展。

5. 可转移性

叙事研究能够促使教师在教学实践过程中发现全新的意义和内涵，从而促使其对教学进行重新认定与深入反思，并进一步促进其与其他教师之间加强经验交流与相互学习，进而使整个研究结果在更大的范围内引发教师对自身知识的更大规模的反思与重构。

教育叙事研究从构成要素到实施过程再到产生研究文本是一个复杂的过程，确定教育叙事研究的评价标准也一定是一个艰难复杂的过程，这就决定了面对教育领域纷繁复杂的人与事，教育叙事不可能只有一副所谓“合格的面孔”。但是应该强调的是，教育叙事研究必须要加强自身的方法建设和学术规范的训练，以真正发挥意义诠释的独特作用。

二、教育叙事研究中应处理好的几对关系

教育叙事研究要真正成为教师自我认识、自我提高的有效方式，应处理好以下关系。

1. 叙事与研究的关系

叙事本来就是一种文学样式。“叙”就是叙述，“事”就是故事。教育叙事研究离不开叙事，故事是研究的基础，研究是叙事的升华。它是教师自己研究发生在真实情境中的教育教学生活，在故事的基础上进一步思考教育教学问题，通过反思揭示教学的真谛。

首先，教育叙事研究需要故事，这个故事不是一般的故事，而是教师教育教学实践中具有“研究性”的故事，是含有问题或疑难情境的真实发生的教育教学事件。其次，教育叙事研究不仅仅是讲述“研究性”的教育教学故事，还要有对故事的进一步研究、反思。

2. 故事性与典型性的关系

故事性是叙事研究的显著特征。在教学生活中，不乏曲折离奇的事件，然而是不是所有的“经历”都值得书写、值得研究呢？教育叙事研究离不开故事，具有很强的故事性，但这种对故事的记录并不是事无巨细的全盘实录，而是通过对教学事件进行深度描写来突出其典

型性,从而引发进一步的联想和思考。

这里的典型性,区别于生活中作为某种类的标本和样板的典型概念。首先,它具有一种鲜明的独特性,要求通过对教育教学事件的深度描写,准确生动地再现故事发生的情境,以及师生在教育教学事件中的心理活动。其次,典型性还要求故事具有深刻的普遍性。所叙故事要能揭示出教育教学生活中某些本质特征以及教育发展的必然规律。有了这种典型性,在阅读过程中,才能唤起读者的共鸣,引发广泛的联想和深入的思考,使人们产生进一步探讨研究的愿望。

3. 描述与解释的关系

故事需要描述,没有描述就不是故事。有了描述,故事才具有了形象性、鲜明性的特征,才可以把读者带进相应的教学情境中,才能使读者产生共鸣,也才能使读者理解作者在此基础上所作出的相关解释。当然,在教育叙事研究中对故事的描述不是沉溺于故事的自我陶醉,作为一项研究,它还需要对故事进行反思、领悟,这就是解释。解释是在已有经验的基础上对教学实践的反思和领悟,是故事描述的自然升华。这种解释不在于理论的宏大,而在于恰如其分地表达为什么会"这么做"以及对"这么做"以后各方面情况的理性思考和认识。

4. 局内人与局外人的关系

在教育叙事研究过程中,研究者既是所叙故事的局内人,又是局外人。说研究者是局内人,是因为其本人可能就是故事中的主人公、当事人。说研究者是局外人,是因为其所叙述的是他人的故事,研究者本人并未参与到故事中。所以,在研究过程中,研究者必须以局内人的身份"进入"故事,挖掘教学现场的"内在真实",展示故事的本来面貌;同时还要以局外人的身份对故事进行审视、考问和反思,思索其中的真实意图,不断梳理自己对于教学的理解和认识,挖掘出其中的实践智慧。

应该说,这种局内人与局外人的身份,并不是僵化生硬的,有时候可以进行灵活的转化,从而使研究者在不断转换的视角中贴近教学的真实,更好地促进已有经验和理论思维与教育教学实践融会贯通,促进专业化水平的提升。

思考与练习

(1)如何理解教育叙事研究中的"事"？举例说明。

(2)教育叙事研究的理论基础有哪些?

(3)叙事研究的特点和作用有哪些?

(4)简述教育叙事研究的理论基础。

(5)简述教育叙事研究的原则。

(6)简述教育叙事研究的基本步骤。

(7)简述教育叙事研究的基本标准。

(8)教育叙事研究中应处理好的几对关系有哪些?

第十章　资料数据处理与分析

研究人员为了探讨实务现场遇到的问题，或从事理论的试验，通常需将所欲研究的问题加以界定，通过适当的设计，选择或自行设计可靠的工具以搜集资料，并将所搜集到的数据经过适当的处理与分析，以之作为解释现象的依据，最后才能达到解决问题的目的。

本章旨在说明数据处理与分析的历程，以及解释数据时应该把握的基本原则，以供教育研究者参考。

第一节　数据的概念与搜集

一、数据的基本概念

数据是指一组事实或现象的集合体。数据的形式可以数字或非数字（如文字、图形、影音等）的形式呈现。例如在质性研究（如历史研究）中所搜集的资料通常是叙述性的文字；而在量化研究（如实验研究）中所搜集到者通常为数字的数据。当然，并非某一特定的研究方法只能拥有一种形式的资料，两者可兼而有之，只是较偏重于某一形式的数据而已。例如在个案研究中，研究者可能要对案主实施测验以获得一些数字的数据，也须做晤谈以获得叙述性的文字数据。本文所述将以数字的数据为主，有关叙述性的文字数据的分析与解释，请参考其他有关书籍。

二、教育研究的数据的来源

教育研究的数据有多种来源，也就是资料可通过下述几种途径来搜集。

（1）利用现有既存的资料，此种数据源在教育研究里很常见。现有的资料系在进行研究时，所欲搜集的资料已经存在，搜集既存资料的方法最为简单，事实上仅是做登录的工作而已。例如一位导师想了解其班上学生的智力分布情形，仅须把他的学生已有的智力测验结果加以登录即可获得。

（2）由纸笔（paper-and-pencil）（如问卷、量表及测验等）工具来搜集。研究者为了研究其所界定的问题，常要依研究的性质与目的，自行编制搜集资料的工具，也可选择适合的现有工具（如标准化测验）来搜集资料。在教育研究里，纸笔工具是最常见的搜集资料的工具之一。

（3）透过实验或观察获得。在较严谨的研究里，研究者常要操弄（manipulate）某些自变量而观察或测量依变量的变化情形，依变量的变化量即是研究者所要搜集的资料。此种搜集资料的方法常见于实验研究或实地观察的情境里。

（4）由计算机产生虚拟（makeup）的数据，此种搜集数据的方法通常用于理论性的研究。研究者可根据某种数学模式，再利用计算机产生合乎其研究需求的数据。

三、数据的内涵与意义

以上所述系较为常见的数据源，研究者可根据研究的情境来搜集资料。但最初所搜集的资料通常无法显现其所蕴含的意义；也就是说，未经适当处理的数据称为原始数据（raw data）。例如，某研究者从500名二年级的学生中以随机方式抽取50名学生作为研究的样本，并登录此50名学生的IQ（智商），见表10-1。虽然获得这些IQ（假定这些学生在一年级时即已实施智力测验）非常容易，但从表10-1中，研究者仅能得知每一个别受试者的IQ而已，如果未经适当的处理与分析，研究者很难对这50名学生的IQ分布情形做进一步的认识与解释，因此，这些IQ[虽然它是一种通过适当转换得到的导出分数（derived score）]，对研究者而言仍然是原始资料。

表10-1 50名学生的IQ资料

105	110	102	119	118
110	103	120	125	112
107	100	111	120	109
124	119	127	117	122
112	125	100	110	120
132	105	109	128	125
125	119	107	130	120
127	125	110	117	126
109	120	120	123	117
115	113	109	125	123

原始数据必须通过适当的程序加以处理（图10-1），方能显现其所代表的意义；换言之，才能展现出具有意义的信息（information），此也是数据处理的主要目的。

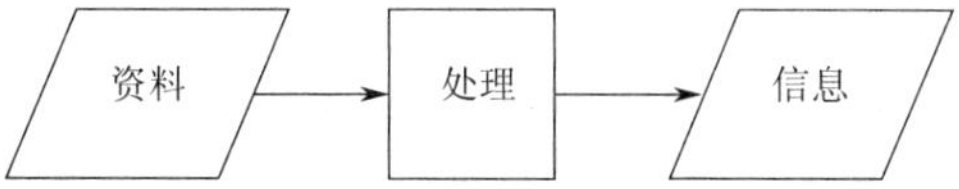

图10-1 数据处理图标

在图10-1中，数据即表示未经处理的原始数据。处理需要适当的程序与有效的工具，至于处理的工具可用人力或仪器，目前计算机已被普遍地应用于数据处理，也被视为最有效的数据处理工具，因此，本书以下所述，均以计算机处理为主。经过适当处理后的输出结果，即研究者所要加以分析与解释其研究问题的信息。

对于数据的意义与性质有了基本的了解之后，接着我们要进一步认识一些与资料有关的术语，以为数据的处理与分析做准备。

在从事一项研究时，很少只搜集一种资料，研究者通常会按照研究目的来搜集多种资料，有些是既有的资料，如上述范例中的 IQ，有些则为在研究过程中产生的。例如下述这位研究者设计了一种新的教学法，为了检验其所设计的新教学法与传统教学法在教学效果上是否有差异存在，他抽取了 50 名学生作为研究样本，并搜集了多种资料以进行分析与检验，所搜集的资料如表 10-2 所列。

现对表 10-2 的资料略加说明，以了解其意义。当这位研究者尚未知道这 50 名学生的基本资料时，为了让 50 名学生分成两个性质相近的等组（equivalent groups），最好的方式是将这 50 名学生加以编号（01~50），然后以随机分派（random assignment）的分式将其分为实验组（以 E 表示，接受新的教学法）与控制组（以 C 表示，仍然接受传统的教学法），同时登录了这些学生的性别（M 代表男生，F 代表女生）、年龄（表 10-2 第四栏）、IQ（第 7 栏）。在进行教学实验之前，研究者也调查了受试者的社经地位指标（第 5 栏）及学习动机（第 6 栏）。经过一段期间（如一学期）的教学实验之后，研究者再以一项自编成就测验为后测（posttest），其结果如第 8 栏所列，这些如表 10-2 所列者即是这位研究者所搜集的原始资料。

如表 10-2 所示，研究者所登录的每一项记录称为数据值（data value），如编号 01 的组别（C）、05 的年龄（22）、06 的 IQ（109）等皆为一个数据值（可为文字或数字或文数字并用）；换句话说，一个资料值即是一个单一的测量（single measurement）。

表 10-2　数据集范例

01	C	M	21	1	10	110	46		26	E	F	21	3	17	110	85
02	C	M	21	5	9	120	70		27	C	M	22	3	17	130	92
03	E	F	21	3	15	105	69		28	E	F	22	5	11	102	72
04	E	F	22	5	18	124	70		29	C	F	21	4	12	117	55
05	C	F	22	3	6	107	42		30	C	M	22	2	12	120	89
06	C	F	21	5	9	109	50		31	E	M	21	1	7	113	69
07	E	M	21	2	17	125	90		32	E	M	21	5	16	120	93
08	E	M	21	2	16	115	95		33	C	M	21	4	17	125	85
09	C	M	22	2	15	123	84		34	C	M	22	5	14	118	83
10	C	F	21	1	12	122	92		35	E	M	22	4	15	107	88
11	E	F	21	2	18	127	97		36	E	F	21	3	15	127	86
12	E	F	21	1	15	109	79		37	E	M	21	2	10	100	43
13	C	M	22	2	10	120	70		38	C	F	21	3	9	109	50
14	C	F	21	3	15	125	88		39	E	F	21	3	8	105	56
15	E	M	21	5	11	110	67		40	E	M	21	3	15	119	87
16	E	F	21	3	7	103	60		41	C	M	22	3	10	117	73
17	C	F	22	2	8	110	81		42	C	M	21	2	13	125	81
18	C	F	21	3	12	128	75		43	E	M	21	4	12	112	84
19	E	F	21	2	9	100	79		44	E	M	21	3	18	132	78

续表

20	E	M	22	2	15	119	88		45	C	M	21	1	15	120	84
21	E	F	21	2	16	125	91		46	C	F	22	2	12	117	70
22	E	M	22	1	16	120	86		47	C	F	21	4	13	126	91
23	C	M	21	5	8	112	63		48	E	M	22	4	16	125	98
24	C	F	22	2	12	109	72		49	C	M	22	4	14	123	88
25	E	M	22	4	14	111	68		50	C	M	22	3	12	119	74

从一个受试者测量所获得的资料值即构成一个观察体(observation),例如 35 E M 22 4 15 107 88 等 8 个资料值即构成编号为 35 的受试者的观察体,一个观察体即表示同一受试者之一组资料值。表 10-2 则陈列了 50 个观察体,这个例子的每一列(row)恰好代表一个观察体。

表 10-2 的每一栏(column)代表每一种测量,在每一栏之下出现的不同的数据值即形成一个变数(variable)。例如 50 个 IQ 即形成 IQ 变数,一个变量是指同一种测量所包含的一组资料值。在表 10-2 里,8 个栏即表示有 8 个变量。

综合以上说明可知,表 10-2 的数据集(data set)有 8 个变量,每一个变量包含 50 个数据值,也即包含了 50 个观察体,而每一个观察体有 8 个资料值。认识了数据的意义与性质,将有助于数据的处理与分析。

第二节　资料搜集与整理

前面已大致提到数据的来源以及搜集数据的工具,本节将继续说明如何搜集与整理资料。资料的搜集是一种技术,把握有效的原则,将使搜集工作事半功倍,否则将会浪费较多的心力。事实上数据的搜集与搜集数据的工具关系密切,现举例说明资料搜集应把握的几个原则。

一、搜集数据的工具应易于编码

就实征性或量化的研究而言,因为分析的对象通常是数据性数据,如果在设计工具时即考虑到所要搜集的数据可用数字为代码(code),则搜集到数据之后就易于编码。例如一份问卷或量表之类的搜集资料工具,通常需要搜集受试者之背景资料,它的形式如下。

基本数据(请在空格内填写或打"√")

姓名:__________

出生日期:___年___月___日

性别:___男___女

父亲职业:___国家机关、企业、事业单位人员___专业技术人员___商业、服务业___农业、水利业人员___军人___生产、运输设备人员___教师___其他

父亲教育程度:___小学___初中___高中、职___专科___本科 ___研究生及以上

以上是常见的要求受试者填写背景资料的形式。以此种形式搜集到资料之后,仍须将其转换为数字码,不仅多一步程序,而且容易错误;换言之,以上的形式就不合乎编码的原则,因此尽量避免以此方式来搜集数据。若将以上范例改为如下形式。

基本数据(请在空格内填写或打"√")

姓名:______

年龄:__岁

性别:__(1)男__(2)女

父亲职业:__(1)国家机关、企业、事业单位人员__(2)专业技术人员__(3)商业、服务业__(4)农业、水利业人员__(5)军人__(6)生产、运输设备人员__(7)教师__(8)其他

父亲教育程度:__(1)小学__(2)初中__(3)高中__(4)大专__(5)本科__(6)研究生及以上

或是将打"√"的部分改为选择的方式,如:

基本数据(请在空格内填写或打"√")

姓名:______

年龄:__岁

__性别:(1)男(2)女

__父亲职业:(1)军(2)公(3)教(4)农(5)医(6)工(7)商(8)其他

__父亲教育程度:(1)小学(2)初中(3)高中(4)大学(专)(5)研究所以上

二、搜集数据的原则

从以上范例可以看出,后面两种形式仅是将原来的形式加上一个码而已,仅仅做了简单的改变,当搜集到数据之后就很容易编码。因此,在搜集数据的过程,尽量掌握以下原则。

(一)数据应尽量予以量化

再以前例要求受试者填写出生日期(如出生日期:__年__月__日)来说明资料的量化问题。若要求受试者填写出生年月日,则要计算其实际年龄时必须再以目前的年度去换算,较为不便。若直接写实际年龄(如年龄:__岁)就可省去再换算的手续。

其次,我们也常见到搜集资料的工具出现不能量化的问题,这种情形应该尽量避免,现举例说明如下。

对于社团干部选举,您的态度是:

□(1)争取提名为候选人

□(2)为人助选

□(3)弃权

□(4)其他________

这个例子看起来可以量化,受试者的反应若是(1)、(2)或(3),均能看出其明确的态度,但若选(4)则可能产生无法量化的问题。第4个选项虽然也以一个数字码(4)来代表其他可能的态度,但如果受试者的反应是(4),则搜集到的资料并不能真正确定其态度,即使受试者在其他的空栏里明确填写前3个选项之外的态度,研究者在进行分析与解释时也会

遭到困难。因每一受试者所表示的其他态度可能各自不同,研究者需要逐一列举说明其他的态度,因此,即失去量化的原则。试想一个含有 50 个题目的问卷对 1 000 名受试加以施测,则填写其他项的最大可能会有 50 000(50 × 1 000)种不同的态度,若要逐一说明,将会遭遇很大的困难。

避免使用其他选项的方法在研究者设计搜集资料的工具时就要考虑周全,因为在如上所述的封闭式问卷里,研究者想要搜集的资料应该在一个有限度的范围里,如果在设计选项时就已考虑到,则其所期待的受试者反应,应在各选项出现,不必加上其他项任受试者自行填写,如此则可避免量化上的困扰。

(二)保存资料的原貌

有些研究者常因某些理由而把原始资料做转换或变动,常见的有下列情形,这些情形在进行资料分析之前宜尽量避免。

(1)把原始数据做加权或转换后,以加权或专换后的数据代替原始数据,而抛弃原始数据,例如,研究者搜集到如下的三个测验原始分数:

67	70	67
89	87	90
56	60	66
78	67	76
90	93	91

研究者可能会因节省数据的储存空间,而先行将三项原始分数的总和算出如下:

204

266

182

221

274

当获得这三项原始分数的总和之后,常见的疏忽是舍弃了原始分数,仅保留总和分数。以上述的例子来说,保存资料的原貌的意思是宁可保存三项原始分数,而不要总和分数。若是仅保留总和而舍弃原始分数,当有必要知道原始分数时,在这种情况下将无法还原。因此,可能因这种不必要的转换而失去数据的重要信息。在此强调保存数据原貌的另一理由是现在的运算工具(如计算机)非常发达,只要原始数据存在,要做其他的加权或转换都很容易,因此,以保存原始数据为宜。

(2)保存受试者的原始反应(original responses)也很重要,特别是在编制测量工具的时候,尤其不可忽视原始反应的价值。原始反应与原始分数有别,前者是指受试者对测验中的题目的某一选项直接的反应;后者是指受试者的原始反应与标准答案(answer keys)是否符合的结果。例如,有一 10 个题目的测验,每一题目有 4 个选项,此测验的标准答案为:2414323142。假如有 5 名学生对这 10 个题目做反应,则原始反应如下:

3214322142

2414323142

2414112132

2414132142

2214122144

以上的原始反应与标准答案比较，相符合（即答对）得 1 分，否则 0 分，即得原始分数如下：

0011110111

1111111111

1111000101

1111000111

1011010110

有些研究者往往在得到原始分数之后就把原始反应抛弃，事实上在有些情况下，原始反应比原始分数更重要。例如编制测验时要做诱答分析，测验编制者需要了解某一题目下每一选项被选的次数，如果没有原始反应，就无法着手分析。虽然有些原始分数仍可还原找到原始反应（例如正确的反应，在上例上第一个受试者之第 3 题得分为 1，因为第 3 题的标准答案为 1，当然也可知道其原始反应为 1），但有些则否（例如第一个受试者的第 1 题得分为 0，标准答案为 2，在此种情况下就无法确知其原始反应是 1、3 或 4）。因此，在编制测量工具时，应注意要保存原始反应，以备项目或试题分析的需要。

（3）当测量工具（如态度量表）有正反向计分的题目，在进行数据输入时，无须将反向题先行倒转计分，仍以保存原始反应为宜。现用一个李克氏五点量表（Likert-type 5-point scale）来进行说明，见表 10-3（Rosenberg，1965）。

表 10-3　李克氏五点态度量表

	从不符合	很少符合	偶尔符合	大致符合	完全符合
1. 我觉得我有很多优点	1	2	3	4	5
2. 我希望能更尊重自己	1	2	3	4	5
3. 我觉得我是个有价值的人	1	2	3	4	5
4. 我觉得没有什么好自傲的	1	2	3	4	5
5. 我对自己持正向的态度	1	2	3	4	5
6. 我常觉得自己没什么用处	1	2	3	4	5
7. 我总觉得自己是个失败者	1	2	3	4	5
8. 我有能力做得跟别人一样好	1	2	3	4	5
9. 我觉得自己一无是处	1	2	3	4	5
10. 整体而言，我对自己很满意	1	2	3	4	5

上述的自尊量表是一个典型的五点量表。从 10 个陈述句中可知，第 1、3、5、8、10 等 5 题是正向题，第 2、4、6、7、9 等 5 题是负向题。受试者在量尺（scale）的 5 个点上得分越高（如 5）表示越肯定自己；反之，在负向题得分越高越不肯定自己。因为李克氏量表法是一种

总加量表法(summated rating scales),如上例,是以受试者在全部题目的反应的总和来表示受试者自尊的程度,在计分时,必须先将反向陈述的题目倒转计分,也即得 5 分应变为 1, 4 变为 2,以此类推,如此才不会与正向题得分相互抵消。

当出现研究者所搜集的资料需要倒转计分的情形,在进行数据输入时,仍登录受试者的原始反应即可。若先行倒转计分再予登录,不仅费时,而且容易发生错误。试想要将 50 个反向陈述的题目倒转计分,则需要花很大的工夫,所幸目前的计算机统计软件包均很方便,只要以少许的指令,即可完成烦琐的工作。

以上所述是在数据输入时较常碰到的情况,因为计算机均可用来代替处理的工作,因此,数据的登录以保持原貌为宜。

第三节　了解资料的性质

为了区分事或物,在社会科学研究里,测量(measurement)涉及分派数字(assign numbers)给事或物的历程,也就是说,研究者可以用不同的方式运用数字来研究不同的问题,这些不同的方式即奠基于四个数的特性,此即:用于区别、表示相对关系、表示相同单位的相互关系以及表示比率关系(Hopkins & Glass, 1978),以上所述的性质即称为测量量尺(measurement scales),依其性质可分为 4 个层次,即:名称的(nominal)、顺序的(ordinal)、等距的(interval)以及比率的(ratio)数据,现将其特性略述如下。

一、名称数据

名称数据又称类别的(categorical)或分类的(classificatory)数据,属于测量的第一个层次。顾名思义,名称数据仅仅用来给人、事或其他现象命名;若数字被分派给一变量(即分类变量)(如 1 →男, 2 →女; 1 →佛教, 2 →基督教, 3 →回教等),则这些数只是用来分类而已,数字间并没有大小或次序的性质;换句话说,若一变数有 x, y 与 z 3 个数值,则在测量量尺上的特性为 $x \neq y \neq z$。常见的例子,如性别、宗教、政党等皆是。

二、顺序数据

顺序数据是测量的第二个层次,且具有第一个层次的特性。数字若被分派给属于此层次的变量,则此等数字可排出大小的顺序,且数字间有大于或小于的关系;也就是说,若一变量有 x, y 与 z 三个数值,则此等数值在第二层次的测量量尺上有 $x > y > z$ 或 $x < y < z$ 的特性,在班级上的名次,成就测验常模(norm)采用的百分位数(percentile rank, PR)均属常见的例子。

三、等距数据

等距数据属于测量的第三个层次,此种数据也同时具有名称与顺序数据的性质。等距意指每一数字间具有相等的距离(equal interval),如 6-5 = 19-18;若一变量有 x, y 与 z 3 个数值,则其关系有 $x-y = y-z$ 的特性。常见的等距数据例子如摄氏温度,还有大部分的标准化成就测验分数也属于此类。

四、比率数据

比率数据是测量量尺的最高层次，此层次的量尺含有较低层次量尺的性质，其主要特性是属于此量尺的数字可用比率（ratio）来比较，也即某数是另一数的多少倍。换句话说，若一变量有 x 及 y 两个数值，两者的关系具有 $x=ky$ 的特性。例如距离、质量等均属此类数据。

了解测量量尺的特性对于数据分析非常重要。当资料经过妥善的整理之后，研究者必须能明确地指认其所搜集的资料属于测量量尺的第几个层次，才能做数据的转换与统计方法的选择。以下即根据测量量尺的性质来说明统计方法的选择。

第四节　统计方法的选择及运用

选择统计方法需要根据所要解决的研究问题以及所搜集的数据的性质进行，所选择的方法虽有简单复杂之分，但并无好坏之别。也就是说，所选择的统计方法虽然很简单，但能符合资料的性质，且能解决研究问题，即使简单也是好的方法。一般人以为复杂且高深的统计方法才能表现出研究的深度与质量，这并非正确的看法。总的来说，适当的方法即是好的方法。

一、统计方法的选择的通用策略

除非研究者熟知各种统计方法的功能与适用情况，否则要做适当的选择并非易事。一般而言，可参考表 10-4（郭生玉，1988，p. 417）所列来选择，更详细的选择步骤可参考选择统计方法的专门指引（Andrews，Klem，Davidson，O' Malley & Rodgers，1981）。

表 10-4　自变量和因变量的资料种类及数目和统计方法的选择

自变量的类型及数目

<table>
<tr><td colspan="2" rowspan="2"></td><td colspan="2">等距或比率变量</td><td colspan="3">顺序变量</td><td colspan="2">类别变量</td></tr>
<tr><td>一个</td><td>一个以上</td><td>一个</td><td colspan="2">一个以上</td><td>一个</td><td>一个以上</td></tr>
<tr><td rowspan="2">等距或比率变量</td><td>一个</td><td>相关</td><td>复相关</td><td colspan="3" rowspan="2">可将自变量和因变量转化成较低层次的变量，而选用表中适当的统计方法</td><td>①变异数分析
② t 考验</td><td>变异数分析</td></tr>
<tr><td>一个以上</td><td>因子分析（没有自变量）</td><td>①多变量复回归分析
②典型相关</td><td>多变量分析——单因子</td><td>①多变量分析——双因子
②区别分析</td></tr>
<tr><td rowspan="2">顺序变量</td><td>一个</td><td colspan="2" rowspan="2">可将自变量和因变量转化成较低层次的变量，而选用表中适当的统计方法</td><td colspan="2">斯皮尔曼等级相关</td><td>肯德尔和谐系数（ω）</td><td>①符号检验
②中数考验
③ U 考验
④克瓦氏考验</td><td>Friedma 二因子等级变异数分析</td></tr>
<tr><td>一个以上</td><td colspan="2"></td><td></td><td></td><td></td></tr>
</table>

续表

		等距或比率变量		顺序变量		类别变量	
		一个	一个以上	一个	一个以上	一个	一个以上
类别变量	一个			①符号考验 ②中数考验 ③U 考验 ④克瓦氏检验	Friedman 二因子等级变异数分析	① Fisher 确切概率法 ② χ^2 检验	χ^2 检验
	一个以上						

（数据源：郭生玉，1988，p. 417）

二、统计方法选择的实例

现举例说明如何参考表 10-4 来选择统计方法。以表 10-2 的资料为例，如果搜集这份资料的研究者想要了解新教学法与传统教法的教学效果是否有显著差异存在（即研究问题），即可根据其资料所属测量量尺的层次及变量的个数来选择。在前述例子中，自变量为一个类别变量（E 及 C 两个水平），因变量后测（即成就测验）为等距数据，因此，要解决研究问题就可选择 t 考验。

在说明测量量尺的性质时已经提到，属于较高层次的量尺也同时具有较低层次量尺的性质，例如等距数据（量尺）也同时具有顺序及类别数据（量尺）的性质；反之，较低层次的量尺则不具较高层次量尺的性质，基于这个理由，在做统计分析时才能够根据量尺的性质来做资料的转换；也就是说，研究者可根据其研究上的需要，而将属于较高层次的量尺转换为较低层次的量尺，所搜集的资料如属于较低层次者，则不能转换为较高层次的量尺来处理，现举例来说明以上所说的转换过程。

依照表 10-2 所列的资料，如果研究者要把 IQ 变量（IQ 本质上属于顺序量尺，但通常当作等距量尺来处理）当作分类变量（也就是把受试者区分为高 IQ 组及低 IQ 组）来处理，此即是把较高测量量尺的层次转换为较低层次的例子。转换方法如下（以表 10-2 的数据为例）。

（1）计算 50 名受试者的 IQ 的平均数（M=116.52）及标准偏差（SD=8.36）；

（2）决定高、低 IQ 组的下、上限。为了使实验变异量增大，应该避免用平均数为高低组的划分点。因为已经计算出 IQ 的平均数与标准偏差，就可以以平均数为准，且以标准偏差为决定下限及上限的单位，例如，研究者可以以平均数加上半个标准偏差（即：116.52+8.36/2 = 120.70）为高 IQ 组的下限，也以平均数减半个标准偏差（即：116.52−8.36/2 = 112.34）为低 IQ 组的上限。若以平均数上下半个标准偏差为高低 IQ 组的下、上限，则 50 名受试者的 IQ 大于或等于 120.40（高 IQ 组的下限）为 16 人；反之 IQ 小于或等于 112.34（低 IQ 组的上限）为 19 人。以这种方式来分组，两组人数未必会相等，事实上也未必要相等。

另一个问题是究竟要以几个单位（如本范例中的标准偏差）为分组的下限及上限，并没有一定的标准。一般来说，使用的单位越大（如上下 1.5 个标准偏差），则所分出的两组异质性会越高,但人数会越少;反之,使用的单位越小(如上例的0.5个标准偏差),则两组的异质性会越低,但所保留的人数会越多,当然各有利弊,因此,研究可视其研究样本大小来权衡。

以上所述是将较高的测量量尺转换为较低层次的例子,当然,属于同一层次的量尺也可以加以转换。再以表10-2数据为例,原来的社经地位分为5个等级(1:6人,2:14人,3:14人,4:8人,5:8人),若要把它转换为3个等级(即上、中、下),则有不同的方式,如下。

(1)第3等级保持不变(即中社经地位者14人),而把第1及2等级合并为上社经地位者(6+14=20人),同样的,第4及5等级合并为下社经地位者(8+8=16人)。

(2)第1等级划分为上社经地位者(6人),等2、3及4等级合并为中社经地位者(14+14+8=36人),而第5等级则为下社经地位者(8人)。

以上两种合并的方式,第1种转换的结果,上、中及下三个等级的人数显然较为均匀,第2种转换的结果则使3个等级的受试分配变得非常悬殊,两者比较,第1种方式似乎较为妥当。

当研究者决定了使用的统计方法之后,接着就可寻找较有效率的分析工具。目前各式各样的计算机统计软件包已十分齐全,研究者很容易找到高效率的分析工具。

三、统计分析结果的解释

要对统计分析的结果做适当的解释并无常规可循,解释是否得当有赖研究者本身的素养。在本节中,仅就要解释统计分析的结果时宜注意的事项提供研究者参考。

(1)解释要以统计分析的结果为依据,这是最基本也是最重要的一点。为了避免言无所本,在做分析结果的解释时,宜配合表或图来叙述。表与图的制作要精简、适宜且能容易阅读。根据表或图来叙述并非只是作表面的说明而已,应要做深入的阐述。

(2)解释时应针对研究的问题。一个研究的研究问题不仅是研究者所界定的研究范围,也是研究者研究的兴趣所在。研究所需要的资料应在研究的范围之内进行搜集,资料分析的结果即是要解决所要研究的问题,因此,做解释时应随时注意到所要解决的研究问题;宜避免超出研究范围,做不必要的引申。

(3)避免违反统计检定的结果。统计检定可视为一种决策的历程,检定的结果即是要作为决策的依据,这一点在实证性研究里要特别注意。举例来说,如果在进行统计检定之前设定统计检定的显著水平(significant level)为.05;换言之,若是在虚无假设下的概率小于.05,研究者才可说检定的结果具有统计上的意义;反之则无意义,达到显著水平,这样的说法不仅违反了检定的结果,也违反了解释要有依据的原则。

(4)解释时要明确指出分析结果的实质意义,一般常见的解释仅以统计的术语做说明而已,在有些情况并没有做到解释,例如,「两组的差异达到.05的显著水平」,这样的说明并不明确。既然其差异具有统计上的意义,则应明确地指出那哪一组较优哪一组较劣。

(5)避免过度的引申。在解释统计分析的结果时,宜避免超乎统计意义的解释,以免造成误导。举例来说,如果研究中的某一个组在某一适应量表的得分低于平均数(假定此量表的得分愈高表示应愈佳,愈低表示愈差),在解释时应避免说得分低于平均数者在适应上有困难或适应有问题,除非研究者是在做一项诊断性研究,否则不要做诊断性的解释。因为在一般的研究里,受试者在某项测量工具上的得分必然有高低之分。譬如说,一群适应良好的受试者在适应量表上的得分，必然有些受试者的得分会低于平均数，而事实上得分低于平均数者仍然适应良好。换句话说，得分高低是统计的相对意义，未必有诊断的意义，因此宜避免做过度的解释。

（6）避免做因果关系的解释。在教育研究里，关系研究（如相关研究）十分普遍，关系研究的资料也最易解释错误，其中之一就是做因果关系的解释。理论上，两个变数（如甲与乙）要做因（甲）果（乙）关系的解释必须满足 3 个条件：①甲变量与乙变量有高相关存在；②甲变量发生在前，乙变量发生在后；③除了甲变量之外，须排除所有可能影响乙变量的其他变量。一般而言①及②两条件容易满足，第③个条件则甚难满足，因此，应避免将关系研究的结果做因果关系的解释。

思考与练习

（1）解释概念：名称数据、顺序数据、等距数据、比率数据。

（2）分析教育研究数据的来源。

（3）简述搜集数据的原则。

（4）分析解释统计分析的结果时应注意的事项。

第十一章　教育科研课题申请

第一节　了解课题申请程序

了解课题申请程序是申请课题的基本常识。虽然由于课题来源和类型不同,申请程序也会有差异,但基本程序一般是相同的。

一、获取课题申请信息

几乎所有课题主管部门都会提前向符合课题申报条件的单位下发纸质课题申请通知或在门户网站上刊登课题申请通知,公布课题申请信息。课题申请通知中公布的课题申请信息一般主要包括课题指导思想、申请指南、课题申请要求、课题申请相关表格等。如果想申请课题就需要经常留意课题申请信息。

一般情况下,由政府和教育主管单位组织的常规性课题申报时间是相对固定的。如全国哲学社会科学规划办公室组织的国家社会科学基金课题每年的申报时间基本在 12 月左右;由全国教育科学规划领导小组组织的全国教育科学规划课题基本在每年的 7 月份。

为促进高等学校转变教育思想观念,改革人才培养模式,强化创新创业能力训练,增强高校学生的创新能力和在创新基础上的创业能力,培养适应创新型国家建设需要的高水平创新人才,教育部根据《教育部、财政部关于“十二五”期间实施“高等学校本科教学质量与教学改革工程”的意见》(教高〔2011〕6 号)和《教育部关于批准实施“十二五”期间“高等学校本科教学质量与教学改革工程”2012 年建设项目的通知》(教高函〔2012〕2 号),决定在“十二五”期间实施国家级大学生创新创业训练计划。为响应教育部号召,各省区市也纷纷设立了省级大学生创新创业训练计划,很多高校也都设有校级大学生创新创业训练计划,为大学生参与科学研究提供了强有力的平台支持。

国家级大学生创新创业训练计划内容包括创新训练项目、创业训练项目和创业实践项目三类。

创新训练项目是本科生个人或团队,在导师指导下,自主完成创新性研究项目设计、研究条件准备和项目实施、研究报告撰写、成果(学术)交流等工作。

创业训练项目是本科生团队,在导师指导下,团队中每个学生在项目实施过程中扮演一个或多个具体的角色,进行编制商业计划书、开展可行性研究、模拟企业运行、参加企业实践、撰写创业报告等工作。

创业实践项目是学生团队,在学校导师和企业导师共同指导下,采用前期创新训练项目(或创新性实验)的成果,提出一项具有市场前景的创新性产品或者服务,以此为基础开展创业实践活动。

二、确定申报的课题

虽然很多课题组织单位都允许自拟课题进行申报，但除非研究课题确实非常必要，一般立项的概率是比较低的。课题申报指南中可供选择的课题往往都是主要资助的课题，申报时可根据自己的专业结构、研究方向和研究基础选择某一适合的课题进行申报。需要注意的是，有些课题申报通知直接规定只能以课题指南中的课题名称申报课题，申报人申请课题时申请书中的课题名称必须和课题指南中对应的课题名称完全相同。多数课题指南只给出课题大概的研究范围，申请时需要在指南规定的范围内确定课题名称进行申报，即课题申请书中的课题名称可以和课题指南中对应的课题名不相同，只要在课题指南范围内即可。

三、填写课题申请书

课题申请书一般包括课题评审表和课题研究的可行性分析两份文档。由于很多课题申报都不需要答辩，且实行匿名评审，课题评审时，组织单位首先要通过课题申请书对课题申请人进行资格审查，资格审查是决定申报是否进入评审环节的入场券。资格审查的主要关注点是申请书填写是否符合通知所规定的要求，如表格是否填写完整，需要匿名和回避的是否回避，申报人年龄、职称是否符合等。资格审查过关的申请书才能进入评委的评审环节。所以课题申请书就是决定课题申请成功与否的关键。填写课题申请书一定要认真，力争做到逻辑严密、论证充分、思路清楚、方法独特，说服课题评审专家。

四、提交课题申请书

申请书填写好后一定要按照课题申请通知的要求打印装订，有的课题申请书还需要通过网络输入，要确保网络输入的申请书和纸质申请书对应部分完全相同。

第二节 明确课题申报要求

不同来源和类型的课题申报要求往往侧重点不同。因此，申报课题时一定要熟悉课题申报要求，为按要求填写申请书打好基础。

一、研读课题申请通知

课题来源单位发布的课题申报通知是课题申请书填写的纲领，申报者一定要多花时间和精力认真研读，至少要完全读懂课题指导思想、申报须知、课题指南和填表说明等内容。

1. 研读课题指导思想

教育主管单位每次组织课题申报都会有不同的侧重点，这些信息主要要从课题指导性思想和课题指南中提取。读懂课题指导思想是正确把握课题申报精神的首要工作。

2. 认真阅读申报须知

申报须知主要陈述整个课题申报中必须做到或注意的事项。如果不仔细阅读这些信息可能直接导致申请书在资格审查环节就被拒之门外了。

3. 认真阅读课题指南

课题指南下有时候还有相应的研究说明，这些文字往往是对该课题研究范围、方向或重点的进一步阐述，需认真对待。

4. 熟记填写说明

填写说明课题申请书填写的规范性要求，包括字体、字号等。

二、明确申报限制

不同课题申报对申报者资格、表格填写要求不同。申报限制条款也往往是资格审查的关注点。申报者要特别注意课题申报限制的内容。

1. 年龄限制

有些课题对申报者年龄有限制，如招标指南规定基本项目负责人不超过 60 周岁，青年基金项目负责人不超过 35 周岁，有的课题甚至对课题参与者的年龄也有限制。

2. 职称限制

有些课题往往对课题主持人的职称有限制，如重大课题、重点课题一般都要求课题主持人（或负责人）要有高级职称，有些课题虽然允许非高级职称人员申报，但是申报书中必须有两名相同研究领域或专业的高级职称研究人员的推荐信。

3. 字数限制

课题申请字数限制一般表现在课题名称字数限制和论证部分字数限制。

4. 人员限制

人员限制包括主持人人数、身份限制和参与人员人数限制。多数课题一般只要求一名课题主持人，但也有的课题要求必须有两名主持人，且对课题主持人分别有一定限制。如，陕西省基础教育重大课题就要求“每项课题必须有两名主持人，一名为行政主持人，一名为学术主持人。两名主持人均是课题申报者。行政主持人和学术主持人只能申报一项课题。行政主持人应是各级党政机关负责人，或各级教育行政部门负责人，或省、市教育行政部门有关处（科）室负责人，或省、市教科研机构、电教部门、教育技术装备部门负责人。行政主持人必须从事实际研究工作，并真正承担、负责和组织课题的实施。学术主持人应具有副高级以上（含副高级）专业技术职称，组织完成过省级或以上课题研究任务”。

有些课题会对课题参与人人数也有限制，如至少 3 位参与人或参与人最多不能超过 6 人等。

5. 研究成果限制

多数课题研究成果由课题申报者根据课题需要和研究团队的研究设计自行设定研究成果。也有些课题对研究成果也有限制，如“陕西省社科界重大理论与现实问题研究项目”就限制研究成果必须为研究报告。

6. 信息限制

信息限制主要是保证匿名评审制度的客观公正而在论证活页及其他需要匿名评审的申报材料上不得出现与申报人和申报单位有关的信息。如申报人的姓名、工作单位、研究成果发表的刊物及时间等信息。

第三节　填写课题申请书

从事科学研究，写好项目申请书是第一步。好的项目申请书能全面反映申请者的学术素养、研究水平和研究能力，从而便于科技管理部门组织专家进行评审。不同来源、不同类型的课题申请书虽然内容会有所不同，但基本结构和填写方法基本大同小异。下面以相对比较复杂的“全国教育科学规划课题”申请书为例来分析课题申请书的结构和填写方法。本科生和研究生学做科研，建议先从小课题开始。

一、熟悉课题申请书的结构

不同来源的课题申请书的格式和要求会有所不同，因此，无论申请何种类型的课题，都先要认真分析课题申请书的结构。例如，“全国教育科学规划课题”申请书总共包括封面，申请者的承诺与成果使用授权，填写数据表注意事项，数据表，负责人和课题组主要成员近五年来取得的与本课题有关的研究成果，负责人和课题组主要成员近五年来主持的相关重要研究课题，课题设计论证，完成课题的可行性分析，预期研究成果，经费预算，经费管理，推荐人意见，课题负责人所在单位意见，省级规划办、教育部直属单位、部委直属高校审核意见，负责人和课题组主要成员近五年来主持的重要研究课题，学科评审组评审意见和全国教育科学“十二五”规划课题申请书“课题设计论证”活页等 17 个模块。

二、填写课题申请书

课题申请书中除“填写数据表注意事项”模块外一般都需要填写，其中“申请者的承诺与成果使用授权”只需要申报人填写姓名即可，但此处必须是申请人的亲笔签名，需要等申请书打印出来后才能填写。其他部分的填写相对比较复杂一些，下面逐一说明。

（一）封面填写

课题申请书封面要填写的内容一般包括课题名称、课题类别、学科分类、课题负责人（申报人）、责任单位（申报人所在单位）和填表日期等，见表 11-1。有的课题申请书封面还需要填写课题类型（一般指资助研究项目或自筹经费项目）、研究类别（一般指基础研究、应用研究、综合研究或其他研究）和是否愿意调整项目类型等条款。课题负责人（申报人）、责任单位（申报人所在单位）和填表日期的填写一般都没有问题，下面重点解释课题名称、课题类别和学科分类的填写。

表 11-1　封面内容填写

课题名称
课题类别
学科分类
课题负责人
责任单位
填表日期

1. 课题名称填写

封面填写的课题名称要和申请书所有材料中出现的课题名称完全一致。因此从填写课题封面开始实际就开始了真正意义上的课题设计活动。课题名称不要太长，但要保证把想要表达的内容都表达清楚。另外，课题申请书往往对课题名称字数有限制，如全国教育科学规划课题要求“应准确、简明反映研究内容，最多不超过40个汉字（包括标点符号）”。这里的标题包括主标题和副标题，一般写申请书的时候能不加副标题就不要加副标题。普通教师申请课题填写课题名称时要注意以下几点。

1）选题能小不贪大

如果可以缩小课题，最好把课题缩小到自己能驾驭的程度，课题小的好处主要有以下三点。

（1）实用。小课题一般具有明确的研究针对性，研究成果可以直接指导实践。如“信息化环境下小学低年级语文阅读能力培养策略研究”。研究对象是小学一、二年级语文阅读教学，研究内容只涉及阅读能力培养策略。针对性很强，课题研究一旦完成就可以用于指导小学一、二年级语文阅读教学，用于提高学生阅读能力。

（2）容易创新。课题越小，越容易产生具有时代感的研究成果。在研究过程中往往研究和方法研究角度都比较独特。

（3）可行性高。课题越小，涉及的主客观因素越少，操作起来就越容易驾驭。如“信息化环境下小学低年级语文阅读能力培养策略研究”研究过程只涉及小学一、二年级学生和语文教师，不涉及学校中的其他人和科目，一般普通小学语文教师都可以顺利完成课题的研究工作。

2）命名要规范

一般科研课题名称最好能涵盖研究对象、研究范围、研究内容、研究方法4个要素，研究方法很多时候也可以不表述出来。

在具体推敲课题名称时，似是而非的词不能用，口号式、结论式的语句、偏正结构的句型以及疑问句不适宜做课题名称，如“良好的学习习惯是提高学习效果的基石”。

2. 课题类别的填写

课题类别填写是最要小心的地方，不同来源的课题对课题类别的分类往往并不相同，但一般都会在“填表说明”或“填表须知”模块加以说明。不同类别的课题结题鉴定时要求也不一样，申报时要根据要求填写。如“全国教育科学规划课题”要求课题类别按选项填写，可供选择的项有：“B. 国家一般课题 C. 国家青年基金课题 D. 教育部重点课题 E. 教育部青年专项课题”（A是国家重大重点课题，需要单独招标）。有的课题类别给出的选项是“A. 重点课题 B. 一般课题 C. 自选课题”。

3. 学科分类的填写

学科分类指课题研究所属学科范围。国家社科课题要求学科分类按照一级学科分类填写；“全国教育科学规划课题”要求按照“A. 教育基本理论 B. 教育心理 C. 教育信息技术 D. 比较教育 E. 德育 F. 教育经济与管理 G. 教育发展战略 H. 基础教育 I. 高等教育 J. 职业技术教育 K. 成人教育 L. 体育卫生美育 M. 民族教育 N. 国防军事教育 O. 教育史”来填写，如果申报者所选课题属于跨学科研究的课题，一般按主学科填写。

（二）数据表填写

课题数据表填写条目相对较多，必须认真对待。填写前最好仔细查看“填写数据表注意事项”，不要按照习惯想当然地填写。“全国教育科学规划课题”数据表填写内容见表11-2，填写时除“填写数据表注意事项”的说明外还需要注意以下几点。

1. 关键词

关键词一定是按研究内容设立的，是从研究内容中选取出来的，对表述论文的中心内容有实质意义的词汇。关键词可以是从课题名称中提取出来的词语，也可以是根据研究内容提炼的自由词。关键词的写法不同的课题要求也不尽相同。“全国教育科学规划课题”要求“最多不超过3个关键词，词与词之间空一格”。

表 11-2 数据表填写内容

课题名称								
关键词								
课题类别			学科分类			研究类型		
负责人姓名		性别		民族		出生日期		
行政职务		专业职务		研究专长				
最后学历		最后学位		担任导师				
所在省（自治区、直辖市）			所属系统					
工作单位		电子信箱						
单位通信地址		邮政编码						
联系电话	（单位）（家庭）（手机）							
身份证号								
主要内容	姓名	出生年月	专业职务	研究专长	学历	学位	工作单位	签名
预期最终成果								
申请资助经费（单位：万元）		预计完成时间						

2. 工作单位

工作单位要按单位和部门公章全称填写，具体填写单位还是部门要根据申报课题的来源填写。下面以 ×× 中学教务处的老师申请课题为例来说明。如果申请的是国家、省级或市级课题，工作单位就要填写“×× 中学”；如果申请的是自己学校资助的课题，就要填写“教务处”。

3. 联系方式

联系方式一般要求填写电子邮箱、联系电话、单位通信地址、邮编等。需要注意的是，有多个电子邮箱和联系电话的研究人员，填写时一定要填写长期使用的电话和电子邮箱。

4. 主要参加者

课题研究是团队合作行为，研究团队的组建和人员选择对课题申请是否成功和研究水平都有决定性的作用。因此，课题主要参加者一定是和课题研究关系密切的人，这里的研究关系密切就是对课题研究能作出贡献的人。有的人可能并不一定直接参与的课题研究，但能为课题研究提供组织或行动保障，如课题需要几个学校联合攻关，教育局局长不一定参与直接研究，但是他可以组织和协调研究得到需要联合学校的支持，那就可以邀请他作为课题的参与人。除此之外，课题参与人研究方向和研究基础最好和课题研究相同或相近。这样既有利于课题申请成功，也有利于开展课题研究。

有些课题设立的主要目的是鼓励和培养青年研究人才，这类课题往往对课题组成员有年龄、学位方面的限制和导向。如教育部青年基金课题要求课题组成员“以青年为主”。填写时，课题组成员最好是梯队式的组合，既有高级职称者的指导，也要要保证课题团队青年人的主体性（要超过 2/3）。

（三）相关研究成果

相关研究成果一般指课题负责人和课题组成员近年来取得的与本课题有关的研究成果。全国教育规划课题相关研究成果填写内容见表 11-3。填写时要注意以下 3 点。

表 11-3　负责人和课题组主要成员近五年来取得的与本课题有关的研究成果填写内容

成果名称	著作者	成果形式	发表刊物或出版单位	发表出版时间

1. 相关研究成果

一定是和本课题相关的研究成果，不是课题负责人和课题组成员的所有成果。这里的相关包括直接相关和间接相关。直接相关的研究成果是指可以作为本课题研究基础或构成本课题研究部分内容的成果。间接研究成果是指虽然不能直接为本课题研究提供服务但却给本课题研究带来启示或其他方面帮助的研究成果。

2. 时间限制

有的要求填写近三年来的相关研究成果，有的要求填写近五年的研究成果。

3. 正式、公开发表的研究成果

所谓正式、公开发表的研究成果是指具有国内国际刊号的刊物上公开发表的研究成果。一般包括著作、论文、光盘、论文等。

（四）相关研究课题

相关研究课题一般包括课题负责人和课题组成员主持的相关重要研究课题。全国教育规划课题相关研究成果填写内容见表 11-4。填写时应注意事项与相关研究成果部分基本相同。其中“完成情况”要根据实际完成情况填写，一般可填写为“已结题”和“在研”。

相关研究课题一般可以让评审者了解课题负责人及课题组成员的课题研究经历以及课题研究的级别。为提高课题的申报率，课题负责人组建课题团队时要综合考虑参与人员的课题研究经历。如果这一项全部空白，则很容易给评审者留下没有课题研究经历的印象。当然也不是填写的课题越多越好，如果课题负责人和课题组成员还同时承担着好几项课题，但都没有结题，反而让评审者会担心课题负责人和课题组成员对本课题研究的时间投入，在一定程度上也会影响评审结果。

表 11-4　负责人和课题组主要成员近五年来主持的相关重要研究课题

主持人	课题名称	课题类别	批准时间	批准单位	完成情况

（五）课题设计论证

课题设计是课题申请书中最重要的部分之一，直接关乎课题申报的成败。课题设计主要包括课题价值分析、研究内容、研究思路、研究方法、前期相关研究成果、开展申报课题研究的主要参考文献等内容。全国教育规划课题关于课题设计论证部分的填写要求见表 11-5。

表 11-5　课题设计论证

1. 本课题国内外研究现状述评，选题的价值和意义 2. 本课题研究的主要内容、基本观点、研究思路、研究方法、创新之处 3. 前期相关研究成果，开展本课题研究的主要参考文献 （限 4 000 字内）

1. 课题价值分析

课题价值分析是课题的外围论证，主要回答“为什么做该课题”的问题，一般可以分别从研究背景、课题依据、核心概念界定、研究现状、选题意义等方面加以论述。

1）研究背景

研究背景也称“选题背景”和“选题缘由”。这是课题论证中的一个重点。对此问题的论述，一是使评审者了解研究的前期准备工作，即对所要研究问题的来龙去脉、研究的发展情况的全面把握，从而了解申报者的研究基础。二是说明本人拟在他人研究的基础上有哪些创新和发展。三是本课题提出的现实原因。通常情况下，课题研究背景的陈述方式有横向式和纵向式两种。具体选用哪种方式一要根据课题研究的内容确定，二要根据申报者占有的资料确定。下面分别对两种方式做一说明。

• 横向式

横向式是分别从时代背景、理论背景和实践背景 3 个方面论述。

①时代背景。

时代背景是指课题所处的时代对课题研究因素或条件的影响状况。时代背景主要阐述随着社会、政治、经济、文化、科学技术等的发展所带来的新问题、新要求、新挑战及其与所研究课题之间的关系。某方面的新问题、新要求、新挑战要通过研究来解决,而本课题的研究是适应这种新变化、解决新问题、满足新要求、应对新挑战的一种途径。

②理论背景。

理论背景是指影响课题选择的理论或理论因素。课题的选择有时是对理论发展或影响的一种回应,有时是对理论的发展和推进。

③实践背景。

实践背景是指实践对课题选择产生影响的因素或条件。实践背景主要阐述实践中需要解释的现象、需要解决的问题等实践发展的影响,以及解决它们的必要性、重要性和迫切性。

• 纵向式

纵向式一般从国际、国内、省市内 3 个层面进行逐层论述。

①从国际大背景下宏观的政治经济的角度阐述。

②从国内教育领域方面的中观的角度来考虑。

③从本省、市、县、校的实际出发与课题直接相关的微观的角度来分析。

如果课题不大,课题背景陈述可以缩小为本国、本省市、本县校等。利用纵向式陈述课题研究背景时,越低的层级论述得要越详尽,因为最小的层级往往是申报课题研究的直接环境和土壤。

总之,不论采用什么方式论述课题研究背景都是为了回答"为什么做该课题"这个问题。都应详细论述以下几个问题。

第一,这个问题别人是否已经研究过,如果研究过,是哪些人,在什么条件下进行的研究,有什么主要成果,在理论与实践方面有哪些进展和突破。如果此问题没有人研究过,那么是否有人在研究相类似的问题,这些研究对本课题是否有借鉴意义。

第二,已有研究存在什么主要问题或局限性。

第三,本人拟在别人研究的基础上解决什么新问题,力求取得什么突破,也即是本研究的创新之处。对于不同内容、不同类型的课题,创新之处可以不同。如理论研究课题,主要体现在理论的发展与创新;对大多数课题,都可能有研究方法的创新(如有研究主要是对群体的观察,本研究拟采用个案研究方法)。总之,要在这里说明自己与他人研究的不同之处,使评审专家了解该课题研究不是对同类课题的简单重复,而是在一个新的起点上进行的一项有价值的研究。

2)选题依据

选题依据主要就是回答"依据什么进行课题研究"的问题。课题依据通常包括政策依据(指导思想)、理论依据和实践依据 3 个方面。

①政策依据。

政策依据是指依据国家法律、法规,证明课题研究的合理性与现实性。有些课题研究往往需要依据国家的一些法律、法规、政策、制度等,这些法律、法规、政策、制度就构成了本课题研究的政策依据。如"陕西省基础教育信息化建设评价指标体系研究"课题就可以把《教育信息化十年发展规划(2011—2020 年)》《陕西省基础教育"十二五"教育技术研究规划(2011—2015 年)》《陕西省关于进一步加强基础教育信息化工作的意见》《陕西省中小学校信息化建设标准（试行）》等作为政策依据。

②理论依据。

理论依据是研究者对所研究问题预先赋予某种假设的理论或赖以指导研究过程的理论。填写理论依据时一般要揭示所依据的理论和本研究课题之间的关系。因此选取立论依据时要防止无“论”可依、有“论”难依、大“论”小依和有“论”不依4种情况。

③实践依据。

实践依据一般包括两方面的含义：一是课题是否反映了教育和发展实践中迫切需要解决的问题，对实践的反映越深刻，课题的实践依据就越充分，指导意义就越强，价值就越大；二是某种实践活动可以证明课题研究的合理性和可行性，这种实践活动就是该课题研究的实践依据。

3）核心概念界定

核心概念是能集中反映课题研究主题或主要内容的概念。课题的研究往往是围绕核心概念展开的。核心概念界定，就是对课题的诠释，对课题的核心概念进行说明。采用归纳和演绎的方法，引用教育理论、整合文献知识等，以分段或标题陈述的形式确定概念及其内涵与外延，采用分—总的方法，对课题中的研究对象、范畴、方法，抽取出本质属性分别给予概括，最终形成对整个研究课题名称的科学界定。这部分要写得“提纲挈领”，数字尽量少一些。

例如：“陕西省基础教育信息化建设评价指标体系研究”课题的核心概念界定部分如下。

①基础教育。

基础教育，本是一个动态的概念。广义上包括幼儿教育、小学教育、初中教育、普通高中教育、家庭教育和必要的社会生活知识教育等。结合《陕西省中小学校信息化建设标准（试行）》以及我国基础教育的发展趋势，为保证研究成果严密的针对性和可操作性，本研究中基础教育特指小学教育、初中教育和普通高中教育。

②教育信息化。

教育信息化的概念是在20世纪90年代伴随着美国“信息高速公路”计划而提出的。受其影响，许多国家的政府相继制定了推进本国IT（互联网技术）在教育中应用的计划。从2012年起，我国教育信息化领域的政策集中出台：3月，《教育信息化十年发展规划（2011—2020年）》对未来10年的教育信息化建设提供了指导意见和总体方向；4月，刘延东关于全国教育信息化工作电视电话会议确定了“三通两平台”的教育信息化发展导向，即“宽带网络校校通、教学资源班班通、网络学习空间人人通；加强数字教育资源公共服务平台、教育管理信息系统平台的建设”。相关政策和指引明确了教育信息化建设方向，即在现有电教馆、宽带以及机房的基础上，建设更多的管理信息系统，管理教务内容、教学资源，加强个人学习的针对性，同时建立管理平台和资源平台。综上，我们认为，当前我国教育信息化发展已经从大规模投入建设高潮时期发展到相对平稳的理性集中反思时期。

本研究中教育信息化是指在国家、教育部及我省教育厅的统一规划和组织下，在反思基础教育系统各个领域进行信息技术人力资源建设、软硬件建设、环境建设以及应用现代信息技术的过程中凸显出的一些制约教育现代化的深层次、结构性的问题的基础上,促进信息技术与人、经济、社会、环境、资源等方面协调与整合,以可持续发展的信息化推进教育现代化的过程。

③教育信息化评价。

教育信息化评价指以促进构建更好的信息化生态系统为目标,根据教育信息化评价标准对教育信息化系统的构成要素或进程进行评价的过程。

④教育信息化评价体系。

教育信息化评价体系是指对教育信息化进行评价参照的标准和量化依据。在本研究中,教育信息化评价指标体系是指根据教育信息化相关理论、教育评价理论、国家和陕西省基础教育信息化的政策、陕西省基础教育信息化建设的基本状况,在一致性、科学性、导向性、开放性、可操作性等评价指标体系设计原则的指导下,制定以管理体制与机制、基础设施、信息资源、教学应用与推广和工作特色为主要评价框架的《陕西省基础教育信息化评价指标体系》三级评价指标体系。

4)研究现状

研究现状主要反映课题申报者对所研究课题资料的掌握情况和对研究现状的把握程度。因此,对国内外研究现状的分析材料一定要做好检索,查全资料,简明扼要地概括、总结归纳资料的研究内容和结果。填写研究现状一般要做到以下 3 点。

①简要叙述收集到的资料的研究内容和结果。

②评论所陈述资料的研究观点,找出研究中欠缺或不深入的地方。

③针对这些欠缺的问题,思考本课题研究的观点是什么。

5)选题意义

选题意义就是研究的价值。一般可以从理论意义和实践意义两个方面来陈述。

①理论意义。

指该课题研究对该领域研究在理论上有什么积极影响,包括对理论发展的推动、创新等。

②实践意义。

实践意义也称应用价值。指课题研究对实践状态的积极影响,包括对实践的改进、推动或启示等。

分析课题研究价值时,一定要实事求是,谦虚谨慎,切忌把自己的课题研究价值说得太大,太空洞,忌讳使用“填补国内空白”等浮夸性语言。

2. 研究内容分析

课题研究内容分析主要回答“课题做什么”的问题。一般包括研究目标、研究内容和项目特色及拟创新点 3 个方面的内容。

1)研究目标

研究目标是课题研究预期要达到的结果。明确的研究目标对课题研究具有重要的导向作用。课题研究目标的陈述要遵循具体性原则、清晰原则、条理性原则和适度性原则。

课题研究到底要做什么要陈述详细、具体。研究目标要和研究课题的类型(重大课题还是一般课题)、研究课题的级别(国家资助课题、省级资助课题还是单位资助课题)、研究课题选题的大小协调一致。目标不能定得太大,也不能定得太小。太高的目标往往是作茧自缚,甚至有可能直接导致课题无法完成,目标太小又往往让评审专家觉得大题小做,不值得资助,影响课题的评审结果。

2)研究内容

课题研究的主要内容陈述的是课题研究的范畴,课题研究的着力点。研究内容要根据研究目标来定,即为了达到研究目标在研究过程中具体要做的事。对研究主要内容的表述应当紧扣研究目标,简明扼要,准确中肯。研究内容是把研究的问题进一步细化,将研究题目依据研究目标展开,分解为基于课题的具体小问题,课题越大,内容越多,越要具体,要突出可操作性,并理顺各项内容间的逻辑关系。

另外千万不能忽视研究内容是连接研究目标和研究结果的通道,根据研究目标确定的研究内容不能脱离和研究结果的对应关系,抓住研究内容的研究结果必须在研究结果部分要有所体现。

3)项目特色及拟创新点

项目的特色与创新是立足于本项目自身的特点,分析与他人研究的主要不同之处。该部分的填写要和研究现状的分析协调一致,即在分析国内外研究现状的基础上提出本课题研究的新意。突出本课题对以往研究做的修改、补充或提升、突破等。

3. 课题操作分析

课题操作分析只要回答“课题如何做”的问题,一般包括课题研究思路、研究方法和研究步骤等。

1)研究思路

研究思路就是课题申报者对研究的整体计划,即先做什么,再做什么,后做什么等。研究思路要明确清晰,填写时需要“精雕细琢”。

2)研究方法

课题研究的方法,指的是该课题在研究时所采用的具体科研方法,如文献法、实验法、调查法、统计法、行动研究法等。研究方法是课题研究的必要手段。研究方法的科学性、合理性、可行性,是决定研究目标能否实现的基本条件。因此,也是课题论证的重点。在课题论证中,应写清楚根据研究目的和内容,拟采取哪些主要研究方法,并简要说明这个方法用在何处或解决什么问题。实际研究过程中,一项课题的研究往往要采取多种方法。如在“MOOC 背景下教学模式改革”研究中,研究者采用自然观察法了解不同专业和年级的学生对网上视频的喜欢程度。用实验法研究不同教育模式对学习成绩的影响。研究方法要与拟解决问题的特点、性质相适应。如果是实验研究类的课题,还应写清楚研究的自变量、因变量和控制变量。

3)研究步骤

课题研究步骤,即课题研究的时间和顺序上的安排。研究步骤要充分考虑研究内容的相互关系和难易程度,一般情况下都是从基础问题开始,分阶段进行。填写这部分内容要交代清楚课题研究大致分为几个主要阶段及具体的时间安排,每一阶段的主要研究任务及预期的研究成果。最后,还要写清楚课题研究的最终成果及形式。通常情况下一般将课题研究可分成准备、实施研究、总结 3 个阶段分别进行陈述。如“陕西省基础教育信息化评价指标体系研究”对课题研究步骤的设计如下。

①课题研究准备阶段。

2014 年 11 月—12 月：查阅文献，收集资料，设计问卷，咨询专家。

②课题研究实施阶段。

2015 年 1 月—9 月：开展调研，收集数据，研制评价体系，制定评价方案。

③课题研究结题阶段。

2015 年 10 月—11 月：撰写结题报告，梳理研究成果，准备结题。

（六）完成课题的可行性分析

完成课题的可行性分析主要包括现有的研究工作基础、已取得相关研究成果及其社会评价、主要参考文献、课题组人员结构、研究的外部条件、研究经费和设备等。这部分填写往往也有字数限制，全国教育规划课题完成课题的可行性分析填写要求见表 11-6。

表 11-6　完成课题的可行性分析

1. 课题负责人的主要学术简历、在相关研究领域的学术积累和贡献； 2. 课题负责人前期相关研究成果的社会评价（引用、转载、获奖及被采纳情况等）； 3. 完成本课题研究的时间保证、资料设备等科研条件 （限 1 500 字内）

1. 现有的研究工作基础

现有的研究工作基础主要是人员基础和物质基础。每个课题对人员和设备方面都有不尽相同的要求，要讲清楚开展本项研究已经具备的基本研究条件。研究条件包括主客观两个方面，客观方面是指人力、物力、财力等是否允许承担课题的知识、经验和能力方面的条件，进行过哪些研究，已取得哪些相关研究成果。

2. 已取得相关研究成果及其社会评价

已取得研究成果在课题申报书中可以按照作者、成果名称、发表刊物、发表时间等信息比较详细地填写。但是，在“课题设计论证活页”及匿名评审部分隐匿于课题申报人有关的姓名、工作单位等信息，凡是出现姓名或工作单位的地方统一用 × × × 代表。否则，在评审开始前的资格审查时会因故意泄露个人信息而被取消评审资格。

研究成果的社会评价主要指已取得的与申报课题相关的研究成果的社会反响。一般可以从研究成果的影响面、影响度、经济效益等方面进行说明。如著作的发行量、读者的评论、成果的获奖情况、成果被转化使用情况、应用效果、论文的引用率或转载情况等。

3. 主要参考文献

主要参考文献是指写课题申报书时所参考的主要文献。评审专家往往可以从主要参考文献的质量判断申报者的研究水平和资料占有情况。主要参考文献的填写要遵循以下几条原则。

1)顺序呈现

申请书主要是写给评审人和课题批准单位看的,所以要站在阅读对象的角度按照高效阅读的原则填写。一般课题虽然都对参考文献数量有限制,但阅读起来依然困难。如果申报者能按照一定的标准对参考文献进行排序较有利于阅读。排序的标准可以是文献产生的时间、作者姓氏笔画、与课题相关度等。

2)突出重点性

填写一个课题申请书尤其是重大课题参考的文献往往多达几十个,填写时要根据课题研究特点,列出与课题研究目标最相关、影响力最大的文献。尤其是与课题研究直接相关的重要文献一定不能缺失。如"陕西省基础教育信息化评价体系研究"课题如果主要参考文献没有"陕西省中小学校(农村)信息化评估标准(试行)"和"陕西省初中和小学信息化建设标准"就会让评审专家对申报人完成该课题的专业积淀、视野、能力等产生怀疑。

3)类型丰富

参考文献的类型主要指期刊文献、书籍文献以及文献来源(国内还是国外)等。填写课题申请书主要参考文献时最好能适当地兼顾文献类型。书籍文献一般是经过大浪淘沙后的精品,不足之处是相对时效性较差;学术期刊文献最能突显学术研究前沿热点。如果能兼顾文献类型一般会比较容易得到评审专家对申报人的研究视野和学术积淀的认可。

4. 课题组人员结构

课题组人员结构主要看课题参与人员的整体素质与水平,参与人员的研究方向与申报课题的相关性、参与人员的身份是否能保证课题顺利完成。课题组人员结构分析不但对课题能否申报成功有影响,更直接决定着课题申报成功后的研究工作能否顺利进行,因此需课题申报人谨慎对待。否则,即使课题申报成功了,也会因为课题组人员不得力无法顺利完成。

5. 研究的外部条件

研究的外部条件指校方的支持、国内形势政策等。

6. 研究经费和设备

研究经费主要指申请资助的经费是否能满足研究需要,申报人工作单位是否配套经费、是否需要自筹经费等;研究设备主要包括现有仪器、实验室的情况以及有利条件等。同时要说明完成课题需要补充的仪器设备。

(七)预期研究成果

成果形式包括:调查报告、实验报告、研究报告、研究论文、教学策划集、论文集、政策、制度文件、教学设计、经验总结、研究专著、教学软件(包括音像制品、计算机软件)等,研究周期较长的课题,还应分别有阶段成果和最终成果。阶段成果可以按研究阶段列出。课题不同,研究成果的内容、形式也不一样,但不管形式是什么,课题研究必须有成果,否则,就失去了研究的意义。

对于中小学教师来说,调查报告、研究报告、论文、教育叙事、个案分析、典型课例等应是课题研究成果中最主要也是比较容易表现的形式。全国教育规划课题研究成果填写内容见表 11-7。要求填写阶段性研究成果和最终研究成果,其中阶段性研究成果限报 8 项。

表 11-7 预期研究成果

主要阶段性成果（限报 8 项）				
序号	研究阶段（起止时间）	阶段成果名称	成果形式	负责人
1				
2				
最终研究成果				
序号	完成时间	最终成果名称	成果形式	负责人
1				
2				

（八）经费预算

经费预算要合理、详细，符合相关课题经费管理规定。另外，要视主管部门能给予的经费支持强度而定。有些课题对资助额度有明确统一的规定，那就按资助金额预算，不要超出规定额度。对于没有资助额度只制定资助范围的课题，经费预算一般来说可以超出最高额度的 15%~25%。

有些课题只要求经费预算，但对具体开支科目不做具体规定，申报人填写时要根据课题研究的合理需要，坚持目标相关性、政策相符性和经济合理性原则，科学规划课题经费支出的开支科目。具体预算方法和开支科目可以参考《全国教育科学规划课题经费管理办法》。全国教育规划课题经费预算表见表 11-8，明确指定了课题研究可以预算的开支科目，一般不允许资助增加开支科目，但允许部分开支科目不支出。如教育理论研究往往不需要购买设备，所以设备费可以为零。

表 11-8 经费预算

序号	经费开支科目	金额（万元）	序号	经费开支科目	金额（万元）
1	资料费		7	专家咨询费	
2	数据采集费		8	劳务费	
3	差旅费		9	印刷费	
4	会议费		10	管理费	
5	国际合作与交流		11	其他	
6	设备费		合计		
年度预算	年	年	年	年	年

（九）经费管理

经费管理一般由课题申报人所在单位填写，主要填写内容包括：收款单位全称、开户银行、银行账号、汇入地点、财务联系电话等。全国教育规划课题经费管理栏填写内容见表 11-9。

表 11-9　经费管理

承诺遵守财务规章制度，如实填报，严格监督课题经费的合理有效使用，保证课题经费单独立户，专款专用，不挤占和挪用课题经费，在课题结题时提供课题经费使用明细单
财务部门公章： 财务负责人签章： 年　月　日

（十）推荐人意见

推荐人意见只针对课题申报人不满足课题要求（主要是职称情况）但允许申报的申报者，对于满足申报要求的申报者则不需要填写推荐意见。

推荐人意见由推荐人填写，填写推荐意见不是简单地说好话，而要根据填写要求务实地对课题主持人的专业水平、科研能力、科研态度、科研条件等逐一进行陈述。

一般课题都需要两名具有正高级职称的推荐人，推荐人需要课题申报者自己邀请。推荐人一方面要对课题负责人完成课题可能性的情况进行说明，另一方面往往还要对课题申报人进行信誉担保。因此，邀请推荐人时，研究领域跟自己越接近、权威性越高越好。全国教育规划课题推荐人填写意见见表 11-10。

表 11-10　推荐人意见

不具有副高级以上（含）专业技术职务或博士学位的申请青年项目，须由两名具有正高级专业技术职务的同行专家推荐。推荐人须认真负责地介绍课题负责人的专业水平、科研能力、科研态度和科研条件，说明该项目取得预期成果的可能性，并承担信誉保证。					
第一推荐人姓名：		专业职务：		研究专长：	
工作单位：		填写日期：		推荐人签章：	
意见：					
第一推荐人姓名：		专业职务：		研究专长：	
工作单位：		填写日期：		推荐人签章：	
意见：					

（十一）课题负责人所在单位意见

申报课题一般都必须征得课题负责人所在单位的同意，课题审批单位才会受理申报人的申请。有些课题还给具体单位分配一定的申报名额。课题申报者首先得通过单位的评审才能向上一级推荐申报。课题负责人所在单位意见就是课题负责人同意推荐申报的凭证。一般情况下，课题负责人单位签署推荐意见也同时意味着愿意承担课题的管理义务和信誉保障，见表 11-11。

表 11-11 课题负责人所在单位意见

申请书所填写的内容属实;该课题负责人及参加者的政治和业务素质适合承担本课题的研究工作;本单位能提供完成本课题所需的时间和条件;本单位同意承担本项目的管理任务和信誉保证 单位公章 年 月 日

(十二)省级规划办、教育部直属单位、部委直属高校审核意见

由于全国教育规划课题目前实施逐级审批制度,即申报者填写课题申请先交由课题负责人所在单位审批,单位审批通过后方能交给省级规划办、教育部直属单位审批,省级规划办、教育部直属单位审批通过才能报送至全国教育规划办进入正式评审阶段。部委直属高等院校科研人员申报全国教育规划课题只要课题负责人所在单位通过即可直接报送全国教育规划办。省级规划办、教育部直属单位、部委直属高校审核意见内容见表 11-12。

表 11-12 省级规划办、教育部直属单位、部委直属高校审核意见

本单位完全了解全国教育科学规划领导小组办公室的有关管理规定,完全意识到本声明的法律后果由本单位承担。保证课题申报的真实性,认可课题申报人及其所在单位的申报资格,同意上报全国教育科学规划领导小组办公室。 单位公章 年 月 日

(十三)负责人和课题组主要成员研究课题结题证明

一般国家级和省级课题申报表都要求申报者出示一定时间期限里(一般为三年或五年)已完成重大课题的结题证明。证明方式一般是将课题结题证或鉴定表复印件粘贴在指定的位置即可。凡是填写在相关研究课题表里的研究课题,研究状态填为"已结题"的原则上都要附结题证或成果鉴定表复印件。

(十四)学科评审组评审意见

学科评审组评审意见有评审专家根据评审单位的评审要求和评分标准打分,并填写评审意见。全国教育规划课题学科组评审意见及评审指标见表 11-13。对于课题申报者来说,认真研读学科组评审指标,明确课题评审权重对申报书的填写和提高课题申报的成功率都有很好的帮助作用。

表 11-13 学科评审组评审意见

评价指标	权重	指标说明	专家评分							
选题	3	主要考察选题的学术价值或应用价值,对国内外研究状况的总体把握程度	10分	9分	8分	7分	6分	5分	4分	3分
论证	5	主要考察研究内容、基本观点、研究思路、研究方法、创新之处	10分	9分	8分	7分	6分	5分	4分	3分

续表

评价指标	权重	指标说明	专家评分							
研究基础	2	主要考察课题负责人的前期相关研究成果和主要参考文献	10分	9分	8分	7分	6分	5分	4分	3分
评价指标	权重	指标说明	专家评分							

专家1评分	专家2评分	专家3评分	专家4评分	专家5评分	总分	票数

综合评价 评价	是否建议入围	A. 建议入围
评审专家（签章）：		

（十五）课题论证活页

课题论证活页的主要功能是为了实施课题匿名评审，其内容基本包括了课题设计的所有内容，填写内容也要完全和申请书中对应部分内容完全一致。只是这部分内容填写时，不得出现课题申请人和课题组成员的姓名、单位名称等信息，统一用 ×××、×××××× 代表。否则，一律不得进入评审程序。全国教育规划课题论证活页见表 11-14，前期相关研究成果只填成果名称、成果形式（如论文、专著、研究报告等）、作者排序、是否核心期刊等，不得填写作者姓名、单位、刊物或出版社名称、发表时间或刊期等。与本课题无关的成果、承担的各类项目等不能作为前期成果填写。课题负责人和参加者的成果分开填。合作者注明作者排序。成果名称、成果形式等须与申请书中填写的内容一致。申请人的前期成果不列入参考文献。此外要注意字数限制，最好按要求填写。

论证活页要单独打印装订，不能和课题申请书装订在一起。一般论证活页要求申报者打印装订几份就意味着这类课题评审的时候有多少位专家参加评审。全国教育规划课题要求申报者递交活页 6 份。

表 11-14　课题论证活页

1. 本课题国内外研究现状述评，选题的价值和意义； 2. 本课题研究的主要内容、基本观点、研究思路、研究方法、创新之处； 3. 前期相关研究成果，开展本课题研究的主要参考文献 （限 4 000 字内）

智慧库

刘双清等人2014年通过研究，总结了国家自然科学基金项目申请书中存在的问题，这些问题对其他项目申请书的填写同样具有警示作用。

一、创新性不强

同行评议反馈意见有“选题缺乏创新”“缺乏源头创新思想或思路”“沿袭自己熟悉的领域，缺乏新意”“国内外已有许多相关方面的报道或部分内容重复国内或国外的研究”“某作用机制已经明确”“已有类似的项目获得资助”等。

二、选题不科学

同行评议反馈意见有“选题过大”“选题意义不大”“选题不明确”“题目偏应用”“题目与内容不符”“题目设想片面”等。有些申请项目的选题过大，将研究面铺得很广，没有瞄准靶点，研究目标分散，难以达到预期结果，可行性不强；有些申请项目的选题过窄，研究内容单一，技术路线和研究方法过于简单，难以达到解决科学问题的目的。

三、立项依据不充分

（1）研究意义和国内外研究现状的阐述过于宏观，研究要点不集中，涉及关键问题的阐述轻描淡写。

（2）介绍的只是普及性的知识，没有紧紧围绕要研究的科学问题进行深入探讨。

（3）缺乏对科学问题的凝练，缺少合理的科学假设，或是提出的科学假设与文献依据相互矛盾，因果关系阐述证据不足。

（4）没有阐述研究思路，或没有阐述研究方法和材料的优势，或没有给出选择某项关键技术的理由。

（5）层次不清，对关键科学问题描述模糊，各个问题之间缺乏有效衔接。

（6）引述缺乏参考文献支撑：文献的影响力太低，文献过于陈旧，近3年的文献或英文文献偏少。

四、研究内容和研究目标不具体

（1）研究内容过于宏观或空泛，“大”到在一个项目资助周期里不可能完成全部研究内容，“空”到技术路线和实验方案的科学性比较差。

（2）研究内容太多太散，深度不够，研究重点不突出，仅仅是泛泛探索规律的研究。

（3）研究目标设置偏大，计划解决的是非学术性问题或是达到某一指标的具体工作。

五、研究方案不合理

（1）申请者将研究方法和技术路线写得过于简单，无法评价该研究方法是否可行。

（2）申请者对某些研究技术特别是新研究技术不熟悉，技术路线的描述不清楚，不充分。

（3）申请者设计研究方案较为粗糙，研究方法不够先进，技术指标过于简单。

六、研究基础不扎实

（1）缺乏前期研究基础，或研究基础薄弱，预期结果存在不可预知性。

（2）没有相关研究工作积累，或是虽然做过预实验，但没有将预实验结果进行总结归纳，并图文并茂行之于文。

七、申请者简历不规范

（1）申请者的学历或职称尚未正式获得而编造成已获得。

（2）在列出的已发表的论著中，只列了申请者本人、论文题目、期刊名称和时间，删除了其他作者的姓名。

（3）会议论文集与正式发表论文不加区分地列在一起。

（4）将已投稿但未获得任何反馈的文章列入论著列表。

（5）虚构所获科学技术奖励的排名或获得年份等。

八、形式审查不合格

形式审查不合格有多种情况：项目组成员超限，项目组成员名字的手写签名与印刷体不一致，合作单位没有盖章，没有提供因学历职称原因所需要的附件材料，学科代码选择错误，不属于资助范围等。

三、申请书填写应注意的事项

（一）目标不能摇摆

申请书在填写的过程中，一定要确保研究目标不变。即在研究背景、研究内容、技术路线、研究方法、研究基础和条件等任何一个环节都要紧紧围绕研究目标的实现来论述。要保证申请书中所出现的任何内容都是为了实现研究目标而安排的，都在为突出课题特色而服务。

（二）表述要一致

表述一致指在申请书书写过程中，各种说法和叙述始终要保持一致。特定的研究内容一定对应合适的研究方法，特定研究方法一定是为了满足某种研究的需要。如果使用了问卷调查法，就一定要对调查数据进行整理和处理，获得调查对象的相关数据，进而通过这些数据发现和透析调查对象。如果研究方法有问卷调查法，而研究内容和研究进度安排中并没提到用什么问卷进行调查，问卷怎么来（使用已有量表还是设计问卷），在什么时间段进行调查，评委就会觉得申报人对项目缺乏深入分析，研究思路不清楚，对于一个连申报者都不知道怎么完成的课题，评审人怎么会认为该课题可行呢？

（三）用词要专业准确

无论是自然科学还是人文社会科学类课题研究都是一定领域内的专业探究活动。在填写申请书时，能用专业术语陈述的要尽量用专业术语，避免使用大众语言。使用大众语言一方面容易造成表意不准确，另一方面容易让评委误认为申报者对该领域的了解比较肤浅，进而影响评审结果。

（四）篇幅要适中

为便于评审，一般申请书对填写内容都有字数上限限制，但并不是说填写内容就一定要写到规定的字数。申请书篇幅的长短应当适当，篇幅过短，容易让评委觉得申请者思考不充分、构想和研究积累欠缺，创新性、重要性及可行性等得不到充分表述，降低获得批准的概率。篇幅过长则容易超过字数限制和论述重点不突出，增加评委阅读的厌倦情绪，同样不利于课题的评审通过。

（五）表达要规范

申请书的语句表述应当流畅，容易理解。切忌出现错字、别字、病句，尽管错别字等细节性问题从实质上是不影响课题研究的，但这些问题容易让评委对申报者的科学研究态度产生怀疑。

思考与练习

（1）利用网络查找上年度国家教育规划课题申报信息，完成以下任务。

①了解国家规划课题的申请程序。

②了解课题申请限制条件。

③研读课题指南。

（2）登录下列网站，了解课题申请信息，下载一份优质课题申请书，认真阅读并在组内分享阅读心得。

①全国哲学社会科学规划办公室（http://www.npopss-cn.gov.cn）。

②国家自然科学基金委员会（http://www.nsfc.gov.cn/）。

③全国教育科学规划办公室（http://onsgep.moe.edu.cn/）。

④中国教育科学研究院（http://www.nies.net.cn/）。

⑤中国教育课题网（http://www.guochengzhi.com/Index.html）研究成果篇。

第十二章　教育科研成果的表达与评价

第一节　教育科研成果表达概述

一、教育研究成果表达的意义和作用

教育科学研究工作按计划完成之后,必须对整个研究过程及研究结果进行总结,以文字或其他形式生成用以评价或推广的研究资料,即为教育科研成果的表达。教育研究成果的表达是教育研究的重要环节,也是显示教育研究成果的重要形式,教育研究成果表达的方式和质量如何,直接影响着教育研究成果的交流和运用。教育研究成果的表达不仅是为了科学地总结自己的研究工作,更重要的是向社会提供教育研究信息,以丰富教育理论,推动教育教学的实际工作。

(1)教育研究成果的表达,可以丰富教育科学理论和知识,进一步明确了研究什么、如何研究以及研究结果及其价值。因此,通过科研成果的表达,可以对整个课题研究过程进行高度概括和科学总结,揭示教育的某种规律,实现理论升华,显示其理论价值。同时,又为解决某一教育问题提供理论依据、建议、方案或办法,从而推动教育的变革,显示其实用价值。

(2)对教育研究成果进行表达,研究结果才有可能被人们关注、认识、评价和认同,有利于学术交流,实现优势互补和资源共享,促进教育事业的发展。教育研究过程是我们获得直接经验的过程,这种经过精心设计和探索发现而获得的直接经验,对直接参加者和所有教育工作者,对于人类整体认识的提高和发展都是十分宝贵的。将教育研究的成果及时地表述出来,有利于不同空间、不同时间的人进行学术交流、相互借鉴。

(3)及时进行教育研究成果的表达,有助于培养、提高研究者的思维能力和表述能力,教育研究成果的表达是一个严密的思维过程,需要一定的分析、综合、抽象、概括的能力,要求有准确运用语言文字的能力和技巧。缺乏一定的思维能力和表述能力,总结、表述不好,课题研究只能是一种低效或无效的劳动。

(4)有助于教育学术的繁荣与进步。教育研究成果的表达,是对研究工作的科学总结,必然依从一定的学理,持有一定的哲学认识和思想观念,秉持一定的研究思路和科学方法。教育研究成果的表达及围绕它的分享与探讨,既有助于推广交流教育科研成果,丰富学术文献,又有助于深化和发展研究成果,并在此基础上形成具有共性倾向的学术共同体,建立科学规范,推动研究的扩展深入,促进学术繁荣与教育进步。

总之,教育研究成果的表达,有助于培养、提高研究者的思维能力和科研表达能力,进而

进行更为有效的科研活动。撰写教育研究的报告、论文等，无论是在提高教师素质和促进教育科学的繁荣上都有着重大的现实意义。

二、教育研究成果表达的主要形式

教育科学研究的最终成果，如若获得更广泛的认同与更大范围的传播，一般需要借助语言文字等形式进行表述。因为研究的目的和任务不同，研究的方法和过程各异，研究成果的文字表述形式与体例也不尽相同。教育科研成果表达的形式主要有专著、教材、工具书、习题集、课件、教育教学软件或数字平台、资料汇编、学生制作和获奖作品、研究报告、研究论文等。总体而言，教育研究成果表达的主要形式大致可以划分为教育研究报告、学术论文、著书（著作、教材、工具书和案例习题集等）与教育记事作品（来自一线教师实践研究的成果），对著书在此不做分析。

三、教育研究报告的类型及其表达体例[①]

（一）教育研究报告及其分类

研究报告是报告情况、建议、新发现和新成果的文献，是按照规范呈现研究的目的、方法、结果等项目的成果表达形式。

教育研究报告是描述教育研究工作的结果或进展的文件，是如实地描述和记录研究成果后所形成的书面报告。

与学术论文相比，研究报告突出的是研究的过程性，它一般会在报告中呈现整个研究工作的过程、方法和环节。

由于每一项研究的对象、内容与具体所使用的方法不同，教育研究报告又具有多种类型。主要有调查报告、实验报告、经验总结报告、个案研究报告、文献研究报告等。

（1）调查报告。指对某种教育现象、某个教育问题进行调查研究后，经过资料的整理分析，对教育的现状作出科学的分析认识并提出具体工作建议的报告。

（2）实验报告。指按照研究目的，通过合理控制或创设一定条件，对某种教育现象进行科学实验后，对教育实验过程及其结果进行客观反映的报告。

（3）经验总结报告。指对在教育教学实践中的事实经验，经过去粗取精、去伪存真的总结、提炼和概括的系统化、理论化的报告。

（4）个案研究报告。指对具有某种代表意义及特定范围的具体对象（这个对象既可以是一个人、一种课程、一个机构，也可以是一个事件或一个过程等）进行深入研究后撰写的报告。

（5）文献研究报告。指对围绕着研究问题而搜集到的相关教育文献进行分析、比较、综合，并展示文献的检索和考证过程，说明文献来源和学术价值的报告。

（二）教育研究报告的一般表达体例

国家标准 GB/T 7713.3—2014 科技报告的编写规则明确规定了研究报告的撰写格式与构成元素。一般来说，一份科技报告主要由前置部分、主体部分和结尾部分三大部分组成，

① 和学新，徐文彬. 教育研究方法 [M]. 北京：北京师范大学出版社，2015：349-356.

每一部分又由一些基本成分构成，见表 12-1。

表 12-1　科技报告构成元素表[①]

	组成	状态	功能
前置部分	封面	必备	提供题名、责任者等描述元数据信息
	封二	必备	可提供权限等管理元数据信息
	题名页	必备	提供描述元数据信息
	摘要页	必备	提供关键词等描述元数据信息
	目次页	必备	结构元数据
	图和附表清单	图表较多时使用	结构元数据
	符号、缩略语等注释表	符号等较多时使用	结构元数据
	序或前言	可选	描述元数据
	致谢	可选	内容
主体部分	引言(绪论)	必备	内容
	正文	必备	内容
	结论	必备	内容
	建议	可选	内容
	参考文献	有则必备	结构元数据
结尾部分	附录	有则必备	结构元数据
	索引	可选	结构元数据
	辑要页	可选	提供描述和管理元数据信息
	发行列表	进行发行控制时使用	管理元数据
	封底	可选	可提供描述元数据等信息

在参阅以上国家标准的基础上，舍去一些基本的编排格式规范，研究报告的基本构成包括：前置部分(题名、署名、摘要和关键词)，主体部分(引言、研究方法、研究结果、讨论与分析、结论与建议、注释与参考文献)，结尾部分(如有必要可有附录与索引)。在具体的写作过程中，可以在此基础上，根据不同的读者、内容和体裁灵活掌握，只要能够达到结构完整，层次分明、逻辑缜密、条理清楚的要求即可。

1. *题名*

题名即研究报告的题目。题目用词首先应该能反映研究报告的主要内容，让读者能够明了所研究的主要问题。一般可直接采用研究课题、调查现象、实验名称为题目，文字需简练、概括、确切、鲜明，或点明研究范围，或反映出研究的对象、领域、方法和问题。为免题目冗长，可加副标题，使主标题简练。下面以发表在教育类刊物上的一些报告题目予以示例。

(1)调查研究报告。

《“90 后”小学教育专业本科生教师职业认同感调查研究》(《教育研究》，2013 年第 3 期)

① 来源于中华人民共和国国家标准 GB/T 7713.3—2014 科技报告的编写规则。

《中小学教师课程价值取向调查研究》(《教育研究》,2013 年第 4 期)

《高中数学骨干教师专业发展情况调查研究——来自国培计划(2011)中小学骨干教师研修项目人大附中高中数学班的报告》(《教育研究》,2012 年第 2 期)

(2)实验研究报告。

《职前幼儿教师科学教学效能感培养的实验研究》(《教育研究与实验》,2013 年第 1 期)

《探究性教学对发展初中生数学能力的实验研究》(《教育研究与实验》,2013 年第 2 期)

(3)经验总结报告。

《让学生发挥自学潜能 让课堂焕发生命活力——福建省中小学"指导—自主学习"教改实验研究总结》(《教育研究》,1999 年第 3 期)

《办出党校特色培养合格人才——四川工业学院党校工作经验总结》(《高等教育研究》,1998 年第 4 期)

(4)个案研究报告。

《初中数学教师学科教学知识形成的个案研究》(《江苏教育研究》,2014 年第 1 期)

《凤凰为何不还巢?——"少数民族高层次骨干人才计划"毕业生违约个案研究》(《清华大学教育研究》,2013 年第 1 期)

(5)文献研究报告。

《院校研究的历史发展及若干理论问题探讨——基于国外文献的分析》(《比较教育研究》,2004 年第 2 期)

《我国教育技术学知识结构与关键节点文献研究——基于学科知识图谱的分析》(《开放教育研究》,2011 年第 4 期)

《美国教育电视研究现状与特点——基于 ERIC 近 15 年的文献研究》(《电化教育研究》,2010 年第 10 期)

2. 署名

署名人是参加了全部或主要研究工作的研究者;应写明研究者的工作单位和真实姓名。如果研究者有多人,可商定署名的先后次序,逐一写清,或按照其对研究成果贡献的大小依次排列。

3. 摘要与关键词

摘要也称内容提要,可以说是研究报告的"迷你"版,是对整个报告的简要概括。公开发表于期刊的研究报告,由于受篇幅限制,一般 100~300 字。摘要需简洁精练地说清楚研究的问题、研究方法、研究对象的特征、研究结果、所获结论等信息内容。

关键词是一项研究报告中可以表示全文主要信息内容的主题词或术语。关键词的使用方便了研究报告的检索,它既是一篇研究报告的重要信息点,也是检索点。关键词一般以 3~5 个为宜。

以《"90 后"小学教育专业本科生教师职业认同感调查研究》的为例。

摘要:教师职业认同感的强弱不仅影响教师队伍的稳定发展,而且关系到国家的教育事业。从教师职业认同感所涵盖的教师职业认知、职业情感、职业意识、职业期望、职业价值观和职业行为倾向六个维度,对“90后”小学教育专业本科生进行问卷调查,统计结果显示:“90后”小学教育专业本科生教师职业认同感总体水平比其他师范生高;不同年级、性别、地区教师职业认同感存在显著差异;教师家庭对“90后”小学教育专业本科生教师职业认同感呈负相关。完善小学教育专业的人才培养模式应着力于提高教师待遇,营造有利于“90后”小学教育专业本科生的环境;注重人文关怀,推进小学教育专业课程改革;共同参与“90后”小学教育专业本科生培养,实现互惠互利。

关键词:小学教育专业;“90后”;本科生;教师职业认同感

该摘要简要概述了研究的主要内容,让读者明了了该研究的意义、方法、主要结果与建议。关键词也提炼得比较精当。

4. 引言

引言也称绪论、序言,属于研究报告主体的第一部分内容。根据全文长度可长可短,一般字数不宜太多,没有固定的表达方式,好的引言大多以凝练简洁的语言,简要阐述研究的理由或背景,陈述研究的问题,表明研究的目的和意义。此部分明确提出研究的现象和问题、研究的个人目的和公众目的、研究的理论意义与现实意义。此外,也可适当回顾与该研究主题有关的国内外文献,报告主要研究内容在国内外同类研究中所处的地位。

对于调查研究而言,还需点明调查时间、地点、对象、范围等,交代调查的方法,报告主要调查的内容,使读者对调查报告获得总体认识;或提出社会、师生所关注和迫切需要调查了解的问题,以引起关注。对于实验研究而言,还需简明扼要地说明实验进展情况,实验对象和规模,实验所依循的原理以及对实验结果的预测等。对于个案研究而言,重在说明选择的个案是什么,为什么要对个案进行研究,研究个案是为了达到什么样的目的。总之,要使读者一目了然,使读者对研究获得总体认识,为读者接受该项研究成果准备良好的心理上与认识上的基础。

5. 研究方法

研究方法部分是本研究所采用的科学研究方法的具体交代和说明,以便读者了解和评价整个研究在方法论和教育理论上的科学性和客观性,让读者据此决定是否承认和接受该项研究所得出的结果。方法要尽可能细致地交代研究对象选取的具体情况和研究的详细步骤。如参与的人数及参与者的性别、年龄、职称、民族等基本特征;研究工具及其研究工具的设计过程、基本内容;研究时间、周期等。

个案研究报告包括抽样的标准,即个案是如何选定的;进入现场以及与被研究者建立和保持关系的方式;采用什么方法搜集资料和分析资料;关于研究伦理的考虑;研究实施过程,即研究持续时间的长短,访谈、观察的时间表及频率等。

实验研究报告要详写方法与步骤。包括被试的选择方法、分组方法与数量;自变量的构造、安排及呈现方式;无关变量控制的措施与程序;实验的组织类型及采用这种组织类型的依据;阶段性实验目标达成的评价标准和方法以及终极目标达成的评价标准和方法,即因变量的指标及测定方法;实验的具体步骤以及实验数据的处理方法;等等。

文献研究报告一般要说清文献来源、种类以及文献的统计年限,如使用了何种权威检索工具进行文献检索,检索了几年,检索到了多少有效文献,这些文献是怎么分布的(刊物级别、时间、作者状况、文章类型等)。说清自己取样与选文的标准,以及如何确定类目进行分析的。

此部分的叙述要足够详细，使读者能够通过文章透彻地了解研究过程。

6. 研究结果

研究结果是研究报告的核心内容，是研究中的事实数据和材料的客观呈现，在本部分一般不对结果的含义做进一步的讨论分析。总体来说，结果呈现的数据资料必须客观准确、信息全面，但并不意味着在写作中要把原始数据一一罗列，结果呈现和展示的是数据和资料处理后的统计分析结果。

对于调查研究报告而言，这部分要把调查获得的大量材料，经过分析整理，归纳出若干项目，条分缕析地叙述，观点一定要明确，同时做到数据确凿、事例典型、材料可靠。除了语言描述形式以外，为了使人一目了然，对一些统计数据尽可能用图表表示，以增强表达的直观性与形象性。

对于经验总结研究报告而言，主要是要呈现具体的经验究竟是什么。要围绕经验总结主题所选取的典型事例，经过分析整理，归纳概括，细致地对于成绩和经验予以叙述介绍。对于实验研究报告而言，主要是呈现实验中得出的数据和典型事例。数据要严格核实，要注意图表的正确格式。典型事例要能使人更好地理解实验结果，使实验更有说服力。要用统计检验来描述实验因子与实验结果之间的关系。对非单因单果的关系，要经过适当的设计与统计分析，判断影响实验结果的原因，并作出实验假说的验证。

7. 讨论与分析

研究报告的总结部分，是针对研究结果进行的进一步客观严谨的分析论证与深入评价。讨论研究的结果是支持还是否定原有的研究假设，如果否定，新的研究假设是否被提出；研究的理论价值与实践价值是否实现；当前研究的局限性怎样等，都要作出交代。它要求研究者从理论的高度，用科学的概念、严密的逻辑，从大量具体事实中找出规律性的东西，反映出研究者的独到见解。

对于实验研究报告而言，主要是运用教育教学理论来分析和讨论与实验结果有关的问题。其主要内容有：第一，由实验结果来回答篇首提出的问题；第二，对实验结果进行理论上的分析与论证；第三，把实验结果与同类研究结果相比较，找出其优劣；第四，提出可供深入研究的问题及本实验存在的问题。

对于经验研究报告而言，更多地以“存在的问题和原因分析”的方式来呈现。在总结经验的基础上，找出问题与不足，分析原因，以便下一步的工作更好地开展。同时，要以事实材料为依据进行科学分析，找出规律性的东西，要透过现象看本质。可以对结果做理论上的进一步阐述，深入地讨论一些问题，亮出自己的观点，提出建设性的意见和建议。

8. 结论与建议

本部分是研究者对研究结果分析讨论后得出的理性认识，根据研究得出的客观事实和结论，回答篇首提出的研究问题，对决策部门提出自己具有科学性和可行性的认识、建议和设想。此外，还常常对该项研究的方法、设计进行必要的反省，提出可供深入研究的问题及本研究存在的问题，讨论改进、变换研究方法可能对研究结果带来的影响和变化等。

9. 注释与参考文献

在研究成果表达的正文中，有时一些内容不适于展开论述，在研究中也常常会用到前人或他人的研究成果,这时就需要注释和参考文献了。对于正文中的文字内容必须加以说明,但又不适于做正文来叙述,可使用脚注或尾注等形式来进行注释。脚注放在所注释正文所在页面的底部,尾注放在所注释正文所在章节的末尾。当研究报告篇幅较长时,一般采用脚注的方式。

参考文献应置于研究报告主体的最后部分。对于在研究报告中参考和引用别人的材料和论述,应一一注明,以便他人查阅。一般须按文献引用出现的顺序列全,编排于文末或各章末。各类参考文献编排格式须符合国家标准 GB/T 7714-2011《文后参考文献著录规则》。

10. 附录和索引

附录和索引部分是对正文主体必要的补充项目,但不是论文的必备部分。附录收录的一般是原始资料,是指内容太多、篇幅太长,不便于写入研究报告又必须向读者交代的一些重要材料,如测试试题、原始数据、调查问卷、访谈提纲、研究日志、实验记录、重复性数据和图表、论文使用的主要符号的意义和单位编写等内容。它对研究报告的内容起补充说明或提供参考资料的作用。索引是揭示文献内容出处、提供文献查考线索的项目。

四、学术论文的表达

(一)学术论文及其分类

学术论文,是研究工作者对特定问题、文献或理论进行比较系统、专门的研究和探讨,提出新观点、得出新结论,或以新的视角作出新的解释和论证的一种专业性和理论性文章。它用深刻的哲理和严密的逻辑论证来说明问题,既是探讨问题、进行教育研究的一种手段,同时也是描述研究成果,进行学术交流的一种工具。

学术论文按照内容形式或研究层次与特点的不同有不同的分类方法。根据论文内容形式的不同,可分为三类。第一类是基于文献整理的说明性论文,这类论文主要是通过分析丰富的教育文献与材料,梳理史料,表达作者针对具体教育理论或实践问题的新观点、新看法。第二类是基于逻辑推演的论说性论文,这类论文主要是结合作者自身的理论储备,通过周密的逻辑推理,提出新颖独特的真知灼见,深化拓展理论。第三类是基于争鸣商榷的争辩性论文,这类论文主要是针对其他作者的相关论文或著作,展开问题商榷和观点争鸣,表达不同的学术见解。

根据教育研究的特点和层次不同,学术论文还可分为四类。一类是经验梳理型论文,这类论文主要是在教育、教学实践中直接获得的丰富的感性材料基础上总结、升华和优化组合而来的理性认识。一类是问题研讨型论文,这类论文主要是针对当前教育实践中存在的主要问题、突出问题进行分析、探讨,进行专题总结、研究,从理论和实际的结合上提出解决意见和办法、方案和措施。一类是现象评述型论文,这类文章主要是针对教育、教学领域在一定时限里的活动、情况、现象、论争、做法、特点、流派、问题等进行专项综述和评析。一类是学术探究型论文,这类论文主要是对教育理论问题进行专门、系统的研究,总结规律,揭示本质,进行论证和证明,表达和阐述学术观点。

根据研究成果呈现和评价的方式不同,分为公开发表的期刊论文及未公开发表、现场交流的会议论文和学位论文。其中,学位论文是一种为获取学位撰写的学术论文,一般要经过答辩环节。学位论文是评定、授予学位的重要依据。我国的学位有三级，即学士、硕士和博士，与之相对应，学位论文分为学士论文、硕士论文和博士论文。

（二）学术论文的特点

作为教育科学研究的学术性、专业性文章，具有一般议论文共同的特点，如，具有鲜明的论点、确凿的论据和科学的结论。同时，它不同于一般的议论文，是教育研究的成果，是进行学术交流的一种工具。因此，学术论文又具有独特属性。

1. 学术性

学术是指较为专门、系统的学问。所谓学术性是指以科学研究领域里某一专业性问题作为研究对象，研究、探讨的内容具有专门性和系统性。学术性侧重于对事物进行抽象概括的叙述或论证，反映的不是客观事物的外部直观形态和过程，而是事物发展的内在本质和变化演进的规律。学术性是学术论文存在的基本条件。

从内容上看，学术论文更富有明显的专业性。学术论文是作者运用他们系统的专业知识，去论证或解决专业性很强的学术问题。从语言表达来看，学术论文是运用专业术语和专业性图表符号表达内容的，主要是同行之间的学术交流，所以不在乎其他人是否看得懂，而是要把学术问题表达得简洁、准确、规范，因此，专业术语用得很多。

2. 科学性

科学性，是指研究、探讨的内容准确、思维严密、推理合乎逻辑。科学性是学术论文的特点，也是学术论文的生命和价值所在。开展学术研究的目的在于揭示事物发展的客观规律，探求客观真理，从而促进科学的繁荣和发展，这就决定了学术论文必须具有科学性。

保证学术论文的科学性需要做到以下 3 点。

1）研究态度的科学性

即要求研究者要以实事求是的态度、严谨的学风和严密的方法开展学术研究。从事社会科学研究，就必须从大量的材料出发，通过分析材料得出结论。而不能先有结论，再找材料去论证。从事实验研究，就应对课题进行系统的多方面的实验，从大量的实验数据中分析综合，得出正确的结论。

态度的不端正主要表现为：有的人为了沽名钓誉，哗众取宠，故意歪曲事实，标新立异，甚至伪造事实，提出所谓新观点。没有科学的态度，就不可能写出具有科学性的文章来。

2）研究方法的科学性

研究方法的科学性就是要运用马克思主义的立场、观点，用辩证唯物主义和历史唯物主义的方法去进行科学探讨。科学性在思维方式上的重要表现就是逻辑性。王力先生说："撰写论文，第一也是最重要的一点，就是要运用逻辑思维，如果没有科学头脑，就写不出科学论文，所谓科学头脑，也就是逻辑的头脑。"

研究方法的科学性，就是先用归纳法，再用演绎法，而不能反过来。要从大量的具体材料去归纳，从个别到一般，以归纳为基础，再作分析，最后得出结论。对结论还要多设疑问，反复思考论证，凡是先有结论，再找材料的研究，都是反科学的研究方法。

3）内容的科学性

内容的科学性主要指论点正确，概念明确，论据确凿充分，推理严密，语言准确。

论点（观点）即学术研究的成果结论，这个结论应能反映客观事物的本质规律，揭示客观真理，符合客观实际，经得起实践验证，经得起推敲和逻辑推理。

论文中概念的外延、内涵要有明确性、准确性和确定性，不能模糊不清，也不能随意更换概念。论据要确凿充分，不能使用孤证就轻易得出结论，更不能歪曲材料，伪造材料。

3．创新性

创新性是指学术论文要反映出作者对客观事物研究的独到见解和观点，以及某个领域的新理论、新设想、新方法、新定理，甚至填补某个领域的空白。创新性是由科学发展的需要决定的。科学研究是对新知识的探求。如果科学研究只是继承，没有创造，那么人类文明就不会前进。一篇论文如果没有创新之处，它就毫无价值。

当然，一篇学术论文的创新性往往是有限的。惊人发现、伟大发明、填补空白，这些创造绝非轻而易举，也不可能每篇学术论文都有这种创造性，但只要有自己的一己之见，在现有研究成果的基础上增添一点新的东西，提供一点人所不知的资料，丰富了别人的论点，从不同角度、不同方面对学术作出了贡献，就可看作一种创造。学术论文的创新，主要表现在以下几个方面。

1）填补空白的新发现、新发明、新理论

人类的科研活动，主要是发现活动和发明活动。发现是认识世界的科学成就。把原来存在却未被人们认识的事物揭示出来，就是发现。如居里夫人发现镭，考古学家发现恐龙化石等。科学发现为人类的知识宝库增添财富，使科学得到发展。发明是改造世界的科技成就，运用知识发明出对人类有用的新成果，成为直接的生产力，如蒸汽机、电子计算机等。新理论是一种自成系统的学说，它对人类的实践具有巨大的理论指导意义。如马克思的《资本论》，李四光的"新华夏构造体系"等。

2）在继承基础上发展、完善、创新

创新离不开科学继承。继承基础上的发展，也是一种创新。只有创新才能发展。如电子计算机也是经过一代又一代的继承、创新，不断发展，至今仍以日新月异的速度更新换代。

3）在众说纷纭中提出独立见解

在开展科学研究的过程中，学术争鸣是不能避免的，参加学术争鸣切忌人云亦云，应对别人提出的观点给予认真的思辨，并积极参与争鸣，大胆提出自己的独立见解和立论根据。对活跃思维，产生科学创见作出一点贡献，也是一种创造性。

4）推翻前人定论

由于人们在探究物质世界客观规律的过程中，总是不能穷尽其本质，任何学派的理论、学说，都不是尽善尽美的。研究者对研究对象的认识和研究者本人的知识结构，不可避免地存在着局限性，他们研究而得出来的结论，即使当时被认为是正确的，但随着历史发展，科学进步，研究手段的更新等，很可能会发现这些定论存在着问题。所以，对待前人的定论，我们提倡继承，但不迷信，若发现其错误，就需要用科学的勇气去批判它、推翻它。

5）对已有资料作出创造性综合

对已有资料作出创造性综合之所以也是一种创新，就在于作者在综合过程中发现问题和提出问题，引导人们去解决问题。

当今世界，信息丰富，文字浩瀚，能对资料作分门别类的索引，已经备受欢迎，为科学研究作出了实实在在的贡献。而整理性论文，不仅提供了比索引更详细的资料，更可贵的是整理者在阅读大量同类信息的过程中，以其特有的专业眼光和专业思维，作出筛选归纳，其信息高度浓缩。整理者把散置在各篇文章中的学术精华较为系统地综合成既清晰又有条理的问题，明人眼目，这就是创造性综合。与文摘相比，这种综合需要专业特长、学术鉴赏水平、综合归纳能力以及发现有学术价值问题的敏锐力。

4. 理论性

学术论文的理论性是指论文作者思维的理论性、论文结论的理论性和论文表达的论证性。这是学术论文与科普读物、实践报告、科技情报之间最大的区别。学术论文的理论性一般表现在以下 3 个方面。

1）思维的理论性

思维的理论性即研究者对研究对象的思考，不是停留在零散的感性上，而是运用概念、判断、分析、归纳、推理等思辨的方法，深刻认识研究对象的本质和规律，经过高度概括和升华，使之成为理论。

进行理论思维，把感性认识变成理性认识，实现认识上的飞跃，不是轻而易举可以做到的，这需要花大力气、下苦功夫。有的人因时间紧迫，或因畏惧艰难，在理论思维上却步，以致把学术论文写成罗列现象，就事论事，从而使学术论文失去理论色彩，其价值也就大为逊色了。

2）结论的理论性

学术论文的结论，不是心血来潮的激动之词，不是天马行空般的幻想，也不是零散琐碎的感性偶得。学术论文的结论是建立在充分的事实归纳的基础上，通过理性思维，高度概括其本质和规律，使之升华为理论，理性思维水平越高，结论的理论价值就越高。

3）表达的论证性

学术论文除了思维的理论性和结论的理论性外，它还必须对结论展开逻辑的、精密的论证，以具有无懈可击、不容置疑的说服力。

（三）学术论文的一般表达体例

1. 期刊学术论文体例结构

期刊发表的学术论文体例结构一般由前置部分（题目、署名、摘要、关键词）、主体部分（绪论、本论、结论）和结尾部分（注释、参考文献）三个部分组成。

1）前置部分

（1）题目。题目是论文的窗口，是对论文内容的高度概括。好的论文题目能反映出作者研究的方向、成果、内容、意义，揭示出论文的中心论点，说明论文的内容范围，概括论文所要回答的主要问题，显示出全篇论文的格调、色彩等。因此，论文题目一般要求既能表达论文的基本精神，又要简洁、精练，便于分类。有的文章，除了主标题外，还有副标题，副标题一般比较具体，它对主标题（正标题）起到补充、交代、解释或限制的作用。

不同类型的题目示例：

《对“适合学生的教学”的思考》（《课程·教材·教法》2012 年第 8 期，刘庆昌）

《20 世纪下半叶苏联教育学在中国引进的回顾与反思》（《教育学报》2013 年第 8 期，侯怀银、史慧敏）

《论高等教育外部关系规律理论的科学性——与〈理性的视角：走出高等教育“适应论”的历史误区〉商榷》(《教育研究》2013 年第 11 期，刘志文、邹晓平）

（2）署名。署名是作者文责自负和拥有版权的标志。

（3）摘要。论文一般需要有摘要，以便读者能迅速了解论文的概貌，以确定有无阅读价值。写作时需要注意：一是文字要简练，一般以二三百字为宜；二是内容要全面，重点要突出，使读者对论文的主要结构、主要论点一目了然。

摘要示例 1：

20 世纪下半叶苏联教育学各学科在中国的引进有着不同的启动时间。20 世纪下半叶苏联教育学在中国的引进经历了以下 4 个阶段：以模仿为目标的引进；以教育学“中国化”为目标的引进；以批判为目标的引进；以学术研究为目标的引进。20 世纪下半叶苏联教育学在中国的引进，不仅确立了马列主义在中国教育学中的指导地位，影响了中国教育学学科体系的构建，而且提供了编写教育学教材的参考模式，拓宽了中国教育学研究者的视野。20 世纪下半叶苏联教育学在中国的引进给我们提供了以下重要启示：引进要处理好政治、意识形态与学术的关系；引进要与研究外国教育学的产生和发展相结合；引进要与继承本国传统相结合；引进要与建设中国教育学相结合。(《20 世纪下半叶苏联教育学在中国引进的回顾与反思》，《教育学报》2013 年第 4 期，侯怀银、史慧敏）

摘要示例 2：

课堂空间是具有一定的文化意义，富有生命气息，具有历史感、现实性和理想意义的人文构造，既包含客观的物质环境，也包含由精神物构成的，并与精神活动同在的非物质场域。课堂空间的精神性是客观存在的。课堂空间的精神性来源于构成教学整体的教学主体、教学内容、教学关系和教学追求。而课堂空间的精神性就体现在发生着教学活动的课堂自身，显现于课堂空间的结构层次中；具体而言，课堂空间的精神性就体现在课堂教学活动中始终在场的教育目的和实际生发课堂空间精神性的教育过程中。(《课堂空间精神性探寻》，《西北师大学报·社会科学版》2013 年第 2 期，徐冰鸥）

（4）关键词。关键词属于主题词一类，它是反映论文主要内容的名词性术语。每篇论文一般标写 3~8 个，关键词可在标题中选择，也可以在论文中选择具有代表性的词，但要用规范词或术语。如上述两篇论文的关键词分别是“20 世纪下半叶、苏联教育学、引进”和“空间、课堂空间、精神性”。

2）主体部分

（1）绪论。即引论，这一部分一般简要概述 3 个方面，也可择其一而述。第一，提出课题，说明研究这一课题的理由、意义。第二，交代研究背景，提出需要论证的问题。第三，说明作者论证的方法和手段。其中，提出需要论证的问题，是绪论的核心部分，体现着全文的基本价值。

（2）本论。即正文，是展开论题、表达作者个人研究成果的部分，这部分占论文的绝大部分篇幅，处于极其重要的地位。要特别详细地阐明作者提出的新的独创的东西，这是论文有无学术价值、学术水平高低的具体表现。该部分的论证要遵循一定的逻辑顺序，论述的先后次序、结构层次均需遵循思维的内在规律。在论证结构上有平列式、递进式和平列递进结合式。基于逻辑推演的论说性论文的结构，可以刘庆昌的《对“适合学生的教学”的思考》为例做一说明。该文主体部分围绕 4 个问题展开:为什么我们今天呼唤适合学生的教学? 适合学生的教学需要什么样的前提? 我们如何知道教学适合了学生? 适合学生的教学是最好的教学吗? 问题环环紧扣、层层递进,摆脱了以往文章对适合学生的教学是什么、为什么要提倡适合学生的教学、适合学生的教学怎么样的传统套路,该文的思想性及分析问题的视角、思路、逻辑的连贯与严密均值得借鉴。

(3)结论。这部分要对正文中分析论证的问题加以综合,概括出基本点,结论是研究结果和理论分析的逻辑发展,是课题解决的答案,是全篇论文的归宿。结论的语言要严谨、明确、简洁。

3)结尾部分

注释和参考文献。凡是引用了他人的材料或研究成果,都必须加以说明,注明出处。写上这一部分,反映了作者的科学态度和求实精神,也表示作者对别人研究成果的尊重,避免抄袭之嫌,同时,还反映了研究水平,可以给他人一些启发。

2. 学位论文的表达体例

学位论文是为申请一定的学位而提交的论文。在学位论文的写作中既有学术性的理论文章,也有基于调查、实验而写的研究报告。由于其有特定的质量规格和写作格式要求,所以将它与其他形式分开说明。

国家标准 GB/T 7713.1—2006 学位论文编写规则规定,学位论文一般由前置部分(封面、扉页、原创性声明、目录、摘要和关键词、图和附表清单)、主体部分(绪论、本论、结论)、参考文献表、附录和结尾部分(后记或致谢、作者简历及相关科研成果)5 个部分构成。

1)前置部分

(1)封面。内容一般包括:①学校代码;②学号;③中图分类号(到各学院资料室、学校图书馆查阅《中国图书馆图书分类法》);④密级(密级划分为公开、内部、秘密、机密、绝密共 5 级);⑤学校徽标;⑥学校名称;⑦论文题目(一般不超过 20 个汉字);⑧院系(学校规范的)名称;⑨专业学位类别;⑩研究方向;⑪年级;⑫学生姓名;⑬指导教师姓名;⑭完成日期(涉密论文需注明论文密级和保密年限)。同等学力人员,必须在论文封面右上角注明:“同等学力申请 ×× 学位”字样。论文书脊上印以下内容:×× 大学硕(学)士学位论文、论文题目、作者姓名。

(2)扉页:内容包括:①论文题目;②专业名称;③学生姓名;④指导教师姓名;⑤答辩委员会主席、委员(签名)。

(3)声明:包括论文独创性声明和论文使用授权声明。

(4)摘要和关键词:摘要主要说明论文的目的、研究方法、研究成果和结论,要突出说明本论文的创造性成果及新发现、新成果、新方法、新见解,以便读者能迅速了解论文的概貌。语言力求简练、准确。在摘要的最下方另起一行,注明本文的关键词(3~5 个)。关键词是反映论文主要内容的名词性术语,可在标题中选择,也可以在论文中选择具有代表性的词,但要用规范词或术语。相互之间用分号或用空格隔开,按照重要程度依次排列。论文摘要及关键词要求中英文对照。学位论文英文摘要和关键词要另起一页,内容应与中文摘要对应。

2)主体部分

(1)绪论。也称引言、序言,学位论文的绪论部分相对来说有着较为固定的内容与格式。这一部分主要涵盖了以下内容:问题的提出、研究的目的与意义、核心概念界定、相关领域的国内外研究动态、研究的内容、研究的思路与方法、研究的重点、难点和创新之处。

(2)本论。即正文,包括学习、研究和调查过程中所获得的材料,以及经过加工整理、分析研究而成的论点,是展开论题、表达作者个人研究成果的部分,这部分占全文的绝大部分篇幅,是论文的核心部分。论据应力求准确、完备、清晰、通顺,论述过程要有条有理、逻辑严密、实事求是。特别详细地阐明作者提出的独创的东西,是学位论文具备学术价值和较高学术水平的具体表现。

(3)结论。这部分要对正文中分析论证的问题加以综合,概括出基本点,结论是研究结果和理论分析的逻辑发展,是课题解决的答案,是全篇论文的归宿。结论必须和本论有内在联系,又要注意避免简单重复。语言要严谨、明确、简洁、精练、完整、准确。

3)注释与参考文献

(1)注释。对论文写作过程中引用的相关文献或别人的研究成果和观点的说明。一般本科学位论文采用篇尾注,硕士与博士论文均采用脚注。

(2)参考文献。写在正文或注释后面,主要列出论文撰写过程中参考了哪些著作、期刊、报纸等文献资料,须按文献引用出现的顺序列全。

4)附录

附录是对正文主体必要的补充项目,但不是论文的必备部分。

5)结尾部分

(1)后记(致谢)。对提供帮助、指导或提供研究条件协助完成研究工作的单位或个人表示感谢。

(2)作者科研成果。主要是作者在攻读学位期间的科研成果。

五、教育记事作品的类型及其表达体例

教育记事性作品可分为教育叙事与反思、教育教学案例两大类。

(1)教育叙事与反思。叙事不仅是一种记事的方式,也是一种研究方法。教育叙事与反思指研究者以自我叙述的方式来讲述亲身经历的教育事件,通过“讲教育故事”唤起读者的体验与共鸣,在此基础上,通过对事件的分析和阐释,在教育事实基础上进行更深刻的思考和评判,将由此产生的批判性思维活动记录下来,借此总结经验教训,反思自己的教育教学活动,从而改进行动,提升素质,进一步提高教育教学水平。

(2)教育教学案例。案例,是指包含有典型性意义的问题或疑难情境在内的、真实发生的、典型性的事件。教育教学案例一般以第一人称撰写,叙述的是发生在教师身边的典型性故事,教师自身就是故事中的角色。所记录的故事需要包含教师在行动过程中的思考,解决疑难问题所采用的方法以及疑难问题被解决的程度。

教育叙事与反思、教育教学案例有共同点,也有不同。

共同点主要表现在:第一,它们都包含一个情节鲜明清楚的故事;第二,故事中有明显的矛盾冲突,但又有较好的解决矛盾的方法;第三,在故事的讲述后有对解决方法的反思与评价;第四,它们都是作者以第一人称的视角叙述的,不排除作者的主观立场,但注重对其作出反思;第五,两者都可能包含描述性记录与解释性记录,即前者侧重事件细节的精确描述,后

者侧重对事件的解说、反思与推测。

不同点主要表现在:教育叙事与反思虽不排除作者的主观感受,但对事件及背景力争作出客观而全面的描述,而教育教学案例则对事件进行编辑、删减和加工,使主题更突出、矛盾更集中;教育叙事与反思须对整个事件及背景,乃至对作者的立场与所持有的研究方法都要作出反思与追问,而教育教学案例主要是对案例本身的主题事件进行反思;教育叙事与反思不主张持有先在的观念和立场,它所得出的结论和反思是在研究中逐步显现并慢慢明晰的,最终得出的结论甚至可能与作者最先的立场或理念相反,而教育教学案例则追求能透过现象看到事物的本质和内在的规律,能从事件中领悟到所蕴含的作者首肯并强调的教育教学原理和规律;教育教学案例要求撰写者具备一定的实践知识和专业理论水平,教育叙事与反思则对撰写者提出了更高的要求。

教育记事作品的写作没有一个固定的模式,但从所包含的内容来说,一个相对完整的教育记事作品大致会涉及标题、引言、背景、问题、问题的解决、反思与讨论、附录等方面。

第二节　学术论文的撰写

一、拟订论文提纲

拟订论文提纲是研究者写作构思和谋篇布局的具体体现,是作者为保证撰写论点突出、结构合理、层次清晰、逻辑严密、论证有深度的学术论文的必要准备和必经环节。

(一)提纲的含义

提纲是论文的蓝图和基本框架。拟订提纲,是梳理写作思路的手段,也是谋篇布局的必要准备。提纲就是作者根据其确立的论点,选取相应的材料,对论文观点和材料进行合理布局,综合成一个先后有序,前后思路清晰,能够说明问题的论文轮廓。这个轮廓有两种形式:①如果它是停留在作者脑海里的构思,就称腹稿;②如果用文字的形式,按照一定的顺序,有纲、有目、有材料地记载下来,就是提纲。篇幅短小的文章,一般不需要文字提纲,动笔前先打个“腹稿”即可。学术论文的篇幅较长,内容比较复杂,动笔写作前必须先拟订一个文字提纲。

(二)提纲的作用

1. 有利于畅达连贯思路,周密谋篇布局

任何论文撰写之前,均有一个思路明确化、系统化的过程。通过拟订提纲,作者可以把头脑中零散的、朦胧的观点和材料明确化、系统化,使其有机结合起来,形成一个明晰、畅达连贯的思路,形成论文逻辑体系,构成框架结构。通过拟订提纲,作者可以在原有构思的基础上,进一步根据选题的要求,审思全文的布局,反复斟酌、深化和修改,使其更加成熟、成文。

2. 有利于把握整体进程,避免游离脱节

有一个全面构思、合理布局的提纲,作者在行文时则有所遵循,承接转换,详略疏密,均在自己的掌控之中,思路畅达,得心应手,一气呵成。同时,也有利于及时调整修改。

3. 有利于灵活选择写法,科学安排时间

有了提纲,写作者就可以从自己的实际出发选择写作论文的程序和方法,并机动灵活地安排时间。作者可以不按从头到尾的自然顺序来写,而先写论文的本论部分,然后再写论文的开头、结尾;也可先写全文的任何一部分,再写其他部分,最后组合成篇;在写作时间方面,由于教育研究者往往不是专职的研究人员,一般同时肩负一定的教育教学任务。写作时可能在一段时间内集中精力完成初稿,更多的则是利用零散时间,分散写作,最后串联成章。

(三)拟订论文提纲的要求

拟订论文提纲,必须紧扣研究主题(即论文题目),构成论文的基本轮廓和框架。各论点、结构层次、相关材料和语言表述等必须形成一个相互联系的有机整体。

拟订论文提纲,必须统观全局,统筹安排,突出重点。注意提纲的层次性和整体性。语言应高度概括,简洁明了。

拟订论文提纲,应做到结构完整、层次清晰,各结构层次必须有序号明确标识,各部分内容相对均衡。人文社会科学论文的结构层次如图 12-1 所示。

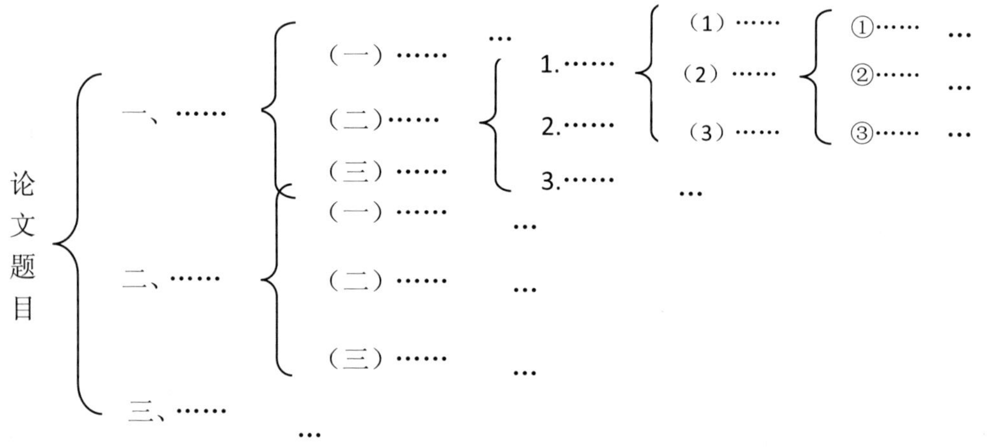

图 12-1 人文社会科学论文的结构层次

二、撰写论文初稿

一篇学术论文的结构包括题目、署名、摘要、绪论、本论、结论和参考文献等。

(一)论文题目

论文题目又称标题,是论文的窗口,是对论文内容的高度概括。是以最恰当、最简明的词语反映论文中内容的逻辑组合。能反映出作者研究的方向、成果、内容、意义,揭示出论文的中心论点,概括论文所要回答的主要问题,显示出全篇论文的格调、色彩等。因此,论文题目一般要求既能表达论文的基本精神,又要简洁、精练,便于分类。论文除了主标题外,还可以有副标题,副标题一般比较具体,它对主标题(正标题)起到补充、交代、解释或限制的作用。因此,论文题目必须仔细斟酌,以便确定。

1. 准确

论文题目能准确表达论文内容，恰当反映所研究的范围和深度。常见问题：过于笼统，题不扣文。因此，题目要统领论文内容，或论文内容与论文题目要互相匹配，反映论文题目，即题文相扣，这是撰写论文的基本准则。

2. 简练

力求题目的字数要少，用词需简练、概括、确切、鲜明。一般论文题目不要超出20个字。若题名简短不足以显示论文内容或系列研究的性质，可利用正、副标题的方法解决，以加副标题来补充说明特定的方法及内容等信息，使标题充实准确。

3. 新颖

题目表述是否新颖直接影响论文的关注度和在读者心中的印象。因此，论文题目应尽可能采用凸显教育改革新动向、新政策等富有"新"意的论题。同时，题目表述突出学术性，选择有创新性的论题。

论文题目的撰写通常有三种写法：句子式、词组式和主副式，以后两者为主。

句子式标题是以一个描述性或说明性的句子概括全文的中心论点，这种题目表述不推荐采用。如"语文教学是渗透德育的主渠道"。

词组式标题是一种省略的句型，一般省略主语，主要以动宾词组为主。如"论英语教学设计的逻辑起点"。

主副式标题在一个题目无法将语意阐明时使用。在主标题的基础上，增加副标题以于补充说明。如"开辟教育心理学研究的新领域——读《教学心理学》有感"。

学位论文和有些期刊论文投稿一般还要求翻译英文题目，撰写英文题名的注意事项如下。

（1）英文题名以短语为主要形式，尤以名词短语最常见，即题名基本上由一个或几个名词加上其前置和（或）后置定语构成；短语型题名要确定好中心词，再进行前后修饰。各个词的顺序很重要，词序不当，会导致表达不准。

（2）同一篇论文的英文题名与中文题名内容上应一致，但不等于说词语要一一对应。在许多情况下，个别非实质性的词可以省略或变动。

（3）论文的英文题名中，凡可用可不用的冠词均不用。

（二）署名

作者署名置于题名下方，团体作者的执笔人，也可标注于篇首页脚注位置。不同期刊也有不同的署名格式要求。署名是作者文责自负、文献检索（作者索引）和拥有版权的标志。

1. 署名要求

（1）署名应该用作者真实姓名，不用笔名。

（2）对集体研究成果，可用"×××课题组"的集体署名形式，也可以用"×××（执笔）"的署名形式，如2005年第4期《教育学报》中《1987年和2004年两次小学生诚实品质调查的比较研究》一文，作者署名为"冉乃彦（执笔）"。如果有必要，可以用脚注的形式，在本页末注明参加研究的人员和单位。

（3）作者人数。如果论文是由几个人共同完成的，要同时署上参与者的名字。要注意作者的顺序(多人按贡献大小排序),署名之间用逗号隔开。

2. 通信地址

通信地址要注明作者的单位全称、所在城市和邮政编码,并用小括号括起来。比如(北京师范大学教育学部,北京 100875)。注明作者通信地址的目的是便于对该文感兴趣的读者能与研究者取得联系,共同探讨有关问题。

不同工作单位的作者,应在姓名右上角加注不同的阿拉伯数字序号,并在其工作单位名称之前加注与作者姓名序号相同的数字;各工作单位之间连排时以分号隔开。例如:苏君阳[1],刘云[2](1. 北京师范大学教育学部,北京 100875;2. 延安大学教育学院,延安 716000)

3. 作者简介

若论文用于发表,需要撰写作者简介。简介内容主要包括姓名、出生年月、性别、民族、籍贯、职务职称、学位、研究方向等。作者简介通常以脚注的形式出现在论文的首页,并用"作者简介"等字样标识。

将作者及其单位名称翻译成英文时需注意以下几点。

(1)翻译单位名称不要采取缩写,要由小到大写全,并附地址和邮政编码,确保联系方便。

(2)翻译单位名称要采用该单位统一的译法。

(3)作者姓名按汉语拼音拼写,采用姓前名后,中间为空格,姓氏的全部字母均大字,复姓连写;名字的首字母大字,双名中间加连字符,姓氏与名均不缩写。

(三)摘要

摘要也称内容提要,是对文章内容的准确概括,且不加诠释(解释)、引注或评论的简短论述。其作用是帮助读者在阅读全文前了解论文的要点,也可为文摘、索引、出版物转载时提供方便。论文一般需要有摘要,以便读者能迅速了解论文的概貌。摘要一般在论文完稿后再撰写。

论文摘要写作力求文字精练,内容全面,重点突出,切忌将其写成文章的导语或意义的阐述。字数以 200~300 字为宜,对于学位论文,则不受此限制,一般不超过论文正文字数的 5%。

论文摘要通常以中文和英文两种形式呈现在论文中。通常情况下中英文摘要的内容应该保持一致。英文摘要一般以 80 个单词为宜,可与中文摘要进行对应翻译,若中文摘要太长,也可概略地加以翻译。

论文摘要的位置:中文摘要通常置于"通讯地址"之下,"关键词"之上,并以"摘要"字样标识。英文摘要通常置于论文的末尾,即"参考文献"后面。并以"Abstract"为标识。实际写作中,每个期刊都有自己的具体要求。发表论文,视具体情况和要求而定。

摘要内容一般包含:该研究的目的和重要性;研究方法和主要内容;研究结论或结果及其意义。

摘要示例

课堂空间是具有一定的文化意义,富有生命气息,具有历史感、现实性和理想意义的人文构造,既包含客观的物质环境,也包含由精神物构成的,并与精神活动同在的非物质场域。

课堂空间的精神性是客观存在的。课堂空间的精神性来源于构成教学整体的教学主体、教学内容、教学关系和教学追求。而课堂空间的精神性就体现在发生着教学活动的课堂自身，显现于课堂空间的结构层次中；具体而言，课堂空间的精神性就体现在课堂教学活动中始终在场的教育目的和实际生发课堂空间精神性的教育过程中。(《课堂空间精神性探寻》,《西北师大学报·社会科学版》2013 年第 2 期，徐冰鸥)

1. 中文摘要撰写要求

(1)摘要不得简单重复题名中已有的信息，忌讳把引言中出现的内容写入摘要，切忌罗列文章提纲，不能照搬论文正文中的小标题(目录)或论文结论部分的文字，也不要诠释论文内容。

(2)尽量采用文字叙述，不要将文中的数据罗列在摘要中；文字要简洁，排除本学科领域已成为常识的内容和无意义的或不必要的字眼；内容不宜展开论证说明，不能列举例证。

(3)摘要的内容必须完整，尽量不遗漏论文中所阐述的主要内容(或观点)，应写成一篇可以独立使用的短文。

(4)摘要一般不分段，切忌用条列式书写法。陈述要客观，对研究过程、方法和成果等不宜作主观评价，也不宜与别人的研究作对比说明。

(5)从第三人称立场对文中观点进行概括和提炼，避免以“本文认为”“作者指出”之类的评论性词语表述。

2. 英文摘要撰写要求

以上中文摘要编写的要求均适用于英文摘要，但英语有其自己的表达方式、语言习惯，在撰写英文摘要时应特别注意。

英文摘要的时态常用一般现在时或一般过去时。其中一般现在时用于说明研究目的、叙述研究内容、描述结果、得出结论、提出建议或讨论等；一般过去时用于叙述过去某一时刻(时段)的发现、某一研究过程(实验、观察、调查、医疗等过程)。英文摘要偶尔也采用完成时。

摘要中尽量采用主动语态，因为它有助于使文字清晰、简洁以及表达有力。但是，为强调动作承受者，或者仅仅说明事实经过，至于那件事是谁做的，无须一一证明，均可采用被动语态。

(四)关键词

关键词是反映论文主要内容的核心概念，属于主题词一类，一般可选 3~8 个关键词，具体个数以论文发表期刊要求为准，在排列上，通常以概念的大小或论述问题的先后为顺序。

关键词的作用是表现论文的主题内容，为文献检索提供便利。关键词可以从标题中选取，也可以从文中选择有代表性的词语。但关键词要选用规范性的词语，尽量在《汉语主题词表》中选用，切忌用不规范的简化词或术语。例如“课改”。

关键词一般要另起一行，排在“摘要”的左下方。关键词一般也应该标出中英文两种，且中英文关键词要一一对应。中文关键词的标识为“关键词”，英文关键词的标识为“Key words”。一般置于“摘要”的左下方。

（五）引言

引言又称前言、序言、导言、绪论（一般在学位论文中）或引论。绪论在于激发读者的兴趣，并将其引入研究问题领域。其内容包括：提出课题，说明研究的缘由、背景、目的或意义；简述研究的缘由，说明为什么要进行研究；阐明要研究什么，以确定要研究的问题领域；评述已有的相关研究，为所研究的问题提供思路和借鉴；概述本论文需要论证的问题；说明作者论证的方法和手段等。其中，提出需要论证的问题，是绪论的核心部分，体现着全文的基本价值。在实际写作中，以上内容并非要面面俱到，可以根据研究课题的实际情况选择。

引言的文字不可冗长，内容选择不必过于分散、琐碎，措辞要精练，要吸引读者读下去。引言的篇幅大小，没有硬性的统一规定，写作者可视整篇论文篇幅的大小及论文内容的需要来确定，篇幅不宜过长，以免全文头重脚轻，主次不明。

（六）正文

正文是一篇论文的本论，属于论文的主体，它占据论文的最大篇幅。论文所体现的创造性成果或新的研究结果，都将在这一部分得到充分的反映。因此，要求这一部分内容充实，层次分明、脉络清晰，论据充分、可靠，论证有力，主题明确。因此，正文部分需要分成几个部分撰写，每个部分的内容需要明确的标题（分标题或小标题）。论证要遵循一定的逻辑顺序，论述的先后次序、结构层次均需遵循思维的内在规律。在论证结构上有并列分论式、层递推论式和并列递进结合式。

第一，并列分论式，即围绕课题研究的中心论点设立若干分论点。这些分论点与中心论点是垂直关系，而各分论点之间呈并列关系，是从不同角度、不同侧面对中心论点的论证。如图 12-2 所示。

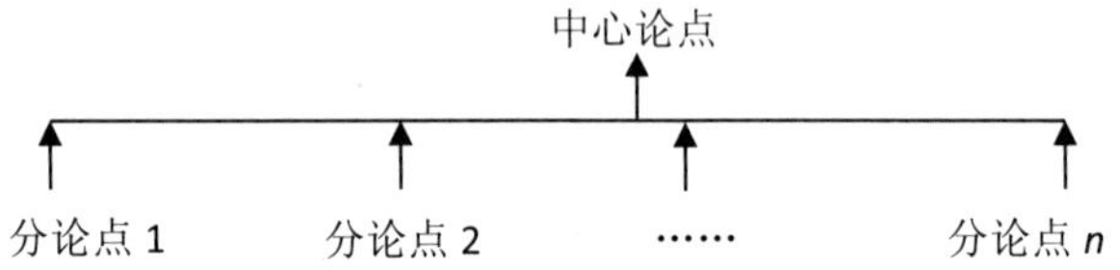

图 12-2 并列式论证

第二，层递推论式，即对中心论点的论证层层递进、步步深入，直到最后得到结论。文章中各分论点之间呈递进关系。如图 12-3 所示。

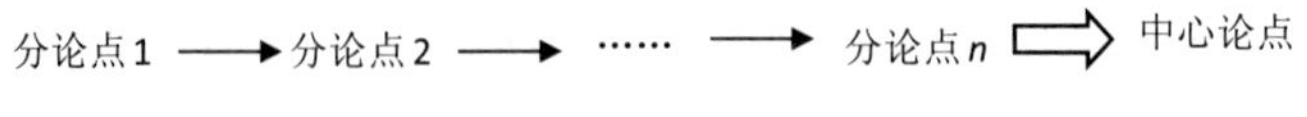

图 12-3 层递推论式论证

第三，并列层递兼用式，即将并列分论式与层递推论式有机统一。这种形式又分为两种情况。

其一，先采用并列分论式对问题进行横向论述，然后再对每一分论点采用层递推论式的方式进行纵向论述，可称为并列层递式。如图 12-4 所示。

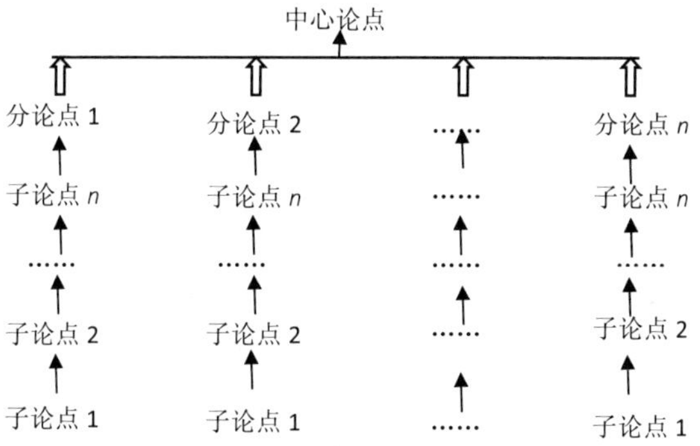

图 12-4　并列层递式论证

其二,先采用层递推论式对问题进行纵向论述,然后对每一分论点采用并列分论式进行横向论述,可称为层递并列式。如图 12-5 所示。

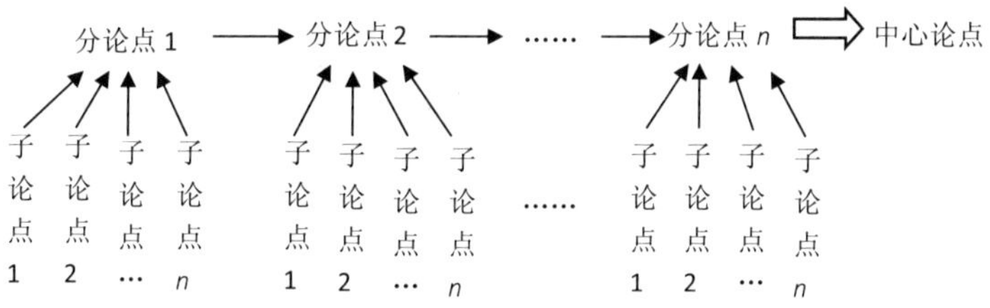

图 12-5　层递并列式论证

由于学术论文的选题和内容性质差别较大,其分段及其写法均无硬性的统一规定,但必须实事求是,准确完备,合乎逻辑,层次分明,简练可读。

(七)结论

结论是对正文中分析论证的问题加以综合,是学术论文最终解决问题的部分,是作者在对全部内容进行分析、综合、抽象、概括后的全面总结,是研究结果和理论分析的逻辑发展,是针对研究问题作出的答案,是对中心论点的深化和全篇论文的归宿。结论的语言要准确、严谨、明确、简洁、精练,可以围绕中心论点提出设想或建议。

1. 结论的内容

第一,对研究总体性的判断,总结性的见解。

第二,提出切实可行的问题解决策略和措施。

第三,提出尚未解决的问题和研究的局限性。

第四,提出进一步研究的建议。

结论部分的作用是总结全文,深化主题、揭示规律,而不是正文部分内容的简单重复,更不是谈几点体会,或者提几句口号。所以,写结论时必须十分谨慎,措辞要严谨,逻辑要严密,文字要简明具体,不能模棱两可、含糊其词,不得用“大概”“可能”之类的词语。

2. 结论的写作方式

总结式:得出明确答案,或提出结论性意见。

探讨式:针对问题、现象提出研究的可能性。

设想式：提出看法或建议，没有结论性意见。

对策式：针对问题提出相应的对策和措施。

解释式：对阐述的理论、观点作进一步说明。

展望式：推导和预见理论观点的价值和意义。

（八）参考文献

参考文献是在学术研究过程中，对某一著作或论文的整体的参考或借鉴。按照中华人民共和国国家标准《信息与文献 参考文献著录规则（GB/T 7714—2015），文后参考文献是指："为撰写或编辑论文和著作而引用的有关文献信息资源。"根据《中国学术期刊（光盘版）检索与评价数据规范（试行）》和《中国高等学校社会科学学报编排规范（修订版）》的要求，很多刊物对参考文献和注释作出区分，将注释规定为"对正文中某一内容作进一步解释或补充说明的文字"，列于文末并与参考文献分列或置于当页脚地。征引过的文献在注释中已注明，不再出现于文后参考文献中①。

1. 参考文献

参考文献是指那些可能作者没有对其进行引用，但确实对作者"写作该文有某些参考价值，或潜在的影响或启发，为了便于读者对作者的思路有所了解，或满足进一步研究的需要，而列于文末，便于检索"的一次文献。零次文献只能作为附录列出。因此参考文献未必是正文中引述的对象，一般集中列表于文末。

2. 注释

注释兼有"注"与"释"的功能。"注"的功能在于指明引文（直接、间接）的出处，"释"的功能则是对正文中相关内容的深入阐发和解释。注释是指对论文的引文标明出处和对正文中某一特定内容的进一步解释和补充说明。当然现在也存在一种倾向，即将注释的"注"的功能从注释中分离出来，划归给参考文献，从而使注释变得相对简略，甚至没有注释。

根据注释出现的地点不同，一般可将其分为页末注（脚注）、文内注（夹注）和文末注（尾注）。无论采用哪种类型的注释，对于引用的文字一定要注明详细的出处。如果是转引，一定要说明是"转引自"或"参见"，要注明是采用了别人的理论观点和事实材料。

3. 注释和参考文献的作用

参考文献和注释的数量与质量，反映了作者对本课题的历史和现实研究水平的掌握情况，以及作者的科学态度和求实精神。

（1）尊重他人的研究成果，尊重知识产权，同时体现研究者治学的严谨性。

（2）帮助读者了解有关本课题的研究历史和已有成就，作为进一步研究的依据。

（3）为了指明引用资料出处，为读者提供查证原始资料的出处。

（4）为了能反映出真实的科学依据和论据，以证明自己观点的正确性。

（5）为了体现严肃的科学态度，分清是自己的观点或成果还是别人的观点或成果。

4. 参考文献的格式

常用的参考文献一般有纸质参考文献和电子参考文献两大类。纸质文献一般有专著、论文集、报纸、期刊文章、学位论文、报告、行业或产品标准、专利以及论文集中的析出文献

---

① 孟亚玲，魏继宗，张社争. 教育科学研究方法 [M]. 北京：清华大学出版社，2017：208-211.

等。电子参考文献根据其载体可分为互联网、光盘、磁带和磁盘等。每种文献都有其固定的标识字母。纸质参考文献类型见表 12-2。

表 12-2　纸质参考文献类型

参考文献类型	期刊文章	专著	论文集	学位论文	专利	标准	报纸文章	报告	材料汇编	析出文献	其他文献
类型标准	J	M	C	D	P	S	N	R	G	A	Z

电子类参考文献类型见表 12-3。

表 12-3　电子类参考文献类型

电子类参考文献	联机网上数据库	磁带数据库	光盘图书	磁盘软件	网上期刊	网上电子公告
类型标识	OB/OL	DB/MT	M/CD	CP/DK	J/OL	EB/OL

参考文献的编写格式如下。

1）期刊论文

[序号] 作者. 文献题名 [J]. 刊名，年，卷（期）：起止页码.

[1] 孟亚玲. 从“MOOC 中文用户大摸底”看其对中国教育的影响 [J]. 电化教育研究，2014，（08）：38-43.

2）专著

[序号] 著者. 书名 [M]. 出版地：出版者，出版年. 起止页码（可选）.

著作者是两位时，第一位和第二位作者之间用逗号隔开。著作者是三位或三位以上时，一般写出前两位作者姓名，在第二位作者后面加“等”表示。如：

[2] 刘国钧，陈绍业. 图书馆目录 [M]. 北京：高等教育出版社，1957.15-18.

3）学位论文

[序号] 作者. 题名 [D]. 保存地：保存单位，年份.

如：

[3] 郑奕. 博物馆教育活动研究 [D]. 上海：复旦大学，2012.

4）论文集

[序号] 著者. 文献题名 [C]. 编者. 论文集名. 出版地：出版者，出版年. 起止页码（可选）.

如：

[4] 孙品一. 高校学报编辑工作现代化特征 [C]. 中国高等学校自然科学学报研究会. 科技编辑学论文集（2）. 北京：北京师范大学出版社，1998：22.

5）报告

[序号] 作者. 文献题名 [R]. 报告地：报告会主办单位，年份.

如：

[5] 冯西桥. 核反应堆压力容器的 LBB 分析 [R]. 北京：清华大学核能技术设计研究院，

1997.

6)论文集中的析出文献

[序号]析出文献主要责任者. 析出文献题名[A]. 原文献主要责任者(可选). 原文献题名[C]. 出版地:出版者,出版年. 起止页码.

如:

[6]钟文发. 非线性规划在可燃毒物配置中的应用[A]. 赵炜. 运筹学的理论与应用——中国运筹学会论文集[C]. 西安:西安电子科技大学出版社,1996.468.

7)报纸文章

[序号]作者. 文献题名[N]. 报纸名,出版日期(版次).

[7]谢希德. 创造学习的新思路[N]. 人民日报,1998-12-25(10).

8)电子文献

电子文献在标识时,一般要求既要表示文献类型还要标示文献的载体类型,格式如下:

[文献类型/载体类型标识]

电子文献类型:数据库[DB],计算机[CP],电子公告[EB]。

电子文献的载体类型:互联网[OL],光盘[CD],磁带[MT],磁盘[DK]。

常见的电子文献标识有:

[J/OL]网上期刊

[EB/OL]网上电子公告[M/CD]光盘图书

[DB/OL]网上数据库[DB/MT]磁带数据库

电子文献的编写格式如下:

[序号]主要责任者. 电子文献题名[电子文献及载体类型标识]. 电子文献的出版或获得地址,发表更新日期/引用日期.

如:

[8]王明亮. 关于中国学术期刊标准化数据库系统工程的进展[EB/OL].

http://www.cajcd.edu.cn/pub/wml.html,1998-08-16/1998-10-01.

9)专利文献

[序号]专利所有者. 专利题名[P]. 专利国别:专利号,公布日期.

如:

[9]姜锡洲. 一种温热外敷药制备方案[P]. 中国专利:81056078,1983-08-12.

10)国际、国家标准

[序号]标准代号,标准名称[S]. 出版地:出版者,出版年.

如:

[10]GB/T 16159—1996,汉语拼音正词法基本规则[S]. 北京:中国标准出版社,1996.

(11)外国作者的姓名书写格式:名缩写. 姓. 例如 A.Johnson,R.O.Duda.

第三节　学术论文修改与评价

一、学术论文的修改①

（一）学术论文修改的内容

修改学术论文的第一步要通读全文，系统、细致地检查初稿，进行“核实查漏”。通过检查，如没有发现重大问题，确认论文不必推翻重写，就可以动笔修改了。所谓“核实查漏”，就是通读全文时，不必花精力去考虑观点、结构、语言方面的问题，只核查材料本身是否真实、可信、准确。包括对初稿中引用的公式、定理、定律、论断、数据、参考文献等与原出处的核对，把一切失误、失实、疏漏的地方逐条核实，使材料经得住历史的检验。修改学术论文，不外乎从思想内容和表现形式两大方面考虑，思想内容包括论点和材料，表现形式包括结构和语言。对思想内容方面的检查修改是首要的，对表现形式的检查修改也不容忽视。通过修改，提高学术论文的科学性和艺术性，使尽可能正确的思想内容和尽可能完美的表现形式相统一。一般来说，学术论文要修改多次，总的精神是发现初稿中有什么问题就修改什么问题。通常情况下，修改论文的内容包括以下 6 个方面。

1. 控制篇幅

篇幅是一种空间的限定，以简短为好，不宜过长。简短，是一种很高也很难达到的风格，它与作者的科研素养和写作水平有关。一般来说，初稿的篇幅，很少会是恰如其分的，通常都比规定的内容多、语句繁，必须修改、控制。把长稿缩短，虽有一定的困难，但删去多余的内容，总比材料不足而一补再补要容易很多。修改时，篇幅应控制到符合学术论文的性质和期刊的要求之内。

2. 订正论点

论点是全篇论文的精髓，决定着论文的水平和价值。修改的关键是论点的订正，要综观全局，立足全篇，看论点是否成立，是否集中深刻，表达是否准确；论点的排列是否科学，论点间的关系是否合乎事理和逻辑等。对中心论点、分论点及各小论点，都要全面检查。修改时，要把论点中偏颇的改中肯；含糊的改鲜明；片面的改全面；肤浅的改深刻；散漫的改集中；陈旧的改新颖；失当的改恰当；立意低的加以升华。

3. 调整结构

结构是论文表现形式的重要因素，是论文内容的组织安排。调整结构，主要是从整体上把握论文表达效果，以求严谨、完整、自然、生动。检查时，要看全文结构是否完整、严密；问题之间的联系是否紧密；层次开展是否清楚，层次间的转换是否自然；段落划分是否合理，有无游离于论文结构之外，或过于冗长、杂乱、零散的段落等。修改时，要把杂乱的层次梳理顺畅；臃肿的段落紧缩合并；上下文不衔接的串通连贯；轻重倒置、详略不当、开头结尾缺乏照应的等一一改正过来。

---

① 孟亚玲，魏继宗，张社争. 教育科学研究方法 [M]. 北京：清华大学出版社，2017：212-215.

4. 更动材料

材料是论文赖以存在的依据，写作学术论文如何选择和运用材料至关重要。起草初稿时，选用材料往往有局限性，通常容易产生下列一些问题：一是生硬的材料"堆砌"，有多少材料用多少材料；二是写起来材料不足，写进论文的材料很可能是滥竽充数；三是对材料理解片面，用得不够贴切和恰当。如果检查初稿时发现这些材料，修改时就必须按照论文选用材料的基本要求加以更动。这些基本要求是：必要，即材料能够证明观点和表现主题；真实，即材料准确可靠而不歪曲事实；合适，即材料恰到好处，不滥不缺。

5. 锤炼语言

对论文语言文字的加工锤炼是修改的一个重要内容。语言文字修改主要是在准确性和可读性上下功夫，使论文的思想得以准确、鲜明、简练、生动地表达。检查时，看用词是否准确；句子是否通畅；诵读是否顺口；通篇有无漏笔；想写的话是否都表达出来了。然后着力修改问题。要剪去闲文，使语言精练：修改病句，使文字通顺：删削冗笔，使论文严谨。

6. 推敲标题

标题是论文的眼睛，修改好不容易，要反复推敲，这项工作应包括对总标题和节标题的修改。对节标题要检查是否一致。总标题要有高度的概括性，要简短、易读、易懂、易记；总标题一般在写作前已拟好，这对论文的写作有重要指导作用，但初稿完成后，还应进行斟酌和推敲，看题是否配文、文是否切题。如题与文不贴切、不相符，或过长，或太笼统，都必须修改。

（二）学术论文的修改方法

修改论文的方法，往往因人而异，因文而别，一般常用的论文修改方法主要有：热改法、冷改法、他改法、诵改法。

1. 热改法

初稿完成后，趁热打铁，立即修改。这时头脑中对论文的全貌比较熟悉，对原有的构思还记忆犹新，因此初稿中存在的毛病，如表达欠妥，或者有所遗漏，或者臃肿多余等，就比较容易发现。同时，在起草过程中发现或感觉到需要改动的地方，由于忙于行文未作处理，初稿结束后及时修改，印象也较清楚。热改法的长处是：作者对文章的记忆清晰，印象鲜明，改动及时；短处是：由于作者正处于写作兴奋状态，对需要删改的部分不易看出来，并且往往还难以割爱。

2. 冷改法

初稿完成后，不要急于拿出来，最好放一段时间再修改。初稿写完，头脑尚处于兴奋状态，陶然于篇章的境界之中，一时还难以跳出原来的框框，难以发现初稿中的问题。一个好的办法是，不妨把它搁置起来，给头脑来个"冷处理"，让紧张的情绪暂时放松一下。过几天，头脑冷静了，原来的偏差或成见也淡薄了，重看初稿就易于从新的角度发现问题；同时，由于"搁了几天"，又阅读了有关资料和思考了有关问题，产生了新的感受、新的认识，再看初稿，就易于发现不完善、不妥当之处，就易于删去多余、增补不足、完美表达，使论文水平有新的提高。

3. 他改法

初稿完成后，请他人帮助修改。论文应以自己修改为主，但也要请别人帮助。俗话说“旁观者清，当局者迷”，一个人的学识阅历是有限的，对客观事物的认识难免有片面性，因此往往不易发现自己论文的缺陷；请人帮助，由于别人对你的论文没有固定的框框，就可能从不同角度，以独特的眼光冷静地看待那些不易发现的问题。如果请人帮助，最好请那些愿意“吹毛求疵”的人批评，这样的意见可能提得更尖锐、更直率，论文也可能改得更好。请人帮助修改不能爱面子，有不能怕麻烦，要有“不耻下问”和“登门求教”的精神；当然，他人的意见只能参考，不能什么都“言听计从”，更不能人云亦云。正确的态度是：既虚心听取各种意见，又潜心作深入思考，有自己的主见后，再通盘考虑，悉心雕琢。

4. 诵改法

初稿完成后，通读几遍，发现问题，然后再修改。尤其是诸如语句不通、衔接不紧、缺词漏字、情感不相融等语言表达方面的毛病，光看不容易发现，但一诵读就读出来了，甚至有时仅凭“语感”就能发现不妥之处。古人写诗作文，总要反复吟唱，直到顺口为止，就是这个道理。修改学术论文，不妨也采用边诵边改的方法。

（三）全面审核

为了确保学术论文的质量，在修改完文稿后，要对文稿进行一次全面审核。全面审核的方法是：一边通阅全篇一边用纸写上像篇目那样的小题目（比目录要详细）。只看这些小题目，就能大致了解论文的结构，从而不难判断出论文结构是否合理，章节顺序是否有不当之处。这次审核，除了检查疏漏的文字和标点符号外，还要特别注意审核以下几点。

第一，前言是否精当，是否与结论、引言相区别；附录是否编好了目次；参考文献是否按规范列出等。

第二，论文的长短、顺序是否得当，有无重复；段落间是否加进了适当的接续词：对数据是否做了定量的描述等。

第三，图表、公式与正文的内容是否相符；图表运用是否灵活；图表、公式与正文的字符体例是否统一等。

第四，自己想传达的信息是否都写进了论文；有没有写进不必要的内容；是否强调了重要之点；此篇论文本专业以外的人能否读懂，有没有错误和含混之处。

第五，论文有否泄露秘密的内容。经过仔细认真的审核，如发现问题，要进行补充、调查和修改。

二、教育研究成果的发表①

（一）了解和研究刊物，关注刊物动态

选对期刊，选对栏目，写好文章，是发表文章的先决条件。如果不注意对刊物本身的认识和了解，很有可能前功尽弃、功亏一篑。对于作者来说，了解和研究刊物，非常重要。一般来说，如果作者对所要投稿的刊物不甚了解，那么投稿的成功率也不会高。即使文章的确写得不错，也许在同行中还会获得赞同和好评，但和刊物的风格、要求不对路，可能在编辑初审

① 和学新，徐文彬. 教育研究方法 [M]. 北京：北京师范大学出版社，2015：366-368.

的第一关就被卡住了。所以，了解和研究刊物的栏目和内容，投稿才能做到有的放矢，特别要及时并长期关注某种或某些期刊的动态，研究其栏目安排和内容需要。

（二）做好刊物文章的纵向比较，做到有的放矢

投稿前，要认真翻阅目标期刊近年来刊登的同类文章，与自己的文章进行纵向对比。首先，重点要关注该刊近期发表的文章里有没有与自己的文章在选题上基本一致的。如果没有，说明自己的文章有些新意，在编辑选稿时有竞争力；如果有，就要考虑自己的文章是否另有创新之处或深入研究，如在研究对象、研究方法、研究材料、研究结论等方面别出新意。其次，对照检查自己文章的体例格式与该刊同类文章的体例格式是否一致，不一致的，最好改为一致。再次，看自己的文章是否有一个吸引眼球的标题，因为有经验的编辑，往往只要看一眼题目，就可以大概地判断出文章是否具有发表价值了。当然，必须有能和标题相符的内容作支撑。最后，冷静判断自己的文章是否有原创性，也就是说确实是自己思维的结晶、思考的成果。切忌简单的复制甚至抄袭。

（三）了解审稿的基本流程和用稿的时间安排

学术期刊比较重要的共同点是坚持“三审制”和实行“同行评审”。“三审制”，是指编辑初审、同行复审、主编终审。是否严格执行三审制是行业内评价期刊好坏的依据之一，也是政府部门的基本要求。“同行评审”是国际学术期刊通用的审稿制度，是指作者的稿件要经过专家审阅，同行评审往往会给出“可用”“改后可用”“不可用”3 种意见。

此外，要注意刊物的用稿有时间限定。一般情况下，刊物在收到稿件后 3 个月内会给出是否用稿的通知。大多数期刊都有约定，如果作者 3 个月内收不到用稿通知，可以自行处理。

（四）学会合理沟通和换位思考，注重细节

在稿件投出一周之后，作者可以主动给编辑部打电话询问稿件的相关情况。一般来说，不管稿件能否被采用，编辑都愿意和作者进行沟通。通过合理沟通，编辑更能明了作者的研究思路和创新价值。

编辑的工作主要是杜绝差错和硬伤，润色和校对文章，而不是对作者文章进行结构和内容的重建和大修。作者要站在编辑的角度关注自己文章的细节，比如，注意研究刊物的用稿格式，统一自己的投稿格式，认真仔细地进行文字校对。目前投稿基本采用电子信箱投稿，一定要在电子邮件主题一栏里注明文章题目、作者、投给哪个专栏，这样可节省编辑的时间，便于编辑快速选稿。

（五）重视和把握好修改机会，按时交稿

在与编辑沟通时或接到编辑部回复后，如果编辑提出文章还需修改，一定要虚心听取编辑的修改建议。作者一定要抓住修改机会，按照编辑提出的要求按时改好交稿，千万不能马虎大意、应付了事，一定要认真对待、仔细修改。还有一点就是按时交稿，约定的交稿时间不能拖，不然会影响文章刊登的时间。

（六）写好作者简介，详细填写联系方式

作者简介是作者向编辑所做的自我简介，目的是方便编辑了解作者，为其编选文章提供辅助参考。因此,写好作者简介对提高文章投稿命中率也有一定的帮助。投稿时,作者一定要把自己的联系方式详细地提供给编辑。需要提供的联系方式主要包括:通信详细地址、邮政编码、手机号码、固定电话、电子信箱、QQ号码等。提供联系方式时,一是要准确,保证提供的联系方式准确无误;二是要齐全,不要有什么遗漏。特别是通信地址一定要详细,单位名称不要简写,固定电话不要忘记加上区号。总之,要让编辑能够及时联系到你,否则就很有可能错失文章发表的机会。

三、学位论文的答辩

(一)论文答辩的意义

(1)全面考察研究生素质。

(2)为进一步研究做好准备。

(3)审查论文的一种补充形式。

(二)答辩的准备

最好要有预答辩。答辩人应准备5~8分钟的发言内容,大致包括以下方面。

(1)选题的背景和意义。

(2)研究的历史与现状、存在的主要问题。

(3)本研究的论证过程、主要观点和主要方法。

(4)结论(创新与不足)。

技术准备:投影的文字、表、图等,根据需要而定。

(三)答辩的程序与注意的问题

(1)答辩工作组组长介绍答辩委员会主席。答辩委员会主席宣布答辩开始,介绍答辩委员会人员构成和答辩程序。

(2)答辩者的报告(礼貌用语,符合常情)。

(3)答辩委员会提出问题(一般会留出时间和地点让答辩者做准备)。

(4)回答问题(清楚对方身份)。

(5)答辩委员会讨论、投票。

(6)宣布答辩决议。

(四)如何回答问题

(1)学会归纳问题,讲究逻辑思路的清晰。答辩委员在提问阶段可能会问到很多问题,这些问题有重叠和交叉之处,甚至有些只是同一个问题的不同提问角度。这要求答辩者学会总结归纳答辩委员的各类问题,比如按论文的写作规范、论文的研究价值、论文的论证效度、论文的相关资料的信度等角度进行分类。好的分类不仅能节约答辩时间,以利于集中精力阐述关键问题。同时,答辩过程本身也是答辩委员考察答辩者的逻辑思维能力的过程。如果答辩者能够很好地归纳问题,将是赢得答辩委员好感的最好机会。

(2)知识性问题。知道就正面回答,不知道就承认,或者请求回答相关问题。

(3)技术性问题。说明缘由,不推卸责任,立即改正。

（4）观点性问题、逻辑性问题。理解委员的逻辑思路，阐明自己的逻辑思路，比较双方观点，明了自己的不足。

（5）辩论。表明论文或答辩的价值（引起关注），勇敢而有礼貌地申明自己的主张，但也要勇于承认自己有待进一步研讨的问题。

思考与练习

（1）简述教育研究成果表达的意义和作用。

（2）简述教育研究成果表达的主要形式。

（3）简述教育研究报告的类型及其表达体例。

（4）简述学术论文的特点及一般表达体例。

（5）简述教育记事作品的类型及其表达体例。

（6）学术论文主要包括哪几部分？

（7）怎样写论文提纲和摘要？

（8）简述修改学术论文的内容和方法。

（9）根据所学专业和知识，撰写教育研究报告和学术论文。

参考文献

[1] 陈思,王斌伟. 中国高校“三全育人”研究回顾与展望:一个文献综述 [J]. 湖北社会科学,2021(8):142-150.

[2] 丁炜,陈静逊. 小学教育科学研究方法 [M]. 上海:华东师范大学出版社,2014.

[3] 和学新,徐文彬. 教育研究方法 [M]. 北京:北京师范大学出版社,2015.

[4] 胡中锋. 教育科学研究方法 [M]. 北京:中国人民大学出版社,2018.

[5] 金哲华,俞爱宗. 教育科学研究方法 [M]. 北京:科学出版社,2011.

[6] 李臣之. 教师做科研:过程、方法与保障 [M]. 深圳:海天出版社,2010.

[7] 李莉. 初中初任语文教师专业成长的叙事研究 [D]. 西安:陕西师范大学,2014.

[8] [美] 梅瑞迪斯·高尔, [美] 乔伊斯·高尔,沃尔特·博格. 教育研究方法 [M]. 6 版. 北京:北京大学出版社,2016.

[9] 孟亚玲,魏继宗,张社争. 教育科学研究方法 [M]. 北京:清华大学出版社,2017.

[10] 潘懋元. 教育史是教育理论的源泉 [J]. 河北师范大学学报(教育科学版), 2013, 15(1):5-6.

[11] 王攀峰. 行动研究的理论与方法 [M]. 北京:首都师范大学出版社,2013.

[12] 吴忠豪. 从“教课文”到“教语文”:小学语文教学专题行动研究 [M]. 北京:高等教育出版社,2012.

[13] 辛治洋,张志华. 教育科学研究:方法与案例 [M]. 合肥:中国科学技术大学出版社,2012.

[14] 许并生. 科学叙事学论纲 [J]. 山西大学学报(哲学社会科学版),2011,34(3):13-20.

[15] 张分田.“历史”的四种形态与“史学”的学术伦理 [J]. 天津师范大学学报(社会科学版),2011(2):8-14.

[16] 郑金洲. 教师如何做研究 [M]. 2 版. 上海:华东师范大学出版社,2012.

[17] 周洪宇. 加强教育活动史研究 构筑教育史学新框架 [J]. 湖北大学学报(哲学社会科学版),2012,90(3):96-101.

后记

本书是岭南师范学院 2021 年度校级教学质量与教学改革工程“教育科学研究方法教程”教材建设项目成果，同时，也是岭南师范学院小学教育国家一流专业建设点成果之一。本书是为师范生教师教育类课程实施而编写的教材，同时，也可以作为中小学教师继续教育的教材或参考书，以及一般读者学习和掌握教育研究方法原理和技术的读物。

有关教育科学研究方法的教材已有很多，在内容编排方面各有自己的逻辑。本书在这方面的考虑大体上遵循先总后分再总的原则。首先，从总的方面概述教育科学研究方法的基本概念和类型、教育研究的一般过程与设计等教育科学研究的原理性知识，让学习者对教育科学研究方法及教育科学研究过程有一个总体的认识。其次，对教育科学研究中常用和比较实用的研究方法的内涵、意义与作用、设计与实施要求等核心内容做了分析介绍，力求让学习者比较熟练地掌握常用的教育研究方法。最后，本书介绍了教育科学研究成果的表达类型、体例、撰写要求及评价。本教材涵盖了教育科学研究的核心知识和技能体系。

本教材将理论知识和研究技能技巧介绍相结合，进一步凸显了可读性和实用性，力求避免以往某些教材的抽象性，有助于学习者便捷地掌握教育科学研究的基础知识和基本技能，学以致用。

本书是由岭南师范学院 2021 年度校级教学质量与教学改革工程“教育科学研究方法教程”教材建设项目组教师共同编写完成的，由慕彦瑾教授（博士）、段晓芳讲师（硕士）、石梦良副教授（博士）编著，各章作者分别为：第一章、第二章、第四章、第六章、第七章、第八章、第十二章，慕彦瑾；第三章、第五章、第九章、第十一章，段晓芳；第十章，石梦良。全书整体框架设计和统稿工作由主编慕彦瑾负责。编写组在编写过程中力求编出精品，但难免有疏漏与不当之处，恳请读者多多提出宝贵意见，以帮助我们再版时修订。

本书在编写过程中参考了国内外学者的大量研究成果，在书中均已做了注明，在此一并表示诚挚的谢意。

编者

2023 年 12 月